Gymnasium

Mathematik heute

Herausgegeben von
Heinz Griesel, Helmut Postel

5. Schuljahr

Schroedel Schulbuchverlag
Verlag Ferdinand Schöningh

Mathematik heute 5

Gymnasium

Herausgegeben und bearbeitet von

Professor Dr. Heinz Griesel
Professor Helmut Postel

Jörn Bruhn, Günter Cöster,
Dr. Gerhard Holland, Erwin Hollmann,
Horst Jahner, Wolfgang Krippner,
Klaus Schäfer, Hans Weckesser

Beratend wirkten mit

Dr. Arnold Kirsch, Dietrich Pohlmann,
Rudolf Prosch, Heinz Klaus Strick,
Wolfgang Sprockhoff, Jürgen Viehrig

Mitbegründet von

Oberstudiendirektor Dr. Hermann Athen †

Zum Schülerband erscheint:
Lösungen mit didaktisch-methodischem Kommentar
Best.-Nr. 83415

ISBN 3-507-**83405**-7 (Schroedel)
ISBN 3-506-**83405**-3 (Schöningh)

Bildquellenverzeichnis

Seite 7 Sportamt der Landeshauptstadt Stuttgart, Freigabe-Nr. 9/64 315; Seite 13, 62, 63, 72, 96, 98, 106, 109 (Schienen), 155, 156, 162, 192 Bernd Rahmann, Kassel; Seite 23, 94 (Michaeliskirche, Hildesheim), 109 (Fachwerkhaus) Presse- und Informationsstelle der Niedersächsischen Landesregierung, Hannover; Seite 25 (Abakus) I. Römer, Braunschweig; Seite 29 (hist. Rechenmaschine), 97, 106 (Jägerzaun), 110, 130, 136, 144 (Kartoffeln), 147, 151, 189, 198 van Eupen, Hambühren; Seite 29 (Computer) R. Weiß, Bochum; Seite 30 Zefa, Düsseldorf; Seite 34 Wasserschutzpolizeiamt Rheinland-Pfalz, Mainz; Seite 65 R. Mittelbach, Hannover; Seite 94 (Herrenhäuser Gärten), 202 Stadt Hannover; Seite 120 (Schwalbenschwanz) Toni Angermayr, Holzkirchen; Seite 120 (persische Bogenschützen) Klaus Schippmann, Friedland; Seite 129 Siemens Pressebild, München; Seite 134 R. Leinweber, Laatzen; Seite 135 Märklin, Göppingen; Seite 144 (Gewichtheber Alexejev), 146; 148 (5000-m-Lauf) Sven Simon, Essen; Seite 148 (Satellit) US-Botschaft, Bonn; Seite 154 Horstmüller, Düsseldorf; Seite 181 dpa, Frankfurt; Seite 184 Tegen, Hambühren, Seite 194 Stadt Wilhelmshaven; Seite 203 V. Rinke.

Druck A 8 7 6 5 / Jahr 1994 93 92 91

Alle Drucke der Serie A sind im Unterricht parallel verwendbar.
Die letzte Zahl bezeichnet das Jahr dieses Druckes.

Zeichnungen: Günter Schlierf
Druck: Konkordia Druck GmbH, Bühl/Baden

Inhaltsverzeichnis

Hinweise für den Lehrer

Zur Zielgruppe des Buches

Das Buch ist auf die spezifischen Aufgaben des Mathematikunterrichts an Gymnasien zugeschnitten.

Zur inhaltlichen Zielsetzung des Buches

Die Zielsetzung des Buches entspricht den inhaltlichen Aufgaben der Klasse 5.

1. Lernbereich Algebra

a) Grundrechenarten

Ausgangspunkt sind die schon in der Grundschule erworbenen Kenntnisse, die systematisch wiederholt, vertieft und weitergeführt werden. Im einzelnen werden Anzahlen systematisch bestimmt, die Anordnung, der Zahlenstrahl, die Stellenwertschreibweise, die Rechenarten wiederholt, die Potenzen eingeführt und das Überschlagen sowie die Verwendung von Rechenvorteilen und das Kopfrechnen geübt.
Als Beispiel für ein Stellenwertsystem wird das Zweiersystem betrachtet.

b) Propädeutik der Algebra

Der in späteren Klassen zu erfolgende systematische Aufbau der Algebra verlangt eine Propädeutik. Sie beginnt in Klasse 5. Hierzu gehören die Einführung der Fachausdrücke wie Summe, Summand, Produkt usw. (Kapitel 2), der Platzhalter (Variablen) als Zeichen für eine Leerstelle im Zusammenhang mit Gleichungen und Ungleichungen und deren Lösungsmengen (Kapitel 3), die Berechnung von Termen unter Beachtung der Berechnungsregeln (Punkt vor Strich, Klammer zuerst) sowie die Herausstellung der Rechengesetze im Zusammenhang mit Rechenvorteilen (Kapitel 3).

c) Umgang mit Größen

Im Rahmen der anwendungsorientierten Mathematik wird auch der Umgang mit Größen behandelt. Hierzu gehören eine Wiederholung der Längen, Gewichte, Zeitspannen und ihre Messung mit einem systematischen Überblick über die Einheiten und ihre Umwandlung sowie die Einführung der Flächeninhalte und Volumina und das Rechnen mit diesen Größen. In den zugehörigen Kapiteln 5, 6 und 7 kommen viele Sachaufgaben, insbesondere mehrgliedrige Aufgaben und vertiefende Aufgaben vor.

2. Lernbereich Geometrie

Innerhalb des Lernbereichs Geometrie setzt mit Klasse 5 der systematische Aufbau ein. Hierbei werden dem Schüler geometrische Grunderfahrungen durch die Beschäftigung mit geometrischen Figuren und Körpern vermittelt. Dabei wird auch das räumliche Vorstellungsvermögen geschult und Sicherheit in der Handhabung der Zeichengeräte vermittelt. Im einzelnen werden die geometrischen Grundobjekte der Ebene und Grundrelationen (wie parallel und senkrecht) sowie Achsenspiegelung und Verschiebung im quadratischen Gitter behandelt.

3. Lernbereich Stochastik

Die Einführung in diesen Lernbereich beginnt im Kapitel 8 mit der Behandlung von Zufallsexperimenten, der Beschreibung von Ereignissen durch Mengen, bei Mehrstufigkeit durch Diagramme.
Sie wird im 6. Schuljahr mit der Berechnung einfacher Wahrscheinlichkeiten fortgesetzt.

Zum methodischen Aufbau der einzelnen Lerneinheiten

Die einzelnen Lerneinheiten sind mit einer Überschrift versehen. Sie bestehen aus:

1. Einstiegsaufgabe mit vollständiger Lösung

Diese soll beim Schüler eine Aktivität in Gang setzen, die zum Kern der Lerneinheit führt. Die Lösung sollte im Unterricht erarbeitet werden.

2. Zur Festigung und zum Weiterarbeiten

Dieser Teil der Lerneinheit dient der ersten Festigung der neuen Inhalte sowie ihrer Durcharbeitung, indem diese durch Variation des ursprünglichen Lösungsweges sowie durch Zielumkehraufgaben, benachbarte Aufgaben und Anschlußaufgaben zu den bisherigen Inhalten in Beziehung gesetzt werden. Die Lösungen sollten im Unterricht erarbeitet werden.

3. Informationen und Ergänzungen

werden gegeben, wenn dies günstiger als erarbeitendes Vorgehen ist.

4. Zusammenfassung des Gelernten

in einem roten Rahmen sowie Musterbeispiele auf blauer Unterlegung oder in Schreibschrift auf grauem Karo.

5. Übungen

zusammengefaßt am Ende eines Abschnitts.

Die methodische Freiheit des Lehrers wird dadurch gewahrt, daß die große Zahl der Aufgaben auch eigene Wege gestattet.

Zusatzstoffe

△	Zusatzstoffe
▲	Zusatzstoffe erhöhten Schwierigkeitsgrades

Zusatzstoffe sind wünschenswerte Ergänzungen. Sie können auch von schnell arbeitenden Schülern eventuell nach freier Wahl bearbeitet werden.

Die Zeichen sollen dem Lehrer auch Hilfen bei der individuellen Förderung der einzelnen Schüler geben.

Vermischte Übungen zur Wiederholung

Der jeweils letzte Abschnitt der Kapitel besteht aus Vermischten Übungen. Hier werden an wichtigen Aufgaben des Kapitels die neu erworbenen Qualifikationen abgetestet. Dieser Teil des Abschnitts dient daher auch der Vorbereitung auf eine Klassenarbeit. Der Abschnitt enthält meist auch noch Aufgaben zur Vertiefung. Sie sind als Zusatzstoff gekennzeichnet.
Weitere vermischte Übungen sind in die sonstigen Kapitel eingestreut.

Zum Knobeln (Seite 213)

Diese Aufgaben erfordern kein spezielles mathematisches Vorwissen. Mit ihnen ist die Entwicklung kreativen Denkens beabsichtigt. Sie sollten i.a. nicht als Hausaufgaben gestellt werden, weil sonst der Anreiz zu einer freiwilligen Beschäftigung mit ihnen verlorengeht.

Zur Abhängigkeit der Kapitel untereinander

Die Kapitel 1 bis 3 (Natürliche Zahlen / Rechnen mit natürlichen Zahlen/Terme – Gleichungen – Rechengesetze) sowie 5 bis 7 (Längen – Gewichte – Zeitspannen/Flächeninhalte/Volumina (Rauminhalte)) bauen in der Reihenfolge aufeinander auf, in der sie im Buch stehen. Kapitel 4 (Geometrie) setzt keine Vorkenntnisse voraus. Eine lose Beziehung besteht über den Begriff Umfang zu den Kapiteln 5 (Längen – Gewichte – Zeitspannen) und 6 (Flächeninhalte). Kapitel 8 setzt den Begriff der Menge und der Untermenge (Teilmenge) aus Kapitel 3 voraus.

1. Natürliche Zahlen

Das Neckar-Stadion in Stuttgart hat 70 000 Plätze. Das größte Stadion ist in Prag; es hat 240 000 Plätze.

Auch Einwohnerzahlen können groß sein:

Rheinland-Pfalz:	ca.	4 000 000
Nordrhein-Westfalen:	ca.	17 000 000
BR Deutschland:	ca.	60 000 000
Europa (ohne SU):	ca.	500 000 000
Erde:	ca.	4 700 000 000

Zahlen über 1 Million

Große Zahlen – Stellentafel

Aufgabe

In einem fernen Lande lebte einmal ein König. Er suchte im ganzen Lande jemanden, der ihm einen neuen, tieferen Brunnen bauen sollte. Eines Tages kam Mula und versprach, einen Brunnen zu bauen. Mula erbat sich als Lohn: für den ersten Tag 1 Taler, für den zweiten Tag 2 Taler, für den dritten Tag 4 Taler, für den vierten Tag 8 Taler usw.
Der König hielt diesen Vorschlag für sehr bescheiden. Nach einigen Tagen merkte er aber, daß er auf Mulas Vorschlag nicht hätte eingehen sollen.

a) Wieviel Taler erhielt Mula am 5., 6., 7., . . . , 22. Tag?

b) An welchem Tag verlangte Mula erstmals mehr als 1 000 Taler? An welchem Tag erstmals mehr als 1 000 000 Taler?

c) Am 24. Tag wurde der Brunnen fertig. Wieviel Taler forderte Mula für den 24. Tag?

Lösung

a) Aus der Tabelle kannst du ablesen, wieviel Taler Mula an den einzelnen Tagen verlangte. Du kannst die Tabelle immer weiter fortsetzen.

b) Am 11. Tag verlangte Mula erstmals mehr als 1 000 Taler, nämlich 1 024 Taler. Am 21. Tag waren es erstmals mehr als 1 000 000 Taler, nämlich 1 048 576 Taler.

c) 23. Tag: 2 097 152 + 2 097 152 = 4 194 304 24. Tag: 4 194 304 + 4 194 304 = 8 388 608

Am 24. Tag verlangte Mula 8 388 608 Taler.

Tag	Taler
1.	1
2.	2
3.	4
4.	8
5.	16
6.	32
7.	64
8.	128
9.	256
10.	512
11.	1 024

Tag	Taler
12.	2 048
13.	4 096
14.	8 192
15.	16 384
16.	32 768
17.	65 536
18.	131 072
19.	262 144
20.	524 288
21.	1 048 576
22.	2 097 152

Zur Information

(1) Große Zahlen sind oft nicht leicht zu überblicken.
Man gewinnt eine Übersicht über den Aufbau einer großen Zahl, wenn man sie in einer **Stellentafel** darstellt.

Billionen	Milliarden	Millionen	Tausender			H	Z	E	Gelesen
			HT	ZT	T				
			8	6	2	1	2	5	862 Tausend 125
		1 2	5	6	3	4	5	0	12 Millionen 563 Tausend 450
	4	2 9 4	0	0	0	0	0	0	4 Milliarden 294 Millionen
3	1 6 4	0 0 0	0	0	0	0	0	0	3 Billionen 164 Milliarden

Beim Schreiben großer Zahlen bildet man „Dreierpäckchen“: 12 563 450, 4 294 000 000

(2) Große Zahlen: 1 Million (1 Mio.) = 1 000 000 = 1 000 Tausender
1 Milliarde (1 Mrd.) = 1 000 000 000 = 1 000 Millionen
1 Billion = 1 000 000 000 000 = 1 000 Milliarden
1 Billiarde = 1 000 000 000 000 000 = 1 000 Billionen

Zur Festigung und zum Weiterarbeiten

1.

Lies die Zahlen und schreibe sie.

a)

Millionen	Tausender	H	Z	E
1	5 7 6	5	0	0
1 7	9 3 0	0	0	0
2 0	8 5 0	6	0	3
1 4 8	2 0 0	0	4	5
4 5 5	0 0 0	7	8	1

b)

	Milliarden	Millionen	Tausender	H	Z	E
		1	4 7 8	0	7	5
	5	1 6 4	0 8 0	5	6	1
	1 6	3 0 9	4 5 0	0	1	4
	7 4 2	6 0 0	5 8 5	0	0	0
4	3 5 2	6 5 5	8 1 5	2	1	2

2.

Trage die Zahlen in eine Stellentafel ein und lies sie.

a) 71 048; 407 076; 775 025

b) 2 400 000; 15 503 419; 536 004 022

c) 1 650 008; 13 585 000; 475 150 970

d) 1 335 440 578; 38 467 005 151; 3 778 966 630 065

3.

Schreibe die Zahlen mit Ziffern.

6 T + 5 H + 2 Z + 3 E = 6 523

a) 8ZT + 2T + 7H + 5Z
7HT + 6ZT + 2H + 5Z
8HT + 6T + 5Z + 2E

b) 6ZT + 5T + 2H + 6Z + 9E
2HT + 7ZT + 6T + 1H + 2E
2HT + 6ZT + 2H + 5Z

c) 3ZT + 12T + 8H + 17Z + 4E
3HT + 8ZT + 35H + 8Z + 24E
3ZT + 17T + 12H + 18Z + 23E

4.

Schreibe mit Ziffern.

a) 4 Millionen; 40 Millionen; 4 Milliarden; 400 Milliarden

b) 12 Millionen; 12 Milliarden; 120 Millionen; 120 Milliarden

c) 15 Millionen; 60 Millionen; 700 Milliarden; 3 Billionen

d) zweieinhalb Millionen; viereinhalb Milliarden; eine halbe Milliarde; tausend Millionen

5.
Lies die Zahlen. Schreibe die Zahlen mit Ziffern.

a) dreihundertsechzehntausend-fünfhundertundsieben

b) vierhundertfünfundvierzigtausend-dreiundfünfzig

c) achthundertdreitausend-siebenhundertdreiundzwanzig

6.

a) Ein Flugzeug kostet etwa 1 Million DM. Mit wie vielen Tausendmarkscheinen könnte man das Flugzeug bezahlen?

b) In China leben ungefähr 1 Milliarde Menschen. Wie viele Millionen Menschen sind das?

Zur Übung: 1 bis 9

Die unbegrenzte Folge der natürlichen Zahlen

Aufgabe

Du kennst Geräte, die zählen können: Kilometerzähler, Zähler an Benzinzapfsäulen, Zähler für den Strom- und für den Gasverbrauch.
Zählgeräte haben Ziffernräder:
Das *Einerrad* dreht sich beim Weiterzählen um 1 weiter; das *Zehnerrad* dreht sich beim Zehnerübergang um 1 weiter; das *Hunderterrad* dreht sich beim Hunderterübergang um 1 weiter; das *Tausenderrad* dreht sich beim Tausenderübergang um 1 weiter.

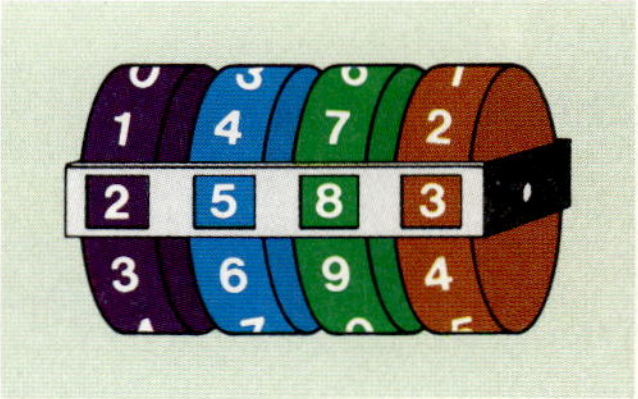

a) Welche Zahl zeigt das Zählgerät im Bild an?

b) Wie heißt die vorhergehende Zahl (der *Vorgänger*)? Wie heißt die nachfolgende Zahl (der *Nachfolger*)?

c) Bis zu welcher Zahl kann das Gerät zählen?

d) Wie müßte man das Gerät erweitern, damit es noch weiter zählen könnte?

Lösung

a) Das Gerät zeigt die Zahl 2 583 an.

b) Die vorhergehende Zahl heißt 2 582; die nachfolgende Zahl heißt 2 584.

c) Das Gerät kann bis 9 999 zählen.

d) Man baut weitere Ziffernräder ein. (Beachte die Tabelle rechts.)

Ziffernrad für die	Das Gerät zählt bis
Zehntausender	99 999
Hunderttausender	999 999
Millionen	9 999 999
Zehnmillionen	99 999 999

Zur Festigung und zum Weiterarbeiten

1.
Wie heißt die vorhergehende Zahl? Wie heißt die nachfolgende Zahl? Das Zählgerät zeigt:

a) 2 9 8 8 9 **b)** 5 9 0 0 0 **c)** 1 9 8 9 9 9

2.
Gib den Vorgänger und den Nachfolger der Zahl an.

a) 90 000 **b)** 200 000 **c)** 9 190 000 **d)** 39 989 999 **e)** 99 999 999

3.
Welche Zahlen liegen zwischen

a) 9 996 und 10 005, **b)** 199 989 und 200 003, **c)** 4 979 992 und 4 980 007?

4.
Ein Zählgerät hat 10 Ziffernräder. Bis zu welcher Zahl kann das Gerät zählen?

5.
Max hat auf einen Zettel eine 1 und dahinter hundert Nullen geschrieben. Er behauptet: „Das ist die größte natürliche Zahl, die es gibt.“ Was meinst du dazu?

> Zu jeder (noch so großen) natürlichen Zahl kann man eine nachfolgende Zahl (den Nachfolger) finden; man braucht nur 1 zu addieren. Daher kann man ohne Ende weiterzählen. Die Folge der natürlichen Zahlen ist unbegrenzt.
>
> Zum Schreiben der Zahlen reichen die Ziffern 0, 1, 2, 3, 4, 5, 6, 7, 8, 9 aus.

Zur Übung: 10 bis 13

Zahlenstrahl

Wiederholung

Die Folge der natürlichen Zahlen kann man auf dem **Zahlenstrahl** darstellen. Da die Folge der natürlichen Zahlen unbegrenzt ist, kann man den Zahlenstrahl nach rechts so weit fortsetzen, wie man will. Der Zahlenstrahl hat einen Anfangspunkt, aber keinen Endpunkt.
Bei Verkleinerung kann man auch große Zahlen auf dem Zeichenblatt markieren.

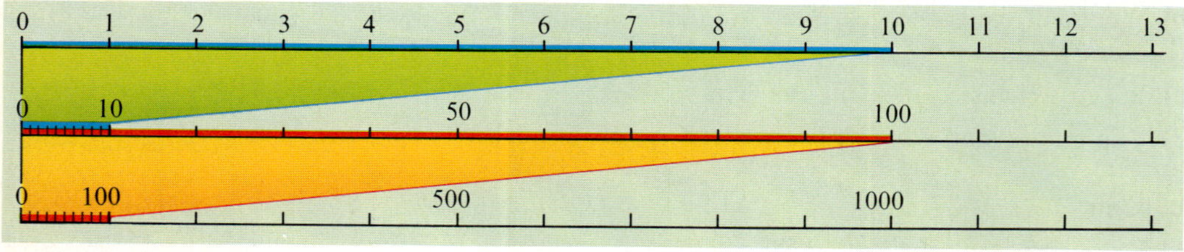

Zur Festigung und zum Weiterarbeiten

1.
An dem folgenden Zahlenstrahl sind einige rote Striche. Wie heißen die zugehörigen Zahlen?

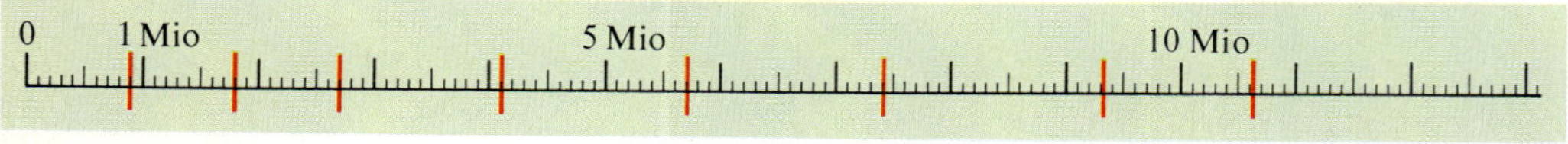

2.

a) Zähle in Hunderttausender-Schritten bis 2 Millionen. Beginne bei 100 000.

b) Gehe von 9 000 000 in Hunderttausender-Schritten bis 10 500 000.

c) Tom geht auf dem Zahlenstrahl von der Zahl 5 500 000 in zwölf Hunderttausender-Schritten nach rechts [nach links]. Zu welcher Zahl kommt er?

d) Welche Zahl liegt genau in der Mitte zwischen 5 000 000 und 9 000 000?

3.

Zähle von der Zahl 98 500 weiter

a) in Hunderter-Schritten, **b)** in Tausender-Schritten, **c)** in Achthunderter-Schritten.

4.

Welche beiden Zahlen sind von der folgenden Zahl genau 10 000 [1 000; 10; 4] Einerschritte auf dem Zahlenstrahl entfernt?

a) 500 000 **b)** 1 000 000 **c)** 4 000 000 **d)** 1 Milliarde

Zur Übung: 14 bis 18

Übungen

Große Zahlen – Stellentafel

1.

Trage in eine Stellentafel ein und lies.

a) 2 482 000
13 950 500
475 280 007
925 410 386
402 000 500

b) 7 550 366
14 576 791
150 418 691
657 112 455
840 234 987

c) 91 012 817
75 072 190
567 880 710
6 547 503 464
8 053 183 253

d) 61 523 418 822
450 673 445 871
812 394 757 665
3 726 745 500 953
35 273 762 112 035

2.

Schreibe mit Ziffern.

a) 2 T + 4 H + 7 Z + 1 E
1 ZT + 5 T + 9 H + 2 Z
3 HT + 5 ZT + 1 T + 3 H
3 ZT + 1 T + 4 Z + 2 E

b) 8 T + 5 H + 4 Z + 4 E
2 HT + 3 ZT + 8 H + 5 Z
8 ZT + 4 T + 2 Z + 5 E
6 HT + 1 ZT + 7 H + 4 Z

c) 6 ZT + 8 T + 15 H + 6 Z + 17 E
8 HT + 16 T + 11 H + 8 Z + 12 E
2 ZT + 11 T + 13 H + 4 Z + 58 E
25 ZT + 9 T + 15 H + 36 Z + 18 E

3.

Zerlege die Zahlen in HT, ZT, T, H, Z, E.

a) 846 856
425 746
249 220

b) 751 930
434 018
780 465

c) 690 097
305 037
430 520

4.

Schreibe mit Ziffern.

a) 5 Millionen
5 Milliarden
50 Milliarden
15 Milliarden
36 Millionen

b) dreieinhalb Millionen
zehneinhalb Millionen
eine halbe Million
eine viertel Million
eine halbe Milliarde

5.

Schreibe mit Ziffern.

a) siebentausend-dreihundertundsiebzehn

b) neunzehntausend-siebenhundertundvierzig

c) achtunddreißigtausend-fünfhundertundvier

d) sechshunderttausend-dreihundertundzwölf

e) achtzehntausend-fünfundneunzig

f) acht Millionen zweihundertdreiundfünfzigtausend

g) siebenundzwanzig Millionen achthunderteinundneunzig

6.

Schreibe in Worten.

a) 984 **b)** 1 275 **c)** 2 807 **d)** 3 045
e) 38 000 **f)** 4 550 **g)** 9 820 **h)** 150 600

7.

Ein Stapel aus 100 Blatt Papier ist ungefähr 1 cm dick.

a) Wie dick ist ein Stapel aus 1 000 Blatt, wie dick ein Stapel aus 10 000 Blatt?

b) Wie viele Stapel aus 10 000 Blatt Papier müßte man nebeneinanderlegen, um 1 Million Blatt unterzubringen?

c) Denke dir 1 Million Blatt Papier aufeinandergestapelt. Wie hoch wäre der Stapel?

8.
Die Baukosten für ein Krankenhaus betragen 50 Millionen DM. Mit wie vielen Tausendmarkscheinen könnte man die Kosten zahlen?

9.
In einer Packung mit 1 kg Kochsalz sind ungefähr 500 000 Salzkörner. Mit wie vielen Kilogrammpackungen Kochsalz kann man sich die folgenden Zahlen veranschaulichen?

a) 1 Million **b)** 10 Millionen **c)** 1 Milliarde

Die unbegrenzte Folge der natürlichen Zahlen

10.
Gib den Vorgänger und den Nachfolger jeder Zahl an.

a) 917 999	**b)** 1 519 900	**c)** 89 099 990
590 000	2 959 000	26 979 000
898 989	8 397 890	34 000 000
989 000	4 200 000	58 798 099

11.
Schreibe alle natürlichen Zahlen auf, die zwischen folgenden Zahlen liegen.

a) 9 994 und 10 010 **c)** 199 995 und 200 004

b) 29 989 und 30 003 **d)** 999 988 und 1 000 008

e) 2 999 996 und 3 000 010

12.
Wie viele natürliche Zahlen liegen zwischen den folgenden beiden Zahlen?

a) 75 und 84 **d)** 4 990 und 5 005

b) 888 und 900 **e)** 19 992 und 20 003

c) 995 und 1 004 **f)** 25 988 und 26 000

13.
Dagmar besucht einen Zoo. Auf ihrer Eintrittskarte steht die Nummer 999 967. „Fast wäre ich die 1 000 000. Besucherin gewesen", sagt sie. Der wievielte Besucher nach Dagmar erhält die Eintrittskarte mit der Nummer 1 000 000?

Zahlenstrahl

14.
a) Zähle in Tausender-Schritten von 190 600 bis 206 600.

b) Zähle in Zehntausender-Schritten von 935 000 bis 1 055 000.

c) Zähle in Hunderttausender-Schritten von 850 000 bis 2 050 000.

d) Zähle in Millionen-Schritten von 88 500 000 bis 105 500 000.

e) Zähle in Zehnmillionen-Schritten von 44 000 000 bis 124 000 000.

f) Zähle in Fünfzehntausender-Schritten von 840 000 bis 1 050 000.

15.
Gehe in Gedanken auf dem Zahlenstrahl von der folgenden Zahl um 12 Hunderttausender-Schritte nach rechts [links]. Zu welcher Zahl kommst du?

a) 9 500 000 **c)** 1 000 000 000

b) 194 000 000 **d)** 280 000 000

16.
Welche Zahl liegt genau in der Mitte zwischen den eingetragenen Zahlen?

a)

b)

c)

17.
Welche Zahl liegt genau in der Mitte zwischen folgenden beiden Zahlen?

a) 800 000 und 1 000 000

b) 300 000 und 1 000 000

c) 700 000 und 1 100 000

d) 900 000 und 1 200 000

e) 1 Million und 10 Millionen

18.
a) Welche beiden Zahlen sind von der Zahl 900 000 auf dem Zahlenstrahl genau 100 000 [10 000; 1 000; 100; 10; 5] Einerschritte entfernt?

b) Verfahre ebenso mit 990 000 und 999 000.

Reihenfolge der natürlichen Zahlen

Ordnen von Zahlen

Aufgabe

Bei einer Lotterie kann man folgende Gewinne erzielen:

Radio	380 DM	Schmuck	1 556 DM
Fernseher	1 955 DM	Teppich	3 667 DM
Auto	16 900 DM	Fahrrad	219 DM
Reise	5 500 DM	Klavier	10 500 DM

Bei der Auslosung der Gewinne wird zuerst der kleinste Gewinn gezogen, dann der zweitkleinste Gewinn usw. Zuletzt wird der Hauptgewinn gezogen.

a) Welcher Gewinn wird zuerst gezogen? Welches ist der Hauptgewinn?

b) Ordne die Gewinne in der Reihenfolge, in der sie gezogen werden.

Lösung

a) Das Fahrrad wird zuerst verlost; denn 219 ist die kleinste der Zahlen.
Das Auto ist der Hauptgewinn; denn 16 900 ist die größte der Zahlen.

b) Reihenfolge der Gewinne:

Fahrrad	Radio	Schmuck	Fernseher	Teppich	Reise	Klavier	Auto
219 DM	380 DM	1 556 DM	1 955 DM	3 667 DM	5 500 DM	10 500 DM	16 900 DM

Zur Information

Man kann Zahlen nach ihrer Größe vergleichen und ordnen. Es gibt zwei Möglichkeiten:

(1) *ist kleiner als* (<): **85 < 91**

Auf dem Zahlenstrahl liegt der Punkt für 85 *links* von dem Punkt für 91.
Beim Zählen kommt 85 *früher* als 91.

(2) *ist größer als* (>): **91 > 85**

Auf dem Zahlenstrahl liegt der Punkt für 91 *rechts* von dem Punkt für 85.
Beim Zählen kommt 91 *später* als 85.

Zur Festigung und zum Weiterarbeiten

1.

Setze für ■ das passende Zeichen (< oder >) ein.

a) 2 568 ■ 20 270; 3 580 ■ 990; 75 385 ■ 8 953

b) 3 255 ■ 3 522; 74 878 ■ 74 788; 525 678 ■ 524 769

c) 4 564 ■ 4 546; 7 378 ■ 7 387; 9 843 ■ 9 488

d) 2 365 677 ■ 2 365 766; 3 938 752 ■ 3 938 572; 5 633 521 ■ 5 633 612

2.

Ordne die Zahlen nach der Größe. Beginne mit der kleinsten.

137 < 242 < 574 < 1 250 < 1 500

a) 345; 195 066; 4 580; 75 365; 45 990

b) 10 757; 1 750; 10 575; 1 575; 15 075

c) 998; 989; 899; 889; 858; 898

d) 67 575; 65 765; 66 575; 66 577; 65 576

3.

Wie heißt jeweils die nächstkleinere, wie die nächstgrößere Hunderterzahl [Tausenderzahl]?

a) 7 348; 5 831 **b)** 21 855; 86 960 **c)** 365 014; 129 276 **d)** 499 550; 549 933

4.

Dirk möchte mit den drei Ziffernkärtchen alle möglichen dreistelligen Zahlen bilden.

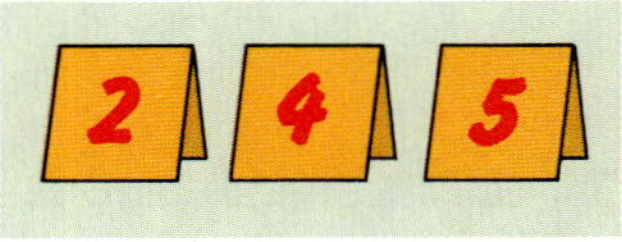

a) Notiere alle Zahlen, die Dirk bilden kann.

b) Ordne die Zahlen nach ihrer Größe.

Zur Übung: 1 bis 8

Zahlenfolgen

Aufgabe

Thomas legt aus Bausteinen eine Treppe. Sie besteht aus mehreren Blöcken.

a) Für den 1. Block braucht Thomas 3 Steine, für den 2. Block 3 + 6, d. h. 9 Steine. Wie viele Steine braucht er für den 3. Block, wie viele für den 4. Block?

b) Vergleiche die Zahlen für jeden Block. Wie viele Steine werden es bei jedem Block mehr?

c) Wie viele Steine benötigt Thomas für den 5. Block, für den 6. Block, für den 7. Block?

Lösung

a) In der Tabelle ist eingetragen, wie viele Bausteine für die ersten 4 Blöcke gebraucht werden.

Block	1	2	3	4
Zahl der Bausteine	3	9	15	21

b) Jedesmal, wenn Thomas einen Block baut, braucht er 6 Steine mehr als für den vorhergehenden Block.

c) Da es von Block zu Block jedesmal 6 Steine mehr sind, benötigt Thomas für den 5. Block 27 Steine, für den 6. Block 33 Steine, für den 7. Block 39 Steine.

Zur Information

Die Zahlen 3, 9, 15, 21, 27, 33, 39, ... bilden eine **Zahlenfolge.**
Sie ist nach der Regel $\xrightarrow{+6}$ aufgebaut: $3 \xrightarrow{+6} 9 \xrightarrow{+6} 15 \xrightarrow{+6} 21 \xrightarrow{+6} \ldots$
Man kann die Zahlenfolge so weit fortsetzen, wie man will.

Zur Festigung und zum Weiterarbeiten

1.

Das sind Zahlenfolgen. Wie heißen die nächsten zehn Zahlen? Überlege dir zuerst die Regel.

a) 10, 25, 40, 55, 70, ... **b)** 4, 12, 20, 28, ... **c)** 300, 285, 270, 255, ...

△ **2.**

Schreibe zu jeder Regel die ersten zehn Zahlen einer Zahlenfolge auf. Die Zahlenfolge beginnt mit der Zahl 1.

a) Regel $\xrightarrow{+17}$ **c)** Regel $\xrightarrow{+29}$ **e)** Regel $\xrightarrow{+14}$ **g)** Regel $\xrightarrow{+38}$

b) Regel $\xrightarrow{+24}$ **d)** Regel $\xrightarrow{\cdot 2}$ **f)** Regel $\xrightarrow{+12}$ **h)** Regel $\xrightarrow{\cdot 3}$

△ **3.**

a) Zu der Zahlenfolge 5, 8, 16, 19, 27, ... gehören abwechselnd die Regeln $\xrightarrow{+3}$, $\xrightarrow{+8}$. Überprüfe das und gib die nächsten zehn Zahlen an.

b) 5, 12, 22, 29, 39, ... Regeln $\xrightarrow{+7}$, $\xrightarrow{+10}$ Wie heißen die nächsten zehn Zahlen?

c) 7, 22, 20, 35, 33, ... Regeln $\xrightarrow{+15}$, $\xrightarrow{-2}$ Wie heißen die nächsten zehn Zahlen?

△ **4.**

Setze die Zahlenfolge fort. Gib zunächst die Regel an.

a) 5, 11, 13, 19, 21, 27, ... **b)** 10, 100, 150, 240, 290, 380, ...

△ *Zur Übung: 9 bis 16*

Übungen

Ordnen von Zahlen

1.

Setze für ▒ das passende Zeichen (< oder >).

a)
8 157 ▒ 9 650
14 750 ▒ 14 570
48 960 ▒ 180 550
95 000 ▒ 9 990

b)
41 568 ▒ 41 658
727 899 ▒ 727 989
33 572 ▒ 33 293
569 456 ▒ 569 546

c)
17 586 ▒ 17 685
440 755 ▒ 440 666
45 457 ▒ 46 444
691 875 ▒ 689 995

d)
2 191 233 ▒ 2 191 322
6 667 765 ▒ 6 666 775
9 453 340 ▒ 9 453 499
12 865 745 ▒ 12 856 745

2.

Ordne die Zahlen nach der Größe.

a) 755, 1 490, 125 500, 6 975, 18 470

b) 75 120, 105 600, 873, 751 200, 1 983

c) 88 450, 85 450, 8 195, 855 900, 8 890

d) 33 685, 33 750, 33 212, 36 570, 33 715

e) 92 590, 9 295, 920 000, 92 900, 9 950

f) 46 640, 44 660, 6 460, 66 040, 406 400

g) 456 654, 456 564, 465 654, 466 554, 455 646

h) 3 234 423, 3 243 423, 3 234 243, 3 232 343

3.

Ordne die Staaten nach ihrer Einwohnerzahl.

Belgien	9 849 000
Dänemark	5 122 000
Bundesrepublik Deutschland	61 713 000
Frankreich	54 100 000
Großbritannien	55 830 000
Luxemburg	365 000
Niederlande	14 240 000
Österreich	7 504 000
Schweiz	6 365 000
Spanien	37 650 000

(Stand: 1985)

4.

Dieters Vater möchte einen Gebrauchtwagen kaufen. Er hat 4 Wagen in die nähere Wahl genommen.

Wagen	A	B	C	D
km-Stand	83 549	92 465	94 095	88 482
Preis (in DM)	9 870	8 900	9 750	8 850

Ordne die Wagen

a) nach dem km-Stand, **b)** nach dem Preis.

5.

Gib zu jeder Zahl die beiden benachbarten Hunderterzahlen, Tausenderzahlen und Zehntausenderzahlen an. Schreibe wie im Beispiel.

Benachbarte	
Hunderterzahlen:	41 500 < 41 568 < 41 600
Tausenderzahlen:	41 000 < 41 568 < 42 000
Zehntausenderzahlen:	40 000 < 41 568 < 50 000

a) 75 844 **c)** 280 890 **e)** 129 955
b) 498 950 **d)** 27 759 **f)** 549 920

6.

a) Schreibe alle dreistelligen Zahlen, die man mit den Ziffern 7, 8, 9, bilden kann. (Jede Ziffer soll genau einmal vorkommen.) Ordne die Zahlen nach ihrer Größe.

b) Verfahre ebenso mit den Ziffern 2, 3, 4.

7.

Mit den Ziffern 4, 5, 6, 7 kann man vierstellige Zahlen schreiben. Wie heißen die sechs kleinsten [größten] Zahlen?

8.

Mit den vier Ziffernkärtchen kann man vierstellige Zahlen legen.

a) Nenne die drei kleinsten [größten] Zahlen.

b) Mit den vier Ziffernkärtchen kann man zwölf verschiedene vierstellige Zahlen legen. Findest du alle?

Zahlenfolgen

△ **9.**

Wie heißt die Regel bei der Zahlenfolge? Gib die nächsten zehn Zahlen an.

a) 44, 66, 88, 110, ...

b) 76, 91, 106, 121, ...

c) 32, 46, 60, 74, ...

d) 17, 33, 49, 65, ...

e) 35, 59, 83, 107, ...

f) 90, 280, 470, 660, ...

△ **10.**

Schreibe die ersten zehn Zahlen der Zahlenfolge auf. Die erste Zahl heißt 5.

a) Regel $\xrightarrow{+15}$ **c)** Regel $\xrightarrow{+37}$

b) Regel $\xrightarrow{+25}$ **d)** Regel $\xrightarrow{+72}$

△ **11.**

Hier werden die Zahlen kleiner. Bis zu welcher Zahl kannst du die Zahlenfolge fortsetzen?

a) 95, 83, 71, ... **c)** 75, 67, 59, ...

b) 120, 108, 96, ... **d)** 900, 840, 780, ...

△ **12.**

Setze anstelle von □ die passenden Zahlen.

a) □, □, □, 50, 66, 82, 98, □, □, □

b) □, □, □, 103, 128, 153, 178, □, □

c) □, □, □, 75, 90, 105, 120, □, □, □

d) □, □, □, 100, 85, 70, 55, □, □, □

△ **13.**

Wie heißen die nächsten zehn Zahlen?

a) 20, 38, 33, ... (Regel $\xrightarrow{+18}\ \xrightarrow{-5}$)

b) 20, 16, 29, ... (Regel $\xrightarrow{-4}\ \xrightarrow{+13}$)

c) 20, 40, 25, ... (Regel $\xrightarrow{\cdot 2}\ \xrightarrow{-15}$)

d) 20, 35, 31, ... (Regel $\xrightarrow{+15}\ \xrightarrow{-4}$)

△ **14.**

Gib die nächsten zehn Zahlen an.

a) 10, 15, 17, 22, 24, 29, ...

b) 18, 28, 31, 41, 44, 54, ...

c) 25, 40, 44, 59, 63, 78, ...

d) 10, 19, 27, 36, 44, 53, ...

△ **15.**

An den Figuren kannst du eine Zahlenfolge erkennen. Gib die nächsten fünf Zahlen an.

a)

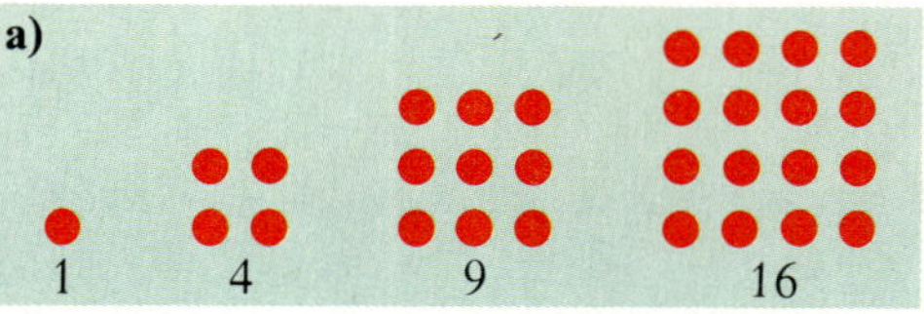

b)

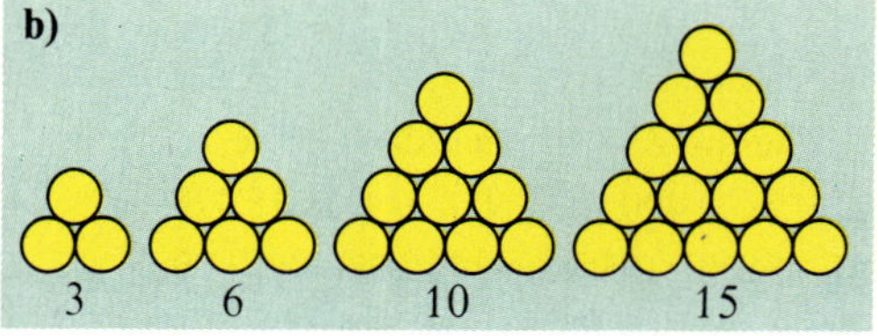

▲ **16.**

Wie heißen die nächsten fünf Zahlen?

a) 2, 5, 9, 14, 20, ...

b) 1, 5, 10, 16, 23, ...

c) 8, 10, 14, 20, 28, ...

d) 1, 2, 4, 8, 16, ...

e) 1, 5, 25, 125, 625, ...

Veranschaulichung von Zahlen

Bilddiagramme – Runden von Zahlen

Aufgabe

Einwohnerzahlen von Städten oder Ländern werden manchmal in **Bilddiagrammen** veranschaulicht; dabei werden die genauen Zahlen *gerundet*.

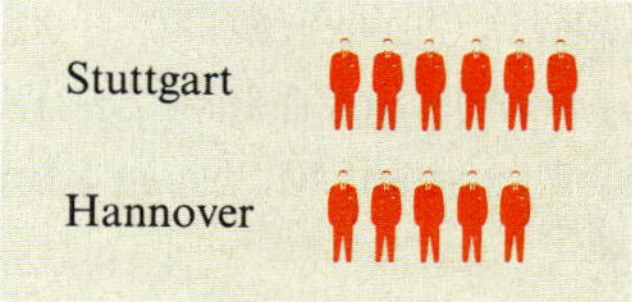

a) Erkläre das Diagramm. Vergleiche mit den genauen Einwohnerzahlen:
Stuttgart 579 105; Hannover 534 623
Warum hat Stuttgart eine Figur mehr als Hannover?

b) Veranschauliche die folgenden Einwohnerzahlen in einem Bilddiagramm.
Frankfurt 625 893; Bonn 288 123; Köln 1 015 483; Hamburg 1 637 132; Düsseldorf 589 113

Lösung

a) Jede Figur in dem Bilddiagramm bedeutet 100 000 Einwohner. Das Diagramm gibt die Einwohnerzahl nicht genau, sondern auf Hunderttausender gerundet an.

Für *Stuttgart* zeichnet man 6 Figuren:
- für jeden vollen Hunderttausender eine Figur
- für den Rest von 79 105 eine Figur, weil 79 105 mehr als die Hälfte von 100 000 ist.

Die Einwohnerzahl von Stuttgart wird also *aufgerundet:*
579 105 ≈ 600 000 (Das Zeichen ≈ wird gelesen: *ist ungefähr*).

Für *Hannover* zeichnet man nur 5 Figuren:
- für jeden vollen Hunderttausender eine Figur
- für den Rest von 34 623 zeichnet man keine Figur, weil 34 623 weniger als die Hälfte von 100 000 ist.

Die Einwohnerzahl von Hannover wird also *abgerundet:* 534 623 ≈ 500 000

b)

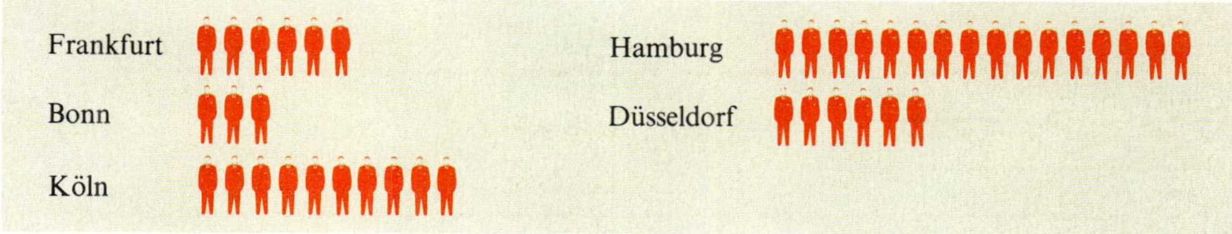

Oft ist es nicht erforderlich, eine Zahl genau anzugeben. Dann kann man die Zahl runden.

Beispiele:	Runden auf Hunderter	Runden auf Tausender	Runden auf Zehntausender
	1 7**37** ≈ 1 700	42 **4**75 ≈ 42 000	**62** 175 ≈ 60 000
	4 8**61** ≈ 4 900	76 **7**80 ≈ 77 000	8**6** 034 ≈ 90 000
	3 5**50** ≈ 3 600	63 **5**00 ≈ 64 000	**75** 000 ≈ 80 000

Beim Runden auf Hunderter, Tausender, … richtet man sich nach der *nächstfolgenden* Ziffer. Bei den Ziffern **0**, **1**, **2**, **3**, **4** wird **abgerundet**; bei den Ziffern **5**, **6**, **7**, **8**, **9** wird **aufgerundet**.
3 550 liegt genau in der Mitte zwischen 3 500 und 3 600. Man hat vereinbart, in solchen Fällen aufzurunden.

Zur Festigung und zum Weiterarbeiten

1.

Einwohnerzahlen einiger Millionenstädte:

Berlin	3 034 000	London	6 696 000	Moskau	8 011 000	Rom	2 912 000
Hamburg	1 637 000	Madrid	3 356 000	Paris	9 879 000	Wien	1 516 000

Damit das zugehörige Bilddiagramm nicht zu groß wird, soll eine Figur hier 1 Million Einwohner bedeuten. Wie viele Figuren braucht man für die einzelnen Einwohnerzahlen?
Hinweis: Überlege bei jeder Zahl, ob du aufrunden oder ob du abrunden mußt.

2.

a) Runde auf Tausender [Zehntausender]: 23 608; 44 550; 19 755; 81 845; 42 759; 44 685

b) Runde auf Millionen [Hunderttausender]: 12 588 570; 7 498 995; 2 574 710; 5 677 500

3.

a) Gib Zahlen an, die beim Runden auf Hunderter die Zahl 1 200 ergeben.

b) Wie heißt die größte [kleinste] Zahl, die beim Runden auf Hunderter die Zahl 1 200 ergibt?

4.

In welchem der folgenden Fälle darf man nicht runden? Begründe deine Entscheidung.

a) Kai zahlt für eine Fahrkarte 104 DM.

b) Langes haben die Telefonnummer 3 64 27.

c) Evas Sparbuch hat die Nummer 677 476.

d) Herr Müller fuhr im März 2 697 km.

Zur Übung: 1 bis 11

Streckendiagramme – Säulendiagramme

Aufgabe

In dem folgenden **Streckendiagramm** werden die Längen einiger Flüsse dargestellt.
1 mm Streckenlänge entspricht 10 km Flußlänge.

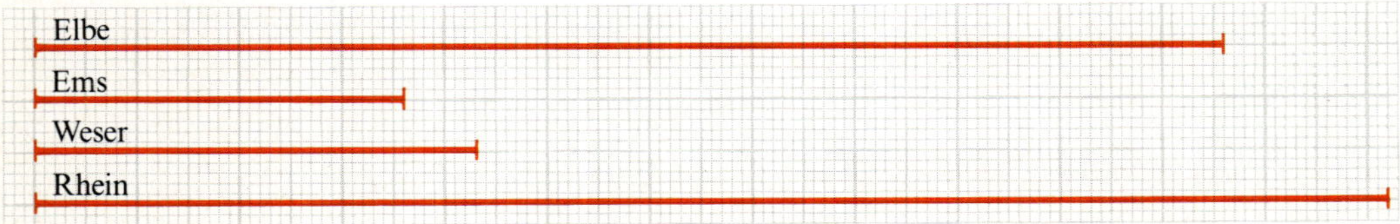

a) Lies ab, wie lang die Flüsse sind. Auf wieviel km genau kannst du die Längen bestimmen?

b) Wieviel mm Streckenlänge benötigt man in dem Diagramm für die folgenden Flußlängen: Main 524 km; Mosel 514 km; Neckar 371 km; Ruhr 235 km? Runde zuvor auf volle 10 km.

Lösung

a)

Fluß	Streckenlänge	Flußlänge
Elbe	116 mm	1 160 km
Ems	36 mm	360 km
Rhein	132 mm	1 320 km
Weser	43 mm	430 km

Die Flußlängen sind auf 10 km genau.

b)

Fluß	Flußlänge	Streckenlänge
Main	ca. 520 km	52 mm
Mosel	ca. 510 km	51 mm
Neckar	ca. 370 km	37 mm
Ruhr	ca. 240 km	24 mm

Je 10 km entsprechen 1 mm im Diagramm.

Zur Festigung und zum Weiterarbeiten

1.

Für die nebenstehenden Flußlängen soll ein Streckendiagramm angelegt werden.

Amazonas	6 240 km
Donau	2 850 km
Nil	6 670 km
Wolga	3 690 km

a) Paßt das Diagramm in dein Heft, wenn du auch hier für 10 km Flußlänge 1 mm Streckenlänge wählst? Wieviel km Flußlänge kannst du durch 1 mm Streckenlänge darstellen, damit das Diagramm in dein Heft paßt und genügend groß ist?

b) Zeichne das Streckendiagramm.

c) Wieviel mm würdest du in dem Diagramm für die Länge der Weser (430 km) benötigen?

2.

Auf der Erde werden mehrere Tausend Sprachen gesprochen. In dem **Säulendiagramm** bedeutet 1 mm Säulenhöhe 10 Millionen Menschen.

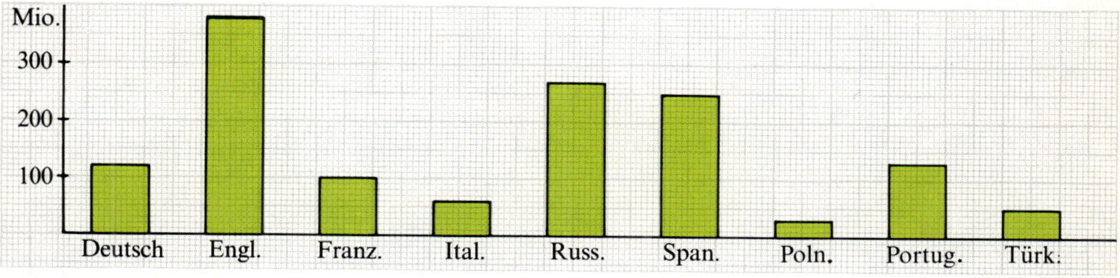

a) Wie viele Menschen sprechen Deutsch, wie viele Englisch usw.?

b) Wieviel mm Säulenhöhe würde man in dem Diagramm für folgende Sprachen brauchen? (Runde die Zahlen zuvor auf 10 Millionen.)
Niederländisch 18 Mio. Japanisch 115 Mio. Ungarisch 13 Mio. Chinesisch 800 Mio.

Zur Übung: 12 bis 16

Übungen

Bilddiagramme – Runden von Zahlen

1.

Das Bilddiagramm zeigt, wie viele Pkw es in der Bundesrepublik Deutschland gibt. Jede Figur bedeutet 2 Millionen Pkw.

a) Gib für jedes Jahr die Anzahl der Pkw an.

b) Um wieviel nahm der Pkw-Bestand jeweils in 5 Jahren zu? Welcher Pkw-Bestand hätte sich für das Jahr 1985 ergeben?

2.

Zeichne ein Bilddiagramm für die folgenden Einwohnerzahlen. Jede Figur bedeutet 1 Million Einwohner.

Baden-Württemberg	9 257 000
Bayern	10 965 000
Berlin (West)	1 861 000
Bremen	682 000
Hamburg	1 617 000
Hessen	5 584 000
Niedersachsen	7 252 000
Nordrhein-Westfalen	16 900 000
Rheinland-Pfalz	3 634 000
Saarland	1 054 000
Schleswig-Holstein	2 617 000

3.

a) Schreibe zu jeder Zahl die beiden benachbarten Tausenderzahlen. Unterstreiche die Tausenderzahl, die der Zahl am nächsten liegt. Schreibe so: 27 000 < 27 561 < 28 000

13 670; 346 145; 8 569; 17 501; 864 550

b) Runde die Zahlen in a) auf Tausender.

4.

Runde auf Hunderter [Tausender].

a)	b)	c)
38 225	73 856	445 500
60 895	10 576	6 504 955
96 914	89 939	702 455
153 506	369 991	733 460

5.

Runde auf volle DM.

a)	b)	c)
36,75 DM	63,50 DM	39,50 DM
69,70 DM	145,35 DM	49,45 DM
195,95 DM	40,66 DM	30,50 DM

6.

Runde auf Millionen [Hunderttausender].

a)	b)	c)
6 142 718	1 555 000	2 295 000
3 433 100	6 790 980	5 453 640
23 949 243	13 495 000	29 492 000

7.

Bei einem Länderwettkampf waren 5 913 Zuschauer. Welche Zuschauerzahl wird der Reporter angeben?

8.

Runde wie im Beispiel auf *eine* Stelle.

48 375 ≈ 50 000

a)	b)	c)
3 986	685 547	75 001
6 500	4 572	24 887
64 855	19 389	1 959
98 000	14 999	59 696

9.

Bei einem Fußballspiel waren 14 000 Zuschauer. Diese Zahl ist auf Tausender gerundet. Wie viele Zuschauer waren es mindestens, wie viele waren es höchstens?

10.

Die Schülerzahl einer Schule wird mit 800 angegeben (auf Zehner gerundet). Zwischen welchen Zahlen liegt die genaue Schülerzahl?

11.

Nenne die kleinste und die größte Zahl, die beim Runden auf Hunderter die Zahl 1 700 [2 000] ergibt.

Streckendiagramme – Säulendiagramme

12.

Das folgende Streckendiagramm veranschaulicht die Höhen einiger bedeutender Bauwerke. Lies die Höhe jedes Bauwerkes ab.

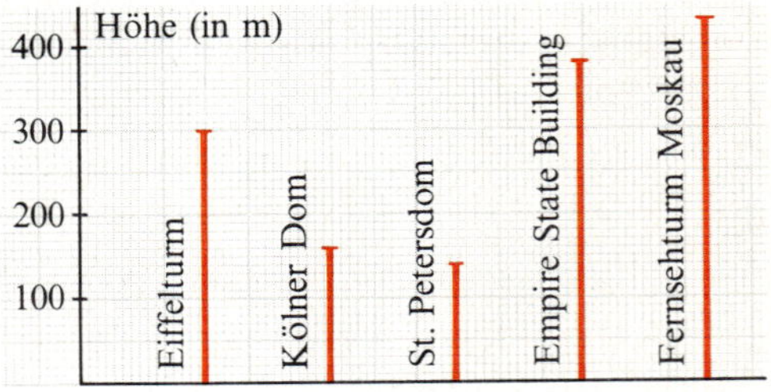

13.

Das Säulendiagramm zeigt, wie die Schüler einer Schule zum Unterricht kommen.
Wie viele Schüler kommen mit dem Bus, mit der Bahn, mit dem Fahrrad usw.?

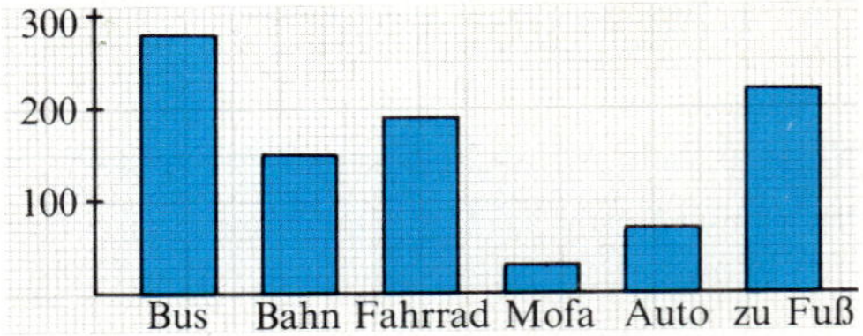

14.

Zeichne ein Streckendiagramm für die Höhen folgender Berge. (Wähle 1 mm Streckenlänge für je 100 m Höhe.)

Brocken	1 142 m	Mont Blanc	4 810 m
Zugspitze	2 963 m	Mount Everest	8 847 m
Watzmann	2 713 m	Kilimandscharo	5 955 m

15.

In der Bundesrepublik Deutschland werden in einem Jahr pro Kopf getrunken:

Kaffee	187 *l*	Milch	92 *l*
Bier	145 *l*	Tee	45 *l*
Erfrischungsgetränke	107 *l*	Wein	20 *l*
		Fruchtsäfte	16 *l*

Zeichne ein Säulendiagramm. Wähle 1 Karolänge für je 10 *l*.

16.

Ausländerbevölkerung in der Bundesrepublik Deutschland nach wichtigen Herkunftsländern:

Türken	1 464 000	Griechen	298 100
Jugoslawen	632 100	Spanier	180 000
Italiener	618 000	Österreicher	172 600

Zeichne ein Diagramm.

Stellenwertsysteme

Zahlschreibweise im Zweiersystem

Aufgabe

Zum Schreiben von Zahlen braucht man nicht unbedingt das *Zehnersystem*. Computer arbeiten im **Zweiersystem**.

a) Welche Zahlen sind rechts dargestellt? Welche Ziffern kommen vor? Was bedeuten die einzelnen Ziffern?
Beachte: Im Zweiersystem werden zwei Einer zu einem Zweier, zwei Zweier zu einem Vierer, zwei Vierer zu einem Achter.

b) Schreibe die nächsten vier Zahlwörter im Zweiersystem auf. Zeichne zu jeder Zahl eine passende Menge von Quadraten.

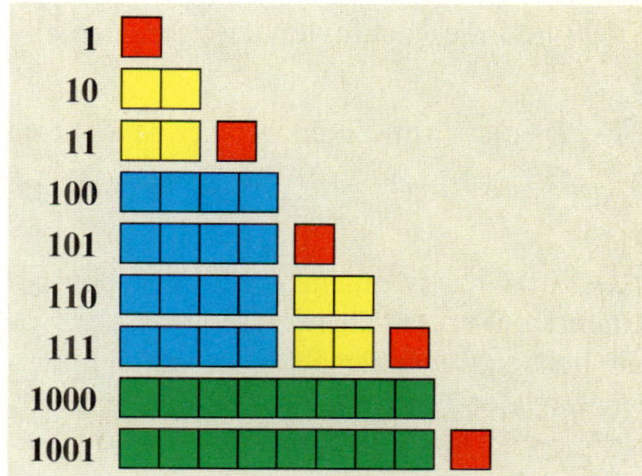

Lösung

a) Die Zahlen von eins bis neun sind dargestellt. Es kommen nur die Ziffern 0 und 1 vor. Die erste Ziffer von rechts gibt die Einer an, die zweite Ziffer die Zweier, die dritte Ziffer die Vierer, die vierte Ziffer die Achter.

b) Die nächsten Zahlen im Zweiersystem:

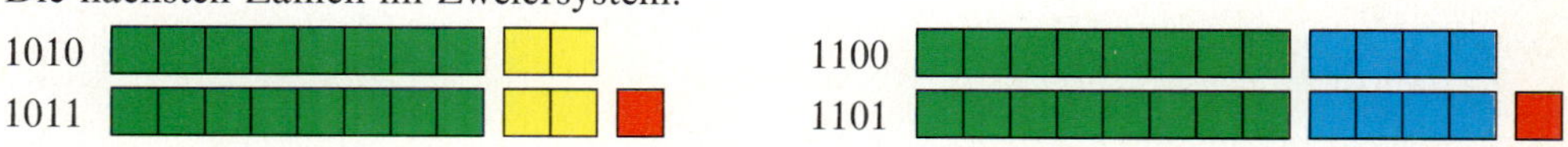

Zur Information

Im *Zehnersystem* werden 10 Einer zu 1 Zehner zusammengefaßt. 10 Zehner ergeben 1 Hunderter, 10 Hunderter ergeben 1 Tausender usw.

·10 ·10 ·10 ·10

1000	100	10	1
6	5	2	7

$6 \cdot 1000 + 5 \cdot 100 + 2 \cdot 10 + 7 \cdot 1$

Die Ziffern zeigen an, aus wie vielen Einern, Zehnern, Hundertern usw. die Zahl sich zusammensetzt.
Man benötigt die Ziffern
0, 1, 2, 3, 4, 5, 6, 7, 8, 9.

Im *Zweiersystem* werden 2 Einer zu 1 Zweier zusammengefaßt. 2 Zweier ergeben 1 Vierer, 2 Vierer ergeben 1 Achter usw.

·2 ·2 ·2 ·2 ·2 ·2

32	16	8	4	2	1
		1	0	1	1

$1 \cdot 8 + 0 \cdot 4 + 1 \cdot 2 + 1 \cdot 1$

Die Ziffern zeigen an, aus wie vielen Einern, Zweiern, Vierern, Achtern usw. die Zahl sich zusammensetzt.
Man benötigt nur die Ziffern 0 und 1.

Anmerkung: Um zu erkennen, daß eine Zahl im Zweiersystem geschrieben ist, setzen wir vor das Zahlwort das Zeichen ②. Beispiel: ②1011 (Gelesen: *eins–null–eins–eins*)

Zur Festigung und zum Weiterarbeiten

1.

Schreibe die Anzahl der Quadrate im Zweiersystem. Überlege, wo du Nullen schreiben mußt.

a) 

b) 

c) 

d) 

2.

Zeichne eine Stellentafel für das Zweiersystem (wie auf Seite 21) in dein Heft. Trage die Zahl ②1000 und die nachfolgenden zehn Zahlen ein.

3.

Gib zu jeder Zahl die nachfolgende Zahl im Zweiersystem an.

a) ②1101 **b)** ②1110 **c)** ②1111 **d)** ②11011 **e)** ②10010 **f)** ②11111

4.

Jede Ziffer hat in einem Zahlwort einen bestimmten Wert **(Stellenwert)**.
Gib bei den folgenden Zahlwörtern den Stellenwert jeder Ziffer an. Beachte die Beispiele.

a) 75 326 **c)** ②10110 **e)** 239 178

b) 189 075 **d)** ②110011 **f)** ②1010110

Zehnersystem: 320
Die Ziffer 3 hat den Stellenwert 3 · 100, d. h. 300, die Ziffer 2 den Stellenwert 20.

Zweiersystem: ②1010
Die zweite Ziffer von rechts hat den Stellenwert 2, die vierte den Stellenwert 8.

> Das Zehnersystem und das Zweiersystem sind **Stellenwertsysteme.** Der Wert (Stellenwert) einer Ziffer hängt davon ab, an welcher Stelle in dem Zahlwort die Ziffer steht.

Zur Übung: 1 bis 5

Umrechnung vom Zweiersystem in das Zehnersystem und umgekehrt

Aufgabe

Man kann Zahlen vom Zweiersystem in das Zehnersystem umrechnen und umgekehrt.

a) Rechne ②110011 aus dem Zweiersystem in das Zehnersystem um. Trage dazu ②110011 zuerst in eine Stellentafel für das Zweiersystem ein.

b) Rechne 92 aus dem Zehnersystem in das Zweiersystem um. Zerlege dazu die Zahl 92 in die folgenden Zahlen: 1, 2, 4, 8, 16, 32, 64.

Lösung

a)

32	16	8	4	2	1
1	1	0	0	1	1

②110011 $= 1 \cdot \mathbf{32} + 1 \cdot \mathbf{16} + 0 \cdot \mathbf{8} + 0 \cdot \mathbf{4} + 1 \cdot \mathbf{2} + 1 \cdot \mathbf{1}$
$= 32 + 16 + 0 + 0 + 2 + 1$
$= 51$

Ergebnis: ②110011 = 51

b) Du erhältst folgende Zerlegung:

92 = 64 + 28
28 = 16 + 12
12 = 8 + 4

$92 = 64 + 16 + 8 + 4$
$= 1 \cdot \mathbf{64} + 0 \cdot \mathbf{32} + 1 \cdot \mathbf{16} + 1 \cdot \mathbf{8} + 1 \cdot \mathbf{4} + 0 \cdot \mathbf{2} + 0 \cdot \mathbf{1}$
= ②1011100

Ergebnis: 92 = ②1011100

Zur Festigung und zum Weiterarbeiten

1.

Rechne in das Zehnersystem um: **a)** $_{(2)}11001$ **b)** $_{(2)}10110$ **c)** $_{(2)}110111$ **d)** $_{(2)}100110$

2.

Rechne in das Zweiersystem um: **a)** 18 **b)** 23 **c)** 29 **d)** 55 **e)** 75 **f)** 100
Hinweis: Schreibe die Zahlen zuvor als Summe von 1, 2, 4, 8, 16, 32, 64.

3.

a) Wie heißt die größte Zahl, die im Zweiersystem fünfstellig ist?

b) Wie kann man im Zweiersystem erkennen, ob eine Zahl gerade oder ungerade ist?

Zur Übung: 6 bis 10

Römische Zahlschreibweise

Unsere Ziffern 0, 1, 2, 3, 4, 5, 6, 7, 8, 9 sind erst seit ungefähr 500 Jahren in Mitteleuropa bekannt. Sie kommen von den Arabern und heißen daher *arabische Ziffern.* Vorher wurden bei uns die **römischen Zahlzeichen** benutzt. Noch heute findet man römische Zahlzeichen auf manchen Uhren, auf alten Münzen und bei Inschriften an Häusern und Denkmälern.

Römische Zahlzeichen

I	V	X	L	C	D	M
eins	fünf	zehn	fünfzig	hundert	fünfhundert	tausend

Aufgabe

a) In welchem Jahr wurde das abgebildete Gebäude errichtet?

b) Schreibe mit arabischen Ziffern:
VIII, XXVI, CCLXV, DCLXI

c) Schreibe mit römischen Zahlzeichen:
22, 133, 580, 1 271

d) Hier sind Zahlen mit römischen Zeichen geschrieben. Was fällt dir bei den Zahlen 4, 9, 40, 90, 400, 900 auf?
4 = IV 9 = IX 40 = XL
90 = XC 400 = CD 900 = CM

Lösung

a) Die Werte werden zusammengezählt:

M	D	C	C	C	X	X	X	V	I	I
1 000 +	500 +	100 +	100 +	100 +	10 +	10 +	10 +	5 +	1 +	1

Ergebnis: MDCCCXXXVII = 1837

b) VIII = 5 + 1 + 1 + 1 = 8 CCLXV = 100 + 100 + 50 + 10 + 5 = 265
XXVI = 10 + 10 + 5 + 1 = 26 DCLXI = 500 + 100 + 50 + 10 + 1 = 661

c) 22 = 10 + 10 + 1 + 1

10	10	1	1
X	X	I	I

Ergebnis: 22 = XXII; 133 = CXXXIII
580 = DLXXX; 1 271 = MCCLXXI

d) Bei den Zahlen 4, 9, 40, 90, 400, 900 steht ein Zeichen mit einem *kleineren* Wert *vor* einem Zeichen mit einem *größeren* Wert. Der kleinere Wert wird von dem größeren abgezogen: IV = 5 – 1; IX = 10 – 1; XL = 50 – 10 usw.

Bei der römischen Zahlenschreibweise gelten folgende Regeln:

(1) Die Zeichen M, C, X, I werden nach ihrem Wert geordnet so oft wie nötig hintereinander geschrieben, jedoch höchstens dreimal bei einer Zahl.

(2) Die Zeichen D, L, V kommen nur einmal vor.

(3) Wo eigentlich vier gleiche Zeichen stehen müßten, schrieben die Römer so:

IV	**IX**	**XL**	**XC**	**CD**	**CM**
vier	neun	vierzig	neunzig	vierhundert	neunhundert

Zur Festigung und zum Weiterarbeiten

1.

Schreibe mit arabischen Ziffern:

a) XXXVII, CXXV, DCCLII, MCCCXXVI, MDCLXVI, MDCCLXXIII

b) XLII, XXIV, XXXIX, XCIII, XCIV, MCMXIX, MCMXLIX

2.

Schreibe mit römischen Zahlzeichen die Zahlen:

a) von 1 bis 20; **b)** 33, 66, 85, 821, 625, 1 872 **c)** 89, 99, 124, 144, 1 984, 1 409, 1 939

3.

Welche Zahlen werden im Zehnersystem, welche Zahlen in der römischen Zahlschreibweise mit genau einem Zahlzeichen geschrieben?

▲ ***4.***

a) Das Zehnersystem ist ein Stellenwertsystem, d. h. der Wert einer Ziffer richtet sich nach der Stelle, an der die Ziffer in dem Zahlwort steht.
Begründe: Die römische Zahlschreibweise ist kein Stellenwertsystem.

b) Man kann im Zehnersystem schon an der (unterschiedlichen) Anzahl der Ziffern erkennen, welche von zwei Zahlen die kleinere ist. Beispiel: 735 < 1 040.
Ist das im römischen System auch so?

Zur Übung: 11 bis 17

Zur Geschichte des Zehnersystems

Zeichen für alle Zahlen sind schon seit über 5000 Jahren bekannt. So schrieben beispielsweise die Ägypter um 3000 v. Chr.:

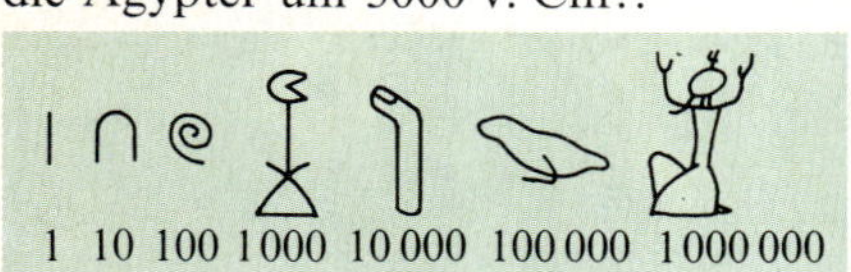

Wenn die Zahlen immer größer werden, mußten im ägyptischen wie im römischen System neue Zahlzeichen eingeführt werden. Außerdem ist es sehr mühsam, in diesen Systemen zu rechnen. Die Römer benutzten daher Rechenbretter.

Stellenwertsysteme, wie unser Zehnersystem und das Zweiersystem, haben diese Nachteile nicht.

Das Zehnersystem wurde in Indien von etwa 200 v. Chr. bis 600 n. Chr. entwickelt. Durch Handelsbeziehungen gelangten Kenntnisse von dem indischen Zahlensystem nach Westen. Insbesondere in Bagdad, das am Treffpunkt wichtiger Karawanenwege lag, übernahmen arabische Mathematiker das indische Zahlensystem. In Europa dagegen ging die Einführung der indisch-arabischen Ziffern nur langsam voran. Zwar berichteten Kaufleute nach Reisen in den Orient von den Vorteilen des neuen Systems, und Leonardo von Pisa schrieb 1202 ein Buch über das Rechnen im Zehnersystem. Aber viele Kaufleute glaubten, daß Eintragungen in den Handelsbüchern leichter zu fälschen seien, wenn sie arabische Ziffern verwenden würden. So kam es, daß erst am Ende des 15. Jahrhunderts die römischen Zahlzeichen verdrängt waren.

Mit dem Ausweiten des Handels und dem Anwachsen der handwerklichen Produktion im 15. und 16. Jahrhundert wurden immer mehr Berechnungen erforderlich. Daher stellten die großen Handelsstädte Rechenmeister ein, die Berechnungen im Dienste der Stadt ausführten und junge Leute in der Rechenkunst ausbilden konnten.

Einer der bekanntesten Rechenmeister war **Adam Riese**. Er wurde 1492, also im Jahre der Entdeckung Amerikas durch Christoph Columbus, in Staffelstein am Main geboren. In Erfurt gründete er 1518 eine Rechenschule, und seit 1523 verwaltete er die Einnahmen und Ausgaben der Bergwerke von Annaberg (Sachsen).

1522 schrieb Adam Riese ein Buch, welches das Rechnen auf dem Rechenbrett und vor allem das schriftliche Rechnen – so wie wir es heute auch machen – enthielt.

Dieses Buch führte geschickt in die Rechenkunst ein. Jeder konnte Rechnen lernen. Er mußte die ausführlichen Anleitungen durchlesen und die angegebenen Beispiele nachvollziehen.

Übungen

Zahlenschreibweise im Zweiersystem

1.

a) Schreibe die Zahlen von 1 bis 20 im Zweiersystem auf.

b) Gib jeweils die nächste Zahl an.

(1) ②10010 (2) ②100110 (3) ②1010101
②10101 ②101111 ②1001100
②11101 ②111111 ②1110111
②10111 ②111101 ②1111111

2.

Wie heißen die nächsten fünf Zahlen? Trage sie in die Stellentafel ein.

a)

32	16	8	4	2	1
	1	1	0	1	1

b)

32	16	8	4	2	1
1	0	1	1	0	1

c)

64	32	16	8	4	2	1
	1	1	1	0	1	1

d)

64	32	16	8	4	2	1
	1	0	1	0	1	1	1

3.
Gib den Vorgänger [Nachfolger] jeder Zahl an.

a) $_{(2)}11010$	**b)** $_{(2)}10011$	**c)** $_{(2)}101111$
$_{(2)}101100$	$_{(2)}10111$	$_{(2)}11111$

4.
Schreibe im Zweiersystem alle Zahlen von

a) $_{(2)}1000$ bis $_{(2)}10000$

b) $_{(2)}1101$ bis $_{(2)}10111$

c) $_{(2)}10000$ bis $_{(2)}100000$

5.
Welchen Stellenwert hat die Ziffer 1 an der 4. [5.; 6.; 7.; 8.; 9.; 10.] Stelle von rechts?

Umrechnung vom Zweiersystem in das Zehnersystem und umgekehrt

6.
Rechne in das Zehnersystem um.

a) $_{(2)}10001$	**b)** $_{(2)}1000011$	**c)** $_{(2)}1000101$
$_{(2)}11010$	$_{(2)}1110011$	$_{(2)}1100101$
$_{(2)}101010$	$_{(2)}1100111$	$_{(2)}1001100$
$_{(2)}101000$	$_{(2)}1000111$	$_{(2)}11010110$

7.
Rechne in das Zweiersystem um.

a) 18	**b)** 56	**c)** 100	**d)** 165
31	70	121	207
25	85	129	190
15	43	144	250
35	62	160	300

8.
a) Verdopple die Zahlen in Übungsaufgabe 7. Rechne sie dann in das Zweiersystem um.

b) Vergleiche mit den Ergebnissen in Übungsaufgabe 7. Was fällt dir auf?

9.
Notiere die größte Zahl, die im Zweiersystem sechsstellig [siebenstellig] ist. Rechne sie in das Zehnersystem um.

10.
a) Heide legt mit Pfennigstücken Zahlen. „Hier ist die Zahl 11 dargestellt", sagt sie.

(Z) (W) (Z) (Z) (Z: Zahl; W: Wappen)

Wie kommt sie darauf?

b) Welche Zahl hat Heide hier gelegt?

(Z) (W) (Z) (Z) (Z)

c) Lege mit Pfennigstücken im Zweiersystem: 14, 18, 25, 35, 68, 100, 113

Römische Zahlschreibweise

11.
Schreibe mit arabischen Ziffern.

a) XXIII	**b)** XLII	**c)** DCXV
XXIV	CXXX	DCCCXII
XVIII	LXXIV	CXXIV
XXXIX	LXXXI	DLXXVI
LXI	CXXIX	CCXC

12.
Schreibe mit römischen Zahlzeichen.

a) 26	**b)** 92	**c)** 94	**d)** 337
19	63	49	140
38	31	236	144
79	74	281	484
56	89	197	919

13.
a) Aus welchem Jahr stammt der Türbogen?

b) In welchem Jahr wurde das Buch gedruckt?

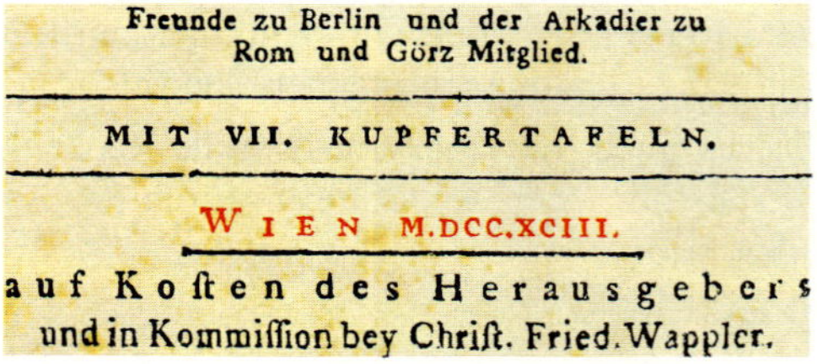
Freunde zu Berlin und der Arkadier zu
Rom und Görz Mitglied.

MIT VII. KUPFERTAFELN.

WIEN M.DCC.XCIII.

auf Kosten des Herausgebers
und in Kommission bey Christ. Fried. Wappler.

14.
Schreibe mit arabischen Ziffern.

a) CMXLII	**b)** MCCCXXIX
MCCLXXVI	MCMXXIV
MCMXLIX	MCMXC

15.
Schreibe mit römischen Zahlzeichen.

a) 1 256 **b)** 1 806 **c)** 1 939 **d)** 1 984

16.
Suche möglichst viele Zahlen, die man mit zwei gleichen [verschiedenen] römischen Zahlzeichen schreiben kann.

17.
Schreibe mit römischen Zahlzeichen

a) dein Geburtsjahr; **b)** das jetzige Jahr.

Vermischte Übungen zur Wiederholung und Vertiefung

1.
Schreibe mit Ziffern:

a) 7 ZT + 5 T + 6 H + 1 Z + 3 E

b) 4 HT + 8 H + 9 Z + 2 E

c) 1 HT + 24 ZT + 5 T + 18 H + 27 E

2.
Schreibe mit Ziffern.

a) 50 Mio. **e)** 200 Milliarden

b) 70 Mrd. **f)** eine viertel Milliarde

c) 120 Mio. **g)** fünfeinhalb Millionen

d) 1 700 Mio. **h)** dreieinhalb Milliarden

3.
Gib den Vorgänger [Nachfolger] der Zahl an.

a) 14 889 **b)** 92 999 **c)** 60 000 000

d) 79 399 999 **e)** 1 000 000 000

4.
Schreibe alle natürlichen Zahlen

a) zwischen 999 995 und 1 000 004,

b) zwischen 9 999 997 und 10 000 005.

5.
Wie viele natürliche Zahlen liegen

a) zwischen 199 990 und 200 006,

b) zwischen 999 988 und 1 000 000?

6.

a) Zähle in Hunderttausender-Schritten von 2 550 000 bis 4 050 000.

b) Zähle in Zehnmillionen-Schritten von 175 000 000 bis 305 000 000.

7.
Welche Zahl liegt genau in der Mitte

a) zwischen 200 000 und 500 000,

b) zwischen 600 000 und 1 300 000?

8.
Setze für ■ das passende Zeichen (< oder >) ein.

a) 73 946 ■ 939 610 **b)** 45 545 ■ 45 454

c) 751 321 ■ 751 312

d) 4 325 500 ■ 4 352 100

9.
Ordne die Zahlen nach der Größe.

a) 74 648; 7 649; 754 770; 745 000; 7 464

b) 666 777; 676 776; 667 667; 667 776; 66 767

△ **10.**
Wie heißen die nächsten fünf Zahlen?

a) 13; 25; 37; 49; 61; ...

b) 18; 31; 44; 57; 70; ...

c) 20; 27; 42; 49; 64; ...

d) 5; 11; 18; 26; 35; ...

11.
Runde

a) auf Hunderter: 3 282; 4 849; 9 750; 59 739

b) auf Tausender: 56 475; 413 704; 989 500

12.
Einwohnerzahlen einiger Länder:

Bundesrepublik Deutschland	61 713 000
Großbritannien	55 830 000
Spanien	37 650 000
Niederlande	14 240 000

Zeichne ein Bilddiagramm. ( bedeutet 10 Mio. Einwohner.) Runde vorher.

13.
Deutsche Reiseausgaben 1981 in wichtigen Urlaubsländern (in Mio. DM):

Österreich	7 900	Frankreich	3 300
Italien	7 400	Spanien	3 000
Schweiz	4 100		

Zeichne ein Strecken- oder Säulendiagramm. Wähle 1 cm Höhe für 1 Mrd. DM.

14.
Schreibe mit römischen Zahlzeichen.

a) 77 **b)** 258 **c)** 1 314 **d)** 1 969

15.
Schreibe mit arabischen Ziffern.

a) XXVII **b)** LXIX

c) CMXIV **d)** MCMXLIV

16.
Rechne in das Zehnersystem um.

a) $_{\textcircled{2}}1100$ **b)** $_{\textcircled{2}}11011$ **c)** $_{\textcircled{2}}101011$

17.
Rechne in das Zweiersystem um.

a) 11 **b)** 23 **c)** 38 **d)** 95

18.
Wie heißt der Nachfolger der Zahl?

a) $_{\textcircled{2}}11001$ **b)** $_{\textcircled{2}}10011$ **c)** $_{\textcircled{2}}10110111$

19.

Runde die Zahlen 4 732 597, 9 495 670, 25 549 000, 10 499 875 und 725 350

a) auf Millionen; **b)** auf Hunderttausender.

20.

Schreibe mit Ziffern:

a) achtzehntausendunddreißig

b) siebenhundertundfünfundvierzigtausend

c) neunhunderttausendundzweiundzwanzig

21.

Auf welchem Flughafen wurden die meisten Fluggäste gezählt? In welcher Reihenfolge kommen die anderen Flughäfen?

Flughafen	Fluggäste in 1 Jahr
Berlin (West)	4 414 800
Bremen	665 449
Düsseldorf	7 399 646
Frankfurt	17 698 993
Hannover	2 011 346
Köln/Bonn	1 844 111
München	5 915 167
Nürnberg	807 181
Hamburg	4 528 202
Stuttgart	2 644 108

22.

Welche Zahl ist

a) um 10 größer als 14 895 [19 992];

b) um 10 kleiner als 43 005 [100 004];

c) um 100 größer als 494 927 [364 915];

d) um 100 kleiner als 137 016 [875 075];

e) um 1 000 größer als 299 450 [999 455];

f) um 1 000 kleiner als 300 755 [800 650]?

23.

Suche alle Zahlen zwischen 100 und 400, die (ohne Rest) teilbar sind

a) durch 60; **b)** durch 90; **c)** durch 25;

d) durch 15; **e)** durch 35.

24.

Ute hat in 1 Stunde bis 2 500 gezählt. Angenommen, Ute könnte immer gleich schnell weiterzählen. Wie weit würde sie zählen

a) an 1 Tag; **b)** in 1 Monat; **c)** in 1 Jahr?

△ **25.**

1	2	3	4	5	6
3	5	7	9	11	13
6	9	12	15	18	21
10	14	18	22	26	30
15	20	25	30	35	40

a) An dem Schema kannst du viele Zahlenfolgen entdecken. Suche Zahlenfolgen.

b) Zeichne das Schema ab und erweitere es.

△ **26.**

Bisher hast du Zahlen zum Zählen und Numerieren benutzt. Hier lernst du noch eine andere Verwendungsmöglichkeit kennen.

Anja will ihrer Freundin eine geheime Nachricht zukommen lassen. Dazu verwendet sie eine Geheimschrift. Sie ordnet jedem Buchstaben des Alphabets, beginnend mit G, fortlaufend eine Zahl zu:

G	H	I	J	K	L	M	N	O	P	Q	R	S
00	01	02	03	04	05	06	07	08	09	10	11	12

T	U	V	W	X	Y	Z	A	B	C	D	E	F
13	14	15	16	17	18	19	20	21	22	23	24	25

Groß- und Kleinschreibung unterscheidet Anja nicht; sie schreibt ae für ä, oe für ö, ue für ü und ss für ß.

Nun kann Anja Wörter und ganze Sätze verschlüsseln; dabei beachtet sie keine Satzzeichen.

z. B.: Was machst du heute?
162012 062022011213 2314 0124141324

a) Übersetze Anjas Nachricht in die Geheimschrift:
Kommst du mit ins Kino?

b) Wie heißt die Antwort der Freundin?
0320 022201 0408060624 060213

c) Ändere die Geheimschrift ab, indem du mit dem Buchstaben M beginnst.
Übersetze nun den Text unter a).

△ **27.**

Tom würfelt. Nach jedem Würfeln trägt er die Zahl in eines der acht Felder ein. Zuletzt kann er eine achtstellige Zahl ablesen.

6	6	5	2	3	4	1	3

a) Lies ab, welche Zahl Tom erhalten hat.

b) Führt das Spiel in Gruppen durch. Wer die größte Zahl hat, ist Sieger.

2. Rechnen mit natürlichen Zahlen

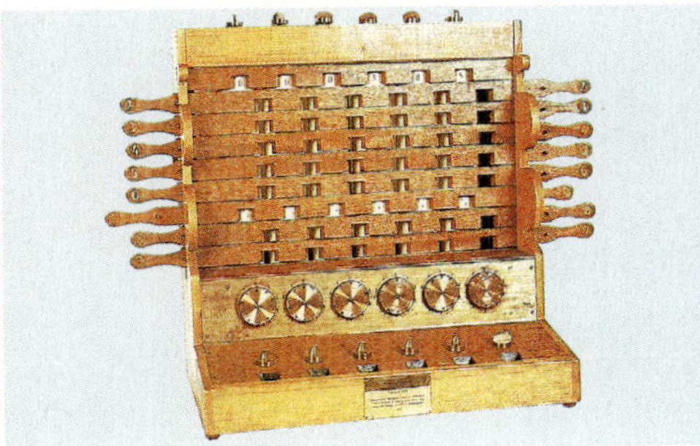

Addieren und Subtrahieren einer Zahl

Rechenanweisungen (Operatoren), Rückgängigmachen einer Rechnung

Aufgabe

Fülle aus:

☐	$\xrightarrow{+60}$	100	$\xrightarrow{+35}$	☐
↓ + 15		↑ + 90		↑ − 65
☐	$\xleftarrow{+45}$	☐	$\xrightarrow{+190}$	☐

Lösung

(1) Rechenanweisung (Plusoperator) **+ 35**: $100 \xrightarrow{+35} 135$; 100 plus 35 ergibt 135.
Addiere zu 100 die Zahl 35: $100 + 35 = 135$.

(2) Mache **+ 60** *rückgängig*, verwende die *Gegenanweisung* (den Minusoperator) **− 60**:

$40 \underset{-60}{\overset{+60}{\rightleftarrows}} 100$ 40 plus 60 ergibt 100.
100 minus 60 ergibt 40.

Subtrahiere von 100 die Zahl 60: $100 - 60 = 40$

(3) Auf diese Weise kannst du alle Kästen ausfüllen.

40	$\xrightarrow{+60}$	100	$\xrightarrow{+35}$	135
↓ + 15		↑ + 90		↑ − 65
55	$\xleftarrow{+45}$	10	$\xrightarrow{+190}$	200

Zur Festigung und zum Weiterarbeiten

1.
Fülle die Lücken aus. Rechne im Kopf.

a) $321 \xrightarrow{+17} \blacksquare$; $\blacksquare \underset{-12}{\overset{+12}{\rightleftarrows}} 164$; $\blacksquare \xrightarrow{+27} 595$; $743 \xrightarrow{+\blacksquare} 771$

b) $493 \xrightarrow{+38} \blacksquare$; $\blacksquare \underset{-35}{\overset{+35}{\rightleftarrows}} 812$; $\blacksquare \xrightarrow{+44} 601$; $855 \xrightarrow{+\blacksquare} 923$

c) $985 \xrightarrow{-11} \square$; $\quad \square \underset{+16}{\overset{-16}{\rightleftarrows}} 428$; $\quad \square \xrightarrow{-53} 632$; $\quad 594 \xrightarrow{-\square} 517$

d) $718 \xrightarrow{-56} \square$; $\quad \square \underset{+68}{\overset{-68}{\rightleftarrows}} 324$; $\quad \square \xrightarrow{-44} 539$; $\quad 606 \xrightarrow{-\square} 557$

2.

Fülle die Lücken aus. Rechne im Kopf.

a) $\square + 35 = 393$ **b)** $\square + 49 = 821$ **c)** $\square - 28 = 465$ **d)** $\square - 56 = 285$
$618 + \square = 681$ $338 + \square = 462$ $756 - \square = 729$ $932 - \square = 858$

3.

Überprüfe die Rechnung durch Addieren. Berichtige jedes falsche Ergebnis.

108 − 29 = 81 ist falsch, denn 81 + 29 = 110; 108 − 29 = 79
323 − 45 = 278 ist richtig, denn 278 + 45 = 323

210 − 34 = 176; 115 − 35 = 60; 223 − 62 = 134; 440 − 44 = 396; 700 − 88 = 662

4.

a) Der Preis für ein Fahrrad hat sich um 35 DM erhöht. Es kostet jetzt 349 DM. Wie teuer war das Fahrrad vorher?

b) Beim Sommerschlußverkauf wird der Preis für ein Zelt um 47 DM auf 489 DM herabgesetzt. Wie teuer war das Zelt vorher?

5.

Ein Kaufhaus ändert für einige Waren die Preise. Preiserhöhungen werden durch +, Preissenkungen durch − gekennzeichnet. Vervollständige die Tabelle.

Alter Preis	148 DM	257 DM	335 DM	775 DM	218 DM	889 DM	528 DM	464 DM
Änderung	+48 DM	−19 DM						
Neuer Preis	196 DM	238 DM	362 DM	749 DM	187 DM	927 DM	609 DM	389 DM

6.

Ein Heißluftballon schwebt in 820 m Höhe. Um ein Gebirge zu überwinden, steigt er um 350 m. Anschließend vermindert der Ballonfahrer seine Höhe um 530 m.

a) Welche Höhe hat der Ballon schließlich?

b) Wie hat sich die Höhe insgesamt geändert?

c) Wie muß der Ballonfahrer die erreichte Höhe ändern, um auf die ursprüngliche Höhe zu kommen?

Das Addieren einer Zahl wird durch das Subtrahieren dieser Zahl rückgängig gemacht.
Das Subtrahieren einer Zahl wird durch das Addieren dieser Zahl rückgängig gemacht.

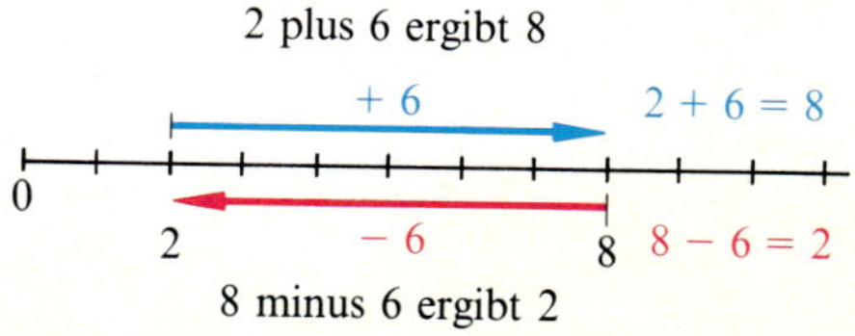

Zur Übung: 1 bis 11

Fachausdrücke – Schrittweises Addieren und Subtrahieren

Aufgabe

Rechne im Kopf.

a) 524 + 68

b) 891 − 54

Lösung

a) Addiere die Zahl 68 schrittweise:

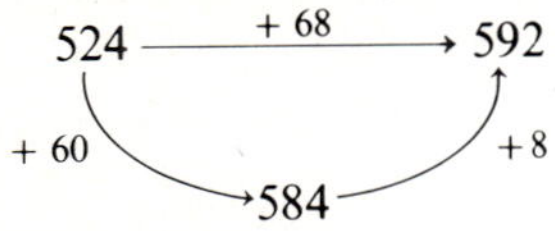

524 + 68 = 592

b) Subtrahiere die Zahl 54 schrittweise:

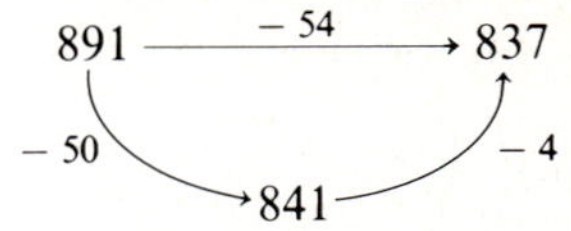

891 − 54 = 837

Zur Information

524 + 68 nennt man die **Summe** der Zahlen 524 und 68.

524	+	68	=	592
1. Summand		2. Summand		Summe

891 − 54 nennt man die **Differenz** der Zahlen 891 und 54.

891	−	54	=	837
Minuend		Subtrahend		Differenz

Zur Festigung und zum Weiterarbeiten

1.

Prüfe deine Rechenfertigkeit (rechne im Kopf).

a) 705 + 23; 462 + 11; 658 + 32

b) 256 + 27; 328 + 55; 405 + 67

c) 330 + 72; 472 + 65; 789 + 58

d) 374 − 51; 658 − 38; 890 − 25

e) 261 − 24; 573 − 39; 685 − 77

f) 500 − 87; 302 − 66; 633 − 84

2.

Rechne im Kopf – in zwei Schritten.

a) **198 + 27**
Addiere zunächst auf volle Hunderter:

$198 \xrightarrow{+2} 200 \xrightarrow{+25} 225$

299 + 43; 495 + 120; 997 + 80;
397 + 224; 96 000 000 + 38 000 000

b) **403 − 78**
Subtrahiere zunächst auf volle Hunderter:

$403 \xrightarrow{-3} 400 \xrightarrow{-75} 325$

101 − 45; 702 − 58; 605 − 85;
903 − 73; 103 000 − 35 000

3.

Notiere mit Hilfe der Zeichen **+** und **−**; berechne dann.

a) Summe aus 564 und 97 [46 und 391]

b) Differenz aus 564 und 97 [724 und 57]

c) Die Summanden sind 753 und 68.

d) Der Subtrahend ist 57, der Minuend 308.

4.

Notiere wie in der vorigen Aufgabe in Worten.

a) 748 + 158 **b)** 564 − 259 **c)** 658 − 345 **d)** 681 + 408 **e)** 971 − 543

Gib bei der Differenz auch an, welche Zahl der Minuend und welche Zahl der Subtrahend ist.

Zur Übung: 12 bis 28

Übungen

Rechenanweisungen (Operatoren), Rückgängigmachen einer Rechnung

1.
Fülle die Lücken aus. Rechne im Kopf.

a) $369 \xrightarrow{+31} \square$

$\square \xrightarrow{+28} 553$ (zurück: -28)

$\square \xrightarrow{+49} 717$

$865 \xrightarrow{+\square} 933$

b) $276 \xrightarrow{-34} \square$

$\square \xrightarrow{-56} 682$ (zurück: $+56$)

$\square \xrightarrow{-74} 449$

$939 \xrightarrow{-\square} 853$

2.

a) $224 + 48 = \square$
$\square + 29 = 571$
$328 + 63 = \square$
$719 + \square = 791$

b) $396 + 38 = \square$
$659 + 82 = \square$
$878 + \square = 954$
$\square + 55 = 511$

c) $284 - 27 = \square$
$456 - 49 = \square$
$\square - 78 = 718$
$573 - \square = 505$

d) $343 - 56 = \square$
$622 - 64 = \square$
$\square - 77 = 777$
$929 - \square = 835$

e) $583 + \square = 641$
$\square - 87 = 397$
$823 - \square = 757$
$\square + 45 = 438$

f) $621 - \square = 555$
$\square + 79 = 963$
$\square - 68 = 727$
$734 + \square = 802$

3.
Fülle aus. Rechne im Kopf.

a)
$\square \xrightarrow{+15} \boxed{40} \xrightarrow{-10} \square$
$\uparrow -7 \qquad \uparrow +11 \qquad \uparrow +8$
$\square \xrightarrow{-3} \square \xleftarrow{+7} \square$

b)
$\square \xrightarrow{+62} \boxed{100} \xrightarrow{-62} \square$
$\downarrow -28 \qquad \uparrow +35 \qquad \uparrow -49$
$\square \xleftarrow{-55} \square \xrightarrow{+22} \square$

4.
Fülle die Tabelle aus. Rechne im Kopf.

a)

	+ 26
150	
317	
548	

b)

	− 45
263	
491	
754	

c)

709	774
827	
919	

d)

	+ 57
187	
366	
	533
	705

e)

	− 88
256	
665	
	453
	832

f)

387	461
839	
	753
558	

5.
Fülle die Lücken aus. Rechne im Kopf.

a) $428 \oplus 67 \to \square$; $689 \oplus 56 \to \square$; $334 \ominus 29 \to \square$

b) $\square \oplus 37 \to 721$; $\square \oplus 78 \to 553$; $\square \oplus 96 \to 935$

c) $\square \ominus 58 \to 346$; $\square \ominus 26 \to 289$; $\square \ominus 74 \to 867$

6.
Überprüfe die Rechnung durch Addieren. Berichtige jedes falsche Ergebnis.

a) $100 - 77 = 33$; $250 - 25 = 225$
b) $180 - 88 = 92$; $120 - 55 = 55$
c) $400 - 270 = 230$; $840 - 84 = 766$
d) $154 - 45 = 109$; $999 - 909 = 90$
e) $644 - 55 = 599$; $888 - 333 = 555$

7.
Fülle die Lücken aus. Rechne im Kopf.

a) $445 \xrightarrow{+38} \square \xrightarrow{-29} \square \xrightarrow{-49} \square \xrightarrow{+78} \square \xrightarrow{-66} \square \xrightarrow{+83} \square$

b) $\square \xrightarrow{-65} \square \xrightarrow{+47} \square \xrightarrow{-47} \square \xrightarrow{-29} \square \xrightarrow{+29} \square \xrightarrow{+100} 135$

c) $0 \xrightarrow{\square} \square \xrightarrow{-40} 93 \xrightarrow{\square} 50 \xrightarrow{\square} 105 \xrightarrow{-77} \square \xrightarrow{\square} 0$

8.
Gib an, wie sich die Preise geändert haben.

9.
Das Porto für gewöhnliche Briefe beträgt – je nach Gewicht – 0,80 DM, 1,30 DM, 1,90 DM, 2,50 DM, 3,10 DM oder 3,70 DM. Bei Eilzustellung kommen noch 3,50 DM dazu.
Welche Postgebühren muß man für Eilbriefe bezahlen?

10.

Die Wetterstationen in den Alpen messen täglich die Schneehöhen und vergleichen diese mit den Schneehöhen am Vortage.
Vervollständige die Tabelle.

alte Schneehöhe	Änderung	neue Schneehöhe
60 cm	+ 12 cm	
115 cm	− 20 cm	
	+ 35 cm	280 cm
	− 8 cm	82 cm
140 cm		116 cm
98 cm		105 cm

▲ **11.**

Die Uhren in Hongkong gehen gegenüber den Uhren in Deutschland um 7 Stunden vor. Die Uhren in New York gehen gegenüber den Uhren in Deutschland um 6 Stunden nach.
Notiere die fehlenden Uhrzeiten:

Hongkong	Berlin	New York
	12.00 Uhr	
20.00 Uhr		
		4.00 Uhr
	18.30 Uhr	
11.20 Uhr		
	0.00 Uhr	

Fachausdrücke – Schrittweises Addieren und Subtrahieren

12.

Rechne im Kopf, notiere die Ergebnisse.

a) 240 + 37; 411 + 68; 629 + 51
b) 342 + 58; 229 + 37; 315 + 57
c) 734 + 80; 533 + 89; 648 + 73

13.

Rechne im Kopf, notiere die Ergebnisse.

a) 538 − 26; 897 − 62; 450 − 23
b) 780 − 66; 483 − 38; 471 − 49
c) 600 − 62; 704 − 65; 322 − 86

14.

Rechne im Kopf, notiere die Ergebnisse.

a) 86 000 + 17 000; 756 000 + 280 000
b) 39 Mio. + 54 Mio.; 48 Mio. + 72 Mio.
c) 72 000 − 28 000; 647 000 − 159 000
d) 96 Mio. − 48 Mio.; 123 Mio. − 84 Mio.

15.

a)	b)	c)	d)				
505	729	456	287	+	37	56	78

16.

a)	b)	c)	d)				
724	333	204	611	−	76	89	65

17.

Fülle die Tabelle aus.

1. Summand	5 800	77 700	19 000	
2. Summand	3 600	29 000		7 300
Summe			48 000	22 500

18.

Fülle die Tabelle aus.

Minuend	8 300	19 400		28 000
Subtrahend	5 600	4 900	2 800	
Differenz			6 500	15 700

19.

Rechne vorteilhaft, notiere die Ergebnisse.

a) 699 + 17; 498 + 63; 297 + 34
b) 702 − 36; 901 − 73; 303 − 58
c) 4 999 + 64; 2 998 + 32; 7 001 − 56

20.

Rechne vorteilhaft, zerlege dazu in zwei günstige Rechenanweisungen:

457 + 98
457 —(+ 100)→ 557 —(− 2)→ 555

a) 623 + 99; 348 + 197; 567 + 298
b) 451 − 98; 813 − 199; 623 − 597
c) 5 064 + 998; 6 200 − 995; 2 995 − 999

21.

Notiere mit Hilfe der Zeichen + und –; berechne dann.

a) Differenz aus 364 und 109 [458 und 73]

b) Summe aus 86 und 453 [517 und 99]

c) Summe aus 234 und 87 [356 und 78]

d) Differenz aus 598 und 79 [843 und 65]

22.

Notiere wie in der Übungsaufgabe 21 in Worten. Gib bei der Differenz auch an, welche Zahl der Minuend, welche der Subtrahend ist.

a) 358 + 142, 750 − 172, 965 − 256, 523 + 198

b) 876 − 166, 651 + 976, 790 + 699, 300 − 69

23.

a) Der erste Summand einer Summe ist 254, die Summe selbst beträgt 783.
Wie heißt der zweite Summand?

b) Der Subtrahend einer Differenz ist 38, die Differenz selbst beträgt 167.
Wie heißt der Minuend?

c) Der Minuend ist 349, der Subtrahend 81. Wie heißt die Differenz?

△ **24.**

Notiere die nächsten fünf Glieder der Zahlenfolge.

a) 73, 93, 113, ...

b) 870, 825, 780, ...

▲ **c)** 412, 469, 526, ...

▲ **d)** 911, 828, 745, ...

25.

Klaus möchte sich einen Kassettenrekorder eines bestimmten Typs und ein dazu gehörendes Mikrofon kaufen. Er vergleicht die Preise verschiedener Händler:

Händler	A	B	C	D
Rekorder	607 DM	598 DM	622 DM	583 DM
Mikrofon	73 DM	62 DM	69 DM	65 DM

a) Beide Geräte werden beim selben Händler gekauft.
Berechne jeweils die Gesamtpreise.

b) Klaus kauft Rekorder und Mikrofon bei verschiedenen Händlern.
Welcher Preis ist der günstigste und welcher der ungünstigste?
Welches ist also der größte Preisunterschied?

26.

Eine Stadt mit 75 000 Einwohnern hat zwei Nachbarorte mit 14 000 und 12 000 Einwohnern. Diese Nachbarorte werden mit der Stadt zusammengelegt (eingemeindet).

a) Um wieviel tausend wächst die Einwohnerzahl der Stadt?

b) Hat die Stadt dann mehr als 100 000 Einwohner und wird zur Großstadt?

27.

Im Jahre 1980 betrugen die Ausgaben einer Stadt 75 Millionen DM. Die Ausgaben erhöhten sich – jeweils gegenüber dem Vorjahr –

im Jahre 1981 um 8 Millionen DM,
im Jahre 1982 um 5 Millionen DM und
im Jahre 1983 um 7 Millionen DM.

a) Berechne die Ausgaben für die Jahre 1981 bis 1983.

b) Um welchen Betrag sind die Ausgaben von 1980 bis 1983 insgesamt gestiegen?

▲ **28.**

Ein Polizeiboot ist auf dem Rhein in Koblenz bei Flußkilometer 590 stationiert. Bei einem Einsatz fährt das Boot zunächst 27 km flußabwärts (zunehmende Kilometerzahl), dann 35 km flußaufwärts und schließlich zu einem Einsatzort bei Flußkilometer 608.

a) Bei welchem Flußkilometer kehrt das Boot jeweils die Richtung um?

b) Wieviel km legt das Boot insgesamt zurück?

c) Wieviel km muß das Boot noch fahren, um zum Ausgangsort zurückzukehren?

Schriftliche Verfahren beim Addieren und Subtrahieren

Schriftliches Addieren

Wiederholung

Addiere schriftlich: 23 615 + 32 756.
Du weißt, wie man schriftlich addiert. Dabei können Überträge vorkommen.

	ZT	T	H	Z	E
	2	3	6	1	5
+	3	2	7	5	6
		1		1	
	5	6	3	7	1

Wir addieren

die Einer:	6 + 5 = **11**
die Zehner:	1 + 5 + 1 = **7**
die Hunderter:	7 + 6 = **13**
die Tausender:	1 + 2 + 3 = **6**
die Zehntausender:	3 + 2 = **5**

Zur Festigung und zum Weiterarbeiten

1.
Addiere schriftlich.

a) 4 438 + 4 961; 2 154 + 5 018; 6 398 + 2 754; 7 623 + 5 284
b) 62 783 + 24 615; 27 493 + 38 146; 71 638 + 53 045; 83 064 + 35 987

2.
Schreibe die Summanden stellengerecht untereinander, addiere schriftlich.

a) 3 517 + 4 672 **c)** 9 026 145 + 870 013 **e)** 14 385 + 21 907 + 30 236
b) 409 630 + 224 017 **d)** 4 255 008 + 39 860 576 **f)** 83 500 + 7 316 + 125 083

3.

a) 21 586 + 65 431 + 15 769
b) 146 853 + 61 470 + 815 678
c) 67 248 + 4 365 + 621 + 40 815
d) 392 845 + 15 604 + 6 244 + 66 017
e) 2 093 456 + 725 781 + 69 034 + 7 508 029

4.
Schreibe die Zahlen stellengerecht untereinander, addiere schriftlich.

a) 7 562 + 1 948 + 3 542 + 1 508 **d)** 2 194 + 7 246 + 8 055 + 1 403 + 3 324
b) 2 345 + 73 859 + 47 026 + 5 906 **e)** 47 803 + 92 031 + 25 276 + 60 017 + 74 876
c) 6 881 + 926 + 77 + 12 116 **f)** 582 + 26 914 + 403 820 + 95 + 25 378

5.
Fülle die Lücken mit den richtigen Ziffern aus.

a) 423▮5 + 3▮718 = 74113
b) 1▮5▮7 + ▮8▮1▮ = 55103
c) 7▮8645 + ▮3▮5▮6 = 879 5
d) ▮3▮7▮9 + 1▮8▮3▮ = 342819
e) 3▮976▮ + 83▮9▮1 = 1▮88▮15

Zur Übung: 1 bis 13

Schriftliches Subtrahieren

Wiederholung

Subtrahiere schriftlich. **a)** 75 927 − 29 354 **b)** 936 − 274 − 165 − 243
Du weißt, wie man schriftlich durch Ergänzen subtrahiert. Du mußt auch hier auf den Stellenwert der Ziffern und auf die Überträge achten.

a)

	ZT	T	H	Z	E
	7	5	9	2	7
−	2	9	3	5	4
	1		1		
	4	6	5	7	3

Wir überlegen:	Wir ergänzen:
E: von 4 bis 7 sind es **3**	4 + **3** = 7
Z: von 5 bis 12 sind es **7**	5 + **7** = 12
H: 1 + 3 = 4	
von 4 bis 9 sind es **5**	1 + 3 + **5** = 9
T: von 9 bis 15 sind es **6**	9 + **6** = 15
ZT: 1 + 2 = 3	
von 3 bis 7 sind es **4**	1 + 2 + **4** = 7

  75927
− 29354
  1 1
  46573

b)

	H	Z	E
	9	3	6
−	2	7	4
−	1	6	5
−	2	4	3
	2	1	
	2	5	4

Wir überlegen:	Wir ergänzen:
E: 3 + 5 + 4 = 12	
von 12 bis 16 sind es **4**	3 + 5 + 4 + **4** = 16
Z: 1 + 4 + 6 + 7 = 18	
von 18 bis 23 sind es **5**	1 + 4 + 6 + 7 + **5** = 23
H: 2 + 2 + 1 + 2 = 7	
von 7 bis 9 sind es **2**	2 + 2 + 1 + 2 + **2** = 9

  936
− 274
− 165
− 243
  21
  254

Wenn du eine andere Sprechweise gelernt hast, kannst du diese weiter verwenden.

Zur Festigung und zum Weiterarbeiten

1.
Subtrahiere schriftlich.

a) 2 392 − 1 260   5 817 − 2 364   23 927 − 12 615   58 176 − 23 644
b) 481 796 − 245 028   1 483 614 − 629 321   53 768 921 − 4 983 635

2.
Schreibe stellengerecht untereinander, subtrahiere schriftlich.

a) 61 493 − 22 814 **b)** 19 000 − 8 473 **c)** 7 463 092 − 4 813 **d)** 9 188 670 − 433 000

3.

a) 8 327 − 3 145 − 1 719
b) 743 112 − 9 378 − 62 583
c) 9 200 − 1 843 − 2 095 − 4 707
d) 8 240 240 − 751 083 − 3 069 154 − 420 003
e) 3 800 765 − 923 417 − 655 900 − 17 345 − 402 688

4.
Schreibe stellengerecht untereinander, subtrahiere schriftlich.

a) 35 906 − 83 − 1 746 − 523 − 12 435 **b)** 12 000 000 − 4 853 911 − 28 302 − 299 700
c) 407 311 − 2 117 − 9 − 342 − 147 008 **d)** 77 000 133 − 134 − 92 683 − 22 − 951 006

Zur Übung: 14 bis 33

Addieren im Zweiersystem

Aufgabe

Addiere im Zweiersystem: ②11 100 + ②111 001.

Lösung

	64	32	16	8	4	2	1
			1	1	1	0	0
+		1	1	1	0	0	1
		1	1				
	1	0	1	0	1	0	1

Wir addieren die

Einer:	②0 + ②1 = ②**1**
Zweier:	②0 + ②0 = ②**0**
Vierer:	②1 + ②0 = ②**1**
Achter:	②1 + ②1 = ②**10**
Sechzehner:	②1 + ②1 + ②1 = ②**11**
Zweiunddreißiger:	②1 + ②1 = ②**10**

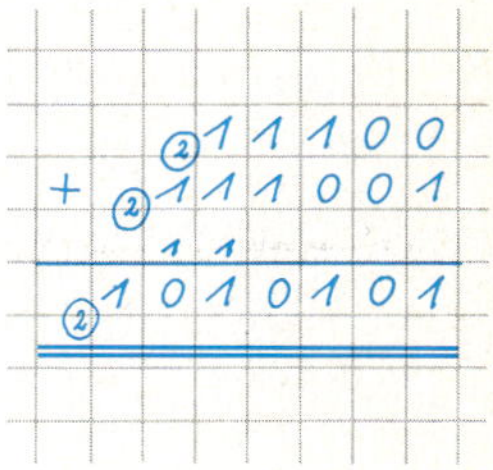

Zur Festigung und zum Weiterarbeiten

1.

Addiere im Zweiersystem.

a) ②110 + ②101 b) ②1 101 + ②111 c) ②1 010 + ②1 101 d) ②11 011 + ②1 010 e) ②111 011 + ②101 110

2.

Subtrahiere im Zweiersystem.

a) ②111 − ②101 b) ②1 011 − ②1 001 c) ②1 110 − ②101 d) ②101 011 − ②10 110 e) ②110 001 − ②11 110

Zur Übung: 34 und 35

Übungen

Schriftliches Addieren

1.

a) 18 362 + 14 907 24 866 + 83 195 243 752 + 8 360 17 487 + 204 931

b) 28 565 073 + 31 405 292 165 600 399 + 434 399 601 788 420 688 + 11 589 312

c) 2 143 + 6 092 + 1 416 43 833 + 17 907 + 52 659 87 000 + 1 384 + 90 645 53 080 + 476 + 46 444

d) 19 763 425 + 36 521 982 + 24 352 631 265 709 831 + 308 293 576 + 620 425 189 511 623 789 + 9 167 354 + 536 128

2.

a) 540 + 290 + 130 + 670 + 180 b) 268 + 304 + 195 + 687 + 960 c) 422 + 108 + 657 + 344 + 469 d) 728 + 94 + 270 + 9 + 561

e) 6 351 + 2 788 + 1 094 + 7 530 + 4 222 f) 8 417 + 546 + 2 098 + 183 + 3 756 g) 72 469 + 14 302 + 588 + 9 064 + 83 411

3.

a)	b)	c)	d)
197	655	1 256	23 411
+ 265	+ 813	+ 523	+ 50 072
+ 118	+ 709	+ 7 066	+ 45
+ 290	+ 258	+ 18	+ 7 130
+ 533	+ 630	+ 334	+ 31 945
+ 406	+ 781	+ 6 809	+ 688
+ 823	+ 400	+ 7	+ 29 402
+ 701	+ 754	+ 2 168	+ 91 874

e)	f)	g)
76 911	231 000	16 542 891
+ 4 355	+ 5 864	+ 37 082 350
+ 19 848	+ 17 033	+ 4 771 006
+ 307	+ 120 718	+ 55 813 245
+ 5 920	+ 429	+ 287 623
+ 38 699	+ 9 204	+ 9 004 366
+ 57	+ 83	+ 24 580 738
+ 11 400	+ 7	+ 806 669

4.

Schreibe untereinander, addiere schriftlich.

a) 17 843 + 54 066; 48 370 + 50 933

b) 143 725 + 8 090; 3 813 + 763 904

c) 8 760 + 5 317 + 2 904; 6 355 + 2 800 + 4 196

d) 14 758 + 79 + 6 038; 492 + 708 + 351 + 916

e) 8 376 + 2 488 + 3 026 + 814 + 2 730 + 99

f) 54 833 206 + 12 940 171 + 8 524 790 + 7 033

g) 324 561 709 + 796 147 084 + 563 694 174

h) 675 497 308 + 7 618 544 + 89 617 254

5.

a)	b)				
411 370	275 687	+	2 605	18 468	28 753

6.

Kreuzzahlrätsel

a	b	c	d	e	f
g					
h					

Schreibe in jedes Feld eine Ziffer.

senkrecht

Trage die Ergebnisse von oben nach unten ein.

a) 145 + 207 + 74

b) 189 + 118 + 496

c) 65 + 65 + 65

d) 29 + 104 + 177

e) 300 + 183 + 99

f) 214 + 214 + 214

waagerecht

Trage die Ergebnisse von links nach rechts ein.

a) 322 148 + 159 208

g) 155 037 + 54 147

h) 36 311 + 598 711

7.

Addiere nebeneinanderstehende Zahlen. Schreibe die Summe in das Feld darunter.

a)

2 586	48 561	2 056	82 377

b)

14 763	84 455	12 035	245

8.

Fülle die Lücken mit den richtigen Ziffern aus.

a)
1□352
+ 424□8
61820

b)
574□3
+ 28□79
85582

c)
62293
+ 1□□□2
80745

d)
4□67□9
+ □20□52
67□94□

9.

In den Teilbezirken Nord, West und Südost einer Großstadt wurde an Müll beseitigt:

	1980	1981	1982	1983
Nord	34 768 t	33 804 t	35 617 t	33 296 t
West	29 840 t	30 916 t	29 212 t	28 950 t
Südost	36 175 t	35 422 t	36 480 t	35 377 t

a) Berechne für die einzelnen Jahre die Müllmenge in Tonnen aus der ganzen Stadt.

b) Wieviel Tonnen Müll sind in den Jahren 1980 bis 1983 in den einzelnen Bezirken zusammengekommen?

c) Wieviel Tonnen Müll wurden in den vier Jahren in der gesamten Stadt beseitigt?

10.

Ein Taxi zeigt den Kilometerstand 37 462. Der Taxifahrer legt an den nächsten fünf Tagen 213 km, 196 km, 228 km, 165 km und 178 km zurück.

a) Wieviel km ist das Taxi in den fünf Tagen insgesamt gefahren?

b) Welchen Kilometerstand zeigt das Taxi schließlich?

c) Gib den Kilometerstand nach jedem einzelnen Tag an.

11.

Eine Speditionsfirma verfügt über drei Lieferwagen, die mit je 1 200 kg Last beladen werden dürfen. Es sollen 5 Maschinen mit folgenden Gewichten vom Hersteller zum Kunden transportiert werden:
375 kg, 964 kg, 746 kg, 439 kg und 823 kg.
Wie sind die Maschinen auf die Lieferwagen zu verteilen?

12.

Auf einer Wanderkarte sind die Längen einzelner Wege in Metern angegeben.

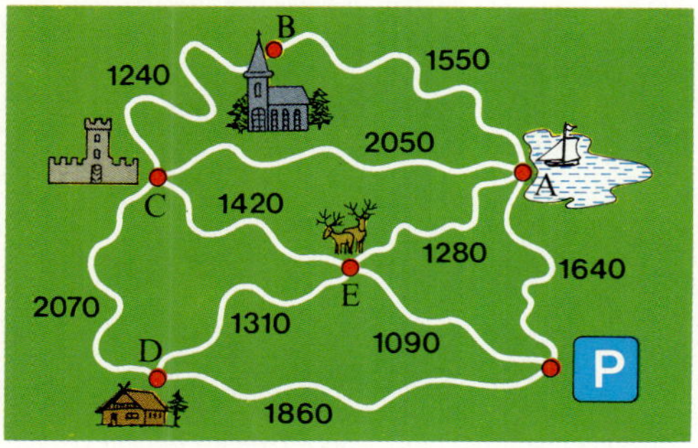

a) Ein Wanderer möchte vom Parkplatz P über E nach B den kürzesten Weg gehen. Wie lang ist dieser Weg?

b) Eine Wandergruppe möchte bei P starten und dorthin zurückkehren. Dabei soll kein Einzelweg ausgelassen und nur einer in beiden Richtungen durchwandert werden. Gib einen solchen Weg mit Hilfe der Punkte an.

c) Wie lang ist die bei b) gewählte Wanderstrecke insgesamt?

13.

Im Jahre 1983 betrug die Bevölkerungszahl der Länder der Bundesrepublik Deutschland (einschließlich Berlin (West)):

Baden-Württemberg	9 257 000
Bayern	10 965 000
Berlin (West)	1 861 000
Bremen	682 000
Hamburg	1 617 000
Hessen	5 584 000
Niedersachsen	7 252 000
Nordrhein-Westfalen	16 900 000
Rheinland-Pfalz	3 634 000
Saarland	1 054 000
Schleswig-Holstein	2 617 000

Berechne die Bevölkerungszahl der Bundesrepublik.

Schriftliches Subtrahieren

14.

a)	8 406	9 182	25 248	82 009
	− 3 198	− 565	− 17 306	− 27 140
b)	840 691	643 329	531 278	
	− 319 856	− 54 865	− 9 165	
c)	2 596 743	5 281 697	6 873 521	
	− 483 956	− 2 356 478	− 98 765	

15.

Schreibe stellengerecht untereinander, subtrahiere schriftlich.

a) 95 126 − 83 042; 35 760 − 21 810

b) 29 344 − 8 739; 255 136 − 88

c) 70 000 − 49 287; 62 444 − 9 815

d) 93 111 − 402; 371 490 − 371 489

16.

a)	45 230 117	80 346 115
	− 18 065 392	− 5 107 666
b)	435 800 000	942 000 000
	− 133 047 918	− 85 309 645
c)	236 419 040	100 000 000
	− 198 350 788	− 532 796

17.

a)	b)				
480 617	721 903	−	13 225	1 832	907

18.

a)	8 497	9 668	6 152	5 367
	− 2 131	− 2 484	− 2 893	− 98
	− 3 143	− 3 512	− 1 785	− 724
b)	51 896	47 830	90 000	70 833
	− 12 724	− 25 088	− 41 813	− 904
	− 18 392	− 16 902	− 36 055	− 6 092
c)	492 823	700 000	605 377	
	− 107 596	− 295 317	− 506 733	
	− 45 322	− 68 508	− 22 836	
	− 215 803	− 396	− 75 808	
d)	90 345 617	164 394 817		
	− 4 896 324	− 85 967 613		
	− 26 408 961	− 6 756 499		
	− 17 846 968	− 51 074 102		
	− 769 804	− 9 468 876		

19.

Schreibe untereinander, subtrahiere schriftlich.

a) 8 000 − 916 − 1 422

b) 25 933 − 4 876 − 11 345

c) 77 812 − 19 321 − 4 288 − 3 029

d) 468 000 − 2 913 − 78 305 − 126 344

e) 81 300 − 21 407 − 9 − 683 − 4 382

20.

Subtrahiere nebeneinanderstehende Zahlen. Schreibe die Differenz in das Feld darunter.

a)

9 558	9 245	9 012	8 858

b)

2 509	1 701	1 000	406

21.

Fülle die Tabelle aus.

Minuend	493 218		786 435	
Subtrahend	165 973	245 816		714 651
Differenz		592 733	207 984	1 355 806

22.

a) Der Subtrahend ist 458 946, der Minuend 485 496. Wie heißt die Differenz?

b) Der zweite Summand einer Summe ist 456 618, die Summe selbst beträgt 2 849 748. Wie heißt der erste Summand?

c) Der Minuend einer Differenz ist 598 346, die Differenz selbst beträgt 148 694. Wie heißt der Subtrahend?

23.

Fülle die Lücken mit den richtigen Ziffern aus.

a)
```
  9▮5▮6
− ▮4▮71
  64515
```

b)
```
  7▮2▮4
− ▮6▮52
  53282
```

c)
```
  6318▮
− 2▮7▮5
  ▮2▮65
```

▲ 24.

Verteile die Ziffern 1 bis 6 so auf die Lücken, daß die Rechnung richtig ist.

a) ▮▮8▮ − ▮▮▮7 = 4 348

b) ▮▮9▮ − ▮▮▮0 = 1 574

25.

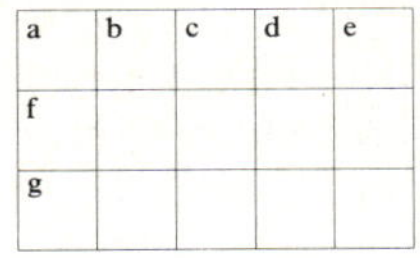

waagerecht:

a) 59 235 − 27 981

f) 98 538 − 11 445

g) 72 785 − 7 175

senkrecht:

a) 3 141 − 2 755

b) 4 271 − 4 096

c) 8 149 − 7 943

d) 5 460 − 4 869

e) 10 429 − 9 999

26.

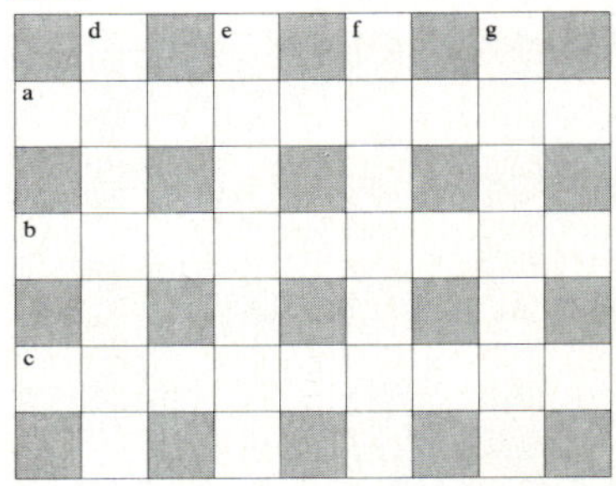

waagerecht:

a) 255 555 649 + 182 035 619

b) 349 921 068 + 1 941 429

c) 792 280 955 + 77 659

senkrecht:

d) 249 367 030 − 248 061 533

e) 24 213 946 − 19 615 914

f) 38 936 946 − 33 774 466

g) 3 692 160 − 12 345

27.

Frau Kleine kauft ein Kleid für 295 DM, einen Rock für 96 DM und eine Bluse für 68 DM.

a) Wieviel kostet alles zusammen?

b) Sie zahlt mit einem Fünfhundertmarkschein. Wieviel DM erhält sie zurück?

28.

Ein Taxi hatte zu Beginn einer Woche den Kilometerstand 35 426. Die Tabelle zeigt den Kilometerstand an den Abenden der einzelnen Wochentage.

Mo	Di	Mi	Do	Fr	Sa
35 614	35 963	36 281	36 562	36 819	37 355

Wieviel km wurden zurückgelegt

a) an den einzelnen Tagen;

b) in der gesamten Woche?

29.

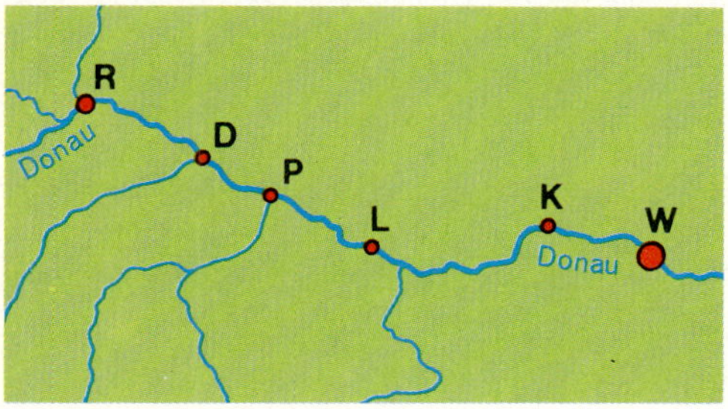

Längs der Donau werden die Flußkilometerzahlen als Entfernungen zur Donaumündung angegeben:

Regensburg	2 380	**Linz**	2 135
Deggendorf	2 285	**Krems**	2 002
Passau	2 226	**Wien**	1 935

Wie weit ist es mit dem Schiff von einem dieser Orte zu einem anderen?
Fülle dazu die Tabelle aus.

	R	D	P	L	K	W
R	–					
D		–				
P			–			
L				–		
K					–	
W						–

30.

Der Personenwagen der Familie Krüger wiegt leer 960 kg und hat ein zulässiges Gesamtgewicht von 1 440 kg. Die Gewichte der fünf Familienmitglieder betragen:

93 kg, 82 kg, 69 kg, 55 kg und 36 kg.

Die Familie plant eine Urlaubsfahrt.
Wie schwer darf das Reisegepäck höchstens sein?

31.

Anfang November verfügt Herr Winter über einen Vorrat von 3 750 *l* Heizöl. Er verbraucht im November 618 *l*, im Dezember 805 *l*, im Januar 983 *l* und im Februar 864 *l*.

a) Wieviel *l* Öl sind Ende Februar noch übrig?

b) Die Öltanks fassen insgesamt 4 000 *l*. Wieviel *l* Öl sind nötig, um die Tanks zu füllen?

32.

Ein Busunternehmer beförderte im 1. Vierteljahr 13 405 Personen. Im 2. Vierteljahr nahm die Zahl der Fahrgäste um 748 ab, im 3. Vierteljahr nochmals um 148 ab, im 4. Vierteljahr wieder um 1 284 zu.
Berechne die Zahl der Fahrgäste

a) im 4. Vierteljahr,

b) im gesamten Jahr.

▲ 33.

Handelsvertreter Emsig ist mit seinem Auto viel unterwegs. Am Anfang der Woche zeigt der Kilometerzähler 32 916, am Ende der Woche 35 093 an. Den Tageszähler seines Wagens stellt er nicht zurück; dieser steht zu Beginn der Woche auf 478 und an den folgenden Abenden auf 783, 209, 504, 022, 655.

a) Wieviel km ist Herr Emsig insgesamt in der Woche gefahren?

b) Wieviel km hat er jeweils an den einzelnen Tagen zurückgelegt?

c) Notiere die Anzeigen des Hauptkilometerzählers an den einzelnen Abenden.

Addieren im Zweiersystem

34.

Addiere im Zweiersystem.

a) ②101 + ②111

b) ②1 001 + ②1 101

c) ②1 111 + ②1 101

d) ②11 101 + ② 111

e) ②110 110 + ②101 011

f) ②101 011 + ②110 101

g) ②1 011 + ②1 010 + ② 111

h) ②1 101 + ②1 111 + ② 101

i) ②11 111 + ②10 101 + ②11 011

j) ②10 111 + ②11 001 + ②10 101 + ② 1 001

k) ②111 011 + ②101 101 + ② 1 001 + ② 11 011

l) ②101 011 + ② 11 101 + ②101 010 + ②100 101

35.

Subtrahiere im Zweiersystem.

a) ②101 − ② 10

b) ②1 111 − ②1 001

c) ②10 110 − ② 1 110

d) ②11 011 − ②10 010

e) ②111 111 − ②101 010

f) ②101 011 − ② 11 101

Bestimmung von Anzahlen durch Addieren und Subtrahieren

Aufgabe

Elke und ihre Schwester Ute bereiten eine Party vor. Elke hat 8 Freundinnen, Ute nur 6. Jede Freundin soll eine Einladungskarte bekommen. 11 Einladungskarten reichen dabei aus. Wie ist das möglich?
Mache den Sachverhalt durch Einzeichnen zweier Mengenkreise deutlich.

Lösung

Elke und Ute haben 3 Freundinnen gemeinsam. Du mußt das Mengenbild so zeichnen, daß 3 Karten von beiden Kreisen eingeschlossen werden. Sie bilden die Schnittmenge.

Zur Festigung und zum Weiterarbeiten

1.
Stelle dir vor: Es hätten **a)** 9 Karten, **b)** 14 Karten, **c)** 8 Karten geschrieben werden müssen, um keine der Freundinnen zu vergessen. Zeichne ein entsprechendes Mengenbild.

2.
Jörg: „In unserer Klasse kann jeder schwimmen oder Tischtennis spielen. Wir haben 24 Schwimmer und 18 Tischtennisspieler."
Gabi: „Dann seid ihr ja 42 Schüler."
Andrea: „Nein, ihr seid nur 24."
Petra: „Ich tippe auf 30 Schüler."
Zeige, daß jedes der Mädchen recht haben kann. Zeichne dazu jeweils ein geeignetes Mengenbild und trage in die leeren Kästen die entsprechenden Schülerzahlen ein.

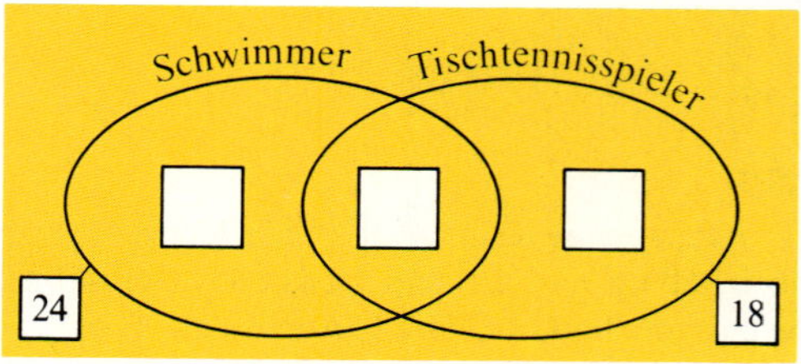

Übungen

1.
In der Klasse 5 a unterrichten 6 Lehrer, 7 Lehrer in der Klasse 5 b. Insgesamt unterrichten in diesen beiden Klassen aber nur 10 Lehrer.
Wie ist das möglich?
Zeichne dazu ein geeignetes Bild.

2.
Ein Sportverein hat 86 Mitglieder. Er unterhält eine Fußball- und eine Handballabteilung. Nur 7 Mitglieder spielen weder Fußball noch Handball. 12 Mitglieder spielen sowohl Fußball als auch Handball. Die Fußballabteilung ist die größere, zu ihr gehören 50 Sportler.
Wie viele Mitglieder spielen Handball?

3.

Dieter sammelt Briefmarken. Er hat sich auf solche Marken beschränkt, die von der Deutschen Bundespost herausgegeben wurden oder die Sondermarken sind.
Dieter sagt: „Ich habe schon 423 Marken der Bundesrepublik. Von allen meinen Briefmarken sind 196 Sondermarken."

a) Wie viele Briefmarken hat Dieter insgesamt; kannst du die genaue Zahl angeben? Begründe deine Antwort.

b) Wie viele Briefmarken hat Dieter *mindestens,* wie viele *höchstens?*

c) Wie viele Briefmarken hat Dieter, wenn von seinen Sondermarken genau die Hälfte aus der Bundesrepublik stammt?

4.

An einem Landschulaufenthalt nehmen 126 Schüler teil.
In den ersten Tagen wird eine Bootsfahrt zu einer Insel angeboten, einige Tage später eine Busfahrt zum Freilichtmuseum.
42 Schüler nehmen an beiden Fahrten teil, 15 Schüler an keiner Fahrt. Für die Bootsfahrt haben sich 80 Schüler entschieden.

a) Wie viele Schüler fahren zum Freilichtmuseum?

b) Wie viele Schüler machen nur eine Fahrt mit?

Multiplizieren und Dividieren einer Zahl

Rechenanweisungen (Operatoren), Rückgängigmachen einer Rechnung

Aufgabe

Fülle aus:

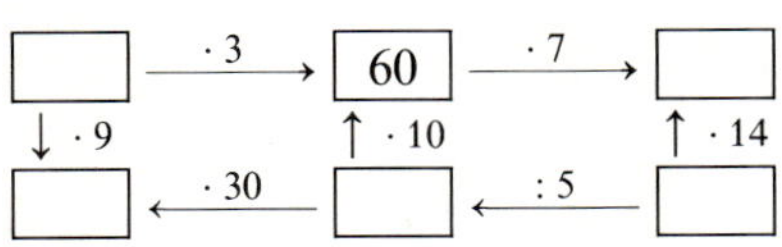

Lösung

(1) Rechenanweisung (Maloperator) **· 7**:

$60 \xrightarrow{\cdot 7} 420$; 60 mal 7 ergibt 420.

Multipliziere 60 mit 7: $60 \cdot 7 = 420$

(2) Mache **· 3** *rückgängig*, verwende die *Gegenanweisung* (den Durchoperator) **: 3**

$20 \underset{:3}{\overset{\cdot 3}{\rightleftarrows}} 60$ 20 mal 3 ergibt 60.
60 durch 3 ergibt 20.

Dividiere 60 durch 3: $60 : 3 = 20$

(3) Auf diese Weise kannst du alle Kästen ausfüllen.

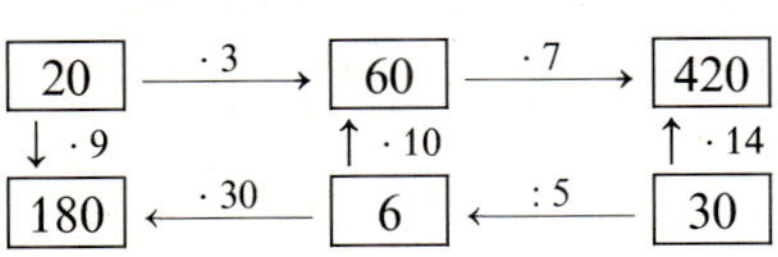

Zur Festigung und zum Weiterarbeiten

1.

Fülle die Lücken aus. Rechne im Kopf.

a)	b)	c)	d)
$90 \xrightarrow{\cdot 6} \square$	$12 \xrightarrow{\cdot 7} \square$	$720 \xrightarrow{:8} \square$	$600 \xrightarrow{:5} \square$
$\square \underset{:8}{\overset{\cdot 8}{\rightleftarrows}} 480$	$\square \underset{:9}{\overset{\cdot 9}{\rightleftarrows}} 99$	$\square \underset{\cdot 4}{\overset{:4}{\rightleftarrows}} 80$	$\square \underset{\cdot 3}{\overset{:3}{\rightleftarrows}} 12$
$\square \xrightarrow{\cdot 7} 560$	$\square \xrightarrow{\cdot 4} 64$	$\square \xrightarrow{:15} 50$	$\square \xrightarrow{:7} 30$
$12 \xrightarrow{\cdot \square} 120$	$15 \xrightarrow{\cdot \square} 105$	$180 \xrightarrow{: \square} 20$	$490 \xrightarrow{: \square} 70$

2.

Überprüfe die Rechnung durch Multiplizieren. Berichtige jedes falsche Ergebnis.

40 : 8 = 6 ist falsch, denn 6 · 8 = 48; 40 : 8 = 5

a) 54 : 9 = 5 **b)** 100 : 25 = 4 **c)** 80 : 20 = 40 **d)** 90 : 6 = 15 **e)** 18 : 18 = 1

3.

Fülle die Lücken aus.

a) □ · 5 = 80; 25 · □ = 200
b) □ · 7 = 210; 9 · □ = 810
c) □ : 20 = 20; 8 000 : □ = 4
d) □ : 100 = 10; 700 : □ = 7

4.

Schreibe als Produkt und berechne.

3 + 3 + 3 + 3 + 3 = 5 · 3 = 15

a) 8 + 8 + 8 + 8 + 8 + 8; 11 + 11 + 11 + 11; 6 + 6 + 6 + 6 + 6 + 6 + 6 + 6
b) 10 + 10 + 10; 70 + 70; 1 + 1 + 1 + 1 + 1 + 1 + 1; 0 + 0 + 0 + 0

5.

Schreibe als Summe, gib auch das Ergebnis an.

3 · 12 = 12 + 12 + 12 = 36

6 · 9; 5 · 20; 4 · 25; 8 · 50; 3 · 1 000; 4 · 4; 5 · 1; 3 · 0

6.

In einem Saal sollen an jedem Tisch gleich viele Stühle stehen. Fülle die Tabelle aus.

Zahl der Tische	18	25			15	22			14	16
Zahl der Stühle an jedem Tisch	6	4	5	8			3	4		
Zahl der Stühle im Saal			60	72	45	110	60	96	112	80

Das Multiplizieren (Vervielfachen) mit einer Zahl wird durch das Dividieren (Teilen) durch diese Zahl rückgängig gemacht.
Das Dividieren durch eine Zahl wird durch das Multiplizieren mit dieser Zahl rückgängig gemacht.

20 mal 3 ergibt 60

$20 \underset{:3}{\overset{\cdot 3}{\rightleftarrows}} 60$

60 durch 3 ergibt 20

Multiplizieren
20 · 3 = 60

60 : 3 = 20
Dividieren

Zur Übung: 1 bis 12

Rechnen mit der Null

Aufgabe

a) Was ergibt $5 \cdot 0$? **b)** Was ergibt $0 : 5$? **c)** Findest du ein Ergebnis für $5 : 0$?

Lösung

a) $5 \cdot 0 = 0 + 0 + 0 + 0 + 0 = 0$

b) $0 : 5 = 0$, denn $0 \cdot 5 = 0$

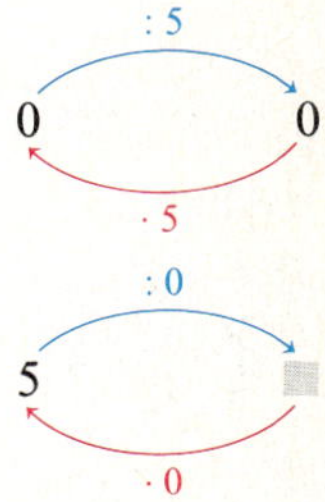

c) Überprüfe die Zahlen 5, 1 und 0 als vermutete Ergebnisse für $5 : 0$.

$5 : 0 = \mathbf{5}$ ist falsch, denn $\mathbf{5} \cdot 0 = 5$ ist falsch; $5 \cdot 0 = 0$

$5 : 0 = \mathbf{1}$ ist falsch, denn $\mathbf{1} \cdot 0 = 5$ ist falsch; $1 \cdot 0 = 0$

$5 : 0 = \mathbf{0}$ ist falsch, denn $\mathbf{0} \cdot 0 = 5$ ist falsch; $0 \cdot 0 = 0$

Überprüfe auch andere Zahlen: Du findest *kein Ergebnis*, für das die Probe richtig ist. Durch Null kann man nicht dividieren.

Zur Festigung und zum Weiterarbeiten

1.

$6 \cdot 6$; $6 \cdot 1$; $1 \cdot 6$; $6 \cdot 0$; $0 \cdot 6$; $6 : 6$; $6 : 1$; $0 : 6$

2.

Fülle – soweit möglich – die Lücken aus.

a) $\square \cdot 17 = 17$; $\square \cdot 17 = 0$ **b)** $1 \cdot \square = 12$; $0 \cdot \square = 12$ **c)** $\square : 20 = 1$; $\square : 20 = 0$ **d)** $8 : \square = 1$; $8 : \square = 0$ **e)** $0 : \square = 1$; $0 : \square = 0$

Wenn man eine Zahl mit 0 multipliziert, erhält man 0.	$5 \cdot 0 = 0$, $0 \cdot 5 = 0$
Wenn man 0 durch eine andere Zahl dividiert, erhält man 0.	$0 : 5 = 0$
Durch 0 kann man **nicht** dividieren.	$5 : 0$ ist nicht möglich.

Zur Übung: 13 und 14

Fachausdrücke – Schrittweises Multiplizieren und Dividieren

Aufgabe

Rechne im Kopf:

a) $7 \cdot 53$

b) $72 : 3$

Lösung

a) Multipliziere schrittweise:

$$\left.\begin{aligned} 7 \cdot 50 &= 350 \\ 7 \cdot 3 &= 21 \end{aligned}\right\} +$$
$$7 \cdot 53 = 371$$

b) Vorüberlegung: 60 ist die größte Zehnerzahl unter 72, die durch 3 teilbar ist.
Zerlege geschickt: $72 = 60 + 12$

$$\left.\begin{aligned} 60 : 3 &= 20 \\ 12 : 3 &= 4 \end{aligned}\right\} +$$
$$72 : 3 = 24$$

Zur Information

$7 \cdot 53$ nennt man das **Produkt** der Zahlen 7 und 53.

7	·	53	=	371
1. Faktor		2. Faktor		Produkt

$72 : 3$ nennt man den **Quotienten** der Zahlen 72 und 3.

72	:	3	=	24
Dividend		Divisor		Quotient

Zur Festigung und zum Weiterarbeiten

1.
Rechne im Kopf, notiere die Ergebnisse.

a) $6 \cdot 23$; $8 \cdot 45$; $3 \cdot 28$ **b)** $9 \cdot 44$; $4 \cdot 69$; $6 \cdot 76$ **c)** $3 \cdot 212$; $8 \cdot 121$; $4 \cdot 325$ **d)** $66 : 6$; $39 : 3$; $84 : 4$ **e)** $42 : 3$; $72 : 4$; $85 : 5$ **f)** $321 : 3$; $856 : 8$; $648 : 6$

2.
Rechne schrittweise im Kopf.

17 · 30 $17 \xrightarrow{\cdot 3} 51 \xrightarrow{\cdot 10} 510$

240 : 80 $240 \xrightarrow{:10} 24 \xrightarrow{:8} 3$

a) $18 \cdot 20$; $12 \cdot 90$; $24 \cdot 50$; $38 \cdot 70$

b) $14 \cdot 300$; $23 \cdot 200$; $44 \cdot 2\,000$

c) $360 : 30$; $420 : 70$; $200 : 40$

d) $4\,800 : 600$; $7\,500 : 500$; $72\,000 : 4\,000$

3.
Rechne im Kopf.

a) $45 \cdot 30$; $70 \cdot 70$; $80 \cdot 90$ **b)** $25 \cdot 20$; $30 \cdot 100$; $40 \cdot 200$ **c)** $7 \cdot 300$; $15 \cdot 200$; $20 \cdot 500$ **d)** $280 : 10$; $800 : 40$; $480 : 30$ **e)** $480 : 20$; $350 : 50$; $900 : 100$ **f)** $2\,600 : 200$; $1\,500 : 300$; $8\,000 : 400$

Man *multipliziert* eine Zahl mit 10, 100, 1 000, ..., indem man 1, 2, 3, ... *Nullen anhängt*.

Man *dividiert* eine Zahl durch 10, 100, 1 000, ..., indem man 1, 2, 3, ... *Nullen* (als Endziffern) *wegläßt*.

4.
Rechne schrittweise im Kopf.

35 · 18 $35 \xrightarrow{\cdot 2} 70 \xrightarrow{\cdot 9} 630$

112 : 14 $112 \xrightarrow{:2} 56 \xrightarrow{:7} 8$

a) $85 \cdot 4$; $75 \cdot 6$; $25 \cdot 44$; $16 \cdot 45$; $12 \cdot 12$

b) $620 : 4$; $300 : 12$; $7\,000 : 28$; $3\,300 : 55$

5.
Notiere mit Hilfe der Zeichen · bzw. : ; berechne dann.

a) Produkt der Zahlen 34 und 7 [4 und 46]

b) Quotient der Zahlen 78 und 6 [161 und 7]

c) Der Dividend ist 171, der Divisor 9.

d) Der Divisor ist 13, der Dividend 104.

6.
Notiere wie in der vorigen Aufgabe in Worten.

a) $78 \cdot 9$ **b)** $207 : 9$ **c)** $204 : 6$ **d)** $61 \cdot 5$ **e)** $99 \cdot 8$ **f)** $342 : 6$

Zur Übung: 15 bis 26

Übungen

Rechenanweisungen (Operatoren), Rückgängigmachen einer Rechnung

1.
Fülle die Lücken aus. Rechne im Kopf.

a) 70 —·9→ ■
■ —·8→ 640 (← :8)
■ —·5→ 60
■ —·6→ 84
17 —·■→ 68

b) 270 —:3→ ■
■ —:4→ 90 (← ·4)
■ —:6→ 13
■ —:7→ 19
200 —:■→ 25

2.
Überlege, ob du multiplizieren oder dividieren mußt. Fülle dann die Lücke aus.

a) 16 —■→ 64
b) 90 —■→ 18
c) 15 —■→ 75
d) 150 —■→ 25
e) 24 —■→ 24
f) 30 —■→ 0

3.
Fülle die Lücken aus. Rechne im Kopf.

a) ■ · 7 = 63
■ · 8 = 72
6 · ■ = 90

b) ■ · 11 = 143
■ · 14 = 126
15 · ■ = 90

c) ■ : 4 = 15
■ : 25 = 4
60 : ■ = 12

d) ■ : 7 = 14
■ : 12 = 12
78 : ■ = 13

4.
Fülle die Kästen aus. Rechne im Kopf.

a)
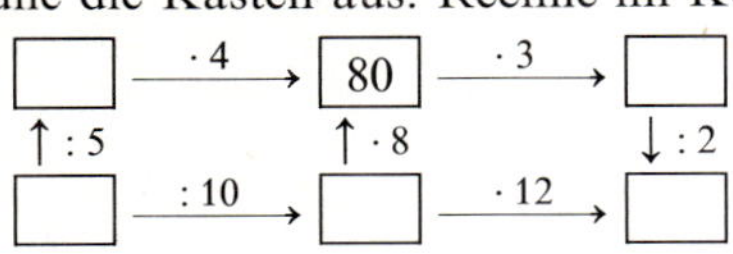

b)
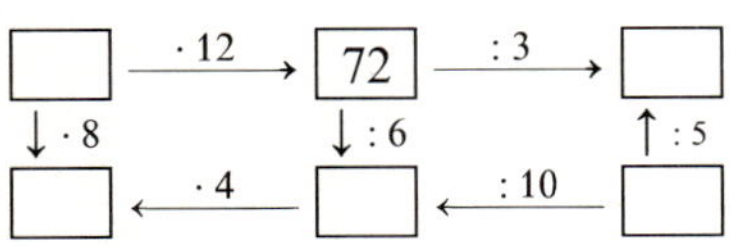

5.
Überprüfe die Rechnung durch Multiplizieren. Berichtige jedes falsche Ergebnis.

a) 65 : 13 = 5
108 : 12 = 8
98 : 7 = 18

b) 200 : 25 = 8
195 : 13 = 12
1 000 : 125 = 8

6.
Schreibe als Produkt.

a) 5 + 5 + 5 + 5 + 5 + 5 + 5 + 5
b) 1 + 1 + 1 + 1 + 1 + 1 + 1 + 1 + 1 + 1
c) 0 + 0 + 0 + 0 + 0 + 0 + 0

7.
Schreibe als Summe, gib auch das Ergebnis an.

a) 4 · 8   3 · 17
b) 5 · 20   4 · 25
c) 8 · 125   2 · 3025

8.
Fülle die Tabelle aus. Rechne im Kopf.

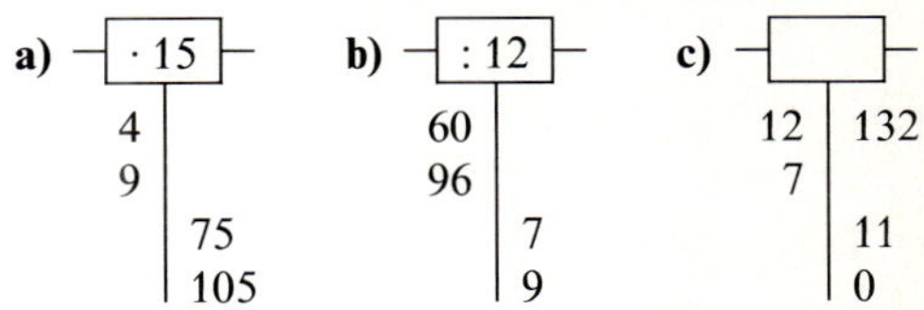

9.
Fülle die Lücken aus. Rechne im Kopf.

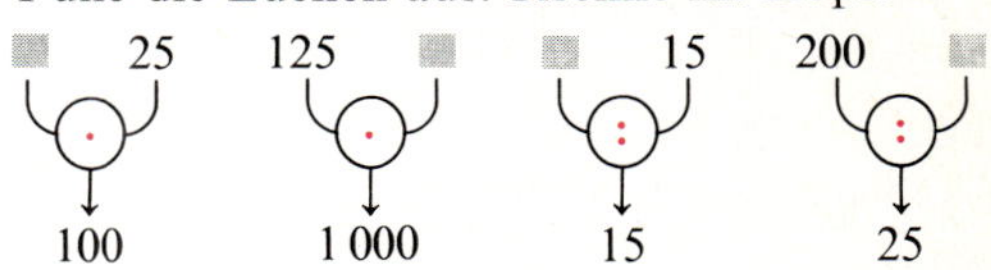

10.
Annette legt von ihrem Taschengeld wöchentlich **a)** 4 DM, **b)** 3 DM, **c)** 2 DM, **d)** 1 DM zurück. Nach wie vielen Wochen hat sie 60 DM angespart?

11.
Ein Lottogewinn wird auf 4 Spieler gleichmäßig verteilt. Jeder erhält dabei 300 DM.
Wieviel DM bekäme jeder, wenn der gleiche Gewinn auf 5 Spieler verteilt wird?

12.
Bei einem Arzneimittelhersteller werden Tabletten verpackt, in jede Schachtel gleich viele. Fülle die Tabelle aus.

Zahl der Tabletten in einer Schachtel	6	12		20	
Anzahl der Schachteln	40		20		90
Gesamtzahl der Tabletten		120	300	360	450

Rechnen mit der Null

13.

a) 2 · 15; 1 · 15; 0 · 15; 0 · 1;
1 · 1; 0 · 0; 100 · 0; 1 000 · 1

b) 60 : 10; 0 : 10; 10 : 10; 0 : 700
50 : 1; 1 : 1; 0 : 1 000; 0 : 1

14.
Fülle – soweit möglich – die Lücken aus.

a) ▒ · 12 = 12
80 · ▒ = 0
▒ · 1 = 0
0 · ▒ = 24

b) ▒ : 1 = 19
25 : ▒ = 1
▒ : 8 = 0
15 : ▒ = 0

Fachausdrücke – Schrittweises Multiplizieren und Dividieren

15.
Rechne im Kopf, notiere die Ergebnisse.

a) 3 · 21, 4 · 23 **b)** 4 · 22, 3 · 27 **c)** 5 · 32, 7 · 45 **d)** 5 · 39, 6 · 46

e) 3 · 25, 6 · 34, 4 · 28 **f)** 4 · 32, 7 · 23, 8 · 44 **g)** 7 · 103, 9 · 105, 4 · 208 **h)** 4 · 112, 3 · 215, 7 · 122

16.
Rechne im Kopf, notiere die Ergebnisse.

a) 44 : 4, 36 : 3 **b)** 68 : 2, 80 : 5 **c)** 96 : 8, 52 : 4 **d)** 75 : 3, 78 : 6

e) 48 : 3, 84 : 6, 85 : 5 **f)** 92 : 4, 87 : 3, 94 : 2 **g)** 408 : 4, 654 : 6, 936 : 9 **h)** 672 : 6, 856 : 4, 105 : 7

17.

a)	b)	c)	d)					
23	47	225	308	·	4	6	8	9

18.
Fülle die Lücken aus.

a)

1. Faktor	24	12	25	75
2. Faktor	5	30	8	40
Produkt				

b)

Dividend	112	180	1 200	2 000
Divisor	8	30	60	125
Quotient				

19.
Notiere mit · bzw. :; berechne dann.

a) Quotient aus 144 und 4 [135 und 3]

b) Produkt aus 54 und 7 [48 und 6]

20.
Notiere wie in Übungsaufgabe 19 in Worten.

a) 43 · 6, 189 : 7 **b)** 156 : 6, 77 · 8 **c)** 26 · 9, 288 : 8

Gib bei dem Quotienten auch an, welche Zahl der Divisor und welche Zahl der Dividend ist.

21.

a) Der erste Faktor eines Produktes ist 4, das Produkt selbst beträgt 168.
Wie heißt der zweite Faktor?

b) Der Divisor eines Quotienten beträgt 7, der Quotient selbst 33. Wie heißt der Dividend?

c) Der Divisor beträgt 8, der Dividend 136. Wie heißt der Quotient?

22.
Rechne schrittweise.

a) 13 · 30; 17 · 20; 12 · 40; 19 · 50

b) 7 · 400; 3 · 900; 11 · 500; 4 · 3 000

c) 480 : 40; 720 : 20; 480 : 30; 650 : 50

d) 1 800 : 200; 3 900 : 300; 24 000 : 6 000

23.
Rechne geschickt.

a) 2 · 37 · 5; 7 · 50 · 2; 4 · 9 · 25

b) 5 · 25 · 8; 8 · 7 · 125; 25 · 32 · 5

24.
Rechne schrittweise.

a) 35 · 6, 25 · 12, 45 · 22 **b)** 700 : 35, 600 : 24, 102 : 34 **c)** 126 : 18, 308 : 22, 324 : 36

25.

a) **12 · 25** $\quad 12 \xrightarrow{\cdot 100} 1\,200 \xrightarrow{:4} 300$

28 · 25; 44 · 25; 36 · 250; 24 · 125;
76 · 25; 80 · 250; 32 · 125; 72 · 125

b) **700 : 25** $\quad 700 \xrightarrow{:100} 7 \xrightarrow{\cdot 4} 28$

1 300 : 25; 11 000 : 250; 4 000 : 125
6 700 : 25; 88 000 : 250; 125 000 : 125

26.
Ein Hochhaus hat 10 Geschosse. In jedem Geschoß gibt es 6 Wohnungen. Jede Wohnung hat 5 Wohnräume. Wie viele Wohnräume hat das Hochhaus insgesamt?

Multiplizieren mit gleichen Faktoren – Potenzieren

Aufgabe

Ein Papierbogen wird mehrmals nacheinander gefaltet.

a) Wie viele Blätter liegen nach dem fünften Falten übereinander?

b) Wie viele Blätter müßten nach dem zehnten Falten übereinanderliegen?

Lösung

a) Bei jedem Falten verdoppelt sich die Anzahl der übereinanderliegenden Blätter.

Anzahl der Blätter	nach dem 1. Falten	nach dem 2. Falten	nach dem 3. Falten	nach dem 4. Falten	nach dem 5. Falten

$$1 \xrightarrow{\cdot 2} 2 \xrightarrow{\cdot 2} 4 \xrightarrow{\cdot 2} 8 \xrightarrow{\cdot 2} 16 \xrightarrow{\cdot 2} 32$$

Die Anzahl der übereinanderliegenden Blätter beträgt

nach dem 1. Falten:	2 ,	das schreiben wir auch:	2^1
nach dem 2. Falten:	$2 \cdot 2$,	das schreiben wir auch:	2^2
nach dem 3. Falten:	$2 \cdot 2 \cdot 2$,	das schreiben wir auch:	2^3
nach dem 4. Falten:	$2 \cdot 2 \cdot 2 \cdot 2$,	das schreiben wir auch:	2^4
nach dem 5. Falten:	$2 \cdot 2 \cdot 2 \cdot 2 \cdot 2$,	das schreiben wir auch:	2^5

b) Beim weiteren Falten kommst du bald in Schwierigkeiten.
Anzahl der Blätter nach dem 10. Falten: $2 \cdot 2 \cdot 2 \cdot 2 \cdot 2 \cdot 2 \cdot 2 \cdot 2 \cdot 2 \cdot 2 = 2^{10} = 1\,024$.
Es müßten 1 024 Blätter übereinanderliegen.

An Stelle des Produktes $2 \cdot 2 \cdot 2 \cdot 2 \cdot 2$ schreibt man auch 2^5 (gelesen: *2 hoch 5*).
Man nennt 2^5 eine **Potenz** von 2 (die fünfte Potenz von 2).

$2^5 = 2 \cdot 2 \cdot 2 \cdot 2 \cdot 2 = 32$

Potenz $2^5 = 32$

Basis (Grundzahl), Exponent (Hochzahl), Potenzwert

Beispiele: $5^3 = 5 \cdot 5 \cdot 5 = 125$, $10^4 = 10 \cdot 10 \cdot 10 \cdot 10 = 10\,000$, $7^1 = 7$

Zur Festigung und zum Weiterarbeiten

1.

Schreibe als Potenz.

a) $10 \cdot 10 \cdot 10$ **b)** $5 \cdot 5 \cdot 5 \cdot 5$ **c)** $2 \cdot 2 \cdot 2 \cdot 2 \cdot 2 \cdot 2 \cdot 2$ **d)** $9 \cdot 9$ **e)** $11 \cdot 11$ **f)** 13

2.

Berechne die Potenz, schreibe diese vorher als Produkt.

$7^4 = 7 \cdot 7 \cdot 7 \cdot 7 = 2\,401$

a) 4^3 **b)** 7^2 **c)** 2^8 **d)** 10^6 **e)** 1^4

3.

Vergleiche die Ergebnisse.

a) $4 + 3$; $4 \cdot 3$; 4^3 **b)** $6 + 2$; $6 \cdot 2$; 6^2 **c)** 5^2; 2^5 **d)** 4^2; 2^4

Übungen

1.
Schreibe als Potenz.

a) $10 \cdot 10 \cdot 10 \cdot 10$ **b)** $6 \cdot 6 \cdot 6$
c) $4 \cdot 4 \cdot 4 \cdot 4$ **d)** $8 \cdot 8$
e) $2 \cdot 2 \cdot 2 \cdot 2 \cdot 2 \cdot 2$ **f)** 15
g) $1 \cdot 1 \cdot 1 \cdot 1 \cdot 1 \cdot 1 \cdot 1 \cdot 1 \cdot 1$

2.
Schreibe als Produkt und berechne.

a) 12^2 **b)** 5^3 **c)** 2^{10} **d)** 10^2
e) 8^3 **f)** 11^3 **g)** 1^5 **h)** 0^4
i) 20^3 **j)** 100^2 **k)** 100^3 **l)** 50^3

3.
Notiere die Ergebnisse und lerne sie auswendig.

a) $2^1;\ 2^2;\ 2^3;\ 2^4;\ \ldots,\ 2^{10}$
b) $10^1;\ 10^2;\ 10^3;\ 10^4;\ \ldots,\ 10^9$
c) $11^2;\ 12^2;\ 13^2;\ 14^2;\ \ldots,\ 20^2$

4.
Schreibe als Potenz von 10.

hunderttausend $= 10 \cdot 10 \cdot 10 \cdot 10 \cdot 10 = 10^5$

a) hundert **b)** zehntausend **c)** eine Million
d) hundert Millionen **e)** eine Milliarde

5.
a)
$$4237 = 4 \cdot 1000 + 2 \cdot 100 + 3 \cdot 10 + 7 = 4 \cdot 10^3 + 2 \cdot 10^2 + 3 \cdot 10^1 + 7$$

Schreibe wie im Beispiel:
5932; 1204; 28947; 40203; 880403

b) Wie heißt die Zahl?
$8 \cdot 10^4 + 7 \cdot 10^3 + 2 \cdot 10^2 + 1 \cdot 10 + 5$
$2 \cdot 10^5 + 3 \cdot 10^3 + 1 \cdot 10^2$
$3 \cdot 10^6 + 4 \cdot 10^4 + 7 \cdot 10^2$

c)
$$26 = 1 \cdot 16 + 1 \cdot 8 + 0 \cdot 4 + 1 \cdot 2 + 0 = 1 \cdot 2^4 + 1 \cdot 2^3 + 0 \cdot 2^2 + 1 \cdot 2^1 + 0$$

Schreibe wie im Beispiel:
82; 72; 102; 112; 115

d) Wie heißt die Zahl?
$1 \cdot 2^6 + 1 \cdot 2^3 + 1 \cdot 2$;
$1 \cdot 2^7 + 1 \cdot 2^5 + 1 \cdot 2^3$;
$1 \cdot 2^8 + 1 \cdot 2^5 + 1 \cdot 2^2$

6.
a) $5^2;\ 5 \cdot 2;\ 5 + 2;\ 2^5$
b) $3^3;\ 3 \cdot 3;\ 3 + 3$
c) $6^1;\ 1^6;\ 6 \cdot 1;\ 6 + 1$
d) $2^2;\ 2 \cdot 2;\ 2 + 2$

△ 7.
a) $2^{\square} = 64$ **b)** $10^{\square} = 1\,000\,000$
c) $\square^2 = 64$ **d)** $8^{\square} = 512$
e) $\square^4 = 81$ **f)** $\square^2 = 144$

△ 8.

Basis	7	6	8	5		9
Exponent	3				2	
Potenzwert		216	64	125	196	9

▲ 9.
Schreibe als Potenz.

a) 36; 49; 100; 1; 121; 169; 361; 7
b) 8; 512; 1024; 128; 32; 256
c) 25; 16; 289; 64; 2; 225; 324

△ 10.
Bei einem Quiz erhält ein Kandidat zunächst einen Punkt als Einsatz. Für jede richtig beantwortete Frage verdreifacht sich die Punktzahl.

a) Wie viele Punkte hat ein Kandidat nach 4 richtigen Antworten?

b) Wie viele richtige Antworten muß er geben, um auf 729 Punkte zu kommen?

c) Wie viele richtige Antworten muß er mindestens geben, um 2000 Punkte zu überschreiten?

11.
Eine Firma liefert Knöpfe in folgender Verpackung:

Auf einem Streifen sind 3 Knöpfe,
ein Kärtchen besteht aus 3 Streifen,
eine Schachtel enthält 3 Kärtchen,
in einem Päckchen sind 3 Schachteln,
in einem Karton sind 3 Päckchen.

a) Wie viele Knöpfe sind insgesamt in einem Karton enthalten?

b) Ein Händler bestellt 729 Knöpfe. Wie viele Kartons werden geliefert?

Schriftliche Verfahren beim Multiplizieren

Wiederholung

Multipliziere schriftlich:

a) 1 354 · 7 **b)** 3 528 · 400 **c)** 417 · 238

a)

```
1354 · 7
    9478
```

Wir multiplizieren schrittweise:

E: 7 · 4 = **28**

Z: 7 · 5 + 2 = **37**

H: 7 · 3 + 3 = **24**

T: 7 · 1 + 2 = **9**

b) *Überschlag:*
3 500 · 400 = 1 400 000

```
3528 · 400
   1411200
```

c) *Überschlag:*
400 · 250 = 100 000

417 · 200 = 83 400
417 · 30 = 12 510
417 · 8 = 3 336

```
417 · 238
    834
     1251
      3336
      1
    99246
```

Zur Festigung und zum Weiterarbeiten

1.

Multipliziere schriftlich.

a)	b)	c)	d)	e)
2 547 · 3	43 126 · 4	132 418 · 6	193 074 · 5	2 359 067 · 4
1 385 · 6	37 019 · 8	250 307 · 9	316 125 · 8	5 081 543 · 7
8 109 · 7	20 576 · 9	800 295 · 7	999 999 · 9	8 989 899 · 8

2.

Multipliziere schriftlich.

a)	b)	c)	d)	e)
212 · 40	1 242 · 300	739 · 6 000	17 388 · 400	13 800 · 700
427 · 20	3 576 · 800	807 · 3 000	26 057 · 500	67 400 · 500
314 · 50	2 091 · 700	596 · 9 000	77 009 · 800	10 100 · 900

3.

a)	b)	c)	d)	e)
734 · 18	3 452 · 23	237 · 416	91 843 · 742	3 971 · 3 971
297 · 35	6 538 · 47	196 · 807	407 897 · 88	8 066 · 8 066
862 · 77	8 379 · 61	825 · 933	3 806 · 1 075	5 555 · 5 555

4.

Multipliziere in der angegebenen Reihenfolge.

a)	b)	c)	d)
17 · 4 395	2 222 · 534	4 001 · 239	87 000 · 639
4 395 · 17	534 · 2 222	239 · 4 001	639 · 87 000

Welche Rechnung war jeweils günstiger? Woran liegt das?

> Beim schriftlichen Multiplizieren ist es vorteilhaft, eine Zahl als Faktor rechts zu schreiben,
> – wenn sie weniger Stellen als die andere hat,
> – wenn bei ihr gleiche Ziffern vorkommen,
> – wenn Nullen als Ziffern auftreten.

Übungen

1.
Multipliziere schriftlich.

a) 1 627 · 5
3 416 · 8
7 093 · 6

b) 28 143 · 7
59 628 · 6
30 509 · 8

c) 814 325 · 8
270 532 · 9
340 825 · 4

d) 4 232 506 · 6
6 046 839 · 7
2 350 714 · 9

2.
a) 132 · 30
476 · 50
702 · 60

b) 2 513 · 400
6 907 · 900
3 518 · 600

c) 483 · 7 000
655 · 8 000
702 · 4 000

d) 21 416 · 300
45 087 · 700
66 339 · 500

3.
a) 122 · 32
763 · 62
445 · 87
348 · 77
605 · 48

b) 3 256 · 14
7 923 · 26
4 568 · 34
8 149 · 27
6 633 · 91

c) 823 · 471
407 · 128
583 · 709
809 · 233
301 · 206

d) 2 751 · 143
8 609 · 357
9 245 · 609
4 006 · 573
5 028 · 852

e) 25 816 · 319
80 533 · 477
53 682 · 908
16 016 · 748
37 492 · 555

f) 42 345 · 1 232
59 076 · 3 448
82 224 · 7 025
64 913 · 4 106
27 507 · 8 833

4.

a)	b)	c)	d)				
114	920	1 508	6 432	·	34	55	67

e)	f)	g)	h)					
444	2 300	8 769	7 007	·	60	175	1 200	8 008

5.
Wähle beim Multiplizieren die günstige Reihenfolge.

a) 4 000 · 39 **d)** 18 000 · 2 746
b) 777 · 538 **e)** 658 · 4 444
c) 5 436 · 78 **f)** 30 007 · 9 245

6.
a) 72 · 38 · 9 **b)** 77 · 35 · 48
c) 294 · 15 · 7 **d)** 608 · 27 · 31

7.
a) 700^2 **b)** 380^2 **c)** 44^3
▲ **d)** 640^3 ▲ **e)** 102^4 ▲ **f)** 13^5

8.
Berechne das Dreifache, das Fünffache, das Neunfache und das Vierzigfache von

a) 111 111 **b)** 777 777 **c)** 230 023
d) 350 206 **e)** 371 000 **f)** 123 456

9.
Der 12. Teil [25. Teil, 36. Teil] einer Zahl ist

a) 800 **b)** 725 **c)** 901 **d)** 1 237.

Wie heißt diese Zahl?

10.

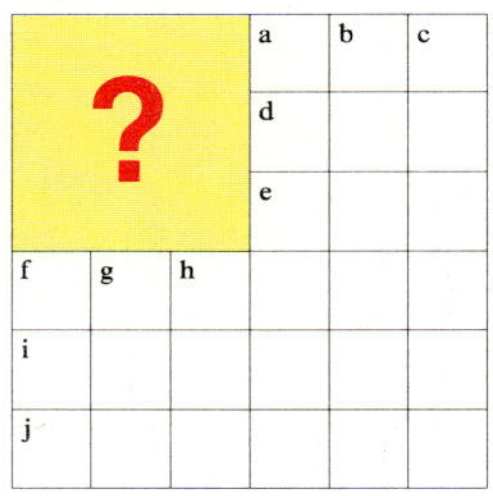

senkrecht:

a) 35 · 9 300
b) 720 · 625
c) 36 · 9 639
f) 11 · 47
g) 3 · 227
h) 4 · 149

waagerecht:

a) 7 · 49 **f)** 75 · 7 540
d) 2 · 127 **i)** 225 · 840
e) 13 · 39 **j)** 12 · 59 667

11.

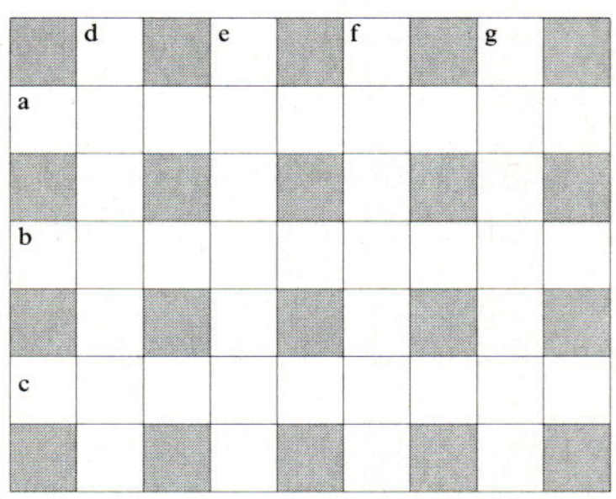

waagerecht:

a) 4 768 · 61 073
b) 58 114 · 9 267
c) 39 622 · 5 432

senkrecht:

d) 8 573 · 229
e) 7 561 · 543
f) 3 812 · 1 997
g) 7 156 · 375

12.

Bestimme die fehlenden Ziffern.

a)
```
314 · 2▮
    628
    12▮6
    ▮5▮▮
```

b)
```
▮▮▮ · ▮3▮▮
    6▮▮
     471
     ▮▮▮9
        ▮2▮
  ▮▮▮▮▮▮
```

13.

Berechne und trage ein. Ersetze dann die Ziffern in dem umrahmten Teil durch Buchstaben nach folgendem Geheimcode:

0 = A	2 = E	4 = P	6 = S	8 = W
1 = D	3 = I	5 = R	7 = T	9 = Z

322 · 308 =					
477 · 128 =					
199 · 199 =					
613 · 145 =					
618 · 149 =					
297 · 214 =					

539 · 120 =					
345 · 207 =					
256 · 388 =					
370 · 210 =					
473 · 169 =					
281 · 218 =					

14.

Familie König bezahlt den neuen Fernsehapparat in 9 Monatsraten zu je 218 DM.
Wieviel DM werden insgesamt gezahlt?

15.

Eine Maschine stellt an einem Arbeitstag 14 398 Klammern her.
Wie viele Klammern werden in 5 Arbeitstagen hergestellt?

16.

Die Heftklammern einer Firma werden in folgender Verpackung geliefert:

Eine Schachtel enthält 200 Klammern,
ein Karton besteht aus 15 Schachteln,
in einem Paket sind 25 Kartons.

Wie viele Klammern sind insgesamt in einem Paket enthalten?

17.

Rolf hat die Treppenstufen in einem Hochhaus gezählt. In jeder Etage sind es 16 Stufen von 18 cm Höhe. Das Hochhaus hat 12 Etagen.
Wie hoch steht man in der obersten Etage über dem Erdboden?

18.

Als Kaufpreis für einen Fotoapparat werden verlangt:

7 Monatsraten zu je 34,90 DM.
Bei einem anderen Händler lautet das Angebot für den gleichen Apparat:
8 Raten zu je 30,60 DM.

Welches Angebot ist billiger?

Hinweis: Du kannst zunächst in Pfennige umrechnen.

19.

In einem Kaufhaus wird an einem Sonderstand ein neues Reinigungsmittel angeboten, die Flasche zu 8,20 DM.
Der Verkäufer verkauft an einem Tag

a) 120, **b)** 203, **c)** 347 Flaschen.

Wieviel Geld hat er eingenommen?

20.

Eine Pumpe fördert in jeder Stunde 1 435 Liter Wasser. Wieviel Liter Wasser fördert sie

a) an einem Tag (24 Stunden),

b) in einer Woche (7 Tage)?

21.

Herr Martens wohnt 13 km von seinem Arbeitsplatz entfernt. Er fährt täglich mit seinem Auto dorthin und wieder zurück.

a) Wieviel km legt er dabei in einer Woche zurück (5 Arbeitstage)?

b) Wieviel km legt er in einem Vierteljahr zurück (13 Arbeitswochen)?

c) Die Kosten für 1 km Autofahrt betragen ungefähr 36 Pf.
Wie hoch sind die jährlichen Ausgaben für die Fahrten zum Arbeitsplatz (215 Arbeitstage)?

22.

Der Mond umkreist die Erde und legt dabei in jeder Stunde einen Weg von 3 680 km zurück.

a) Wie lang ist der Weg des Mondes an einem Tag?

▲ **b)** Für einen vollen Umlauf benötigt der Mond 27 Tage und 8 Stunden. Welchen Weg legt er in dieser Zeit zurück?

Kombinieren

Aufgabe

Steffen geht auf dem Heimweg von der Schule durch einen Park. Dieser hat 3 Eingänge (E_1, E_2, E_3) und 5 Ausgänge (A_1, A_2, A_3, A_4, A_5).
Wie viele Möglichkeiten findet Steffen, seinen Weg durch den Park zu nehmen?

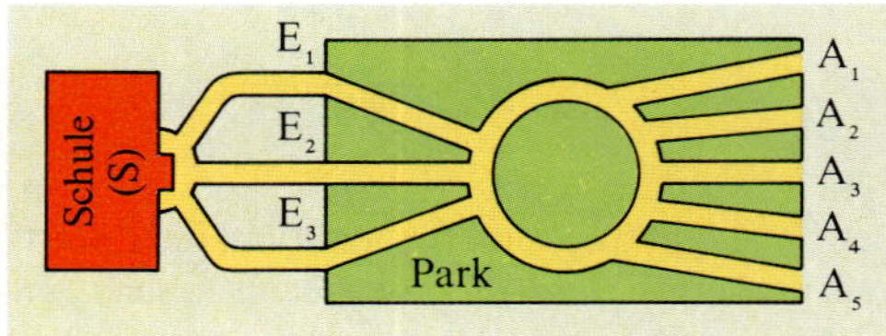

Lösung

Um eine Übersicht über alle möglichen Kombinationen zu gewinnen, zeichnen wir ein *Baumdiagramm*.
Steffen trifft zunächst die Entscheidung, welchen Eingang er wählt. Der Baum beginnt mit 3 Ästen. Im Park trifft Steffen die zweite Entscheidung, welchen Ausgang er wählt. Nach jedem der 3 ersten Äste verzweigt sich der Baum in 5 neue Äste.
Der Baum hat **3 · 5** Spitzen. Steffen kann zwischen 15 Kombinationen wählen.

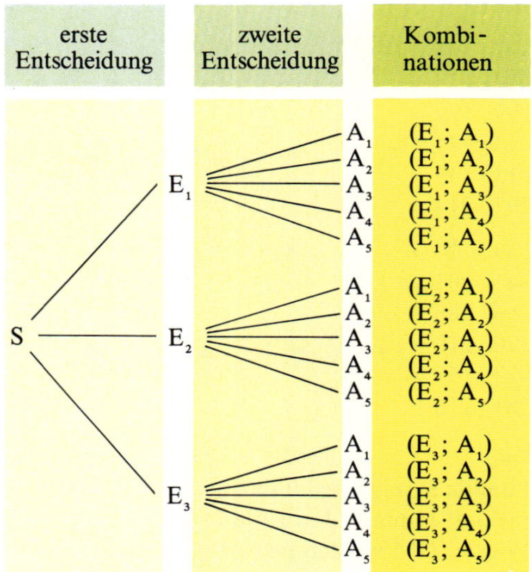

Zur Festigung und zum Weiterarbeiten

1.

Unter wie vielen Wegen kann Steffen wählen, wenn der Park (in der Aufgabe oben)

a) 4 Eingänge und 4 Ausgänge hat,

b) nur einen Eingang, aber 7 Ausgänge hat?

2.

Anke und Bodo würfeln nach folgender Spielregel:
Ein roter und ein blauer Würfel werden gleichzeitig geworfen. Wenn bei einem solchen Doppelwurf die Augensumme kleiner als 8 ist, hat Anke gewonnen; sonst gewinnt Bodo.

a) Notiere alle möglichen Wurfkombinationen. Fülle dazu die Tabelle aus.

b) Bei welchen Wurfkombinationen gewinnt Anke? Schraffiere die entsprechenden Felder der Tabelle.
Bei welchen Wurfkombinationen gewinnt Bodo?

c) Ist die vereinbarte Spielregel gerecht?

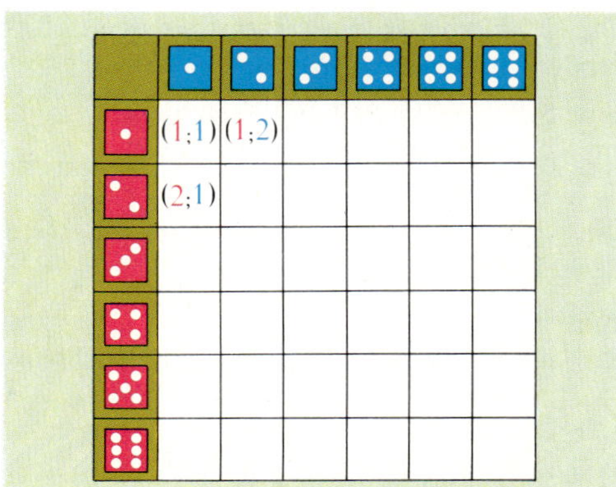

3.

a) Von jedem Flughafen in A-Land führen Flugverbindungen zu jedem Flughafen in B-Land.

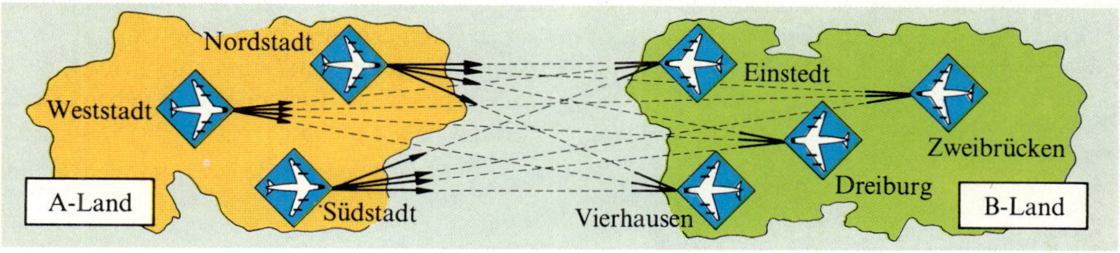

Wie viele Fluglinien von A-Land nach B-Land werden benutzt,

(1) wenn in A-Land alle 3 und in B-Land alle 4 Flughäfen in Betrieb sind?

(2) wenn in A-Land alle 3 Flughäfen in Betrieb sind, in B-Land aber nur einer?

(3) wenn zwar in B-Land alle 4 Flughäfen in Betrieb sind, in A-Land aber wegen Nebels keiner?

b) Erläutere durch ein Beispiel wie in a) die Richtigkeit des Ergebnisses:

(1) $1 \cdot 4 = 4$ (2) $1 \cdot 1 = 1$ (3) $3 \cdot 0 = 0$ (4) $0 \cdot 0 = 0$

Übungen

1.

Anja besitzt für ihre Puppe 5 Röcke und 7 Blusen. Aus wie vielen Kombinationen kann Anja wählen? Zeichne ein Baumdiagramm.

2.

Eine Firma stellt Gummibälle her in 6 verschiedenen Größen und in 11 verschiedenen Farben. Sie kann Bälle in jeder dieser Größen und auch in jeder Farbe liefern. Wie viele verschiedene Typen von Bällen hat die Firma vorrätig?

3.

In Neunkirchen gibt es 38 Telefonanschlüsse. In Siebenhagen sind es 32 Anschlüsse.

a) Wie viele Telefonverbindungen von Neunkirchen nach Siebenhagen gibt es?

b) Wie viele Verbindungen gibt es, wenn ein Fernsprechteilnehmer von Neunkirchen nach Siebenhagen zieht und dort seinen Anschluß erhält?

4.

Um in den Zeichensaal der Schule zu gelangen, kann eine Klasse zwischen 3 Hauseingängen, 2 Treppenhäusern und 2 Türen des Zeichensaales wählen. Wie viele Möglichkeiten sind das? Lege ein Baumdiagramm an.

5.

Bei einem Spiel kann man lustige Figuren aus je drei Teilen (Kopf, Rumpf, Beine) zusammensetzen. Für den Kopf gibt es 12 Kärtchen, für den Rumpf 10 und für die Beine 8 Kärtchen.
Wie viele verschiedene lustige Figuren kann man zusammenstellen?

6.

Frau Tüchtig besitzt je einen Geldschein zu 100 DM, 50 DM, 20 DM und 10 DM, sowie je eine Münze zu 10 Pf, 5 Pf und 2 Pf.
Welche Geldbeträge kann Frau Tüchtig zahlen, wenn sie jeweils einen Schein mit einer Münze kombiniert?

Beispiel: (20 DM; 5 Pf), also 20,05 DM.

7.

Eine Transportfirma verfügt über 32 Lastwagen und 21 Anhänger. Wie viele verschiedene Möglichkeiten hat die Firma, einen Lastzug (Lastwagen mit Anhänger) zusammenzustellen?

8.

Für das obere Drittel einer Flagge stehen die Farben Rot, Grün und Blau, für das mittlere Drittel die Farben Weiß und Schwarz, für das untere Drittel die Farben Blau, Gelb und Rot zur Verfügung.
Wie viele Flaggen kann man unter diesen Bedingungen bekommen?

9.

Andrea, Elke, Ines, Karin und Ute haben während der Ferien in England Mary, Peggy und Sandy kennengelernt. Später schickt jedes deutsche Mädchen an jede der englichen Freundinnen eine Postkarte.
Wie viele solcher Postkarten sind das?

10.

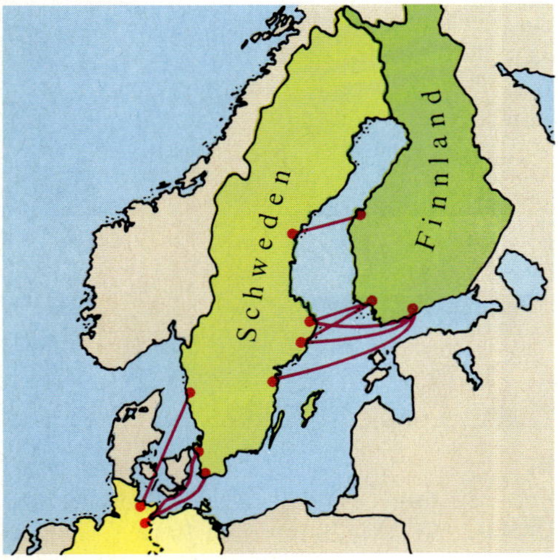

Familie Baum möchte im Urlaub über Schweden nach Finnland fahren. Sie kann wählen zwischen 3 Fährverbindungen von Deutschland nach Schweden und 6 Fährverbindungen von Schweden nach Finnland.
Wie viele verschiedene Möglichkeiten hat Familie Baum, um von Deutschland nach Finnland zu kommen?

11.

In einem Gasthaus werden 15 verschiedene Steakarten angeboten. Dazu bekommt man einen Salat, zu dem man 3 Soßen zur Auswahl hat. Außerdem muß man entscheiden, ob man Pommes frites, Reis oder eine gebackene Kartoffel haben möchte.

a) Wie viele verschiedene Zusammenstellungen gibt es?

▲ **b)** Die 15 verschiedenen Steaks kann man zusätzlich noch in zwei Größen bekommen und auf drei Arten gebraten.
Max behauptet: „Dann sind das ja fast 1000 Möglichkeiten!" Stimmt das?

△ **12.**

Für die beiden Hauptrollen bei einem Laienspiel werden ein Junge und ein Mädchen gesucht. Es haben sich gemeldet:

Anke (1,40 m), Birgit (1,45 m),
Claudia (1,42 m), Doris (1,48 m),
Jürgen (1,47 m), Klaus (1,41 m) und
Lars (1,44 m).

a) Wie viele Möglichkeiten gibt es, ein Paar für die Hauptrollen zusammenzustellen? Lege eine Tabelle an.

▲ **b)** Wie viele Möglichkeiten bleiben übrig, wenn man verlangt, daß der Größenunterschied zwischen den beiden Hauptdarstellern nicht größer als 3 cm sein darf?

13.

a) Für den f-Laut gibt es verschiedene Schriftzeichen: f, F, v, V, ph und Ph.
Für den x-Laut gibt es die Schriftzeichen x, ks, cks, gs und chs.
Auf wieviel verschiedene Arten kann man das Wort „Fuchs" falsch schreiben?

b) Für den ei-Laut gibt es die Schriftzeichen ei, ai, ey, ay; für den f-Laut die Zeichen f, v und ph.
Auf wieviel verschiedene Arten könntest du „Seife" falsch schreiben?

14.

Wie viele dreistellige Zahlen gibt es, deren Hunderterziffer 1 oder 2 [9; 8; 7 oder 6], deren Zehnerziffer 3, 4, 5 oder 6 [5 oder 4] und deren Einerziffer 7, 8 oder 9 [3 oder 2] lautet?

15.

Aus den Ziffern 3, 5 und 8 sollen vierstellige Zahlen gebildet werden.
Wie viele solcher Zahlen kann man finden?

Schriftliche Verfahren beim Dividieren

Dividieren durch eine einstellige Zahl

Wiederholung

Dividiere schriftlich: 9 468 : 6. Führe Überschlag und Probe durch.

Überschlag: 9 000 : 6 = 1 500

Noch vor Durchführung der schriftlichen Rechnung solltest du den Überschlag durchführen.

Rechnung: Bei der Rechnung mußt du den Stellenwert der Ziffern beachten.

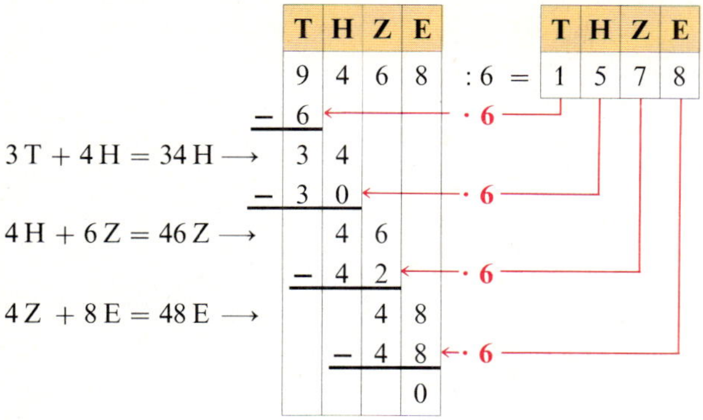

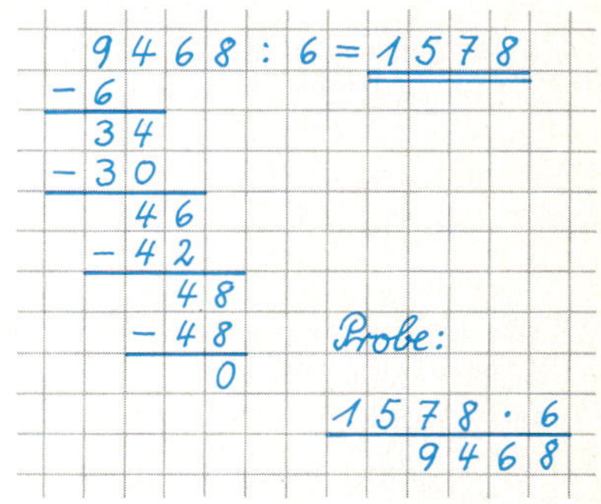

Das Ergebnis ist in Übereinstimmung mit dem Überschlag.

Kurzschreibweise: Du kannst die schriftliche Form der Rechnung abkürzen: 9 468 : 6 = 1 578
Dann mußt du im Kopf rechnen:
9 : 6 = 1 Rest 3; 1 wird notiert.
34 : 6 = 5 Rest 4; 5 wird notiert.
46 : 6 = 7 Rest 4; 7 wird notiert.
48 : 6 = 8 Rest 0; 8 wird notiert.

Zur Festigung und zum Weiterarbeiten

1.

Dividiere schriftlich (Kurzschreibweise).

a) 5 892 : 4	**b)** 74 835 : 9	**c)** 56 136 : 8	**d)** 237 000 : 8	**e)** 1 419 474 : 6
1 430 : 5	91 872 : 6	70 100 : 4	420 980 : 7	5 694 669 : 9
2 849 : 7	35 024 : 8	99 900 : 5	780 018 : 3	4 312 315 : 5

2.

Dividiere schriftlich. Überlege, ab wann du das Verfahren abkürzen kannst.

a) 739 500 : 5 **b)** 498 000 : 6 **c)** 168 000 : 7 **d)** 517 000 : 4 **e)** 910 000 : 8

3.

a) Berechne
(1) den 6. Teil von 3 074 082 [440 748];
(2) den 7. Teil von 4 615 114 [2 826 768].

b) Das Dreifache einer Zahl ist 7 734 [111 111]. Wie heißt die Zahl?

Zur Übung: 1 bis 6

Dividieren durch eine mehrstellige Zahl

Aufgabe

Bei einem Preisausschreiben wird der Betrag von 95 760 DM an alle Gewinner gleichmäßig verteilt. Es sind **a)** 40 Gewinner, **b)** 63 Gewinner, **c)** 252 Gewinner.
Wieviel DM erhält jeder?

Lösung

Dividiere schrittweise:

a) Verteile 95 *Tausender* an 40:
Jeder erhält 2 T.
Dann sind 80 T verteilt,
15 T (150 H) bleiben übrig.

Verteile 157 *Hunderter:*
Jeder erhält 3 H.
Dann sind 120 H verteilt, 37 H (370 Z) bleiben übrig.

Verteile 376 *Zehner:* Jeder erhält 9 Z.
Dann sind 360 Z verteilt, 16 Z (160 E) bleiben übrig.

Verteile 160 *Einer:* Jeder erhält 4 E. Dann sind 160 E verteilt. Es bleibt kein Rest übrig.

Ergebnis: Jeder erhält 2 394 DM.

		T	H	Z	E		T	H	Z	E
	9	5	7	6	0	: 40 =	2	3	9	4
−	8	0				← · 40				
	1	5	7							
−	1	2	0			← · 40				
		3	7	6						
−		3	6	0		← · 40				
			1	6	0					
−			1	6	0	← · 40				
					0					

Überschlag:
96 000 : 40 = 2 400

```
95760 : 40 = 2394
-80
 157
-120
  376
 -360
   160
  -160
     0

Probe:  2394 · 40
        95760
```

b) Beim Verteilen an 63 erhält jeder:
1 Tausender,
5 Hunderter,
2 Zehner,
0 Einer.

Ergebnis: Jeder erhält 1 520 DM.

		T	H	Z	E		T	H	Z	E
	9	5	7	6	0	: 63 =	1	5	2	0
−	6	3				← · 63				
	3	2	7							
−	3	1	5			← · 63				
		1	2	6						
−		1	2	6		← · 63				
				0	0					
					0	← · 63				
					0					

Überschlag:
96 000 : 60 = 1 600

```
95760 : 63 = 1520
-63
 327
-315
  126
 -126
    0

Probe:  1520 · 63
          9120
           4560
          95760
```

c) Hier sind 252 Gewinner, aber nur 95 Tausender vorhanden. Beginne daher mit der Verteilung von 957 Hundertern.

Ergebnis: Jeder erhält 380 DM.

		T	H	Z	E		H	Z	E
	9	5	7	6	0	: 252 =	3	8	0
−	7	5	6			← · 252			
	2	0	1	6					
−	2	0	1	6		← · 252			
				0					

Überschlag:
96 000 : 300 = 320

```
95760 : 252 = 380
-756
 2016
-2016
    0

Probe:
380 · 252
      760
      1900
       760
     95760
```

Zur Festigung und zum Weiterarbeiten

1.

Wie oft paßt

a) 13 in 40, **b)** 19 in 100, **c)** 47 in 250,
d) 83 in 760, **e)** 218 in 900?

Wie oft paßt 38 in 297?
7 mal,
denn 38 · 7 = 266 und 38 · 8 = 304

2.

Dividiere schriftlich, führe auch die Probe durch.

a) 6 850 : 50; 2 960 : 40
b) 82 560 : 30; 56 910 : 70
c) 937 200 : 80; 250 470 : 90
d) 100 020 : 60; 944 440 : 70

3.

a) 3 816 : 12; 6 623 : 37
b) 18 176 : 71; 10 052 : 28
c) 700 016 : 67; 333 333 : 37
d) 685 695 : 85; 543 132 : 54
e) 65 640 : 120; 34 750 : 250
f) 66 462 : 209; 62 040 : 705
g) 79 101 : 423; 36 394 : 587
h) 999 178 : 358; 340 288 : 832
i) 884 400 : 1 200; 424 800 : 3 600
j) 828 696 : 1 752; 642 825 : 2 857

4.

Dividiere vereinfacht.

a) 83 700 : 900; 600 000 : 800
b) 912 000 : 6 000; 1 176 000 : 7 000

83 400 : 600,
rechne 834 H : 6 H, also 834 : 6 = 139

Zur Übung: 7 bis 21

Dividieren mit Rest

Aufgabe

In einer Jugendherberge sollen 170 Brötchen auf 12 Tische gleichmäßig verteilt werden. Wie viele Brötchen kommen auf jeden Tisch? Welcher Rest müßte noch verteilt werden?

Lösung

170 : 12 = 14 + (2 : 12)
− 12
50
− 48
2

Ergebnis: Auf jeden Tisch kommen 14 Brötchen. Der Rest von 2 Brötchen müßte noch auf die 12 Tische verteilt werden.

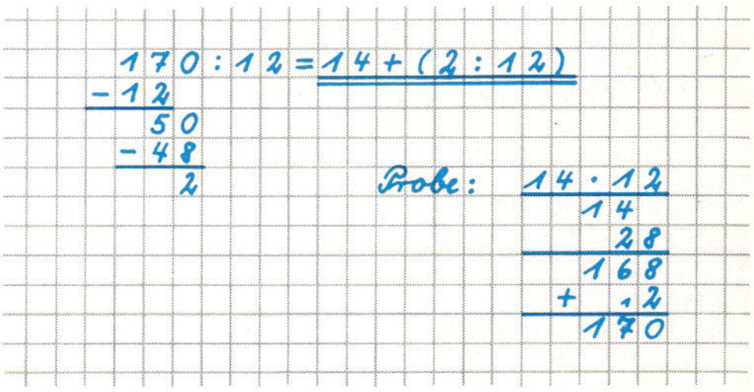

Zur Festigung und zum Weiterarbeiten

1.

Dividiere mit Rest, führe auch die Probe durch.

a) 438 : 3; 570 : 4; 295 : 7
b) 825 : 14; 909 : 32; 718 : 85
c) 8 136 : 35; 2 000 : 39; 1 296 : 72
d) 3 400 : 122; 9 000 : 738; 31 284 : 316
e) 643 648 : 2 550; 182 930 : 1 505; 513 035 : 2 097

Zur Übung: 22 bis 26

Übungen

Dividieren durch eine einstellige Zahl

1.
Dividiere schriftlich. Mache vorher einen Überschlag. Du kannst die Rechnung in Kurzform hinschreiben.

a)	b)	c)
7 952 : 7	34 000 : 8	28 408 : 8
9 265 : 5	77 700 : 3	70 420 : 7
2 528 : 8	18 450 : 9	18 882 : 3
5 472 : 6	64 715 : 7	75 624 : 4

2.

a)	b)
94 028 : 4	864 192 : 7
30 978 : 9	2 909 504 : 8
25 842 : 6	5 906 844 : 9
341 885 : 5	229 480 : 5

c)	d)
4 663 818 : 6	17 198 111 : 7
3 160 148 : 4	57 586 068 : 9
9 090 090 : 5	28 636 128 : 8
1 709 622 : 3	14 286 376 : 4

3.
Im ersten Rang eines Zahlenlottos werden 1 260 000 DM ausgeschüttet.
Welchen Betrag erhält jeder Gewinner des ersten Ranges, wenn 1, 2, 3, 4, ..., 9 Spieler den ersten Rang erreicht haben?

4.
Bei einer Tippgemeinschaft haben alle 7 Mitglieder den gleichen Einsatz geleistet. Der Gewinn von

a) 280 DM, **b)** 630 DM, **c)** 8 400 DM,
d) 3 626 DM, **e)** 5 656 DM

soll gerecht verteilt werden.
Wieviel erhält jeder?

5.
Herr Kunze ist im Laufe von 8 Monaten 7 736 km gefahren.
Wieviel km ergibt das durchschnittlich pro Monat?

6.
Familie Schwarz spart für eine Wohnzimmereinrichtung, die 5 976 DM kosten soll. Wieviel Geld muß sie monatlich zurücklegen, wenn sie den Kaufpreis innerhalb von

a) 6 Monaten, **b)** 8 Monaten, **c)** 9 Monaten

aufbringen will?

Dividieren durch eine mehrstellige Zahl

7.
Wie oft paßt

a)	b)	c)
6 in 250?	12 in 100?	23 in 205?
8 in 700?	20 in 170?	48 in 386?
9 in 630?	50 in 444?	91 in 810?

d)	e)
250 in 1 900?	367 in 3 303?
410 in 1 414?	872 in 6 110?
870 in 6 000?	933 in 4 663?

8.
Dividiere schriftlich (mache Überschlag und Probe).

a)	b)	c)
18 840 : 60	69 300 : 90	985 740 : 60
39 200 : 80	26 000 : 40	365 130 : 90

d)	e)
800 170 : 70	2 724 150 : 50
700 000 : 80	1 492 380 : 60

9.

a)	b)	c)
5 685 : 15	1 500 : 25	34 846 : 19
8 228 : 44	2 232 : 31	90 963 : 81
8 170 : 38	6 696 : 62	43 638 : 42

d)	e)
22 120 : 56	671 741 : 49
20 148 : 23	954 044 : 52
95 353 : 79	577 065 : 85

f)	g)
560 052 : 36	202 202 : 91
385 616 : 77	800 075 : 25
552 552 : 24	949 782 : 59

h)	i)
279 725 : 67	1 687 041 : 27
109 989 : 99	3 239 462 : 38
911 174 : 83	1 537 852 : 43

j)	k)
2 039 128 : 52	13 843 562 : 23
5 108 376 : 78	19 670 695 : 55
7 673 064 : 84	42 976 974 : 93

10.

a)	b)
4 950 : 110	8 000 : 250
2 550 : 150	9 000 : 750

c)	d)
66 185 : 305	95 160 : 780
36 892 : 802	16 830 : 510

e)	f)
220 320 : 720	614 856 : 408
128 760 : 290	818 873 : 151

g)	h)
5 268 800 : 356	4 296 006 : 143
7 480 561 : 187	7 077 777 : 707

i)	j)
4 342 078 : 7 261	2 024 334 : 5 486
2 419 632 : 3 734	1 602 983 : 2 963

11.

Dividiere vereinfacht.

a) 2 376 400 : 2 600 **b)** 1 732 900 : 4 300
c) 3 481 000 : 5 900 **d)** 28 090 820 : 790
e) 20 900 000 : 38 000
f) 39 690 000 : 63 000

12.

a		b	■	c		d
	■	e			■	
f			■	g		

waagerecht:
a) 9 672 : 26
c) 9 541 : 47
e) 36 872 : 88
f) 9 900 : 55
g) 68 600 : 98

senkrecht:
a) 5 265 : 15
b) 18 480 : 77
c) 18 414 : 62
d) 30 260 : 89

13.

a)

1. Faktor	317	96		145	25	
2. Faktor	48		56	37		46
Produkt		40 608	7 000		18 775	34 638

b)

Dividend	15 435	6 444		3 696	48 950	
Divisor	63		34	42		47
Quotient		18	17		25	13

14.

a) □ · 27 = 13 122 **b)** 63 · □ = 25 767
c) 304 · □ = 69 008 **d)** □ · 562 = 451 286
e) 462 · □ = 150 150 **f)** □ · 658 = 1 695 666

15.

Für einen Zoobesuch mit Busfahrt sollen die Gesamtkosten über 966 DM gleichmäßig auf die 42 Teilnehmer umgelegt werden.
Wieviel muß jeder bezahlen?

16.

Familie Fröhlich hat ein Ferienhaus für drei Wochen gemietet und zahlt dafür 2 730 DM.
Wie teuer ist die Miete pro Tag?

17.

In einem Ferienort wurden im Laufe der 13 Wochen dauernden Hauptsaison 22 477 Übernachtungen gezählt.
Wie viele Übernachtungen kamen in dieser Zeit durchschnittlich auf einen Tag?

18.

Herr Tüchtig verdient in einem Jahr 27 816 DM. Wieviel verdient er durchschnittlich in einem Monat?

19.

Eine Raumsonde ist 16 632 Stunden unterwegs. Wie viele Tage [Wochen] sind das?

20.

Die Plattform eines Aussichtsturmes liegt 42,30 m über dem Erdboden. Es führen 235 Stufen bis zur Plattform. Wie hoch ist jede Stufe? (Verwandle vorher in cm.)

▲ 21.

Für eine Busfahrt haben sich 38 Teilnehmer gemeldet. Legt man die Fahrtkosten um, so muß jeder Teilnehmer 21 DM bezahlen. Vor der Reise kommen noch 4 weitere Teilnehmer hinzu. Die gesamten Reisekosten bleiben aber die gleichen.
Wieviel muß jetzt jeder zahlen?

Dividieren mit Rest

22.

Dividiere mit Rest, führe auch die Probe durch.

a) 487 : 4; 368 : 6; 500 : 8; 423 : 7
b) 973 : 30; 501 : 60; 758 : 80; 904 : 90
c) 150 : 12; 200 : 15; 378 : 18; 198 : 21
d) 418 : 65; 605 : 73; 301 : 43; 1 045 : 87
e) 5 866 : 56; 8 650 : 32; 1 104 : 48; 8 300 : 67
f) 59 804 : 753; 12 323 : 111; 70 000 : 699; 822 822 : 907
g) 312 856 : 478; 242 078 : 259; 518 206 : 817; 475 669 : 543
▲ **h)** 1 066 705 : 1 709; 2 269 844 : 2 456; 1 619 989 : 4 196; 4 783 418 : 7 461

23.

Wie viele Briefmarken zu

a) 60 Pf **b)** 80 Pf **c)** 130 Pf **d)** 190 Pf

erhält man für 20 DM (2 000 Pf) und welchen Betrag erhält man zurück?

24.

Ein Vorrat von 780 Pralinen soll in Schachteln zu je 45 Pralinen verpackt werden.
Wie viele Schachteln werden gefüllt, wie viele Pralinen bleiben übrig?

25.

Für Herrn Kreuzer beträgt der tägliche Weg zur Arbeitsstätte hin und zurück 35 km. Die Tankfüllung seines Autos reicht für 500 km.
Wie oft kann er damit zur Arbeit fahren und für wieviel km ist dann noch Benzin im Tank?

26.

Fülle die Lücken aus. Dabei soll die Zahl für ▲ möglichst klein sein.

a) 73 = ■ · 11 + ▲

b) 1 452 = ■ · 25 + ▲

c) 68 390 = ■ · 47 + ▲

Mehrgliedrige Sachaufgaben

Aufgabe

5 Schüler kaufen für ein Klassenfest ein:

Klaus: 12 Flaschen Fruchtsaft zu je 2,50 DM,
Peter: 25 Flaschen Mineralwasser zu je 0,85 DM,
Silke: 1 Karton Mohrenköpfe zu 22,95 DM,
Anja: 8 Rollen Papierschlangen zu je 1,80 DM,
Ute: 20 Luftballons zu je 0,17 DM.

Die gesamten Kosten sollen auf die 23 Schüler der Klasse verteilt werden.
Wieviel DM muß jeder Schüler bezahlen?

Lösung

(1) *Berechnung der Ausgaben der einzelnen Schüler:*

Klaus:
250 Pf · 12
250
500
3 000 Pf
= 30,00 DM

Peter:
85 Pf · 25
170
425
2 125 Pf
= 21,25 DM

Anja:
180 Pf · 8
1 440 Pf
= 14,40 DM

Ute:
17 Pf · 20
340 Pf
= 3,40 DM

(2) *Berechnung der gesamten Kosten:*

Klaus:	3 000 Pf	30,00 DM
Peter:	+ 2 125 Pf	+ 21,25 DM
Silke:	+ 2 295 Pf	+ 22,95 DM
Anja:	+ 1 440 Pf	+ 14,40 DM
Ute:	+ 340 Pf	+ 3,40 DM
	9 200 Pf	92,00 DM

(3) *Berechnung der Kosten für jeden Schüler:*

92 DM : 23 = 4 DM
− 92
0

Ergebnis: Jeder Schüler der Klasse muß 4 DM bezahlen.

Übungen

1.

Frau Koch ergänzt ihr Geschirr. Sie kauft ein:
6 Tassen zu je 6,70 DM,
4 Untertassen zu je 3,10 DM,
5 Frühstücksteller zu je 4,50 DM,
3 Suppenteller zu je 7,40 DM
und eine Teekanne zu 18,30 DM. Sie bezahlt mit zwei Hundertmarkscheinen.
Wieviel Geld erhält sie zurück?

2.

Ein Lastwagen darf mit höchstens 4 200 kg beladen werden. Es sind schon 37 Kisten mit je 95 kg aufgeladen worden.

a) Wieviel kg Last darf noch zugeladen werden?

b) Wie viele Kisten zu je 115 kg dürfen noch zugeladen werden?

3.

Beim Sammeln von Kastanien finden Tanja 53, Stefanie 48, Ruth 65, Ulla 53, Jens 39, Dirk 57 und Lars 56 Kastanien. Sie teilen den gesamten Fund gleichmäßig unter sich auf.
Wie viele Kastanien erhält jeder, wie viele Kastanien hat also jedes der Kinder durchschnittlich gesammelt?

4.

Wibke hat im Laufe eines halben Jahres zur Sparkasse gebracht:

Im Januar	35 DM,	im April	42 DM,
im Februar	28 DM,	im Mai	33 DM,
im März	37 DM,	im Juni	29 DM.

Sie möchte im zweiten Halbjahr genausoviel sparen.
Wieviel Geld muß sie dann im Durchschnitt jeden Monat zur Sparkasse bringen?

5.

Ein Liter Spiritus wiegt 790 g. 1 Liter Petroleum wiegt 850 g. In einem Behälter befinden sich noch 38 Liter Spiritus, in einem anderen 34 Liter Petroleum.
Welcher von diesen Behältern ist schwerer und um wieviel g ist er schwerer?
(Die leeren Kanister sind gleich schwer.)

6.

Ein Kino hat 516 Plätze zum Preise von 6 DM, 348 Plätze zum Preise von 8 DM und 174 Plätze zu 10,50 DM. Bei einem erfolgreichen Film ist das Kino 16mal voll besetzt gewesen.
Wieviel Geld wurde eingenommen?

7.

Annette soll für 100 DM Briefmarken kaufen, und zwar
14 Marken zu je 1,90 DM,
16 Marken zu je 1,30 DM,
25 Marken zu je 80 Pf,
40 Marken zu je 60 Pf
und für den Rest des Geldes Marken zu je 20 Pf.
Wie viele Marken zu 20 Pf erhält sie?

8.

In einer Geldkassette sind gleich viele Goldmünzen, Silbermünzen und Kupfermünzen. Jede Goldmünze wiegt 18 g, jede Silbermünze 23 g und jede Kupfermünze 11 g. Die Kassette wiegt leer 435 g und mit den Münzen 1 319 g.

a) Wie schwer sind die Münzen insgesamt?

b) Wie viele Münzen sind in der Kassette?

9.

Bei der Wahl zu einem Landesparlament entfielen auf die Partei A 1 722 500, auf die Partei B 1 170 000 und auf die Partei C 942 500 gültige Stimmen. Das Parlament soll sich aus 118 Mitgliedern zusammensetzen.

a) Wie viele gültige Stimmen sind insgesamt gezählt worden?

b) Verteile die Anzahl dieser Stimmen auf die 118 Parlamentsmitglieder.
Wie viele Stimmen entfallen dann auf jedes Mitglied?

c) Wie viele Parlamentsmitglieder darf jede der einzelnen Parteien stellen?

Vermischte Übungen zur Wiederholung und Vertiefung

1.

a) 1 377 + 5 029
24 708 + 86 403

b) 65 907 − 23 085
80 008 − 2 231

c) 843 · 759
2 058 · 8 502

d) 35 033 : 53
80 288 : 208

e) 42 793 + 19 358
65 428 + 37 694

f) 96 817 − 52 623
80 075 − 76 548

g) 4 726 · 584
7 083 · 1 209

h) 81 640 : 65
127 946 : 518

2.

a) 79 048 + 23 765 + 250 722 + 9 531
935 + 718 + 644 + 209 + 325 + 169

b) 28 376 + 5 398 + 710 537 + 186
12 121 + 2 233 + 445 + 55 667 + 89

c) 91 000 − 23 765 − 11 908 − 37 065
44 444 − 326 − 9 834 − 97 − 28 311

3.

a) 493 078 + 701 533
804 000 − 488 488
12 345 · 240
432 432 : 78

b) 82 119 + 4 600 929
932 062 − 931 987
512 · 4 875
62 000 : 63

c) 926 108 + 78 094
552 096 − 83 109
7 102 · 89
8 506 : 32

d) 987 654 + 456 789
987 654 − 456 789
2 288 · 3 978
132 999 : 133

4.

a) 6 079 − 5 454; 5^4; 33 750 : 54

b) 1 212 − 1 068; 12^2; 1 728 : 12

c) 2 025 · 450; 45^3; 91 125 : 45

d) 16 · 19 · 25; 13^4

5.

a) Multipliziere die Zahl 12 345 679 mit jeder der Zahlen 18, 27, 63, 81.

▲ **b)** Mit welcher Zahl muß man 12 345 679 multiplizieren, um das Produkt 666 666 666 zu erhalten?

▲ **c)** Mit welcher Zahl muß man 12 345 679 multiplizieren, um das Produkt 111 111 111 zu erhalten?

6.

Berechne die Summe, die Differenz, das Produkt und den Quotienten der Zahlen.

a) 6 000 und 120 **b)** 1 000 und 25

c) 6 751 und 43 **d)** 27 889 und 167

7.

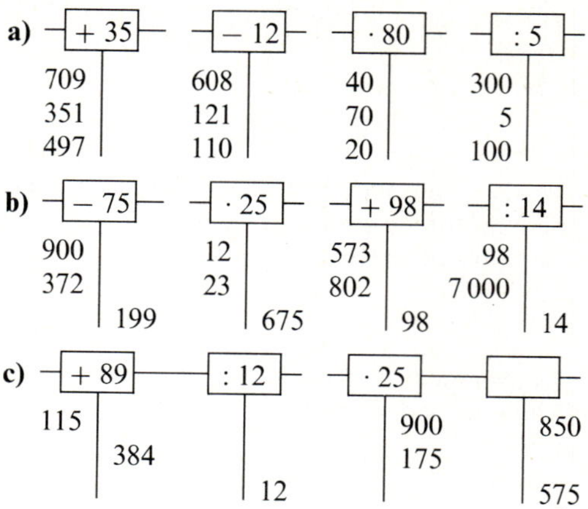

8.

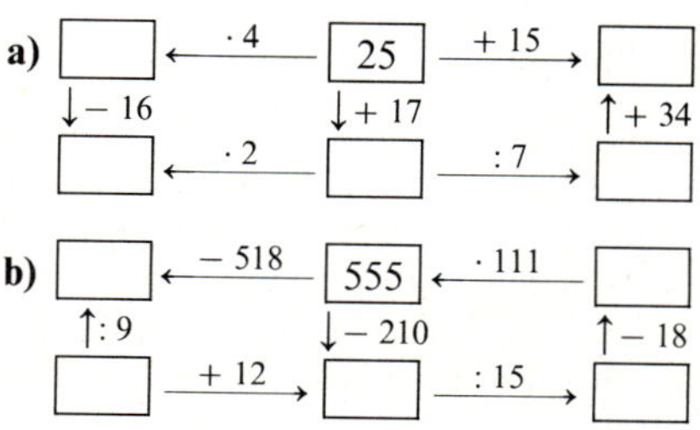

9.

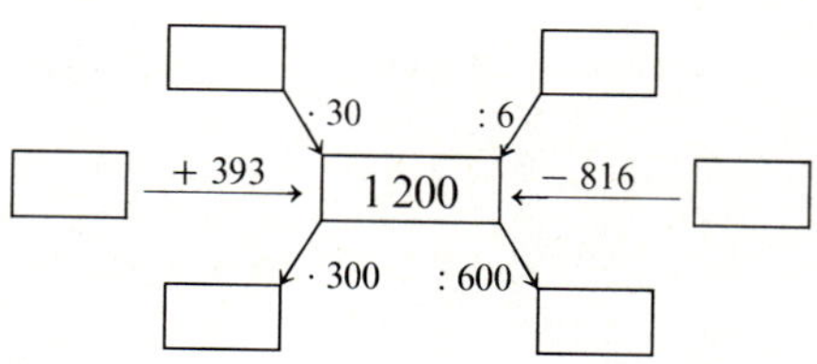

10.

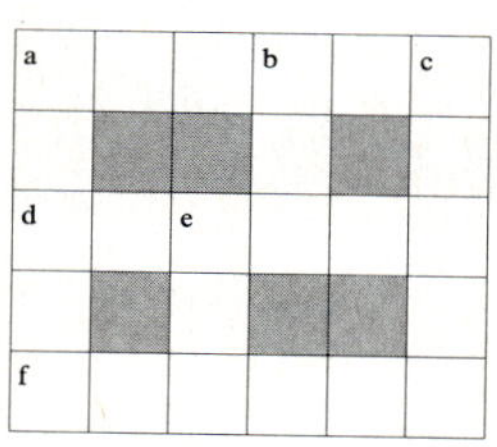

waagerecht:

a) 1 286 · 96

d) 2 506 · 143

f) 222 212 + 345 678

senkrecht:

a) 823 · 15

b) 6 851 : 17

c) 58 014 + 9 876

e) 4 444 − 3 567

11.

Carsten denkt sich eine Zahl.

a) Er subtrahiert von dieser 61, dividiert das Ergebnis durch 13, addiert zu dem Quotienten 35, multipliziert die Summe mit 25 und erhält 2 200.

b) Er dividiert diese durch 27, addiert zu dem Quotienten 43, multipliziert das Ergebnis mit 125, subtrahiert von dem Produkt noch 1 243 und erhält 8 757.

c) Er multipliziert diese mit 678, subtrahiert von dem Produkt 555, dividiert die Differenz durch 41, addiert zu dem Ergebnis 997 und erhält 1 000.

Welche Zahl hat Carsten sich gedacht?

12.

Ein Weinhändler berechnet für eine Flasche Rotwein 3,20 DM und für eine Flasche Weißwein 4,50 DM zuzüglich 5 DM Transportkosten bei jeder Lieferung frei Haus. Die Berechnung der Transportkosten entfällt, wenn der Kunde mindestens 12 Flaschen Wein bestellt. Bestellt ein Kunde mehr als 50 Flaschen, so verringert sich der Preis pro Flasche um 20 Pfennig.

a) Wie teuer ist eine Lieferung von 5 Flaschen Rotwein und 3 Flaschen Weißwein [9 Flaschen Rotwein und 6 Flaschen Weißwein; je 30 Flaschen Rot- und Weißwein]?

b) Was kostet den Kunden jede Flasche Rotwein, wenn er sich nur 10 Flaschen liefern läßt?

c) Warum ist es dem Kunden nicht zu empfehlen, eine Lieferung von 6 Flaschen Weißwein und 5 Flaschen Rotwein [je 25 Flaschen Weiß- und Rotwein] zu bestellen?

▲ **d)** Herr Keller hat mehrere Flaschen Weißwein und doppelt so viele Flaschen Rotwein frei Haus bestellt. Die Rechnung beträgt 87,20 DM [37,70 DM; 257,50 DM].
Wie viele Flaschen Wein werden geliefert?

13.

Bei einem Quiz gelten folgende Spielregeln: Wenn ein Kandidat eine Frage richtig beantwortet, wird seine Punktzahl zunächst verdoppelt und dann noch um 10 erhöht.
Wenn ein Kandidat die Frage falsch oder nicht beantwortet, werden ihm 25 Punkte abgezogen. Falls man aber keine 25 Punkte mehr abziehen kann, scheidet der Kandidat aus.
Zu Beginn des Spiels hat jeder Kandidat 0 Punkte. Es werden 6 Fragen gestellt.

a) Wie viele Punkte kann ein Kandidat höchstens erreichen?

b) Kandidat Knapp hat die 3. Frage [5. Frage] falsch, alle anderen richtig beantwortet.
Wie viele Punkte hat er erreicht?

▲ **c)** Wie viele Fragen darf ein Kandidat höchstens falsch beantworten, ohne ausscheiden zu müssen, und welche Fragen können das sein?

▲ **14.**

Lars hat eine neue Rechenart entdeckt. Er nennt sie Restmultiplikation. Er rechnet wie folgt: Zwei gegebene Zahlen werden zuerst miteinander multipliziert, dann wird das Produkt durch 7 dividiert. Es wird nur der entstehende Rest als Ergebnis notiert.

Beispiel: Gegeben sind die Zahlen 4 und 5.
Rechnung: $4 \cdot 5 = 20$; $20 : 7 = 2$ R 6
Ergebnis: 6

Lars schreibt: $4 * 5 = 6$

a) Fülle mit dieser Rechenart die Tafel weiter aus.

*	1	2	3	4	5	6
1			3			
2						
3						
4					6	
5						
6						1

b) Vergleiche in der ausgefüllten Tafel die Zahlen einer Zeile [Spalte] miteinander.
Was fällt dir auf?

3. Terme – Gleichungen – Rechengesetze

Berechnen von Termen – Klammern

Einfache Klammern

Aufgabe

Steffen hat für seine elektrische Eisenbahn 180 DM gespart. Er kauft Personenwagen für 88 DM und eine Lokomotive für 72 DM.
Wieviel DM bleiben übrig? Rechne auf zwei Arten.
Schreibe den Rechenweg mit Hilfe eines Terms. Umrahme farbig, was zuerst gerechnet wird.

Lösung

Erster Weg:
180 DM – 88 DM = 92 DM
92 DM – 72 DM = 20 DM

Ergebnis: Steffen behält 20 DM übrig.

Zweiter Weg:
88 DM + 72 DM = 160 DM
180 DM – 160 DM = 20 DM

Zur Information

Man kann jeden Rechenweg mit einem einzigen Zahlenausdruck (Term) schreiben. Dabei muß man jedoch angeben, welche Rechnung zuerst ausgeführt werden soll. Dies erfolgt mit Klammern. Einen Term kann man auch durch einen *Rechenbaum* veranschaulichen.

Erster Weg

$(180 - 88) - 72$
$= 92 - 72$
$= 20$

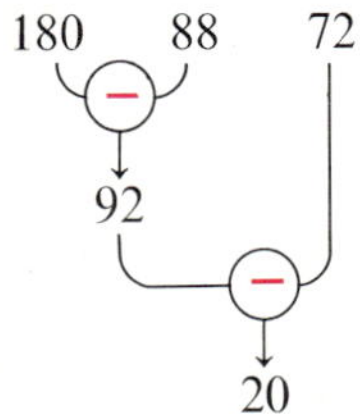

Zweiter Weg

$180 - (88 + 72)$
$= 180 - 160$
$= 20$

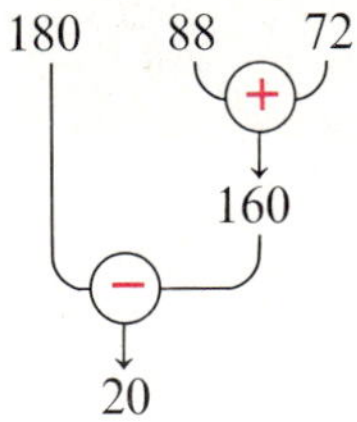

> Man kann einen Rechenweg durch einen *Term* (Zahlenausdruck) angeben.
> Man benutzt **Klammern**, wenn man die Reihenfolge der Rechnung kennzeichnen will.
> Was in einer Klammer steht, soll zuerst gerechnet werden.
>
> *Beispiele:*
> $200 - (50 - 30) - 10$
> $= 200 - 20 - 10$
> $= 180 - 10$
> $= 170$
>
> $(200 - 50) - (30 - 10)$
> $= 150 - 20$
> $= 130$

Zur Festigung und zum Weiterarbeiten

1.

Rechne auf zwei Arten. Notiere den Rechenweg mit Hilfe eines Terms.

a) Sven hat 50 DM. Er kauft ein Spielzeugauto für 12 DM und ein Abenteuerbuch für 14 DM. Wieviel DM hat er übrig?

b) Herr Huber kauft einen Satz Autoreifen für 348 DM und einen Satz Fußmatten zu 75 DM. Er bezahlt mit fünf Hundertmarkscheinen. Wieviel DM bekommt er zurück?

2.

Berechne den Term. Schreibe wie im Beispiel.

$227 + (126 - 34)$
$= 227 + 92$
$= 319$

a) $183 - (62 + 58)$ **b)** $172 + (98 - 56)$
c) $28 \cdot (24 : 8)$ **d)** $96 : (12 \cdot 4)$
e) $8 \cdot (63 + 27)$ **f)** $96 : (78 - 66)$
g) $46 + (63 - 41) + 120$ **h)** $(128 - 27) - (48 + 13)$ **i)** $56 + (8 \cdot 3)$ **j)** $127 - (75 : 3)$

3.

Frau Koch kauft ein Kleid für 168 DM, einen Rock für 98 DM und ein Kostüm für 323 DM. Sie bezahlt mit 6 Hundertmarkscheinen. Wieviel Geld erhält sie zurück? Rechne auf zwei Arten. Schreibe jeden Rechenweg mit Hilfe eines Terms.

Zur Übung: 1 bis 8

Punktrechnung vor Strichrechnung

Aufgabe

Thomas hat für seine elektrische Eisenbahn 190 DM gespart. Er kauft 7 Güterwagen zu je 16 DM. Wieviel DM bleiben für eine neue Lokomotive übrig?
Schreibe den Rechenweg mit Hilfe eines Terms; kennzeichne mit Klammern, was zuerst gerechnet wird.

Lösung

$7 \cdot 16$ DM $= 112$ DM
190 DM $- 112$ DM $= 78$ DM

Term: $190 - (7 \cdot 16)$
$= 190 - 112$
$= 78$

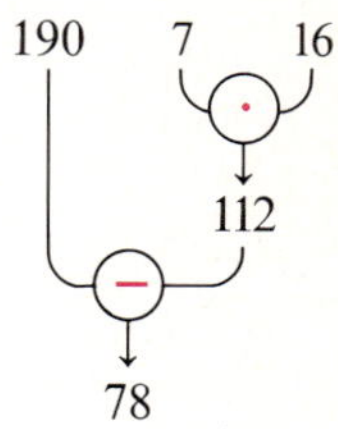

Ergebnis: Thomas behält 78 DM für eine Lokomotive übrig.

Wir vereinbaren: Punktrechnung (· , :) geht vor Strichrechnung (+, −).
Dadurch kann man Klammern sparen.

Beispiele:

$190 - 7 \cdot 16$	$100 + 48 : 6$	$7 \cdot 8 + 48 : 6$
$= 190 - 112$	$= 100 + 8$	$= 56 + 8$
$= 78$	$= 108$	$= 64$

Zur Festigung und zum Weiterarbeiten

1.

Berechne den Term. Achte auf die richtige Reihenfolge.

a) $28 + 42 : 7$ **b)** $67 - 12 \cdot 4$ **c)** $56 : 7 + 74$ **d)** $12 \cdot 9 + 84$

e) $6 \cdot 7 + 9 \cdot 8$ **f)** $48 : 6 + 6 \cdot 9$ **g)** $48 + 9 \cdot 8 - 4$ **h)** $63 - 96 : 12 + 35$

2.

Berechne und vergleiche. Wenn Klammern stehen, rechnet man zuerst die Klammern aus.

a) $200 - 60 \cdot 3$ und $(200 - 60) \cdot 3$ **b)** $400 + 64 : 8$ und $(400 + 64) : 8$

c) $12 \cdot 5 + 25 \cdot 4$ und $12 \cdot (5 + 25) \cdot 4$ **d)** $96 : (2 \cdot 8) - 6$ und $96 : 2 \cdot (8 - 6)$

3.

Berechne den Term.

a) $(6 + 33) \cdot 7$; $(15 + 33) \cdot 7$ **b)** $850 - 600 : 12$; $850 - 600 : 30$ **c)** $(85 + 15) \cdot (175 : 5)$; $(85 + 6) \cdot (175 : 5)$ **d)** $900 - (32 + 6 \cdot 60)$; $900 - (32 + 6 \cdot 12)$

Zur Übung: 9 bis 16

Verschachtelte Klammern

Aufgabe

Eine Ledertasche kostete zunächst 100 DM. Nachdem dieser Preis um 22 DM herabgesetzt wurde, kauft Frau Kühne die Tasche und dazu einen Schirm zu 35 DM. Frau Kühne bezahlt mit einem 500-DM-Schein. Wieviel Geld erhält sie zurück?
Notiere den Rechenweg mit Hilfe eines Terms, kennzeichne die Reihenfolge der Rechnung durch Klammern.

Lösung

100 DM − 22 DM = 78 DM
78 DM + 35 DM = 113 DM
500 DM − 113 DM = 387 DM

Term:

$500 - [(100 - 22) + 35]$

$= 500 - [78 + 35]$

$= 500 - 113$

$= 387$

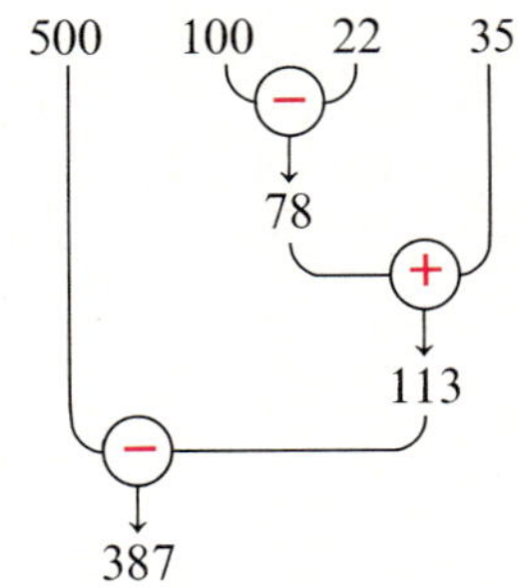

Ergebnis: Frau Kühne erhält 387 DM zurück.

Beim Berechnen eines Terms mit verschachtelten Klammern wird die innere Klammer zuerst berechnet.

Beispiel: $[315 - (123 - 85)] \cdot 7$
$= [315 - 38] \cdot 7$
$= 277 \cdot 7$
$= 1939$

Zur Festigung und zum Weiterarbeiten

1.

Berechne den Term. Bei welchen Termen können Klammern eingespart werden?

a) $(20 \cdot 15 - 9) : 3$
$20 \cdot [(15 - 9) : 3]$
$20 \cdot (15 - 9 : 3)$
$[20 \cdot (15 - 9)] : 3$

b) $200 - [37 - (16 - 4)]$
$8 + [(20 - 7) \cdot 8]$
$800 - [135 - (48 + 62)]$
$[800 - (135 - 48)] \cdot 2$

c) $480 : [5 \cdot (30 - 18)]$
$[(560 + 8) \cdot 2] : 4$
$96 : [(2 \cdot 8 - 4) : 2]$
$[(96 - 12) \cdot 2] - 8 \cdot 5$

d) $[48 : (12 - 4)] \cdot 5$
$60 : [(20 - 15) \cdot 3]$
$[4 \cdot (26 - 17)] : 2$

e) $350 - [65 - (19 - 7)]$
$350 - [65 - (19 + 7)]$
$350 - [(65 - 19) - 7]$

f) $320 : [8 \cdot (32 - 27)]$
$[(3 \cdot 6 - 8) : 5] \cdot 9$
$[74 - (27 - 18)] \cdot 4$

2.

Schreibe den zugehörigen Term und berechne ihn.

a) 350 78 43 27   **b)** 12 64 48 4   **c)** 720 6 13 7

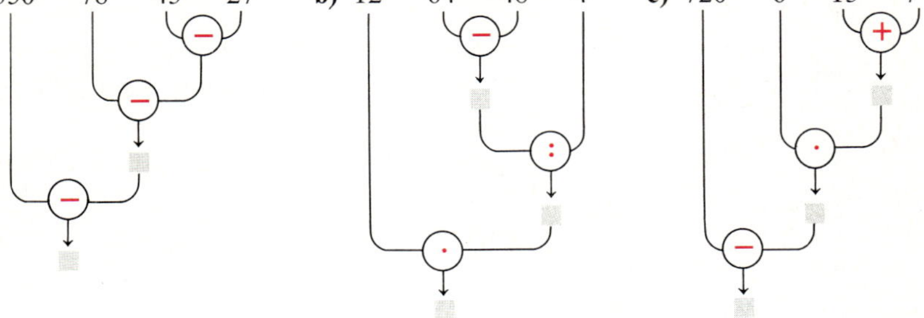

▲ **3.**

Schreibe den zugehörigen Term und berechne ihn.

a) Subtrahiere die Summe der Zahlen 36 und 24 von 400. Subtrahiere diese Differenz von 500.

b) Multipliziere die Differenz der Zahlen 26 und 18 mit 5. Dividiere 720 durch dieses Produkt.

Regeln für das Berechnen von Termen:

(1) Klammern werden zuerst berechnet; bei mehreren Klammern beginnt man mit der inneren Klammer.

(2) Punktrechnung geht vor Strichrechnung.

(3) In allen anderen Fällen wird von links nach rechts gerechnet.

Beispiel 1: $600 - 5 \cdot (13 + 8)$ / Klammer zuerst
$= 600 - 5 \cdot 21$ / Punkt vor Strich
$= 600 - 105$
$= 495$

Beispiel 2: $400 - [6 \cdot (5 + 4) + 35]$ / innere Klammer zuerst
$= 400 - [6 \cdot 9 + 35]$ / in der Klammer Punkt vor Strich
$= 400 - [54 + 35]$ / Klammer zuerst
$= 400 - 89$
$= 311$

Zur Übung: 17 bis 20

Übungen

Einfache Klammern

1.

Frau Kleine kauft ein Kleid für 295 DM, einen Rock für 96 DM und eine Bluse für 68 DM. Sie zahlt mit drei Hundertmarkscheinen.
Welchen Restbetrag muß sie noch bezahlen? Rechne auf zwei Arten, notiere beide Terme.

2.

a) $324 - (92 - 74)$
$324 - (92 + 74)$
$324 - 92 - 74$

b) $437 - (248 - 173)$
$437 - 248 - 173$
$437 - (248 + 173)$

c) $96 : (24 : 2)$
$96 : 24 : 2$
$96 : (24 \cdot 2)$

d) $250 : (25 : 5)$
$250 : 25 \cdot 5$
$250 : (25 \cdot 5)$

3.

a) $836 - (83 + 67)$
b) $(83 + 27) \cdot 5$
c) $(837 - 87) : 25$
d) $998 - (53 + 45)$
e) $6 \cdot (32 + 118)$
f) $(799 - 79) : 12$
g) $735 - (126 - 83)$
h) $(48 - 36) \cdot (45 : 9)$
i) $(67 + 53) : (143 - 113)$
j) $654 - (298 - 165)$
k) $(63 : 7) \cdot (72 - 56)$
l) $(74 + 95) : (256 - 243)$
m) $(3\,475 - 1\,394) \cdot 318$

4.

Berechne die Terme. Vergleiche.

a) $800 - (64 + 36)$ und $800 - 64 + 36$
b) $90 : (5 \cdot 2)$ und $90 : 5 \cdot 2$
c) $600 - (87 - 56)$ und $600 - 87 - 56$
d) $96 : (4 \cdot 2)$ und $96 : 4 \cdot 2$

5.

a) $(48 + 36) : 12$
$48 + (36 : 12)$
$(56 - 24) : 8$
$56 - (24 : 8)$

b) $(8 + 9) \cdot (16 - 7)$
$8 + (9 \cdot 16) - 7$
$(114 - 18) : (6 + 18)$
$114 - (18 : 6) + 18$

6.

Schreibe und berechne den zugehörigen Term.

a)
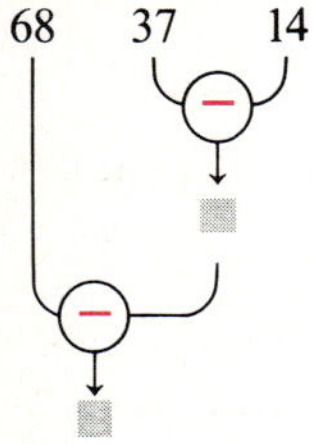

b)
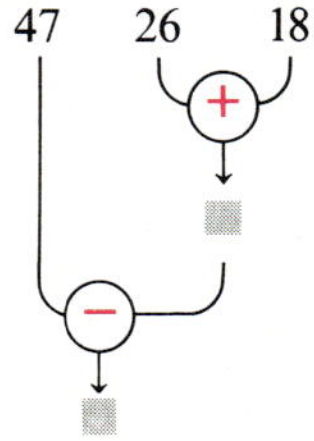

7.

Rechne auf zweierlei Weise. Gib jede Rechenvorschrift durch einen Term an.

a) Peter hat 237 DM auf seinem Sparkonto. Er hebt erst 75 DM und später 55 DM ab. Welcher Betrag bleibt auf dem Konto?

b) Auf einem Konto steht ein Guthaben von 862 DM. Es gehen eine Gutschrift über 396 DM und eine Lastschrift über 236 DM ein. Berechne den neuen Kontostand.

8.

Schreibe einen Term und berechne ihn.

a) Subtrahiere die Summe der Zahlen 56 und 83 von 212.

b) Multipliziere die Differenz der Zahlen 97 und 68 mit 9.

c) Dividiere die Zahl 108 durch die Differenz der Zahlen 63 und 27.

Punktrechnung vor Strichrechnung

9.

a) $56 + 4 \cdot 7$
b) $83 - 7 \cdot 9$
c) $6 \cdot 6 + 8 \cdot 9$
d) $5 \cdot 12 + 8 \cdot 6$
e) $37 + 54 : 9$
f) $96 - 48 : 3$
g) $63 : 7 + 7 \cdot 8$
h) $28 - 7 + 3 \cdot 8$

10.

a) $27 + 8 \cdot 12$
b) $54 : 9 + 28$
c) $14 \cdot 6 - 48 : 12$
d) $72 : 8 + 96 : 12$
e) $27 + 63 : 9 - 18$
f) $48 \cdot 12 + 7 \cdot 13$
g) $84 \cdot 7 - 108 : 9$
h) $46 - 27 + 68 \cdot 8$
i) $17\,495 - 78 \cdot 124$

11.

a) $163 + 67 \cdot 14$
b) $248 - 248 : 8$
c) $15 \cdot (12 + 43 \cdot 6)$
d) $23 \cdot (48 + 96 : 12)$
e) $300 - (23 \cdot 6 + 65)$
f) $720 : (142 - 134 + 108 : 9)$
g) $745 - (56 \cdot 8 + 237)$
h) $600 : (74 - 136 : 4)$
i) $(2\,288 - 150\,912 : 96) \cdot 476$
j) $(5\,427 + 63 \cdot 84) - 7\,961$

12.

Schreibe als Term und berechne.

a) 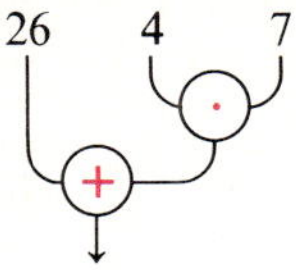

b) 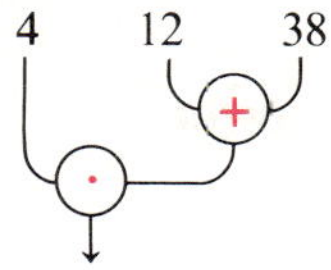

c) 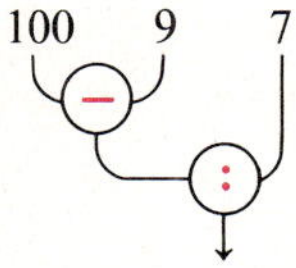

d) 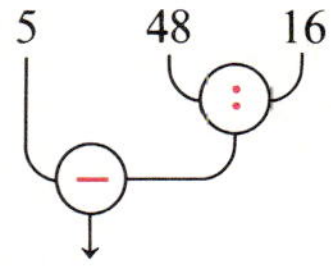

13.

Schreibe einen Term und berechne ihn.

a) Eva hat 50 DM. Sie kauft 6 Schallplatten zu 7 DM. Wieviel DM hat sie übrig?

b) Herr Kroll hat in einer Woche 39 Stunden gearbeitet. Er erhält einen Stundenlohn von 16 DM. Von seinem Wochenlohn werden 119 DM für Steuern und 108 DM für Versicherungen abgezogen.
Wieviel DM bekommt Herr Kroll ausgezahlt?

14.

Berechne den Term.

a) $(12 + 24) \cdot 5$ **c)** $960 - 720 : 8$

b) $60 + 24 \cdot 5$ **d)** $(960 - 720) : 24$

15.

Schreibe einen Term und berechne ihn.

a) Addiere das Produkt der Zahlen 12 und 8 und den Quotienten der Zahlen 36 und 9.

b) Multipliziere die Summe der Zahlen 12 und 8 mit der Differenz der Zahlen 36 und 9.

c) Subtrahiere den Quotienten der Zahlen 132 und 6 vom Produkt der Zahlen 48 und 9.

d) Bilde die Summe der Zahlen 78 und 35, addiere dazu das Produkt der Zahlen 12 und 9.

e) Bilde die Summe aus 15 und 7 und multipliziere sie dann mit der Summe aus 36 und 23.

16.

Formuliere den Term wie in Übungsaufgabe 15 in Worten. Berechne auch den Term.

a) $27 \cdot 32 - 258$ **b)** $(84 + 311) \cdot 24$

c) $(987 - 653) \cdot 418$ **d)** $(3\,037 - 909) : 56$

e) $6\,154 - 6\,615 : 27$ **f)** $5\,695 + 134 \cdot 87$

g) $(3\,128 + 5\,978) \cdot (1\,039 - 479)$

h) $(7\,209 - 4\,976) : (212 - 135)$

Verschachtelte Klammern

17.

a) $700 : 7 + 3 \cdot 7$
$(700 : 7 + 3) \cdot 7$
$700 : (7 + 3 \cdot 7)$
$700 : [(7 + 3) \cdot 7]$

b) $20 \cdot 15 - 9 : 3$
$(20 \cdot 15 - 9) : 3$
$20 \cdot (15 - 9 : 3)$
$20 \cdot [(15 - 9) : 3]$

c) $840 : 8 + 4 \cdot 5$
$840 : [(8 + 4) \cdot 5]$
$(840 : 8 + 4) \cdot 5$
$840 : (8 + 4 \cdot 5)$

d) $24 \cdot 16 - 12 : 4$
$(24 \cdot 16 - 12) : 4$
$24 \cdot (16 - 12 : 4)$
$24 \cdot [(16 - 12) : 4]$

18.

a) $[23 + (65 - 13)] \cdot 12$
$23 + (65 - 13) \cdot 12$

b) $[446 - (58 - 37)] \cdot 17$
$446 - (58 - 37) \cdot 17$

c) $[243 - (16 + 7 \cdot 8)] \cdot 5$
$[243 - (16 + 7) \cdot 8] \cdot 5$

d) $[438 - (6 \cdot 23 - 17)] \cdot 6$
$[438 - 6 \cdot (23 - 17)] \cdot 6$

19.

Berechne die Terme.

a) $700 - [(225 - 68) - 12]$
$700 - [225 - (68 - 12)]$
$[700 - (225 - 68)] - 12$

b) $806 + [194 - (135 + 59)]$
$806 + 194 - (135 + 59)$
$806 + 194 - 135 + 59$

c) $693 - [209 + (424 - 58)]$
$[(693 - 209) + 424] - 58$
$[693 - (209 + 424)] - 58$

d) $952 - [468 - (270 - 147)]$
$952 - (468 - 270) - 147$

e) $(952 - 468) - (270 - 147)$
$[952 - (468 - 270)] - 147$

f) $952 - [(468 - 270) - 147]$
$952 - 468 - 270 - 147$

g) $[667 + (143 - 85)] \cdot 245$

h) $[(1\,567 + 764) : 37] \cdot (83 - 37)$

i) $[(5\,894 + 2\,561) \cdot 324] : (714 - 678)$

20.

Schreibe einen Term und berechne ihn.

a) Multipliziere die Summe der Zahlen 84 und 12 mit der Differenz der Zahlen 78 und 43. Subtrahiere dieses Produkt von 4 837.

b) Addiere zum Produkt der Zahlen 46 und 9 die Differenz der Zahlen 234 und 168. Multipliziere diese Summe mit 7.

Gleichungen und Ungleichungen – Lösungsmenge

Platzhalter – Tabelle als Hilfsmittel

Aufgabe

Anja und Bernd würfeln abwechselnd mit zwei Spielwürfeln. Sie vereinbaren folgende Spielregel:
Bilde die Augensumme, verdreifache sie und addiere dann 4. Ist das Ergebnis durch 5 (ohne Rest) teilbar, so hat man gewonnen; sonst verloren.
Bei welchen Augensummen gewinnt man?

Augensumme 4

Lösung

Wir überlegen zunächst, welche Augensummen überhaupt vorkommen können. Weil mit zwei Würfeln gespielt wird, kann die Augensumme nur 2, 3, 4, 5, 6, 7, 8, 9, 10, 11 oder 12 sein.
Die Gewinnzahlen sondern wir mit Hilfe einer Tabelle aus.
Sie lauten: 2, 7, 12

Augensumme	Dreifache Augensumme	dazu 4 addiert	durch 5 teilbar
2	$3 \cdot 2$	$3 \cdot 2 + 4 (= 10)$	wahr
3	$3 \cdot 3$	$3 \cdot 3 + 4 (= 13)$	falsch
4	$3 \cdot 4$	$3 \cdot 4 + 4 (= 16)$	falsch
5	$3 \cdot 5$	$3 \cdot 5 + 4 (= 19)$	falsch
6	$3 \cdot 6$	$3 \cdot 6 + 4 (= 22)$	falsch
7	$3 \cdot 7$	$3 \cdot 7 + 4 (= 25)$	wahr
8	$3 \cdot 8$	$3 \cdot 8 + 4 (= 28)$	falsch
9	$3 \cdot 9$	$3 \cdot 9 + 4 (= 31)$	falsch
10	$3 \cdot 10$	$3 \cdot 10 + 4 (= 34)$	falsch
11	$3 \cdot 11$	$3 \cdot 11 + 4 (= 37)$	falsch
12	$3 \cdot 12$	$3 \cdot 12 + 4 (= 40)$	wahr
$\square$	$3 \cdot \square$	$3 \cdot \square + 4$	ist durch 5 teilbar

Zur Information

(1) Die untere Zeile der Tabelle zeigt uns, daß wir die Gewinnbedingung (Regel) auch kürzer aufschreiben können: $3 \cdot \square + 4$ ist durch 5 teilbar.
Dabei haben wir das Zeichen $\square$ verwendet. Es heißt **Platzhalter.**

(2) Der Platzhalter $\square$ hält den Platz frei für alle möglichen Augensummen; in der Aufgabe bilden sie die Menge $\{2, 3, 4, 5, 6, 7, 8, 9, 10, 11, 12\}$. Diese Menge ist die **Grundmenge** für den Platzhalter.

(3) In der Tabelle haben wir in die Gewinnbedingung anstelle des Platzhalters $\square$ alle Zahlen aus der Grundmenge eingesetzt. Wir haben jeweils geprüft, ob die Bedingung erfüllt ist oder nicht;
z. B. 2 *erfüllt* die Bedingung, denn $3 \cdot 2 + 4$, also 10, ist durch 5 teilbar;
3 *erfüllt nicht* die Bedingung, denn $3 \cdot 3 + 4$, also 13, ist nicht durch 5 teilbar.

Zur Festigung und zum Weiterarbeiten

1.

Anja hat sich folgende Gewinnbedingung ausgedacht:

a) 2 · ○ − 3 ist eine einstellige Zahl [2 · ○ − 3 ist durch 7 teilbar].

b) 3 · □ + 4 ist eine gerade Zahl [3 · □ + 4 ist eine Zahl zwischen 20 und 30].

c) Wenn man das Fünffache der Augensumme um 3 vergrößert, erhält man eine ungerade Zahl.
Welche Augensummen sind Gewinnzahlen?

2.

Jörn zeigt Birte das nebenstehende Kärtchen eines Ratespiels.
Was darf Birte für ▭ einsetzen?

▭ ist eine Stadt in Deutschland.
Hannover, London, Köln, Berlin, Moskau Hamburg, New York

3.

Anja und Bernd würfeln mit drei (statt mit zwei) Spielwürfeln. Bei welchen Augensummen gewinnt man? (Spielregel: 3 · □ + 4 ist durch 5 teilbar.) Überlege zunächst, wie sich die Grundmenge ändert und wie du daher die Tabelle auf Seite 72 verändern mußt.

> Zeichen wie □, ○, △, ▭, in der Mathematik auch x, y, a, b halten den Platz frei für Zahlen aus der Grundmenge; sie heißen **Platzhalter** (*Variable*).

Zur Übung: 1 und 2

Lösung und Lösungsmenge bei Gleichungen und Ungleichungen

Aufgabe

$2 \cdot x + 5 < 21$ ist eine *Ungleichung*. Anstelle von □ oder ○ verwenden wir hier den Buchstaben x als Platzhalter. Grundmenge sei die Menge aller natürlichen Zahlen (einschließlich 0). Bestimme alle Einsetzungen für x aus der Grundmenge, für die sich eine wahre Aussage ergibt.

Lösung

Einsetzung für x	2 · x	2 · x + 5 < 21	Aussage ist
0	0	5 < 21	w
1	2	7 < 21	w
2	4	9 < 21	w
3	6	11 < 21	w
4	8	13 < 21	w
5	10	15 < 21	w
6	12	17 < 21	w
7	14	19 < 21	w
8	16	21 < 21	f

Hier ist es unmöglich, für x nacheinander alle natürlichen Zahlen einzusetzen. Wir brauchen das hier auch nicht; denn: Die Zahlen links vom Kleiner-Zeichen nehmen gleichmäßig zu. Alle Zahlen bis einschließlich 7 ergeben jeweils eine wahre Aussage, alle größeren Zahlen eine falsche Aussage.

Zur Information

Die Zahl 2 ergibt beim Einsetzen in die Ungleichung $2 \cdot x + 5 < 21$ eine *wahre* Aussage; 2 nennt man eine **Lösung** dieser Ungleichung. Ebenso sind z. B. die Zahlen 0, 5, 7 Lösungen der Ungleichung.
Die Zahl 8 ergibt beim Einsetzen eine *falsche* Aussage; 8 ist *keine* Lösung der Ungleichung.
Alle Lösungen fassen wir zu einer Menge zusammen; sie heißt **Lösungsmenge** L (*Erfüllungsmenge*) der Ungleichung. Es gilt: $L = \{0, 1, 2, 3, 4, 5, 6, 7\}$.

Zur Festigung und zum Weiterarbeiten

1.
Bestimme die Lösungsmenge; verwende soweit möglich die Tabelle in der Lösung der Aufgabe. Zur Grundmenge gehören alle natürlichen Zahlen (einschließlich 0).

a) $2 \cdot x + 5 < 20$ **b)** $2 \cdot x + 5 > 10$ **c)** $20 < 2 \cdot x + 5 < 40$

2.
Bestimme mit Hilfe einer Tabelle die Lösungsmenge. Grundmenge: $G = \{0, 1, 2, 3, \ldots\}$

a) $7 \cdot x + 4 = 25$

Einsetzung für x	$7 \cdot x$	$7 \cdot x + 4 = 25$	Aussage ist
0	0	$4 = 25$	f

b) $6 \cdot y + 11 = 40$

Einsetzung für y	$6 \cdot y$	$6 \cdot y + 11 = 40$	Aussage ist
0	0	$11 = 40$	f

3.
Bestimme die Lösungsmenge. Zur Grundmenge gehören alle natürlichen Zahlen (einschließlich der Zahl 0).

a) $x + 97 < 110$ **b)** $3 \cdot x < 20$ **c)** $10 < 4 \cdot x < 25$ **d)** $6 \cdot x > 35$ **e)** $5 \cdot x + 4 < 20$

4.
Welche Lösungsmenge erhältst du in der Einführungsaufgabe, Seite 72 [in *Zur Festigung* 1., Seite 73], wenn nur die ungeraden Zahlen zur Grundmenge gehören?

5.
Bestimme die Lösungsmenge der Ungleichung $3 \cdot x + 11 < 5 \cdot x$. $G = \{0, 1, 2, \ldots\}$.

Anmerkung: Hier tritt der Platzhalter *mehrfach* auf. In solchen Fällen mußt du an *jeder* Stelle *dieselbe* Einsetzung vornehmen.

Einsetzung für x	$3 \cdot x$	$3 \cdot x + 11$	$5 \cdot x$	$3 \cdot x + 11 < 5 \cdot x$	Aussage ist
0	0	11	0	$11 < 0$	f

Eine Zahl (aus der Grundmenge), die beim Einsetzen eine wahre Aussage ergibt, ist eine **Lösung.**
Alle Lösungen einer Gleichung oder Ungleichung zusammen bilden die **Lösungsmenge** (*Erfüllungsmenge*).
Eine Lösungsmenge kann auch nur ein Element oder kein Element enthalten; sie kann auch aus unendlich vielen Zahlen bestehen.

Zur Übung: 3 bis 5

Mengen und ihre Elemente – Leere Menge

Wiederholung

(1) Faßt man Dinge, z. B. Zahlen, zusammen, so bildet man eine **Menge.** Dazu gibt man genau an, welche Dinge zur Menge gehören sollen.

(2) Man kann eine Menge in unterschiedlicher Weise angeben.

Beispiel: M = Menge aller Zahlen zwischen 5 und 20, die durch 3 teilbar sind.

Aufzählende Form:
M = {6, 9, 12, 15, 18}, gelesen: *M gleich die Menge mit 6, 9, 12, 15, 18.*

Mengenbild:

(3) Die Dinge, die zu einer Menge gehören, heißen **Elemente** der Menge.

Beispiel:
12 ist ein Element von M; man schreibt 12 ∈ M
14 ist kein Element von M; man schreibt 14 ∉ M

(4) Eine Menge kann auch nur ein Element oder kein Element enthalten.
Die Menge, die kein Element enthält, heißt leer. Man spricht dann auch von der *leeren Menge* und schreibt { }.

Zur Festigung und zum Weiterarbeiten

1.
Gib die Mengen in aufzählender Form an.
A = Menge aller Zahlen zwischen 17 und 24 [zwischen 996 und 1 003]
B = Menge aller ungeraden einstelligen Zahlen
C = Menge aller zweistelligen Zahlen, die auf 7 enden

2.
Schreibe die Mengen in aufzählender Form.
A = Menge aller Zahlen zwischen 30 und 50, die durch 4 teilbar sind
B = Menge aller Zahlen zwischen 30 und 50, die durch 7 teilbar sind
C = Menge aller Zahlen zwischen 30 und 50, die durch 25 teilbar sind
D = Menge aller Zahlen zwischen 30 und 50, die durch 22 teilbar sind

3.
Gib eine Bedingung an, mit der beschrieben ist, welche Zahlen zur Menge gehören, welche nicht.

M = {0, 1, 2, 3, 4, 5, 6, 7, 8, 9}
M = Menge aller einstelligen natürlichen Zahlen

a) {11, 12, 13, 14}
b) {100, 101, 102, 103, ...}
c) {31, 33, 35, 37, 39}
d) {7, 14, 21, 28, 35, 42, 49}
e) {15, 30, 45}
▲ **f)** {1, 2, 5, 10}

Zur Übung: 6 bis 10

Bestimmen der Lösungsmenge mit Hilfe eines Pfeilbildes (Operatorpfeiles)

Aufgabe

a) Zur Gleichung $3 \cdot x = 96$ gehört das Pfeilbild rechts. Bestimme die Lösungsmenge mit dem Pfeilbild.

b) Zeichne ein Pfeilbild zu $x - 27 = 131$ und bestimme dann die Lösungsmenge.

c) Verfahre entsprechend bei $4 \cdot x + 25 = 73$.

Lösung

a) Wir machen die Rechenanweisung (den Operator) **· 3** rückgängig:
Lösungsmenge: $L = \{32\}$

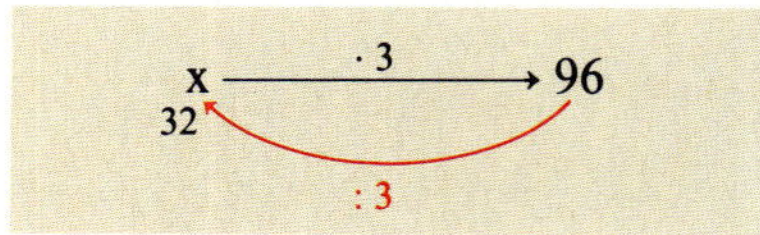

b) Zu der Gleichung gehört das Pfeilbild:

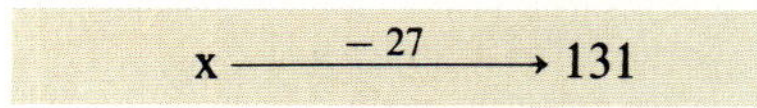

Wir machen die Rechenanweisung **− 27** rückgängig:
Lösungsmenge: $L = \{158\}$

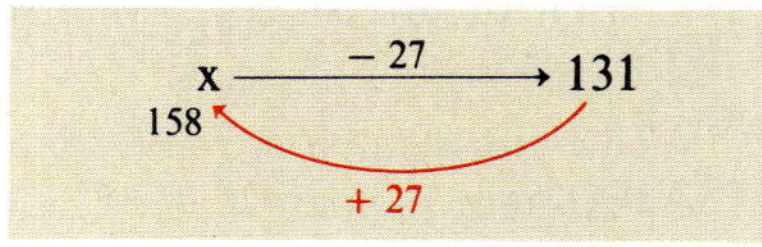

c) Hier erhalten wir eine Pfeilkette:

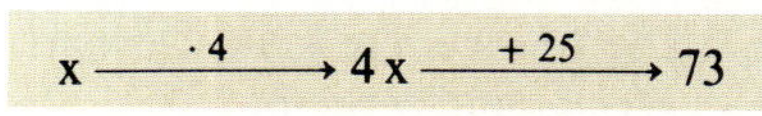

Die beiden Rechenanweisungen **· 4** und **+ 25** machen wir in umgekehrter Reihenfolge rückgängig:
Lösungsmenge: $L = \{12\}$

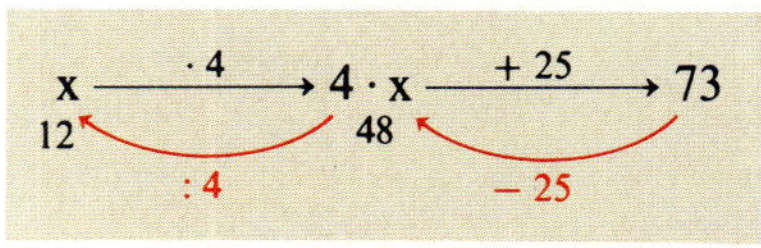

Zur Festigung und zum Weiterarbeiten

1.

Bestimme jeweils die Lösungsmenge mit Hilfe eines Pfeilbildes.

a) $x \cdot 4 = 84$
$x - 42 = 238$
$x + 38 = 242$

b) $x \cdot 6 = 126$
$x : 2 = 83$
$y + 52 = 278$

c) $2 \cdot x - 13 = 151$
$3 \cdot y + 34 = 157$
$8 \cdot z - 25 = 223$

2.

Bestimme die Lösungsmenge.

a) $5 \cdot x + 22 = 207$ **b)** $y : 5 + 27 = 132$ **c)** $11 \cdot z - 6 = 93$

△ ***3.***

a) Bestimme mit Hilfe eines Pfeilbildes zunächst die Lösungsmenge der Gleichung $90 \cdot x - 18 = 4662$.

b) Welche Lösungsmengen L_1 und L_2 haben die Ungleichungen $90 \cdot x - 18 < 4662$ bzw. $90 \cdot x - 18 > 4662$?

Zur Übung 11 bis 13 sowie 14 bis 18 (Vermischte Übungen)

Übungen

Platzhalter – Tabelle als Hilfsmittel

1.

Anja und Bernd vereinbaren folgende Gewinnbedingung:

(1) $5 \cdot \square - 4$ ist durch 3 teilbar
(2) $5 \cdot \square - 4$ ist größer als 40
(3) $20 < 5 \cdot \square - 4 < 50$
(4) $60 - 3 \cdot \triangle$ ist durch 5 teilbar

a) Welche Augensummen (beim Wurf mit zwei Würfeln) sind Gewinnzahlen?

b) Welche Augensummen sind beim Wurf mit drei Würfeln Gewinnzahlen?

c) Wie kann Anja einem Mitspieler die Gewinnbedingungen in Worten erklären?

2.

In welchen Fällen ist die Bedingung erfüllt, in welchen nicht?

a) Zur Grundmenge gehören alle einstelligen Zahlen, d. h. 0, 1, 2, …, 8, 9.

(1) $5 \cdot \bigcirc$ ist kleiner als 22
(2) $4 \cdot \triangle + 7$ ist durch 3 teilbar
(3) $100 - 11 \cdot \square$ ist durch 6 teilbar

b) Zur Grundmenge gehören:
Pferd, Tiger, Regenwurm, Schmetterling, Löwe, Hering, Frosch, Leopard.
▭ ist ein Raubtier.

Lösung und Lösungsmenge bei Gleichungen und Ungleichungen

3.

Bestimme mit Hilfe einer Tabelle jeweils die Lösungsmenge.
Grundmenge = {1, 2, 3, 4, …}

a) $7 \cdot x < 40$
$8 \cdot x > 30$
$50 < 9 \cdot x < 70$
$50 < 25 \cdot x < 70$

b) $4 \cdot x + 11 < 20$
$4 \cdot x + 11 = 20$
$4 \cdot x + 11 > 30$
$25 < 4 \cdot x + 11 < 40$

c) $7 \cdot y - 5 = 30$
$7 \cdot y - 5 < 30$
$7 \cdot y + 5 > 30$
$7 \cdot y + 5 = 30$

d) $8 \cdot z - 5 < 5 \cdot z$
$8 \cdot z + 5 < 5 \cdot z$
$5 \cdot z + 8 < 8 \cdot z$
$8 \cdot z - 8 > 5 \cdot z$

4.

Bestimme die Lösungsmenge.
G = {1, 2, 3, 4, …}

a) $7 \cdot y - 6$ ist eine gerade Zahl

b) $8 \cdot z - 7$ ist eine gerade Zahl

△ **c)** $4 \cdot x + 8$ ist durch 10 teilbar

△ **d)** $7 \cdot x - 4$ ist durch 10 teilbar

5.

a) Die Lösungsmenge der Ungleichung $3 \cdot x + 12 > 120$ ist gesucht. Dieter prüft nicht alle Zahlen; er legt diese Tabelle an:

x	3 · x	3 · x + 12 > 120	
0	0	12 > 120	f
1	3	15 > 120	f
10	30	42 > 120	f
20	60	72 > 120	f
30	90	102 > 120	f
40	120	132 > 120	w
35	105	117 > 120	f
36	108	120 > 120	f
37	111	123 > 120	w

Dieter findet: L = {37, 38, 39, …};
erläutere seine Überlegungen.

b) Verfahre entsprechend bei
(1) $7 \cdot x + 20 > 180$
(2) $6 \cdot x + 50 < 400$
(3) $11 \cdot x + 45 < 320$
(4) $45 > 300 - 5 \cdot x$

Mengen und ihre Elemente – leere Menge

6.

Gib die Menge in aufzählender Form an.

a) A = Menge aller ungeraden Zahlen zwischen 25 und 35

b) B = Menge aller Zahlen unter 50, die (ohne Rest) durch 5 teilbar sind

c) C = Menge aller Zahlen zwischen 20 und 50, die durch 7 teilbar sind

d) D = Menge aller ungeraden Zahlen

e) E = Menge aller Zahlen, die auf 8 enden

f) F = Menge aller ungeraden Zahlen, die auf 8 enden

g) G = Menge aller zweistelligen Zahlen, in denen die Ziffer 3 vorkommt

7.
Überprüfe, zu welcher der Mengen A bis G in Übungsaufgabe 6 die angegebene Zahl gehört. Notiere wie im Beispiel.

$21 \notin A$; $21 \notin B$; $21 \in C$; $21 \in D$;
$21 \notin E$; $21 \notin F$; $21 \notin G$

a) 5 **b)** 13 **c)** 28 **d)** 30 **e)** 35

8.
Gib die Menge in aufzählender Form an.

a) A = Menge aller Zahlen, die zwischen 99 996 und 100 005 liegen

b) B = Menge aller Zahlen zwischen 15 und 35, die durch 9 teilbar sind

c) C = Menge aller Zahlen zwischen 20 und 80, die durch 15 teilbar sind

d) D = Menge aller Zahlen zwischen 100 und 200, die durch 12 teilbar sind

e) E = Menge aller Zahlen zwischen 300 und 400, die größer als 373, aber kleiner als 381 sind

f) F = Menge aller zweistelligen Zahlen, bei denen die zweite Ziffer doppelt so groß ist wie die erste.

9.
Gib die Mengen in aufzählender Form an.

a) A = Menge aller Zahlen zwischen 5 und 50, die durch 3 und auch durch 4 teilbar sind

B = Menge aller Zahlen zwischen 5 und 50, die entweder durch 3 oder durch 4 (also nicht durch beide Zahlen) teilbar sind

b) C = Menge aller zweistelligen Zahlen, die durch 5, aber nicht durch 10 teilbar sind

D = Menge aller zweistelligen Zahlen, die durch 10, aber nicht durch 5 teilbar sind

△ **c)** E = Menge aller Zahlen zwischen 300 und 400, in denen genau zwei verschiedene Ziffern vorkommen

F = Menge aller Zahlen zwischen 1 300 und 1 400, in denen genau zwei verschiedene Ziffern vorkommen

△ 10.
Gib eine Bedingung an, mit der beschrieben ist, welche Zahlen zur Menge gehören, welche nicht.

a) {18, 19, 20, 21} **b)** {7, 17, 27, 37}

c) {6, 12, 18, 24} **d)** {72, 84, 96, 108}

▲ **e)** {4, 13, 22, 31, 40}

Bestimmen der Lösungsmenge mit Hilfe eines Pfeilbildes

In den folgenden Aufgaben sei $G = \{0, 1, 2, \ldots\}$.

11.
Bestimme mit Hilfe eines Pfeilbildes jeweils die Lösungsmenge.

a) $6 \cdot x = 246$
$x + 26 = 246$
$x - 26 = 246$
$x : 6 = 15$

b) $15 \cdot x = 345$
$x - 399 = 500$
$x + 399 = 500$
$x : 7 = 12$

c) $12 \cdot y = 624$
$y + 183 = 399$
$y - 183 = 399$
$y : 13 = 7$

d) $22 \cdot z = 462$
$z + 387 = 952$
$z - 387 = 952$
$z : 11 = 54$

12.
Verfahre wie in Übungsaufgabe 11.

a) $2 \cdot x + 31 = 93$
$3 \cdot x - 31 = 44$
$4 \cdot x - 53 = 31$
$5 \cdot x + 53 = 98$

b) $3 \cdot x - 52 = 131$
$5 \cdot x + 52 = 187$
$6 \cdot x + 63 = 189$
$8 \cdot x - 97 = 151$

c) $5 \cdot x - 22 = 133$
$3 \cdot x + 36 = 189$
$7 \cdot x + 52 = 192$
$9 \cdot x - 52 = 137$

d) $4 \cdot y + 78 = 190$
$4 \cdot y - 58 = 222$
$8 \cdot y - 47 = 401$
$7 \cdot y + 83 = 300$

e) $x : 2 + 23 = 38$
$x : 6 - 13 = 37$
$y : 5 - 18 = 42$
$z : 3 + 26 = 59$

f) $x : 11 + 47 = 109$
$x \cdot 11 - 47 = 109$
$y \cdot 13 + 85 = 345$
$y : 13 - 85 = 345$

△ 13.
Bestimme jeweils die Lösungsmenge der Ungleichung. Löse hierzu zunächst die entsprechende Gleichung mit Hilfe eines Pfeilbildes.

a) $3 \cdot x - 17 > 52$
$4 \cdot x + 39 < 87$

b) $5 \cdot y - 92 > 33$
$6 \cdot y + 57 < 99$

c) $12 \cdot z - 53 > 331$
$15 \cdot z + 49 < 304$

d) $9 \cdot y + 48 < 417$
$25 \cdot z - 33 > 442$

Vermischte Übungen

14.
Bestimme die Lösungsmenge.
$G = \{1, 2, 3, 4, 5\}$

a) $x + 17 < 21$

b) $12 - y > 10$

c) $15 \cdot z = 75$

d) $a \cdot 17 = 68$

e) $12 \cdot x = 50$

f) $x + 28 < 40$

g) $26 + b > 4 \cdot 7$

h) $x \cdot 37 > 190$

i) $48 : x = 12$

j) $x + 5 < 11$

15.
Auf einem Glücksrad sind die Zahlen von 1 bis 20 notiert. Die Gewinnbedingung lautet:

a) $2 \cdot x < 19$
b) $y - 5 > 11$
c) $2 \cdot z$ ist durch 3 teilbar
d) $7 \cdot a - 5 > 100$
△ **e)** $50 < 8 \cdot x - 7 < 90$
△ **f)** $50 < 7 \cdot z + 8 < 90$

Welche Zahlen sind Gewinnzahlen?

16.
Bestimme die Lösungsmenge.
$G = \{0, 1, 2, 3, 4, 5, 6, 7, 8, 9\}$

a) $5 \cdot x < 30$
b) $273 \cdot y = 819$
c) $15 \cdot z < 15$
d) $2 \cdot x + 4 < 15$
e) $y : 2 = 5$
f) $11 \cdot x + 10 < 120$

17.
Bestimme die Lösungsmenge.
$G = \{0, 1, 2, 3, \ldots\}$

a) $275 - z < 260 + z$
b) $x + 21 < 5 \cdot x$
c) $21 - x > 2 \cdot x$
d) $y \cdot y < 100$
e) $z + z = 10$
f) $z \cdot z = 10$
g) $x - x = x$
h) $x - x = 0$

△ **18.**
Welche Ziffern kannst du anstelle der Buchstaben setzen, damit die Rechnung richtig ist?

a) $\begin{array}{r} 346a \\ +\ 5b2a \\ \hline c290 \end{array}$
b) $\begin{array}{r} 9d5 \\ -\ 32e \\ \hline f91 \end{array}$
c) $\begin{array}{r} g26h8 \\ -\ ikh5 \\ \hline 8550h \end{array}$

d) $\begin{array}{r} wx07 \\ -\ yyz \\ \hline 9z2 \end{array}$
e) $\begin{array}{r} 3a59 \\ +\ b74c \\ \hline 62d2 \end{array}$
▲ **f)** 8y6 ist durch 12 teilbar

Aussagen und Aussageformen

Wahre und falsche Aussagen

Aufgabe
In Heikes Erdkundeheft findet man folgende Eintragungen:
(1) Was weißt du über den Bodensee?
(2) Benutze auch deinen Atlas!
(3) An den Bodensee grenzen vier Staaten.
(4) Durch den Bodensee fließt der Rhein.
(5) St. Gallen liegt direkt am Bodensee.
(6) Konstanz liegt am Bodensee.
(7) Im Bodensee liegt die Insel Mainau.
Überprüfe Heikes Eintragungen.

Lösung
(4), (6) und (7) sind *wahre Aussagen*, dagegen sind (3) und (5) *falsche Aussagen*. (1) ist eine Frage, (2) eine Aufforderung. Hier kannst du nicht fragen, ob sie wahr oder falsch sind, höchstens ob sie sinnvoll oder sinnlos sind. Fragen und Aufforderungen sind keine Aussagen.

> Aussagen sind entweder wahr oder falsch, andernfalls liegt keine Aussage vor.

Zur Festigung und zum Weiterarbeiten

1.
In Dieters Mathematikheft findet man folgende Eintragungen:

(1) 484 ist ein Vielfaches von 4.
(2) Durch welche Zahlen ist 36 teilbar?
(3) 50 liegt in der Mitte zwischen 10 und 100.
(4) Jede Zahl ist durch 1 teilbar.
(5) Berechne $13 \cdot 17$!
(6) 451 ist eine gerade Zahl.
(7) $3 \cdot 667 < 2000$
(8) $5 \cdot 13$

Welche Eintragung ist wahr, welche falsch? Welche Eintragung ist keine Aussage?

Zur Übung: 1 bis 3

Aussageformen

Aufgabe

Die Äußerung „▭ liegt am Rhein“ ist *keine* Aussage. Die Frage nach wahr oder falsch ist hier sinnlos.
Erst wenn man anstelle des Platzhalters ▭ einen Städtenamen einsetzt, erhält man eine wahre oder falsche Aussage. Gib Städte an, bei denen

a) eine wahre Aussage entsteht,
b) eine falsche Aussage entsteht.

Lösung

a) Mainz, Koblenz, Bonn, Mannheim
b) Wiesbaden, Frankfurt, Darmstadt

> Beispiele für **Aussageformen** sind:
> ▭ liegt am Rhein, $3 \cdot \square + 4$ ist durch 5 teilbar, $2 \cdot x + 25 < 67$, $3 \cdot x + 35 = 56$.
> Aussageformen enthalten *Platzhalter*. Setzt man sinnvoll anstelle jedes Platzhalters Namen (für Städte, für Zahlen usw.), so wird aus der Aussageform eine Aussage.
> Gleichungen und Ungleichungen mit Platzhalter sind besondere Aussageformen.

Zur Festigung und zum Weiterarbeiten

1.
In welchen Fällen liegt eine Aussageform vor, in welchen nicht?

(1) □ ist ein Raubtier. (2) $5 \cdot y$ (3) $2 \cdot x < 10$ (4) $3 \cdot x - 4 = x + 6$

2.
Gib zu der Aussageform eine passende Grundmenge an. Nenne jeweils ein Element dieser Grundmenge, das aus der Aussageform eine wahre bzw. eine falsche Aussage macht.

a) Die Donau fließt durch ▽.
b) Das Dreifache von x ist 24.
c) △ steht im Alphabet zwischen h und m.
d) □ ist höher als 20 Meter.

Zur Übung: 4 bis 6

Übungen

Wahre und falsche Aussagen

△ **1.**
Fülle, so weit es dir möglich ist, die beiden letzten Spalten aus.

Äußerung	wahr/falsch	Aussage ja/nein
1. Helgoland ist eine Nordseeinsel.		
2. Die Donau ist ein Nebenfluß des Rheins.		
3. Letzte Woche war in Moskau ein Gewitter.		
4. Hast du gestern einen Krimi gesehen?		
5. One, two und three sind Zahlwörter.		
6. Ostern 1972		
7. Es gibt Vögel, die nicht fliegen können.		
8. Omo ist eine Automarke.		
9. Kein Klassenkamerad ist in Köln geboren.		
10. Hätten wir doch schon Ferien!		
11. München ist eine Großstadt.		
12. Augen auf im Straßenverkehr!		
13. „Wie groß bist du?" ist ein Fragesatz.		

△ **2.**
Lege wie in Übungsaufgabe 1 eine Tabelle an; fülle diese dann aus.

(1) $71 + 39 = 100$ (2) $5 \cdot 123$

(3) $9 \cdot 6 > 8 \cdot 7$ (4) $11 \cdot 111 = 12321$

(5) $\{1, 2, 3, 4, 5\}$ (6) $852 : 4 = 213$

(7) $37 \cdot 41$ ist eine dreistellige Zahl.

(8) 328 ist die Hälfte von 656.

(9) Berechne $1 \cdot 2 \cdot 3 \cdot 4 \cdot 5$!

(10) 777 ist durch 11 teilbar.

(11) Welches ist die größte vierstellige Zahl?

(12) Jede Zahl ist durch sich selbst teilbar.

△ **3.**
a) Nenne vier Beispiele für
(1) eine wahre Aussage;
(2) eine falsche Aussage.

b) Nenne vier Sätze, die keine Aussage sind.

Aussageformen

△ **4.**
In welchen Beispielen liegt eine Aussageform vor?

a) y ist eine sechsstellige Zahl.

b) Gib mir Antwort bis zum ...!

c) ⊗ liegt in Amerika.

d) □ ist nicht durch 1 teilbar.

e) Der Buchstabe y kommt nach □.

f) Liegt die Stadt △ am Rhein?

g) ▭ ist unser Klassenlehrer.

h) x ist älter als 10 Jahre.

i) x hat keinen Hafen.

j) y lebt im Walde.

k) $a + 6 = 10$.

l) * war ein Schaltjahr.

△ **5.**
Gib für die Aussageformen von Übungsaufgabe 4 jeweils eine passende Grundmenge G an. Nenne dann – soweit möglich – je ein Element von G, das aus der Aussageform eine wahre bzw. eine falsche Aussage macht.

△ **6.**
Gib drei Beispiele an, in denen

a) eine Aussageform vorliegt;

b) keine Aussageform vorliegt.

Terme mit Platzhaltern

Aufgabe

Maurermeister Christmann beschäftigt in seiner Firma 6 Maurer. Jeder Maurer erhält einen Stundenlohn von 16,– DM, außerdem pro Woche eine Sonderzulage von 85,– DM.
Die Maurer haben unterschiedlich viele Stunden gearbeitet.

Name	Meier	Sorge	Schulz	Held	Lang	Auer
Stunden	40	32	39	28	34	16

a) Berechne für jeden Arbeiter den Wochenlohn. Lege eine Tabelle an.

b) Welche Rechnungen werden für jeden Arbeiter durchgeführt? Was ändert sich jedesmal?

Lösung

a)

Name	Anzahl der Stunden x	Lohn ohne Zulage (DM) x · 16	Wochenlohn (DM) x · 16 + 85
Meier	40	640	725
Sorge	32	512	597
Schulz	39	624	709
Held	28	448	533
Lang	34	544	629
Auer	16	256	341

b) Für jeden Arbeiter wird die Stundenzahl mit 16 multipliziert, anschließend wird 85 addiert.
Nur die Stundenzahl ändert sich.

Zur Information

Wenn man für die Anzahl der Stunden x setzt, kann man die Rechenvorschrift als Term mit Platzhalter schreiben: x · 16 + 85
Das bedeutet: Multipliziere die Anzahl der Stunden mit 16; addiere dann 85.

Weitere Beispiele für Terme
mit Platzhalter: 18 – 7 · z; 3 · y
ohne Platzhalter: 75 · 16 + 85; 32 : 4
Terme mit Platzhaltern kannst du erst berechnen, wenn du eine Zahl eingesetzt hast.

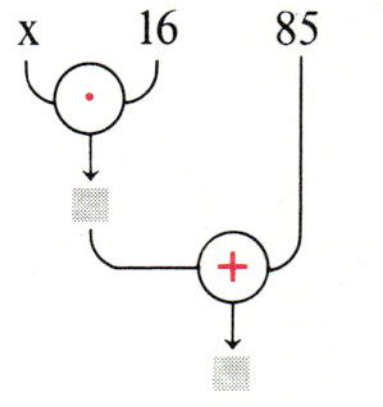

Der *Rechenbaum* veranschaulicht, wie der Term schrittweise berechnet wird.

Zur Festigung und zum Weiterarbeiten

1.

a)

x	x : 6	x : 6 · 12
72	12	144
90		
102		
114		

b)

x	x · 15	x · 15 + 3
8	120	123
9		
12		
34		

c)

x	12 · x	12 · x : 4	12 · x : 4 – 9
7			
12			
20			
35			

2.

Wähle für x nacheinander die Zahlen 15; 22; 36; 47. Berechne den Term. Lege eine Tabelle an. Beim schrittweisen Berechnen hilft dir der Rechenbaum.

a) $x \cdot 4 + 50$

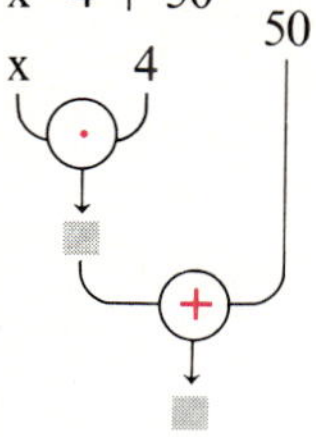

b) $200 - x - 35$

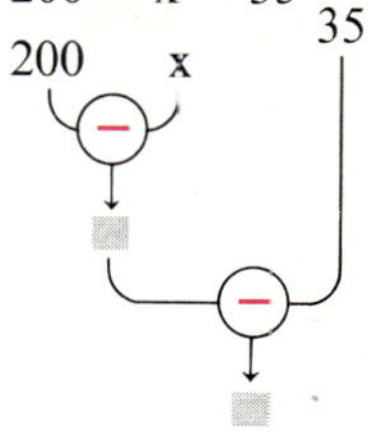

c) $9 \cdot x - 85$

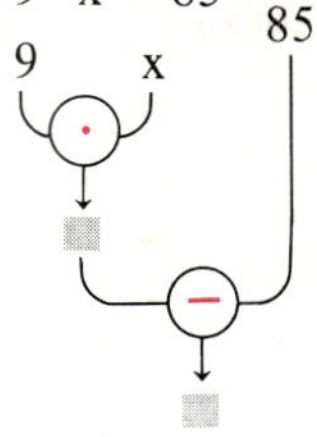

d) $7985 + 246 \cdot x$

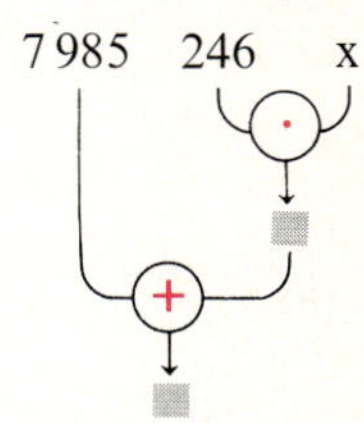

3.

Wenn in einem Term der Platzhalter zweimal vorkommt, muß jedesmal dieselbe Zahl eingesetzt werden. Wähle für x nacheinander 15, 18, 27, 33 und berechne den Term $x \cdot 4 - x\,[x : 3 + x]$.

4.

Fülle die Tabelle aus.

a)

x	x + 23
	154
	341
	787

b)

x	x − 19
	17
	35
	72

c)

x	x · 9
	99
	117
	144

d)

x	x : 7
	12
	18
	24

e)

x	479 · x
	44 068
	117 834
	455 529

▲ 5.

Notiere den passenden Term. Berechne dann den Term für folgende Eingangszahlen: 16, 32, 40.

a) Addiere zu jeder Eingangszahl 95 und subtrahiere dann 17.

b) Multipliziere jede Eingangszahl mit 7 und addiere dann 19.

c) Dividiere jede Eingangszahl durch 8 und subtrahiere dann 1.

Übungen

Terme mit Platzhaltern

1.

Fülle die Tabelle aus.

a)

x	743 − x
48	
94	
113	

b)

x	720 : x
6	
12	
18	

c)

x	3456 − x
517	
984	
391	

d)

x	3450 : x
23	
25	
115	

2.

Berechne den Term, beachte den Rechenbaum.

a)

x	x · 7	x · 7 + 15
9		
15		
12		
27		

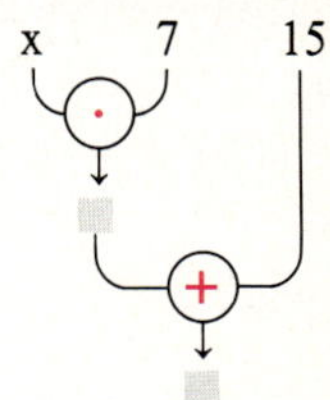

b)

x	x : 8	x : 8 + 35
32		
56		
72		
96		

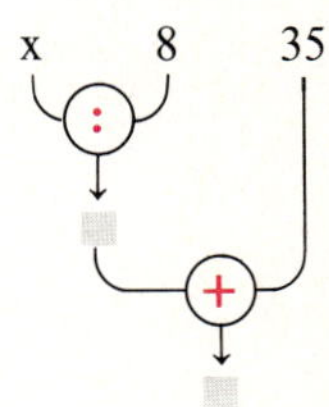

3.

a)

x	x · 3	x · 3 − 17
8		
12		
37		

b)

x	x : 4	x : 4 + 27
12		
36		
76		

c)

x	80 − x + 46
35	
52	
67	

d)

x	47 · x + 7 589
348	
984	
1 791	

4.

Lege eine Tabelle wie in Übungsaufgabe 3 an. Setze für x nacheinander die Zahlen 12, 24, 36, 84, 108 ein.

a) x · 6 + 237 **d)** x : 12 · 90 − 65

b) x + 436 − 229 **e)** x · 5 − x

c) x · 8 : 32 + 439 **f)** x : 4 + x

5.

Setze für x nacheinander die Zahlen 8, 12, 24, 60 ein. Berechne anschließend den Term.

a) (x + 24) · 5 **c)** 960 − 720 : x

b) x + 24 · 5 **d)** (960 − 720) : x

6.

Setze für x nacheinander die Zahlen 256, 591, 2 567, 4 108, 8 674 ein.
Berechne anschließend den Term.

a) (1 486 + x) · 794 **c)** 3 598 + x · 377

b) (12 596 − x) · 605 **d)** 756 897 − x · 68

7.

Fülle die Tabelle aus:

a)

x	x + 117
	358
	563
	784

b)

x	x − 242
	32
	47
	69

8.

Fülle die Tabelle aus:

a)

x	x · 7
	112
	126
	175

b)

x	x : 9
	108
	135
	171

△ 9.

Bestimme die fehlende Eingangszahl.

a) x · 7 + 36

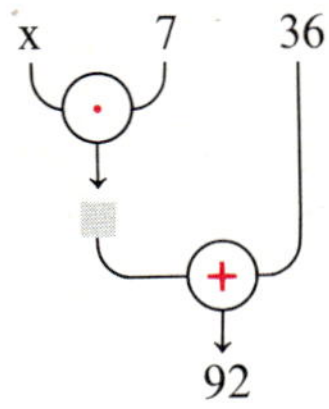

b) x · 6 : 4 + 27

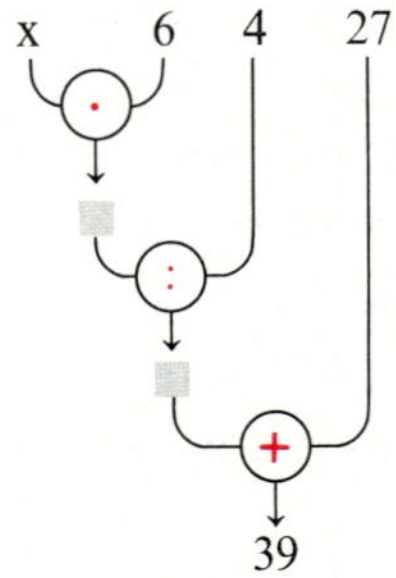

c) 14 · 23 + x

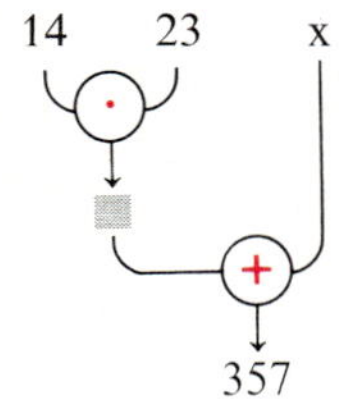

d) 20 + 45 · x

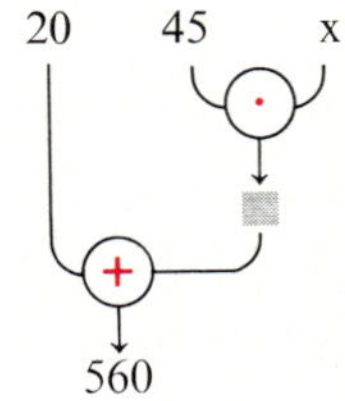

10.

Notiere den passenden Term und berechne den Term schriftlich für folgende Eingangszahlen: 222, 333, 444, 999, 1 036.

a) Addiere zu jeder Eingangszahl 237 und subtrahiere von dieser Summe 189.

b) Multipliziere jede Eingangszahl mit 43 und subtrahiere von dem Produkt 227.

c) Dividiere jede Eingangszahl durch 37 und addiere dann 348.

d) Subtrahiere 115 von jeder Eingangszahl und addiere dann 259.

e) Addiere zu jeder Eingangszahl 2 458 und multipliziere dann mit 847.

f) Subtrahiere von jeder Eingangszahl 198 und multipliziere dann mit 45 896.

Rechenvorteile – Rechengesetze

Verbindungsgesetz (Assoziativgesetz)

Aufgabe

In den beiden Rechenbäumen fehlen noch die Rechenzeichen. Setze nacheinander nur „+“, nur „−“, nur „·“ bzw. nur „:“ ein.

(1) 36 6 3 (36 ○ 6) ○ 3

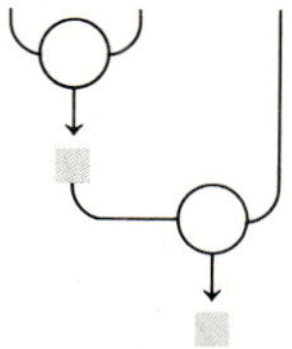

(2) 36 6 3 36 ○ (6 ○ 3)

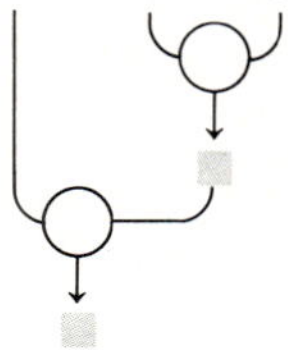

a) Berechne jeden Term. Für welche Rechenart erhält man bei (1) und (2) dasselbe Ergebnis?

b) Wodurch unterscheiden sich die Terme bzw. Rechenbäume (1) und (2)?

Lösung

a)

Addition	**Subtraktion**	**Multiplikation**	**Division**
(1) $(36 + 6) + 3$	(1) $(36 - 6) - 3$	(1) $(36 \cdot 6) \cdot 3$	(1) $(36 : 6) : 3$
$= 42 + 3$	$= 30 - 3$	$= 216 \cdot 3$	$= 6 : 3$
$= 45$	$= 27$	$= 648$	$= 2$
(2) $36 + (6 + 3)$	(2) $36 - (6 - 3)$	(2) $36 \cdot (6 \cdot 3)$	(2) $36 : (6 : 3)$
$= 36 + 9$	$= 36 - 3$	$= 36 \cdot 18$	$= 36 : 2$
$= 45$	$= 33$	$= 648$	$= 18$

Ergebnis: Für die Addition und für die Multiplikation erhält man bei beiden Termen dasselbe Ergebnis, bei der Subtraktion und der Division nicht.

b) Bei (1) werden zuerst die ersten beiden Zahlen „verbunden“, bei (2) werden zuerst die letzten beiden Zahlen verbunden.

Verbindungsgesetz (Assoziativgesetz)
In einer Summe und in einem Produkt (aus drei oder mehr Zahlen) darf man Klammern beliebig setzen oder weglassen.

Addition:
$(16 + 5) + 9 = 16 + (5 + 9) = 16 + 5 + 9$
$(a + b) + c = a + (b + c) = a + b + c$

Multiplikation:
$(8 \cdot 9) \cdot 7 = 8 \cdot (9 \cdot 7) = 8 \cdot 9 \cdot 7$
$(a \cdot b) \cdot c = a \cdot (b \cdot c) = a \cdot b \cdot c$

Zur Festigung und zum Weiterarbeiten

1.
Berechne und vergleiche. Du kannst auch zwei Rechenbäume zeichnen.

a) $(26 + 19) + 5$ und $26 + (19 + 5)$

b) $(37 - 16) - 9$ und $37 - (16 - 9)$

c) $(9 \cdot 8) \cdot 3$ und $9 \cdot (8 \cdot 3)$

d) $(48 : 8) : 2$ und $48 : (8 : 2)$

2.

Rechne auf zwei Arten.

a) Ein Pkw kostete Anfang des Jahres 12 500 DM. Im Frühjahr erhöhte sich der Preis um 750 DM, im Herbst um weitere 360 DM. Wie teuer ist der Wagen am Jahresende?

b) Maurer Koch bekommt einen Stundenlohn von 16 DM. Er hat in einer Woche an 5 Tagen gearbeitet, und zwar täglich 8 Stunden. Berechne den Wochenlohn.

3.

Das Verbindungsgesetz kann man zum vorteilhaften Rechnen benutzen. Rechne vorteilhaft wie im Beispiel.

$69 + 57 + 43$
$= 69 + 100$
$= 169$

a) $76 + 67 + 33$ **c)** $237 + 186 + 214$ **e)** $5 \cdot 12 \cdot 7$

b) $123 + 77 + 244$ **d)** $29 \cdot 25 \cdot 4$ **f)** $37 \cdot 8 \cdot 25$

4.

Entscheide, ob die Aussage wahr oder falsch ist. Rechne möglichst wenig.

a) $756 - 427 - 316 < 756 - (427 - 316)$ **c)** $720 : (12 : 4) = (720 : 12) : 4$

b) $(87 \cdot 65) \cdot 13 > 87 \cdot (65 \cdot 13)$ **d)** $(243 + 34) + 16 < 243 + (34 + 26)$

5.

Hier fehlen Klammern. Setze die Klammern richtig.

a) $48 : 16 : 4 = 12$ **b)** $192 : 24 : 8 : 2 = 2$ **c)** $256 - 178 - 56 - 18 = 116$

Zur Übung: 1 bis 5

Vertauschungsgesetz (Kommutativgesetz)

Aufgabe

a) Wodurch unterscheiden sich die Terme (1) und (2)?
Für welche Rechenart erhält man bei (1) und (2) dasselbe Ergebnis?

(1)	(2)
$42 + 7$	$7 + 42$
$42 - 7$	$7 - 42$
$42 \cdot 7$	$7 \cdot 42$
$42 : 7$	$7 : 42$

b) Benutze die Beobachtung in a) zum vorteilhaften Berechnen des Terms.
(1) $173 + 284 + 27$ (2) $25 \cdot 87 \cdot 4$

Lösung

a) Bei Term (2) sind die Zahlen vertauscht.

Addition	**Subtraktion**	**Multiplikation**	**Division**
(1) $42 + 7 = 49$	(1) $42 - 7 = 35$	(1) $42 \cdot 7 = 294$	(1) $42 : 7 = 6$
(2) $7 + 42 = 49$	(2) $7 - 42 =$	(2) $7 \cdot 42 = 294$	(2) $7 : 42 =$

Ergebnis: Für die Addition und die Multiplikation erhält man beim Vertauschen der Zahlen dasselbe Ergebnis. Bei der Subtraktion und bei der Division erhält man beim Vertauschen der Zahlen nicht ausführbare Aufgaben.

b) Durch Vertauschen der beiden letzten Zahlen ergibt sich ein Rechenvorteil:

(1)
$$\begin{aligned} & 173 + 284 + 27 \\ = {} & 173 + 27 + 284 \\ = {} & 200 + 284 \\ = {} & 484 \end{aligned}$$

(2)
$$\begin{aligned} & 25 \cdot 87 \cdot 4 \\ = {} & 25 \cdot 4 \cdot 87 \\ = {} & 100 \cdot 87 \\ = {} & 8\,700 \end{aligned}$$

Vertauschungsgesetz (Kommutativgesetz)
In einer Summe und in einem Produkt darf man zwei Zahlen miteinander vertauschen.

Addition: $3 + 4 = 4 + 3$
$a + b = b + a$

Multiplikation: $5 \cdot 6 = 6 \cdot 5$
$a \cdot b = b \cdot a$

Zur Festigung und zum Weiterarbeiten

1.

a) Sven schwimmt 50 Bahnen in einem 25-m-Becken, Dirk schwimmt 25 Bahnen in einem 50-m-Becken. Wer schwimmt weiter?

b) Wann bekommt man mehr: wenn sich 4 Kinder 2 Tafeln Schokolade teilen oder wenn sich 2 Kinder 4 (gleich große) Tafeln Schokolade teilen?

c) Sven hat 5 Zwanzigmarkscheine, Gabi hat 20 Fünfmarkscheine. Wer hat mehr?

d) Jörg hat 10 DM und will 5 DM ausgeben, Eva hat 5 DM und will 10 DM ausgeben. Wer muß sich Geld leihen?

e) Auf einer Wanderung geht Eva am 1. Tag 21 km und am 2. Tag 27 km. Julia geht am 1. Tag 27 km und am 2. Tag 21 km. Wer ist weiter gewandert?

f) Was ist mehr: das 3fache vom 5fachen einer Zahl oder das 5fache vom 3fachen derselben Zahl?

2.

Rechne vorteilhaft durch geschicktes Vertauschen der Zahlen.

a) $63 + 169 + 37$ **b)** $12 \cdot 9 \cdot 5$ **c)** $48 + 223 + 52$ **d)** $5 \cdot 67 \cdot 20$

e) $37 + 74 + 63 + 26$ **f)** $167 + 48 + 233 + 352$ **g)** $4 \cdot 12 \cdot 250 \cdot 5$ **h)** $6 \cdot 8 \cdot 15 \cdot 5$

Zur Übung: 6 bis 10

Mehrfaches Subtrahieren – mehrfaches Dividieren

Aufgabe

(1) Herr Junge nimmt 900 DM mit zum Einkaufen. Er kauft einen Aktenkoffer für 163 DM und danach einen Anzug für 437 DM.
Wieviel DM hat er übrig?

(2) Herr Bauer vererbt seinen drei Söhnen insgesamt 72 000 DM. Sein Sohn Thomas verteilt seinen Anteil sofort gleichmäßig an seine 4 Kinder.
Wieviel DM bekommt jedes Kind?

Rechne jeweils auf zwei Arten und notiere den Term.

Lösung

(1) $900 \xrightarrow{-163} 737 \xrightarrow{-437} 300$; direkt: $900 \xrightarrow{-(163+437)} 300$, -600

$900 - 163 - 437 = 300$
$900 - (163 + 437) = 300$

Ergebnis: Herr Junge behält 300 DM übrig

(2) $72\,000 \xrightarrow{:3} 24\,000 \xrightarrow{:4} 6\,000$; direkt: $72\,000 \xrightarrow{:(3 \cdot 4)} 6\,000$, $:12$

$72\,000 : 3 : 4 = 6\,000$
$72\,000 : (3 \cdot 4) = 6\,000$

Ergebnis: Jedes Kind erhält 6 000 DM

Zur Festigung und zum Weiterarbeiten

1.
Rechne und vergleiche. Welcher Weg ist vorteilhafter?

a) 85 – 35 – 18 und 85 – (35 + 18)
b) 184 – 47 – 23 und 184 – (47 + 23)
c) 800 : 25 : 4 und 800 : (25 · 4)
d) 720 : 6 : 4 und 720 : (6 · 4)

2.
Rechne vorteilhaft.

a) 97 – 37 – 42 **b)** 268 – 73 – 27 **c)** 240 : 8 : 3 **d)** 540 : 12 : 5

3.
Rechne auf zwei Arten.

a) Ein Theater hat 950 Plätze. Im Vorverkauf sind 583 Karten verkauft worden. Weitere 267 Karten werden an der Abendkasse verkauft. Wie viele Plätze bleiben leer?

b) Die 4 Klassen des Jahrgangs 5 machen eine gemeinsame Busfahrt. Das Busunternehmen berechnet für zwei Busse insgesamt 700 DM. Jede Klasse hat 25 Schüler.
Wieviel DM muß jeder Schüler bezahlen?

4.
Jörg rechnet im Kopf so:

72 : 4	$72 \xrightarrow{:2} 36 \xrightarrow{:2} 18$
480 : 20	$480 \xrightarrow{:10} 48 \xrightarrow{:2} 24$
720 : 24	$720 \xrightarrow{:6} 120 \xrightarrow{:4} 30$

Rechne ebenso:

a) 96 : 4, 124 : 4 **b)** 580 : 20, 352 : 8 **c)** 600 : 24, 900 : 36 **d)** 840 : 28, 630 : 42

5.
Überprüfe an drei Beispielen: **a)** a – b – c = a – c – b **b)** a : b : c = a : c : b

Mehrfaches Subtrahieren

60 – 24 – 16	60 – (24 + 16)
= 36 – 16	= 60 – 40
= 20	= 20

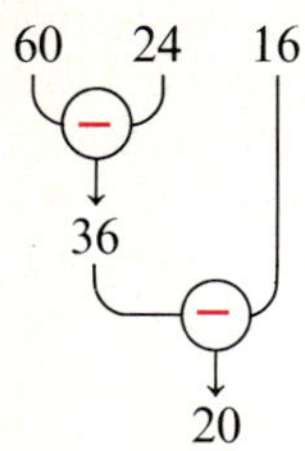

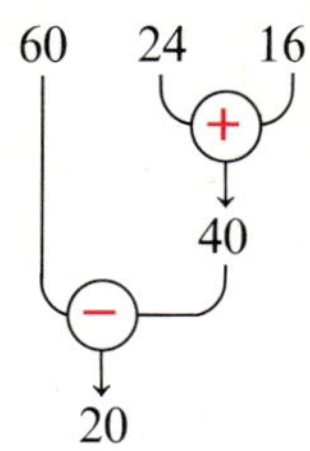

Statt mehrere Zahlen einzeln zu subtrahieren, kann man auch die Summe dieser Zahlen subtrahieren (und umgekehrt).

a – b – c = a – (b + c)

Mehrfaches Dividieren

60 : 5 : 6	60 : (5 · 6)
= 12 : 6	= 60 : 30
= 2	= 2

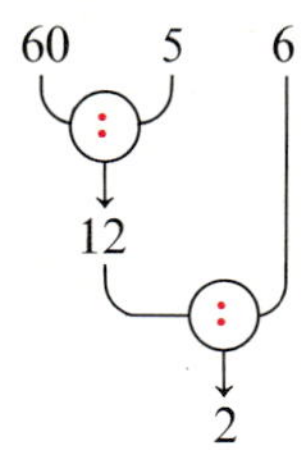

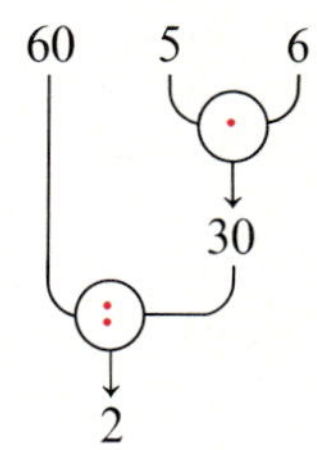

Statt durch mehrere Zahlen einzeln zu dividieren, kann man auch durch das Produkt dieser Zahlen dividieren (und umgekehrt).

a : b : c = a : (b · c)

Zur Übung: 11 bis 15

Verteilungsgesetz (Distributivgesetz)

Aufgabe

Kai bekommt monatlich 15 DM Taschengeld, seine jüngere Schwester Tina erhält monatlich 10 DM. Kai und Tina überlegen: „Wieviel DM bekommen wir beide zusammen im ganzen Jahr von unserem Vater?“
Kai und Tina können auf verschiedene Arten rechnen. Schreibe die Rechenwege mit Hilfe von Termen, zeichne auch den Rechenbaum. Vergleiche.

Lösung

Kais Weg: $12 \cdot (15 + 10)$
$= 12 \cdot 25$
$= 300$

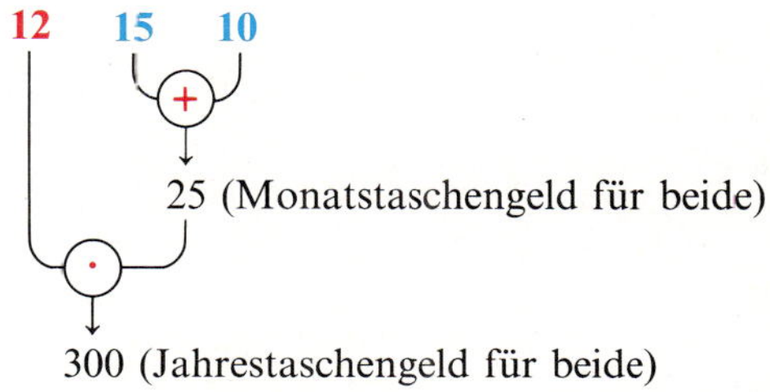

Tinas Weg: $12 \cdot 15 + 12 \cdot 10$
$= 180 + 120$
$= 300$

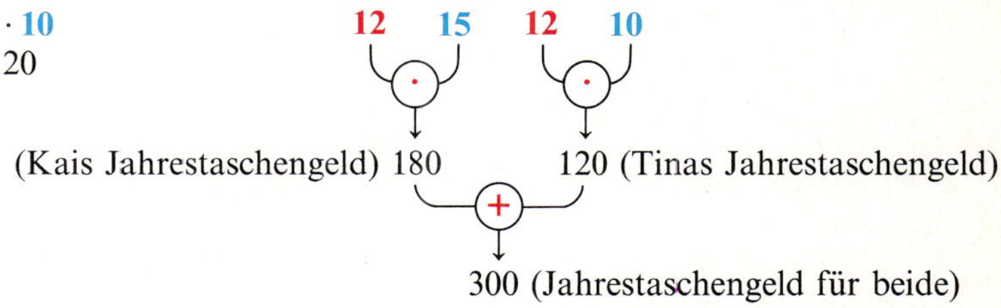

Es gilt: $12 \cdot (15 + 10) = 12 \cdot 15 + 12 \cdot 10$

Ergebnis: Beide zusammen bekommen im ganzen Jahr 300 DM Taschengeld.

Zur Festigung und zum Weiterarbeiten

1.
Ein Platz, auf dem 4 Baumreihen stehen, wird durch eine Straße geteilt.
Wie viele Bäume stehen insgesamt auf dem Platz? Rechne auf zwei Arten und schreibe zu jedem Rechenweg einen Term.

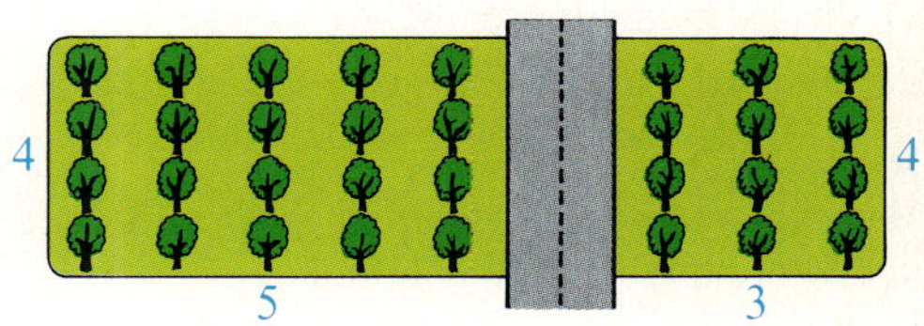

2.
Bei welchem Term ist die Rechnung vorteilhafter?

a) $4 \cdot 19 + 4 \cdot 6$ oder $4 \cdot (19 + 6)$ **b)** $9 \cdot 100 + 9 \cdot 12$ oder $9 \cdot (100 + 12)$

3.
Beim Kopfrechnen hast du schon immer das Verteilungsgesetz benutzt:

$6 \cdot 27 = 6 \cdot (20 + 7) = 6 \cdot 20 + 6 \cdot 7 = 120 + 42 = 162$
$91 : 7 = (70 + 21) : 7 = 70 : 7 + 21 : 7 = 10 + 3 = 13$

Rechne wie im Beispiel: **a)** $7 \cdot 36$; $9 \cdot 107$; $8 \cdot 10\,008$ **b)** $84 : 6$; $96 : 8$; $456 : 6$; $581 : 7$

4.

Berechne und vergleiche.

a) $8 \cdot (12 - 7)$ und $8 \cdot 12 - 8 \cdot 7$

b) $(320 + 120) : 20$ und $320 : 20 + 120 : 20$

c) $(15 - 8) \cdot 9$ und $9 \cdot 15 - 9 \cdot 8$

d) $(96 - 72) : 12$ und $96 : 12 - 72 : 12$

5.

a) Kai und Tina rechnen auf verschiedene Arten im Kopf:

(1) $28 \cdot 9 = 20 \cdot 9 + 8 \cdot 9 = 252$

(2) $28 \cdot 9 = 28 \cdot 10 - 28 \cdot 1 = 252$

Welcher Weg ist vorteilhafter?

b) Rechne vorteilhaft: $37 \cdot 9$; $46 \cdot 9$; $6 \cdot 99$; $8 \cdot 89$

Verteilungsgesetze (Distributivgesetze)

(1) Für Multiplikation und Addition:
$5 \cdot (10 + 3) = 5 \cdot 10 + 5 \cdot 3 = 65$
$a \cdot (b + c) = a \cdot b + a \cdot c$

(2) Für Multiplikation und Subtraktion:
$7 \cdot (30 - 1) = 7 \cdot 30 - 7 \cdot 1 = 203$
$a \cdot (b - c) = a \cdot b - a \cdot c$

Zur Übung: 16 bis 27

Übungen

Verbindungsgesetz

1.

Berechne und vergleiche.

a) $(34 + 16) + 11$ und $34 + (16 + 11)$

b) $(42 - 18) - 13$ und $42 - (18 - 13)$

c) $(9 \cdot 5) \cdot 8$ und $9 \cdot (5 \cdot 8)$

d) $(54 : 6) : 3$ und $54 : (6 : 3)$

2.

Berechne auf zwei verschiedenen Wegen. Welche Rechnung ist vorteilhafter?

a) $117 + 83 + 69$

b) $743 + 351 + 149$

c) $34 \cdot 8 \cdot 125$

d) $8 \cdot 15 \cdot 9$

3.

Rechne vorteilhaft.

a) $72 + 28 + 53$
$46 + 19 + 31$
$88 + 56 + 14$

b) $183 + 117 + 133$
$222 + 555 + 145$
$407 + 393 + 217$

c) $811 + 456 + 244$
$735 + 178 + 522$
$619 + 281 + 374$

d) $4\,692 + 2\,308 + 3\,566$
$7\,132 + 1\,368 + 1\,507$
$3\,444 + 4\,937 + 2\,063$

4.

Berechne den Term. Beachte Rechenvorteile.

a) $7 \cdot 25 \cdot 8$

b) $30 \cdot 50 \cdot 20$

c) $33 \cdot 125 \cdot 24$

d) $500 \cdot 8 \cdot 24 \cdot 125$

△ **5.**

Entscheide, ob die Aussage wahr (w) oder falsch (f) ist. Rechne möglichst wenig.

a) $178 - 146 - 21 > 178 - (146 - 21)$

b) $480 : (24 : 4) > 480 : 24 : 4$

c) $(67 \cdot 85) \cdot 73 < 68 \cdot (85 \cdot 73)$

Vertauschungsgesetz

6.

Rechne vorteilhaft durch geeignetes Vertauschen der Summanden.

a) $27 + 59 + 13$
$68 + 97 + 32$

b) $91 + 83 + 49$
$84 + 37 + 16$

c) $155 + 278 + 145$
$483 + 165 + 217$

d) $75 + 43 + 25 + 17$
$62 + 55 + 65 + 38$

e) $284 + 463 + 307 + 116$
$522 + 195 + 278 + 425$

7.

Berechne die Terme, beachte Rechenvorteile.

a) $25 \cdot 73 \cdot 4$
$8 \cdot 7 \cdot 125$

b) $8 \cdot 17 \cdot 250$
$125 \cdot 11 \cdot 40$

c) $20 \cdot 69 \cdot 5$
$75 \cdot 23 \cdot 4$

d) $2 \cdot 13 \cdot 500 \cdot 9$
$11 \cdot 1\,250 \cdot 3 \cdot 8$

e) $7 \cdot 40 \cdot 7 \cdot 50$
$800 \cdot 19 \cdot 3 \cdot 25$

f) $25 \cdot 1\,250 \cdot 40 \cdot 8$
$120 \cdot 15 \cdot 5 \cdot 60$

8.

Entscheide „auf einen Blick“, ob die Aussage wahr oder falsch ist.

a) $74 + 87 + 93 = 87 + 74 + 93$

b) $48 \cdot 12 \cdot 9 = 48 \cdot 9 \cdot 12$

c) $200 - 66 - 9 = 66 - 200 - 9$

d) $48 : 4 : 2 = 4 : 48 : 2$

9.

Berechne den Term; nutze Rechenvorteile aus.

a) $275 + 478 + 225 + 222$

b) $673 + 184 + 216 + 693 + 327$

c) $125 \cdot 9 \cdot 4 \cdot 8 \cdot 5$

d) $25 \cdot 12 \cdot 8 \cdot 5$

▲ 10.

Addiere alle natürlichen Zahlen von 1 bis 39 [99]. Überlege, ob du durch geschicktes Vertauschen Zahlenpaare erhältst, deren Summe eine „runde“ Zahl ist.

Mehrfaches Subtrahieren – mehrfaches Dividieren

11.

Rechne und vergleiche.

a) $2\,000 \xrightarrow{-450} \square \xrightarrow{-1\,100} \square$
$2\,000 \xrightarrow[-1\,550]{-(450+1\,100)} \square$

b) $900 \xrightarrow{:12} \square \xrightarrow{:5} \square$
$900 \xrightarrow[:60]{:(12 \cdot 5)} \square$

c) $3\,475 \xrightarrow{-887} \square \xrightarrow{-1\,436} \square$
$3\,475 \xrightarrow{-(887+1\,436)} \square$

d) $106\,053 \xrightarrow{:87} \square \xrightarrow{:53} \square$
$106\,053 \xrightarrow{:(87 \cdot 53)} \square$

12.

Rechne und vergleiche.

a) $97 - 43 - 34$ und $97 - (43 + 34)$

b) $278 - 178 - 53$ und $278 - (178 + 53)$

c) $540 : 9 : 6$ und $540 : (9 \cdot 6)$

d) $840 : 7 : 8$ und $840 : (7 \cdot 8)$

13.

Berechne vorteilhaft:

a) $75 - 25 - 18$
$80 - (30 + 12)$
$80 - 10 - 35$
$75 - (25 + 18)$

b) $300 - (100 + 122)$
$450 - 250 - 98$
$450 - (250 + 89)$
$450 - (250 + 98)$

c) $720 : 9 : 8$
$900 : 25 : 4$
$1\,200 : (12 \cdot 25)$
$630 : (7 \cdot 9)$

d) $800 : 32$
$1\,200 : 24$
$2\,700 : 36$
$2\,100 : 28$

14.

Herr Flügge hat für eine Flugreise 2000 DM zur Verfügung. Der Flug kostet hin und zurück 450 DM; er muß mit 1100 DM Hotelkosten für Unterkunft und Verpflegung rechnen. Wieviel DM darf er als Taschengeld nebenbei ausgeben? Rechne auf zweierlei Weise.

15.

Die Kiste enthält 900 gleich große Kartons. An der oberen Schicht kann man an der Längskante 12 Kartons und an der anderen Kante 5 Kartons abzählen. Wie viele Schichten enthält die Kiste? Rechne auf zwei Arten.

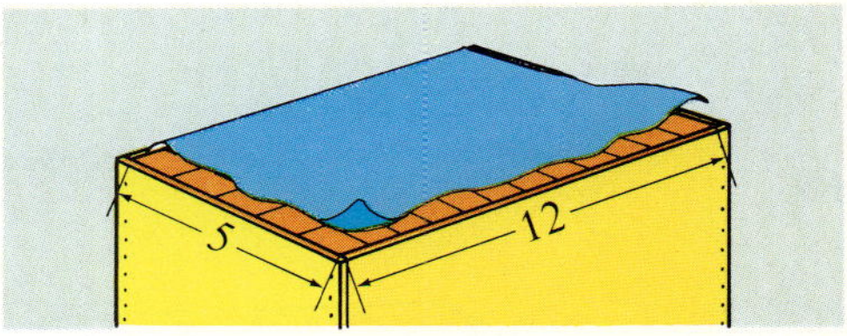

Verteilungsgesetz

16.

Berechne und vergleiche.

a) $9 \cdot (60 + 7)$
$9 \cdot 60 + 9 \cdot 7$

b) $(20 + 3) \cdot 8$
$20 \cdot 8 + 3 \cdot 8$

c) $60 \cdot (400 - 20)$
$60 \cdot 400 - 60 \cdot 20$

d) $(500 - 13) \cdot 4$
$500 \cdot 4 - 13 \cdot 4$

17.

Rechne. Verwende das Verteilungsgesetz.

$37 \cdot 3$
$= (30 + 7) \cdot 3$
$= 30 \cdot 3 + 7 \cdot 3$
$= 90 + 21$
$= 111$

$9 \cdot 49$
$= 9 \cdot (50 - 1)$
$= 9 \cdot 50 - 9 \cdot 1$
$= 450 - 9$
$= 441$

a) $7 \cdot 58$	**b)** $9 \cdot 420$	**c)** $14 \cdot 99$
$22 \cdot 13$	$12 \cdot 81$	$4 \cdot 248$
$16 \cdot 102$	$8 \cdot 68$	$8 \cdot 253$

18.

Berechne die Terme, beachte Rechenvorteile.

a) $14 \cdot (100 + 7)$
$7 \cdot (1\,000 + 12)$

b) $15 \cdot 17 + 15 \cdot 13$
$8 \cdot 29 + 8 \cdot 41$

c) $37 \cdot 23 + 37 \cdot 50 + 37 \cdot 27$
$25 \cdot 53 + 55 \cdot 53 + 20 \cdot 53$

d) $271 \cdot 35 + 65 \cdot 271$
$89 \cdot 304 + 304 \cdot 11$

19.

Berechne die Terme, beachte Rechenvorteile.

a) $34 \cdot (1\,000 + 11)$
$11 \cdot (400 - 3)$
$(700 + 133) : 7$

b) $317 \cdot 9 - 117 \cdot 9$
$525 : 25 + 475 : 25$
$319 : 11 - 308 : 11$

c) $25 \cdot 13 + 25 \cdot 18 + 25 \cdot 9$
$47 \cdot 139 + 88 \cdot 139 - 35 \cdot 139$
$1\,001 : 7 - 686 : 7 - 315 : 7$

20.

Zerlege einen Faktor geschickt, rechne dann.

a) $17 \cdot 998$
$2\,985 \cdot 15$
$99 \cdot 87$

b) $231 \cdot 1\,001$
$176 \cdot 100\,002$
$350 \cdot 201$

21.

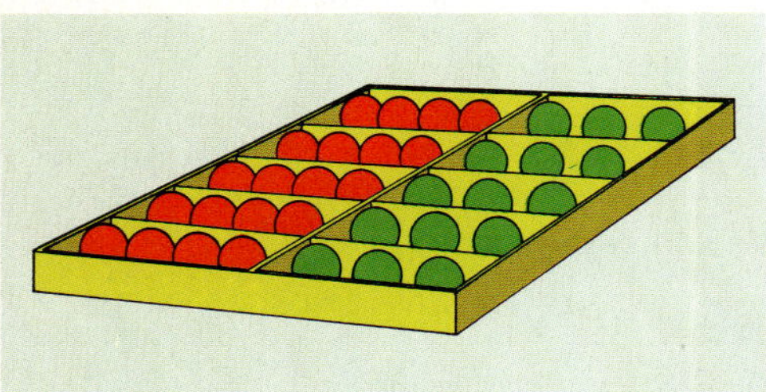

Die Schüler der Klasse 8 haben die Gymnastikbälle nach Farben sortiert.
Wie viele Bälle sind insgesamt vorhanden? Rechne auf zwei Wegen.

22.

Notiere den Rechenweg auf zwei Arten mit Hilfe eines Terms. Rechne nur auf eine Art.

a) Die Klassen 5 a (24 Schüler) und 5 b (26 Schüler) machen eine gemeinsame Busfahrt. Jeder Schüler muß 9 DM zahlen.
Wie teuer ist die Busfahrt?

b) Die Familien Müller und Meier bestellen gemeinsam Heizöl.
Herr Müller tankt 6 300 *l*, Herr Meier 5 450 *l*.
Ein Liter Heizöl kostet 76 Pf.
Wie hoch ist die Heizölrechnung insgesamt?

c) Für das Klassenfest der Klasse 5 a werden 26 Würstchen zu 1,20 DM, 26 Brötchen zu 0,20 DM und 26 Dosen Limonade zu 0,80 DM aus der Klassenkasse bezahlt.
Wieviel DM werden aus der Klassenkasse entnommen?

23.

In den Ferien machen 6 Freunde eine Auslandsreise. Jeder schickt aus Holland 3 und aus Belgien 5 Ansichtskarten nach Hause.
Wie viele Karten sind das insgesamt? Rechne auf verschiedene Weise.

24.

Eine Firma beschäftigt 15 Maurermeister und 15 Gesellen. Ein Maurer verdient 17 DM pro Stunde, ein Geselle 13 DM pro Stunde.
Wieviel Lohn muß die Firma in einer 40-Stunden-Woche zahlen?

25.

Ein Verein verlangt 66 DM Jahresbeitrag. Er hat 387 Mitglieder. 29 Mitglieder sind von der Beitragszahlung befreit. Berechne auf zweierlei Weise die Jahreseinnahmen des Vereins.

26.

768 Flaschen Apfelsaft und 552 Flaschen Traubensaft sollen in Kästen zu je 12 Flaschen versandt werden. Wie viele Kästen sind nötig?

27.

In einer Lagerhalle sind 345 Fässer gelagert, in einer weiteren Halle 285 Fässer. Alle Fässer sollen mit einem Lastwagen abtransportiert werden. Der Wagen kann jeweils 15 Fässer befördern. Berechne auf zweierlei Weise, wie oft der Wagen fahren muß.

Vermischte Übungen zur Wiederholung

1.
Bestimme die Lösungsmenge.
$G = \{1, 2, 3, 4, 5, 6\}$

a) 30 ist durch x teilbar.
b) $3 \cdot y$ ist eine zweistellige Zahl.
c) $4 \cdot z$ liegt zwischen 15 und 25.
d) $5 \cdot x$ ist eine gerade Zahl.
e) $50 + 3 \cdot x$ ist durch 4 teilbar.
f) $50 - 4 \cdot y$ ist durch 3 teilbar.
g) $x \cdot x + 12$ liegt zwischen 20 und 40.
h) $x \cdot x + 14$ ist durch 5 teilbar.

2.
Bestimme die Lösungsmenge.
$G = \{1, 2, 3, 4, 5, 6, 7, 8, 9\}$

a) $4 \cdot x = 20$
b) $4 + x < 10$
c) $5 \cdot x > 20$
d) $3 \cdot x + 5 = 20$
e) $20 + 3 \cdot x < 50$
f) $35 - 3 \cdot x = 20$
g) $45 - 4 \cdot x > 30$
h) $15 < 55 - 6 \cdot x < 45$

3.
Bestimme die Lösungsmenge.
G = Menge aller natürlichen Zahlen außer 0.

a) $3 \cdot x + 11 = 50$
b) $11 \cdot x - 3 = 140$
c) $x : 4 + 8 = 68$
d) $x : 8 - 4 = 68$
e) $x : 5 : 8 = 11$
f) $x \cdot 8 : 5 + 3 = 19$

4.
Welche der Zahlen 6, 8, 12 und 20 gehören zur Lösungsmenge der Aussageform?

a) $3 \cdot x + 4 = 40$
b) $3 \cdot (x + 4) = 36$
c) $(3 \cdot x + 4) \cdot 5 = 320$
d) $(8 \cdot x - 12) : 4 = 37$
e) $(4 \cdot x + 40) : 8 = 2 \cdot (x - 2)$

5.
Berechne den Term.

a) $(27 + 8) \cdot 7$
$27 + 8 \cdot 7$
b) $96 : 48 + 48$
$96 : (48 + 48)$
c) $183 - (74 + 93)$
$183 - 74 + 93$
d) $49 \cdot 9 : 3$
$49 \cdot (9 : 3)$
e) $16 \cdot 7 + 32 : 8$
$16 \cdot (7 + 32) : 8$
f) $45 : 9 + 6 \cdot 13$
$45 : (6 + 9) \cdot 13$
g) $120 : (30 - 15) + 48 : 3$
$120 : 30 - (15 + 48) : 3$
h) $18 \cdot 6 + 9 - 36 : 9$
$18 \cdot (6 + 9) - 36 : 9$

6.
Setze ein und berechne.

a) $x : 7 + 12$
Setze für x: 42 [56; 84; 98]
b) $x \cdot 9 - 36$
Setze für x: 7 [14; 24; 68]
c) $8 \cdot x + x \cdot 7$
Setze für x: 5 [9; 12; 27]
d) $256 - (x - 35)$
Setze für x: 40 [57; 159; 256]
e) $456 - (x \cdot 4 - x : 8)$
Setze für x: 8 [32; 56; 104]
f) $823\,748 - x \cdot 238$
Setze für x: 594 [876; 1 479; 3 199]

7.
Berechne den Term.

a) $968 - 425 - 187 - 83$
$968 - [425 - (187 - 83)]$
$[968 - (425 - 187)] - 83$

b) $[637 - (13 + 4 \cdot 6)] \cdot 5$
$[637 - (13 + 4) \cdot 6] \cdot 5$
$637 - (13 + 4) \cdot 6 \cdot 5$

c) $[19\,848 - (756 - 569)] \cdot 32$
$19\,848 - (756 - 569) \cdot 32$
$19\,848 - 756 - 569 \cdot 32$

8.
Schreibe den Term und berechne ihn.

a) Multipliziere die Differenz der Zahlen 87 und 63 mit der Summe der Zahlen 17 und 23.
b) Subtrahiere das Produkt der Zahlen 26 und 7 von der Differenz der Zahlen 738 und 169.

9.
Rechne vorteilhaft. (Beachte das Verbindungsgesetz und das Vertauschungsgesetz.)

a) $627 + 63 + 27$
b) $637 + 173 + 189$
c) $148 + 346 + 252$
d) $428 + 237 + 372 + 563$
e) $37 \cdot 5 \cdot 12$
f) $4 \cdot 25 \cdot 73$
g) $8 \cdot 35 \cdot 5$
h) $12 \cdot 25 \cdot 5 \cdot 4 \cdot 7$

10.
Schreibe den Term einfacher und berechne ihn.

a) $37 \cdot 9 + 23 \cdot 9$
b) $8 \cdot 66 + 8 \cdot 34$
c) $237 \cdot 18 + 18 \cdot 363$
d) $19 \cdot 37 + 37 \cdot 31$
e) $58 \cdot 7 - 28 \cdot 7$
f) $9 \cdot 137 - 9 \cdot 57$

4. Geometrie

Körper

Sortieren von Körpern – Flächen, Kanten, Ecken

Aufgabe

Betrachte die Gegenstände im Bild.
Sortiere die Gegenstände nach ihrer Gestalt.

Lösung

Gegenstände lassen sich verschieden sortieren, z. B. nach ihrer *Farbe*, nach dem *Material*, aus dem sie bestehen, nach ihrer *Größe*, ihrem *Gewicht*, nach dem *Verwendungszweck*, aber auch nach ihrer *Gestalt*.
Beim Sortieren nach der Gestalt erhältst du die nebenstehende Einteilung.

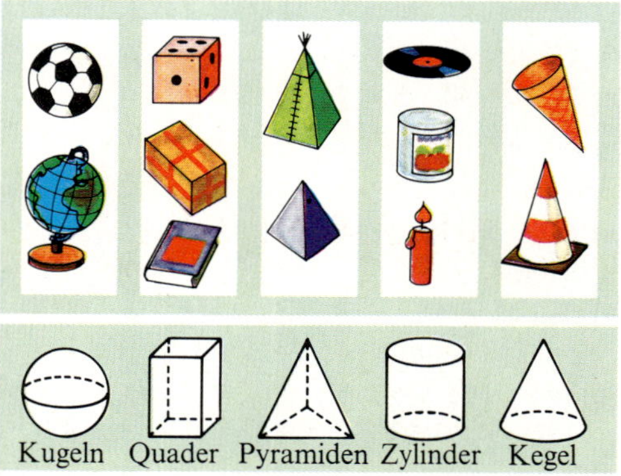

In der Mathematik nennt man Gegenstände, wie sie im Bild dargestellt sind, einheitlich **Körper.** Bei der Unterscheidung der Körper interessiert man sich hier nur für die *Gestalt*, nicht aber für Farbe, Material und Gewicht.

Zur Festigung und zum Weiterarbeiten

1.
Welche der abgebildeten Gegenstände kann man rollen, welche schieben?

2.
Körper werden von **Flächen** begrenzt.
Aufeinanderstoßende Flächen bilden eine **Kante.**
Aufeinandertreffende Kanten bilden eine **Ecke.**

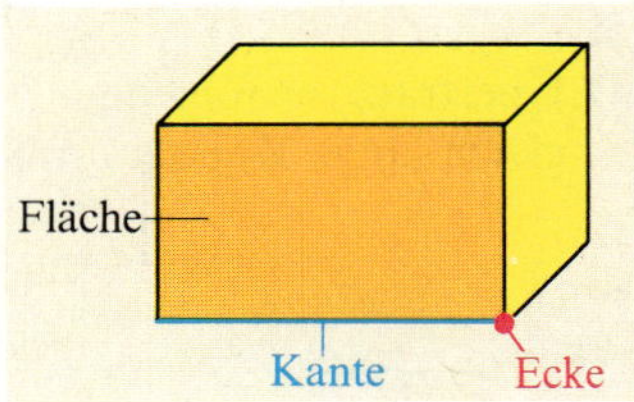

a) Wie viele (ebene, gekrümmte) Flächen hat ein Quader [eine Pyramide; ein Zylinder; ein Kegel; eine Kugel]?

b) Wie viele Kanten [Ecken] hat jeder dieser Körper?

3.
Welche Gestalt haben ein Geldstück, ein Lineal, ein Kohlkopf, ein Geldschein, ein langes gerades Stück Draht? Begründe.

Zur Übung: 1 und 2

Herstellen von Quader und Würfel aus einem Netz – Eigenschaften von Quader und Würfel

Aufgabe

a) Baue den Quader und den Würfel nach.

b) Beschreibe die Seitenflächen von Quader und Würfel.

Hinweis: Zeichne die Seitenflächen auf Karopapier und schneide sie aus. Klebe sie dann zusammen.

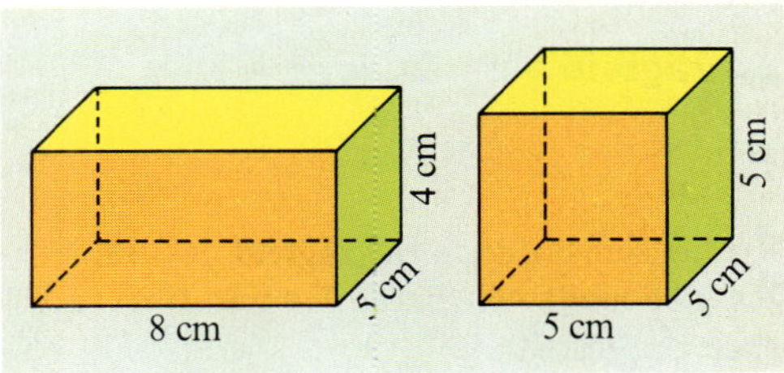

Lösung

a) Um einen Überlick zu bekommen, welche Seitenflächen erforderlich sind, schneiden wir eine Schachtel entlang der Kanten auf. Man erhält dann ein **Netz** der Schachtel.

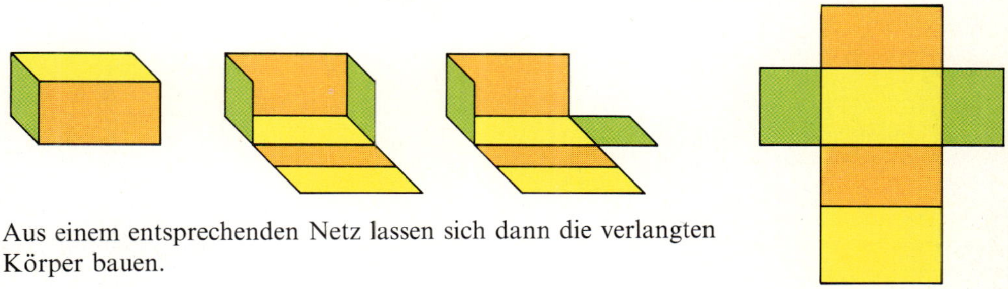

Aus einem entsprechenden Netz lassen sich dann die verlangten Körper bauen.

b) Für die Seitenflächen der Körper gilt:

> Ein **Quader** hat 6 Flächen. Jede Fläche ist ein *Rechteck*.
> Ein Quader hat 12 Kanten; je 4 von ihnen sind gleich lang.
> Ein **Würfel** ist ein besonderer Quader:
> Alle Flächen eines Würfels sind *Quadrate*; alle Kanten sind gleich lang.

Zur Festigung und zum Weiterarbeiten

1.

a) Baue einen Quader, der 4 cm lang, 4 cm breit und 6 cm hoch ist.

b) Baue einen Würfel der Kantenlänge 8 cm. Warum reicht diese Angabe aus?

2.

a) Übertrage die folgenden Netze auf ein Blatt Papier und stelle einen Quader her. Kennzeichne gleich lange Kanten im Netz mit der gleichen Farbe.

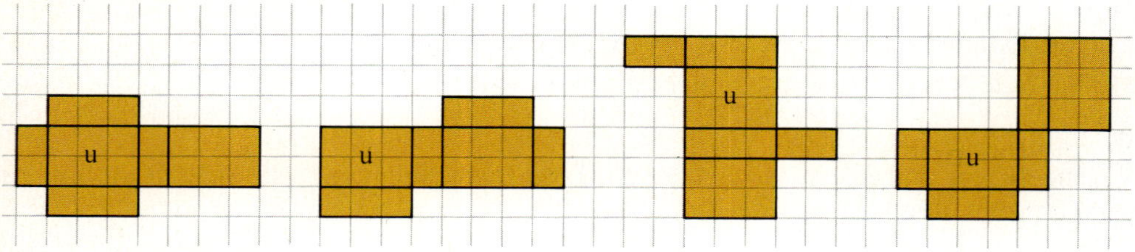

b) Betrachte die Netze in a).
Der Buchstabe u bedeutet: Die Fläche des Quaders ist unten, z. B. auf der Tischplatte. Welche Fläche ist rechts (r), links (l), oben (o), vorn (v), hinten (h)?
Schreibe die Buchstaben in die zugehörigen Flächen.

Zur Übung: 3 bis 14

Schrägbild vom Quader

Aufgabe

Rechts siehst du ein **Schrägbild** des Bauklotzes. Die nicht sichtbaren Kanten sind gestrichelt dargestellt.
Zeichne das Schrägbild in deinem Rechenheft in mehreren Schritten nach.

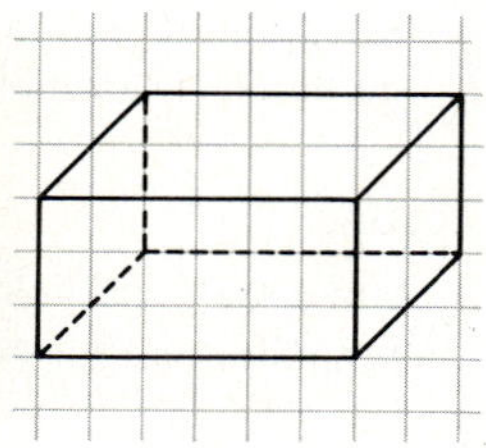

Lösung

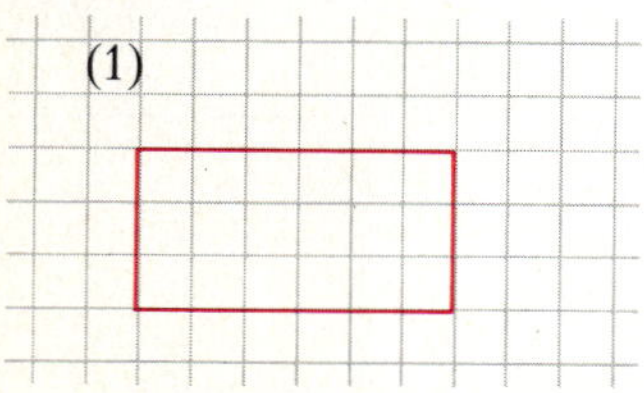

1. Schritt:
Zeichne die Vorderfläche.

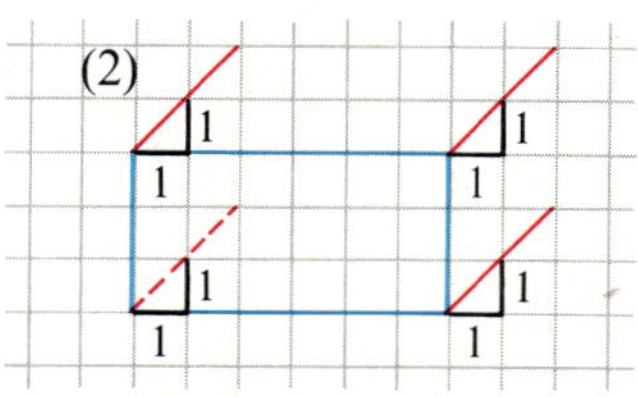

2. Schritt:
Zeichne die nach hinten verlaufenden Seitenkanten des Quaders verkürzt
(Richtung: 1 nach rechts,
1 nach oben).

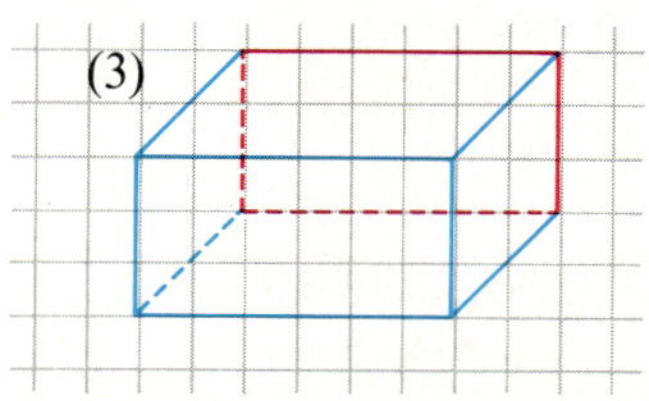

3. Schritt:
Zeichne die Rückfläche.

Zur Festigung und zum Weiterarbeiten

1.

a) Zeichne das Schrägbild eines Quaders mit den Kantenlängen 5 cm, 4 cm und 3 cm.

b) Zeichne das Schrägbild eines Würfels mit der Kantenlänge 4 cm.

2.

Vervollständige das folgende Schrägbild eines Quaders.

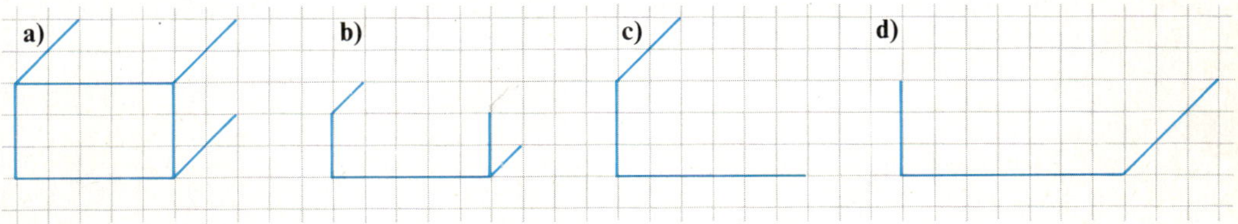

3.

Die Schrägbilder sind unvollständig. Zeichne die fehlenden Linien ein.

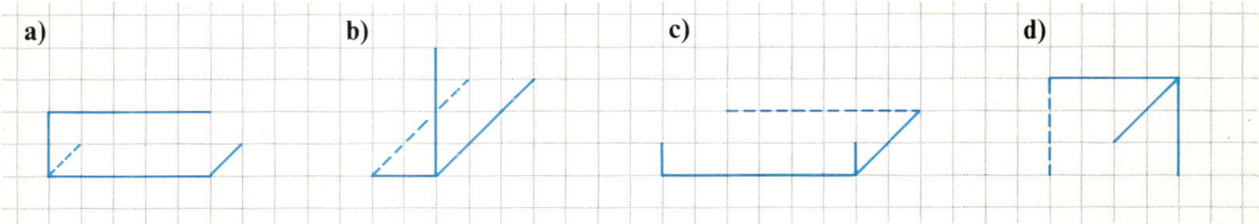

4.

a) Wie verändern sich in einem Schrägbild die Längen der Kanten, die nach hinten verlaufen?

b) Wie werden in einem Schrägbild Kanten und Flächen, die parallel zur Zeichenebene verlaufen, abgebildet?

Zur Übung: 15 bis 22

Übungen

Sortieren von Körpern – Flächen, Kanten, Ecken

1.

Sortiere die Gegenstände nach ihrer Gestalt.

2.

Wie viele Flächen, Kanten und Ecken hat der abgebildete Körper?

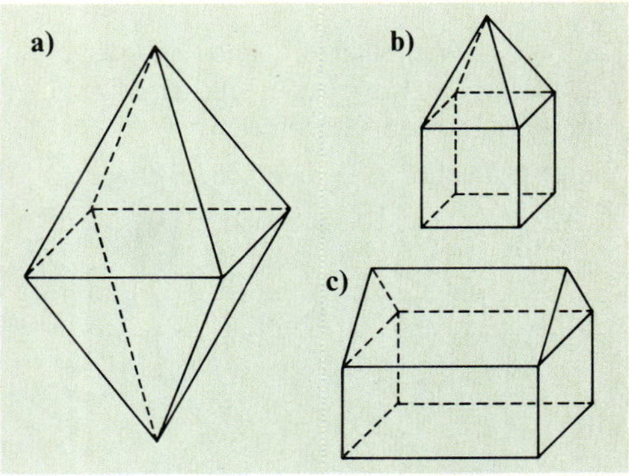

Herstellen von Quader und Würfel aus einem Netz – Eigenschaften von Quader und Würfel

3.
Zeichne auf Karopapier ein Netz

a) eines quaderförmigen oben offenen Kastens, der 3 cm lang, 2 cm breit und 1 cm hoch ist;

b) eines Quaders, der 3 cm lang, 2 cm breit und 1,5 cm hoch ist.

4.
Zeichne ein Netz eines Quaders, der 1,5 cm lang, 1,5 cm breit und 3 cm hoch ist.

Begründe: Zwei gegenüberliegende Seitenflächen sind Quadrate. Der Körper ist aber kein Würfel.

5.
Eine der folgenden Figuren ist nicht das Netz eines Quaders. Welche?

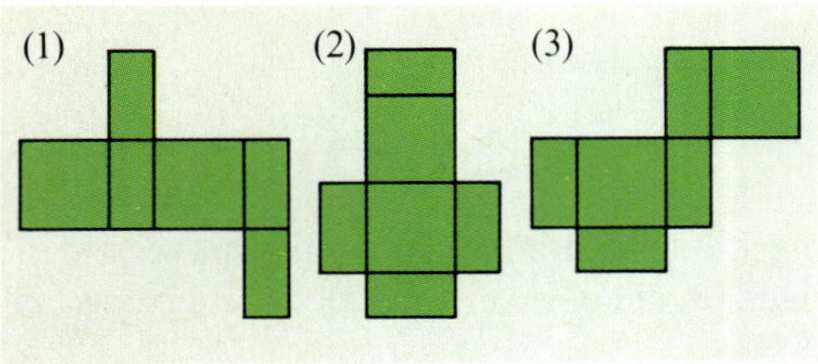

6.
Ein Zimmer ist 6 m breit, 5 m lang und 3 m hoch. Zeichne ein Netz dieses Zimmers und trage die Bilder von drei Fenstern und zwei Türen ein. (Wähle 1 cm für 1 m.)

7.
a) Miß Länge, Breite und Höhe eines quaderförmigen Schranks [eines quaderförmigen Zimmers; einer Streichholzschachtel].

b) Ist eine Postkarte quaderförmig? Miß Breite und Länge; schätze die Höhe (Dicke).

8.
Die vier „Würfelnetze" sind unvollständig. Zeichne sie auf Karopapier und ergänze zu einem vollständigen Würfelnetz.

Hinweis: Es gibt z. T. mehrere Lösungen.

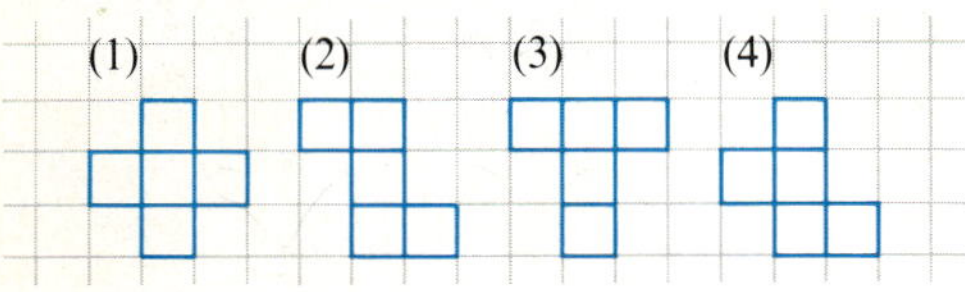

9.
Jemand sagt: „Bei einem Würfel stoßen in jeder Ecke drei Kanten zusammen. Der Würfel hat 8 Ecken, also hat er $8 \cdot 3$ bzw. 24 Kanten."
Wo liegt der Denkfehler?

10.
Lege aus Streichhölzern das folgende Würfelnetz. Stelle hieraus ein neues Würfelnetz her, indem du drei [zwei] Streichhölzer anders legst.

11.
Das ist ein Netz eines Spielwürfels.

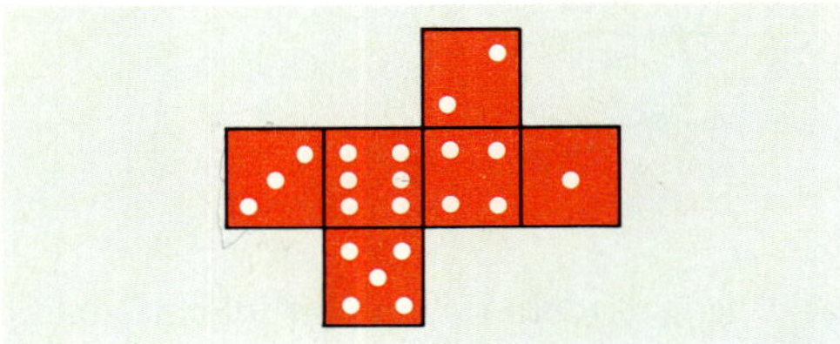

a) Welche Flächen grenzen an die Fläche ? Bezeichne die Fläche, indem du jeweils die Anzahl der Augen angibst.

b) Welche Würfelflächen haben mit der Fläche  eine gemeinsame Ecke?

c) Welche der abgebildeten Würfel können aus dem Netz nicht gebaut werden?

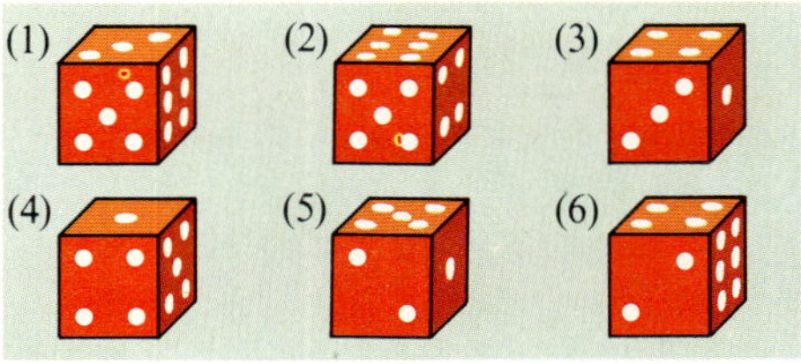

Wie sieht bei den übrigen Würfeln das untere, das linke und das hintere Augenbild aus?

d) Zeichne auch andere Netze, die denselben Würfel ergeben wie das Netz oben.

12.

Im Bild des Quaders sind die Kanten (a, b, c, d, e) und die Ecken (A, B, ...) bezeichnet.

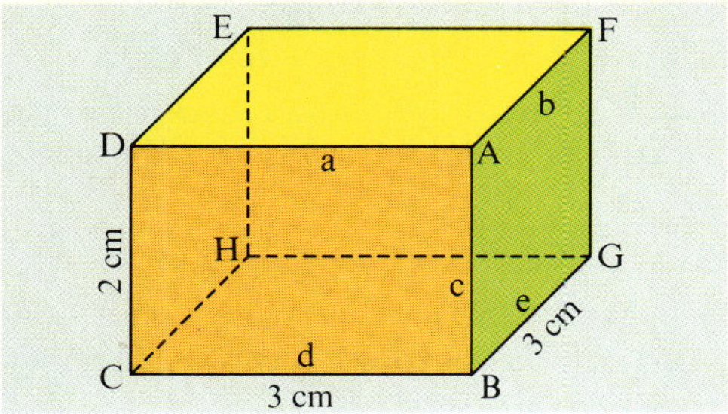

a) Welche Flächen stoßen in der Kante c [a; b] zusammen?

b) Welche Kanten treffen sich in A [B]?

c) Zeichne auf Karopapier ein Netz des Quaders. Kennzeichne in dem Netz die Strecken, die zu den Kanten a, b, c gehören. Markiere die Punkte, die zu den Ecken A und B gehören.

Beachte: Zu einer Kante können im Netz mehrere Strecken gehören, zu einer Ecke mehrere Punkte.

13.

Denke dir einen Holzwürfel von 3 cm Kantenlänge, dessen sechs Flächen rot angestrichen sind. Denke dir diesen Würfel nun in kleine Würfel von 1 cm Kantenlänge zersägt und wieder zum großen Würfel zusammengesetzt.

a) In wie viele kleine Würfel ist der große Würfel zersägt?

b) Wie viele kleine Würfel haben drei rote Flächen, zwei rote Flächen, eine rote Fläche, keine rote Fläche?
Gibt es kleine Würfel, die mehr als drei rote Flächen haben?

▲ 14.

Prüfe, ob Max Schlaumeiers Behauptung stimmt.

a) Aus Quadern kann man auch Körper bauen, die keine Quader sind.

b) Halbiert man einen Quader, so ist jeder der beiden Teilkörper ein Quader.

c) Besteht ein Körper nur aus Teilkörpern, die Quader sind, so muß dieser Körper ein Quader sein.

d) Besteht das Netz eines Körpers aus sechs Rechtecken, von denen je zwei Rechtecke gleiche Gestalt und Größe haben, so ist dieses Netz stets das Netz eines Quaders.

Schrägbild vom Quader

15.

Zeichne drei verschiedene Schrägbilder eines Quaders.

a) 5 cm lang, 6 cm breit, 4 cm hoch

b) 4 cm lang, 8 cm breit, 1 cm hoch

c) 1 cm lang, 1 cm breit, 5 cm hoch

16.

Zeichne Schrägbilder einer Streichholzschachtel in drei verschiedenen Stellungen.

17.

Zeichne das Schrägbild (nur die sichtbaren Kanten). Trage dann die Mittellinien ein.

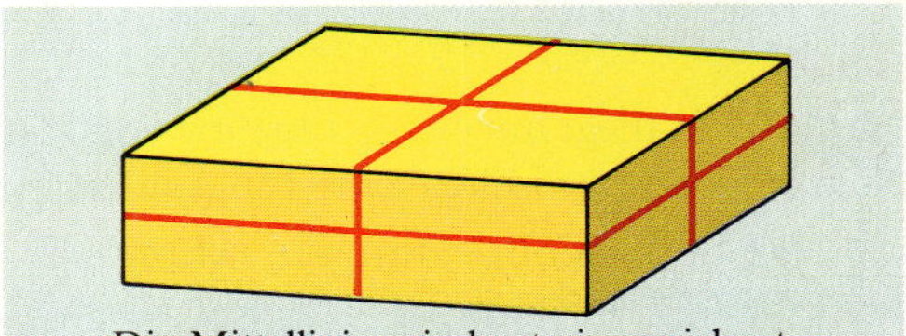

Die Mittellinien sind rot eingezeichnet.

In wie viele Teile zerfällt der Quader, wenn man ihn längs der Mittellinien zerschneidet?

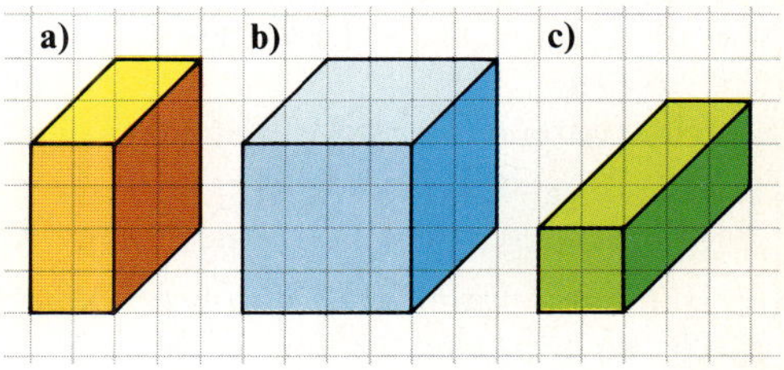

18.

Ein Karton ist 20 cm lang, 10 cm breit und 5 cm hoch.

a) Zeichne ein Schrägbild.

b) Ergänze dieses Schrägbild: Der Karton ist an den schmaleren Flächen einmal, an den breiteren Flächen zweimal mit einem Bindfaden zugebunden.

c) Zeichne ein Netz des Kartons.

19.

Zeichne ein Schrägbild. Wähle die Maße selbst. Kennzeichne die nicht sichtbaren Kanten:

a) zwei aneinandergesetzte Quader, die einen neuen Quader bilden;

b) zwei aneinandergesetzte Quader, die zusammen keinen Quader bilden.

20.

Zerlege einen Würfel in vier gleich große Teile. Zeichne ein Netz und ein Schrägbild. Färbe dort die Schnittflächen und die Schnittkanten.

△ **21.**

Zeichne ein Schrägbild.
Kennzeichne die sichtbaren und die nicht sichtbaren Kanten unterschiedlich.

a) würfelförmiger Kasten, vorn offen;

b) quaderförmiger Stapel, zusammengesetzt aus drei [vier; sechs] würfelförmigen Kartons.

▲ **22.**

Ein Würfel hat die Kantenlänge 2 cm.

a) Baue aus drei derartigen Würfeln einen Quader. Gib dessen Länge, Breite und Höhe an. Zeichne ein Schrägbild.

b) Baue aus sechs [zwölf] derartigen Würfeln einen Quader. Gibt es mehrere verschiedene Lösungen? Gib die Maße an. Zeichne jeweils ein Schrägbild.

c) Wie viele würfelförmige Bausteine braucht man, um einen Quader der Länge 10 cm, der Breite 6 cm und der Höhe 4 cm zu bauen? Zeichne ein Schrägbild.

Strecken und von Strecken begrenzte Flächen

Strecke, Länge einer Strecke

Aufgabe

Herr Meyer fliegt mit einem Lufttaxi von Hamburg nach München. Er kann zwischen zwei Flugrouten wählen:

(1) Hamburg – Köln – Stuttgart – München;

(2) Hamburg – Frankfurt – Nürnberg – München.

Welche der beiden Flugrouten ist die kürzere?

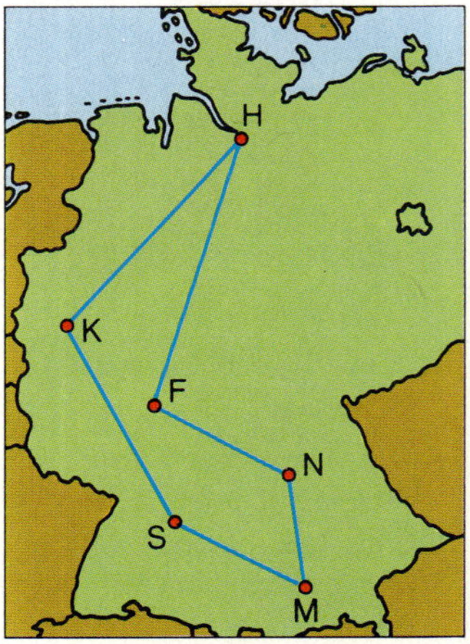

Lösung

Miß mit dem Lineal auf der Karte die Längen der vorkommenden Strecken.
Berechne dann die Länge der Streckenzüge.

(1) Hamburg – Köln – Stuttgart – München:
24 mm + 20 mm + 13 mm = 57 mm

(2) Hamburg – Frankfurt – Nürnberg – München:
26 mm + 14 mm + 10 mm = 50 mm

Die Route über Frankfurt – Nürnberg ist die kürzere.

Die geradlinige Verbindungslinie zweier Punkte A und B nennt man die **Strecke** mit den **Endpunkten** A und B. Wir bezeichnen sie mit $\overline{AB}$.
Die **Länge** der Strecke messen wir mit dem Lineal.

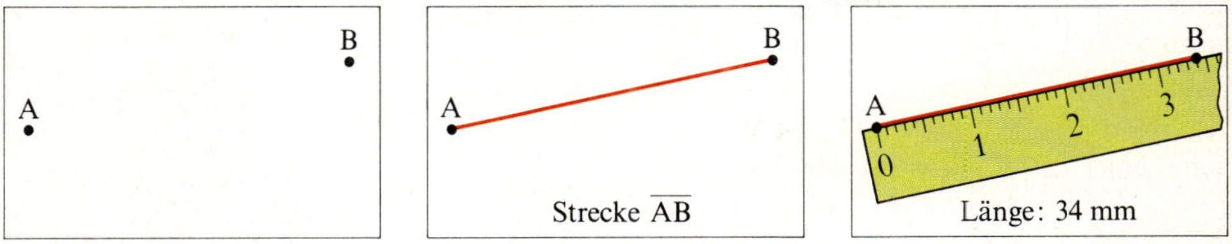

Die Länge der Strecke beträgt 34 mm (3 cm 4 mm).

Zur Festigung und zum Weiterarbeiten

1.
Miß die Streckenlänge mit dem Lineal. Gib das Ergebnis in mm und in cm an.

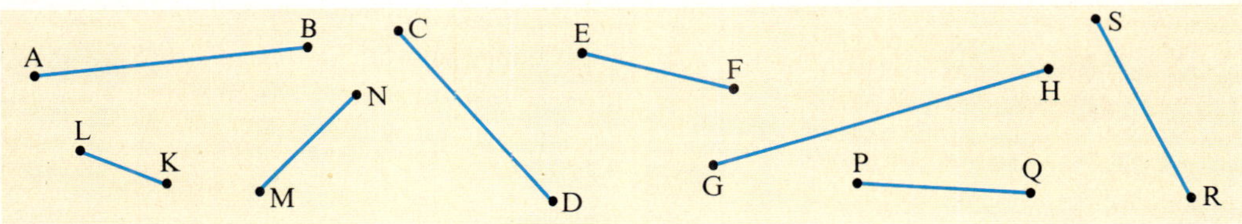

2.
Zeichne jeweils zwei Strecken mit der angegebenen Länge.

a) 5 cm **b)** 6 cm **c)** 4 cm 7 mm **d)** 7 cm 5 mm **e)** 2 cm 4 mm **f)** 12,4 cm

3.
Die Kanten eines Quaders sind ebenfalls Strecken, denn sie sind geradlinig und haben zwei Endpunkte. Miß die Kantenlängen einer Streichholzschachtel [eines Cassettenbehälters; eines Spielwürfels].

4.
a) Markiere vier beliebige Punkte A, B, C, D und zeichne die Verbindungsstrecken. Wie viele gibt es?

b) Fülle die Tabelle aus.

▲ **c)** Welche Gesetzmäßigkeit kannst du aus der Tabelle ablesen? Setze die Zahlenfolge fort.

Anzahl der Punkte	2	3	4	5	6	7	8
Anzahl der Strecken	1	3	6	10	15	21	28

5.
a) 1 cm auf der Karte (S. 100) entsprechen 150 km in der Wirklichkeit. Wie lang sind die beiden Flugrouten?

b) Bestimme die Luftlinien-Entfernung zwischen je zwei Städten und notiere sie in einer Entfernungstabelle.

	F	H	K	M	N	S
F	–					
H		–				
K			–			
M				–		
N					–	
S						–

Zur Übung: 1 bis 7

Vielecke

Aufgabe

Eine mit jungen Fichten bepflanzte Schonung im Wald soll eingezäunt werden. Die Punkte A, B, C, D und E markieren die Eckpfähle.

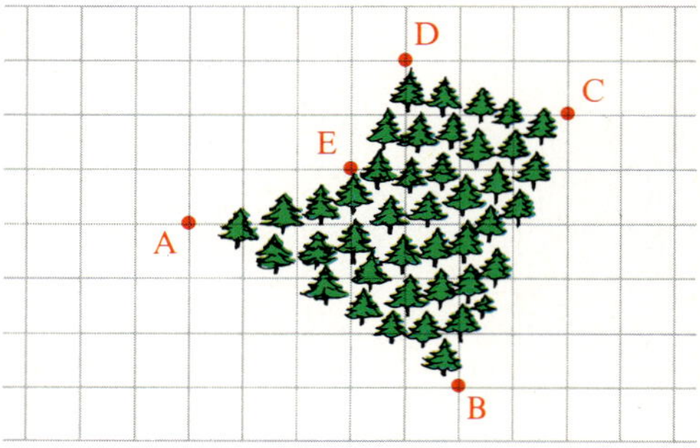

a) Übertrage die Punkte in dein Heft und zeichne den Zaun ein. Färbe die bepflanzte Fläche.

b) Wie lang wird der Zaun? (1 mm in der Zeichnung sind 1 m in der Wirklichkeit).

Lösung

a)

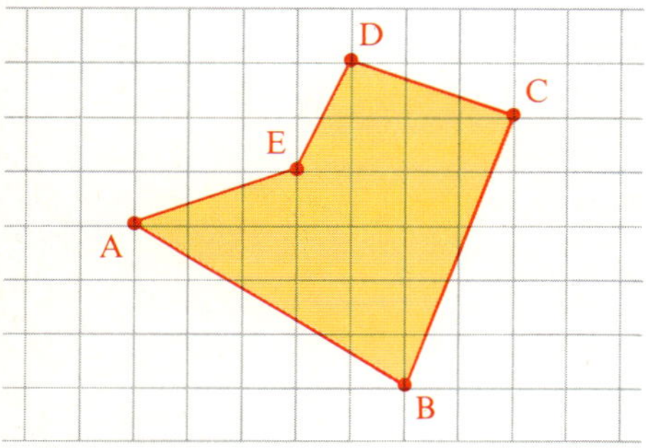

b)

Länge von $\overline{AB}$:	29 m
Länge von $\overline{BC}$:	27 m
Länge von $\overline{CD}$:	16 m
Länge von $\overline{DE}$:	11 m
Länge von $\overline{EA}$:	16 m
Länge des Zaunes:	99 m

Eine Fläche, die von Strecken begrenzt wird, heißt ein **Vieleck.**
Ein Dreieck hat drei Eckpunkte, ein Viereck hat vier Eckpunkte, ein Fünfeck hat fünf Eckpunkte usw.
Wir bezeichnen ein Vieleck mit Hilfe der Eckpunkte, z. B. ABCDE.
Die begrenzenden Strecken heißen **Seiten** des Vielecks.
Die Summe aller Seitenlängen ergibt den **Umfang** des Vielecks.

Zur Festigung und zum Weiterarbeiten

1.

a) Welche Fläche ist ein Dreieck, Viereck, Fünfeck? Vergleiche die Anzahl der Eckpunkte mit der Anzahl der Seiten.

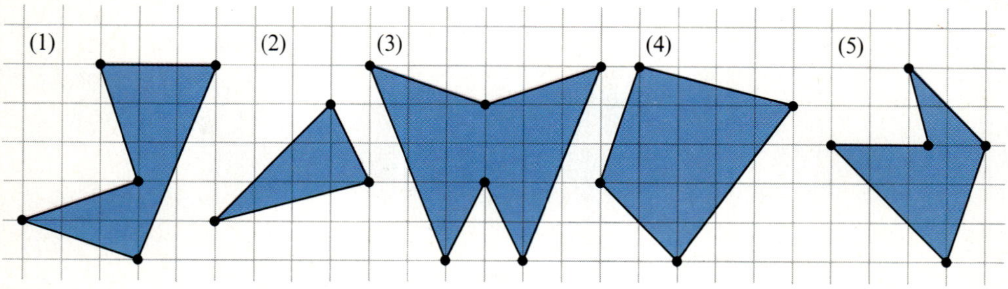

b) Bestimme den Umfang der Vielecke in a).

2.

a) Jede Verbindungsstrecke von zwei Eckpunkten, die keine Seite des Vielecks ist, heißt **Diagonale** des Vielecks.
Was fällt dir bei der Diagonalen $\overline{AC}$ des Vierecks ABCD auf?

b) Fülle die Tabelle aus.

▲ **c)** Welche Zahlenfolge kannst du erkennen? Setze die Tabelle fort.

Zur Übung: 8 bis 15

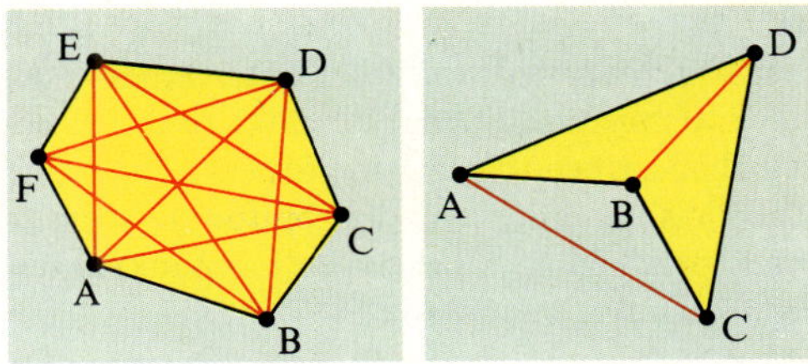

Zahl der Ecken	3	4	5	6	7
Zahl der Diagonalen	0	2	5	9	14

Übungen

Strecke, Länge einer Strecke

1.
Miß die Längen der Strecken.

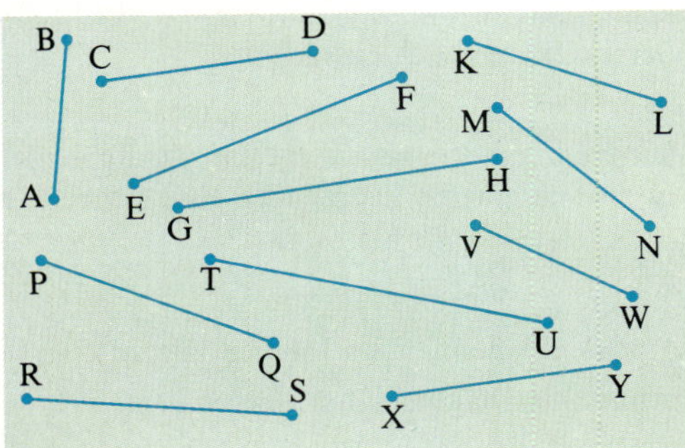

2.
Zeichne eine Strecke mit der angegebenen Länge.

a) 3 cm **b)** 5 cm **c)** 4 cm
d) 3 cm 7 mm **e)** 4 cm 3 mm

3.

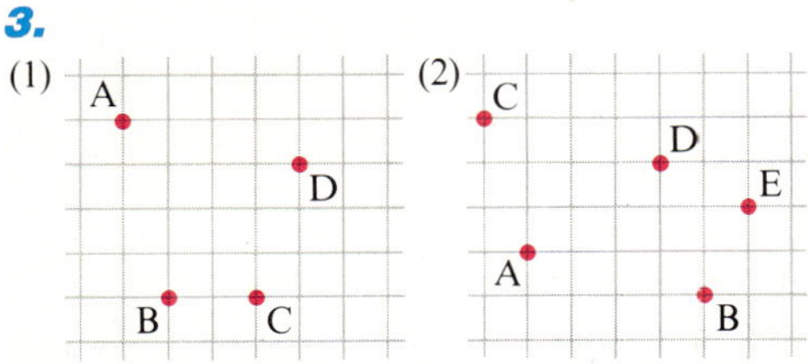

a) Übertrage die Punkte auf Karopapier und zeichne alle Verbindungsstrecken ein.

b) Lege eine Entfernungstabelle an.

4.
In einem Garten stehen fünf Wäschepfähle A, B, C, D und E. Eine Leine wird vom Pfahl A über die Pfähle B, C und D zum Pfahl E gespannt. (Jeder Pfahl wird nur einmal benutzt.)

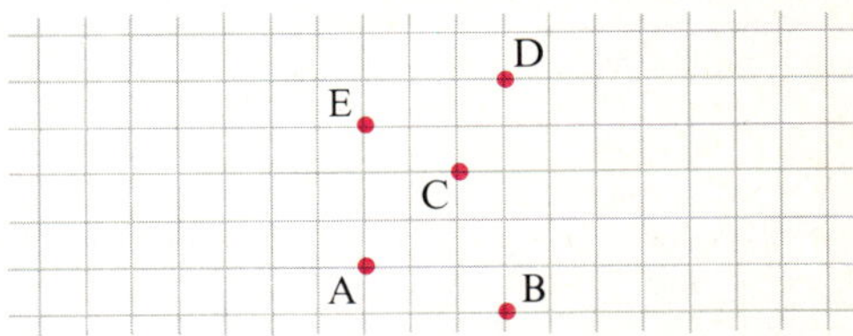

a) Zeichne den Streckenzug in dein Heft und bestimme die Längen der Strecken.

b) In welchem der drei Fälle ist die Wäscheleine am längsten [kürzesten]?

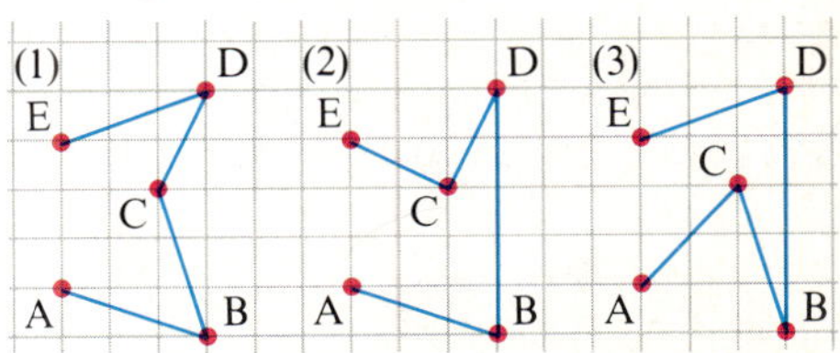

c) Zeichne drei weitere Möglichkeiten für die Leine. Sie darf sich auch überkreuzen.
Wie viele Möglichkeiten gibt es insgesamt für die Wäscheleine?

5.
Die fünf Punkte A bis E aus Übung 3, Abbildung (2), seien Städte auf einer Landkarte. Ein Flugzeug fliegt von B nach C. Es soll in A, D und E zwischenlanden. Welche Flugmöglichkeiten gibt es? Welches ist der kürzeste Weg?

6.

Ein Käfer wandert auf den Kanten eines Würfels entlang. Von einem Eckpunkt zu einem benachbarten benötigt er eine Stunde. Lege eine Tabelle an, aus der man die Zeit für die Wanderung zwischen zwei beliebigen Eckpunkten des Würfels entnehmen kann.

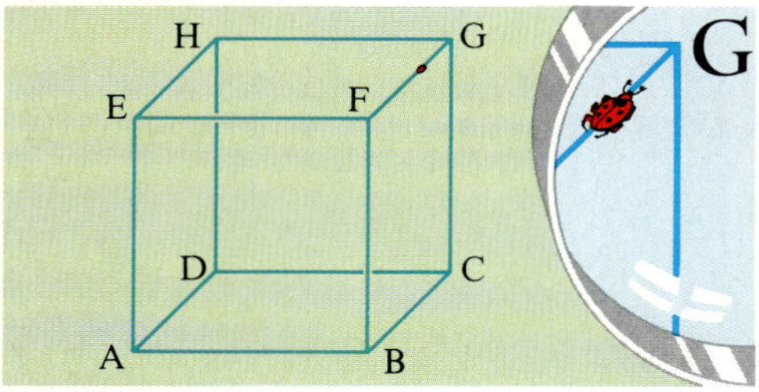

▲ 7.

Ein Flugzeug muß von der Stadt A Güter in die Städte B, C und D fliegen und wieder nach A zurückkehren. Auf einer Landkarte mißt der Pilot die Längen der einzelnen Flugstrecken (in Millimetern) und legt eine Entfernungstabelle an. In welcher Reihenfolge wird der Pilot die Städte B, C und D anfliegen?

	A	B	C	D
A	–	41	22	35
B	41	–	52	59
C	22	52	–	55
D	35	59	55	–

Vielecke

8.

Bestimme den Umfang des Vielecks.

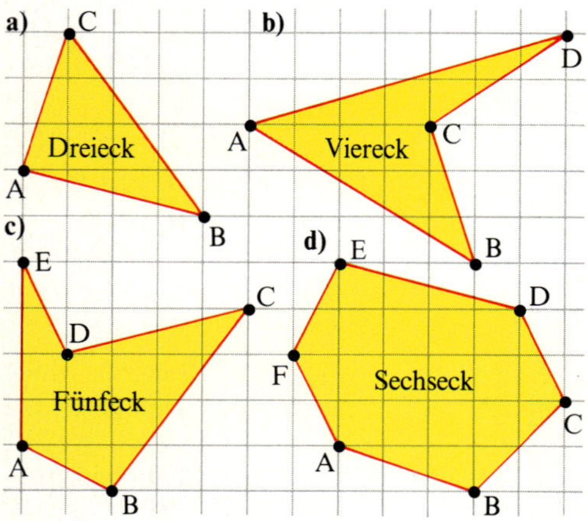

9.

Von dem Vieleck sind nur die Eckpunkte gezeichnet. Zeichne das Vieleck.

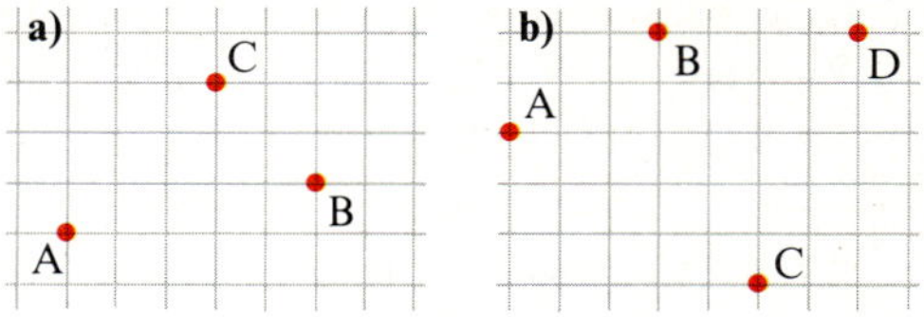

10.

Übertrage die Punkte A, B, C, D, E, F auf Karopapier. Zeichne

a) Dreieck ECB

b) Viereck FABE

c) Viereck ADBF

d) Fünfeck ACBEF

e) Fünfeck FEDBA

f) Sechseck ADBECF

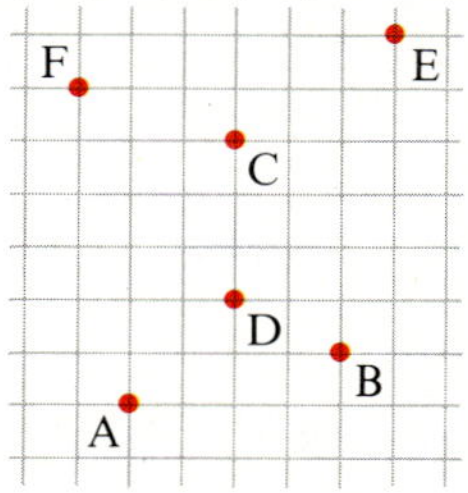

11.

Übertrage die Punkte D, C, E und F von Übungsaufgabe 10 auf Karopapier. Wie viele Vierecke kannst du zeichnen?

12.

Zeichne in die Vielecke von Übungsaufgabe 10 jeweils alle inneren Diagonalen ein.

13.

Zeichne ein Viereck, in dem

a) beide Diagonalen im Inneren liegen;

b) nur eine Diagonale im Inneren liegt.

14.

Zeichne ein Fünfeck, bei dem möglichst wenige Diagonalen im Inneren liegen.

▲ 15.

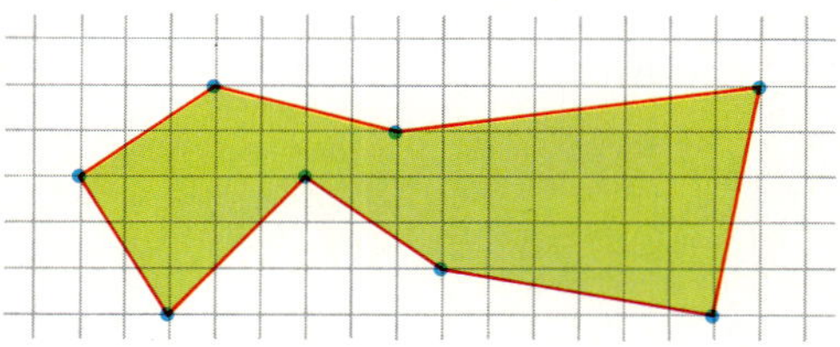

a) Zerlege das Achteck durch Zeichnen von Diagonalen in Dreiecke.
Wie viele Diagonalen benötigt man?
Wie viele Dreiecke entstehen?

b) Färbe die Dreiecke so, daß benachbarte Dreiecke verschiedene Farben erhalten.
Mit wie vielen Farben kommt man aus?

Geraden

Geraden

Aufgabe

Wenn du ein Zeichenblatt faltest, entsteht eine *Faltlinie*. Da eine Faltlinie eine *gerade* Linie ist, kannst du sie auch mit Lineal und Bleistift *zeichnen*.

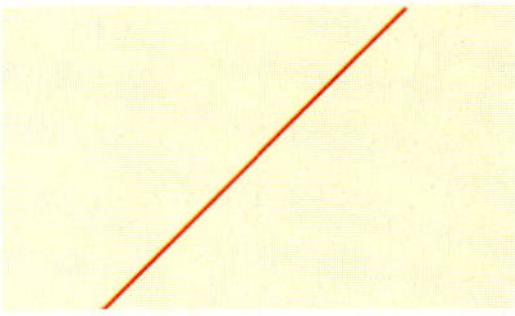

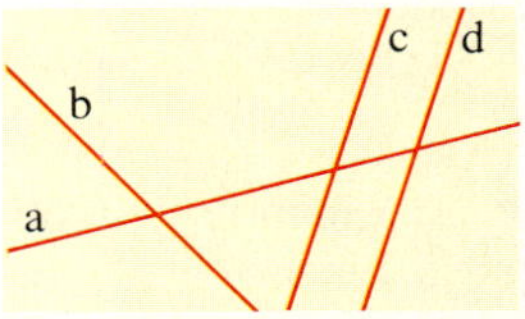

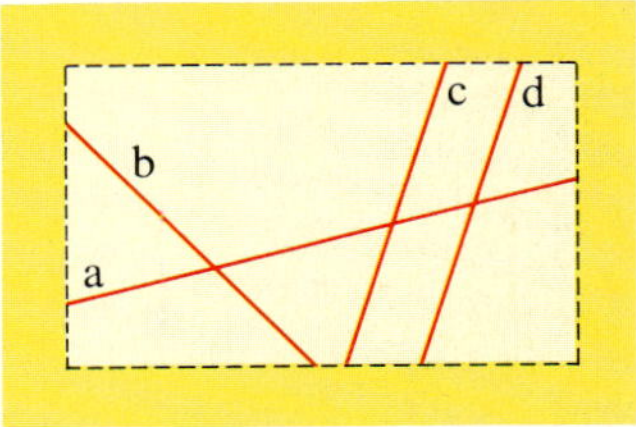

a) Nimm ein Zeichenblatt und zeichne mit Bleistift und Lineal *zwei* Faltlinien von Rand zu Rand.
Die Faltlinien sollen sich kreuzen [nicht kreuzen].

b) Betrachte jeweils zwei der vier Faltlinien a, b, c, d. Welche der Faltlinien *schneiden* (kreuzen) sich? Markiere jeweils den *Schnittpunkt* und bezeichne ihn mit einem großen Buchstaben.

c) Lege nun das Zeichenblatt auf ein zweites größeres Blatt, verlängere die Faltlinien bis zu den Rändern. Welche der vier Faltlinien schneiden sich außerhalb des ursprünglichen Blattes auf dem neuen Blatt? Markiere jeweils den Schnittpunkt und bezeichne ihn.
Welche Faltlinien schneiden sich auch auf dem neuen Zeichenblatt nicht?

d) Denke dir nun das Zeichenblatt nach allen Seiten unbegrenzt fortgesetzt und auch die Faltlinien über die Ränder des Zeichenblattes hinaus beliebig verlängert. Welche Faltlinien schneiden sich auch außerhalb des neuen Zeichenblattes nicht?

Lösung

a)

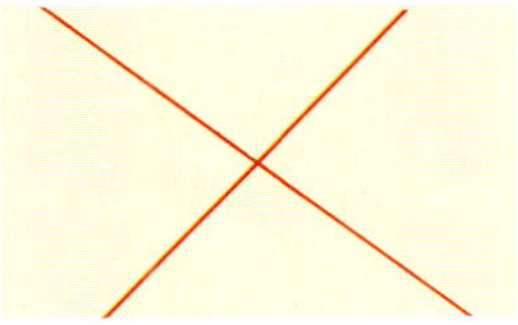

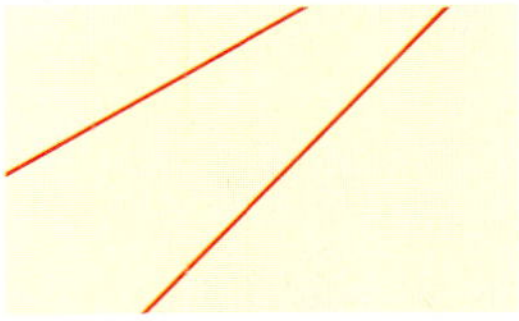

b)

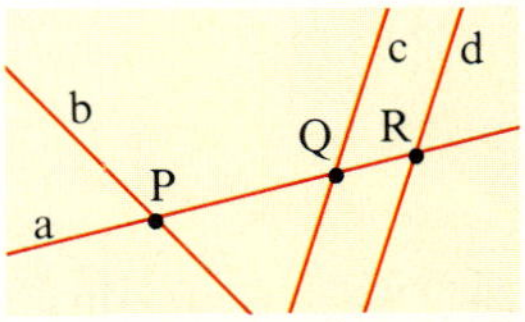

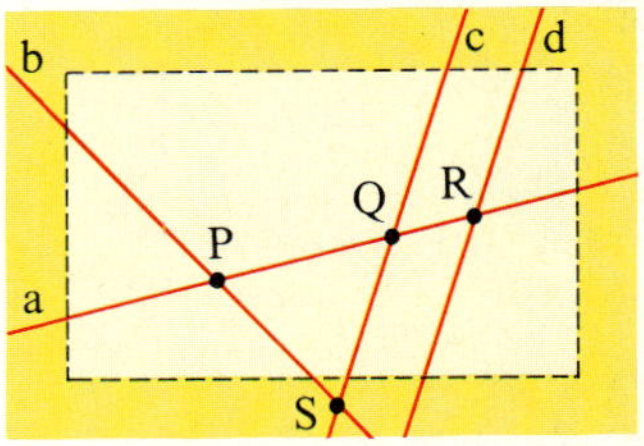

c) Die Faltlinien b und c schneiden sich im Punkt S; b und d schneiden sich nicht; c und d schneiden sich nicht.

d) Die Faltlinien c und d schneiden sich auch außerhalb des neuen Zeichenblattes nicht.

Das nach allen Seiten unbegrenzt fortgesetzt gedachte Zeichenblatt nennen wir die Zeichenebene oder kurz die **Ebene.**
Eine über die Ränder des Zeichenblattes unbegrenzt fortgesetzt gedachte Faltlinie ist eine **Gerade**. Geraden werden meist mit kleinen Buchstaben bezeichnet, z. B. mit g.

Zur Information

Beachte den Unterschied zwischen einer **Strecke** und einer **Geraden.**

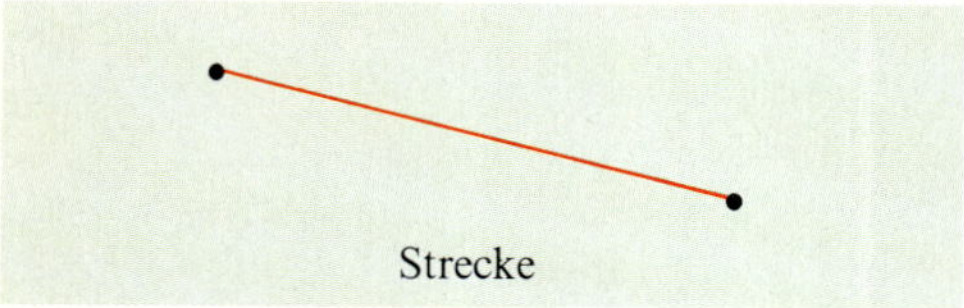

Eine Strecke hat stets zwei Endpunkte. Sie hat deshalb auch eine bestimmte Länge, die man mit dem Lineal messen kann.

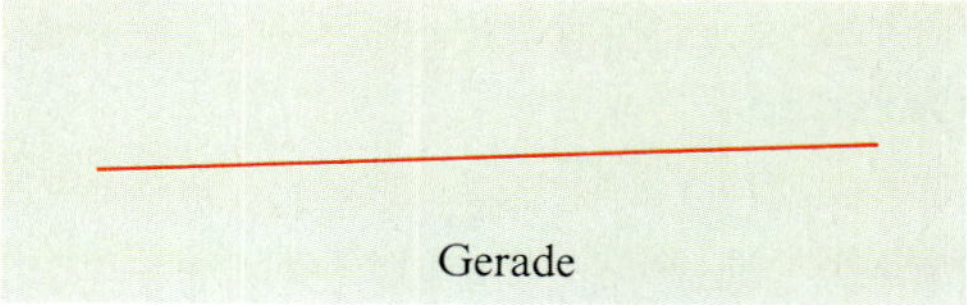

Eine Gerade hat keine Endpunkte. Sie hat deshalb keine bestimmte Länge.
Wir zeichnen immer nur ein Stück der Geraden, markieren aber keine Endpunkte.

Zur Festigung und zum Weiterarbeiten

1.
Wie kann man prüfen, ob die Stäbe in einer geraden Linie stehen?

2.
Welche der Punkte liegen auf einer Geraden? Prüfe mit dem Lineal.

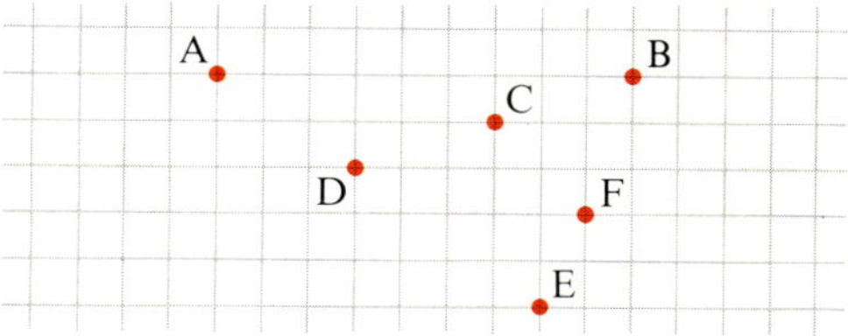

3.
In wie viele Gebiete wird die Ebene durch die beiden Geraden a und b zerlegt?

a)
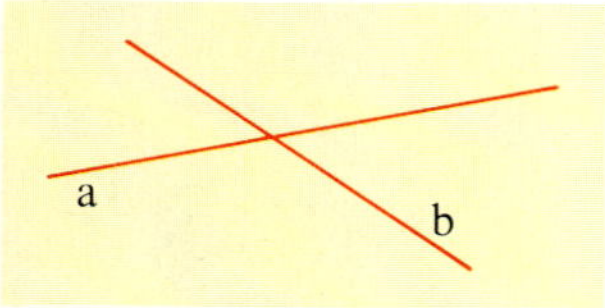

b)
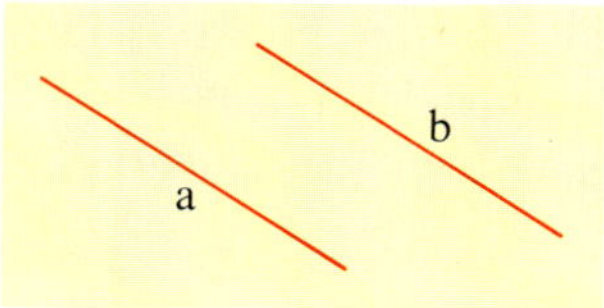

c)
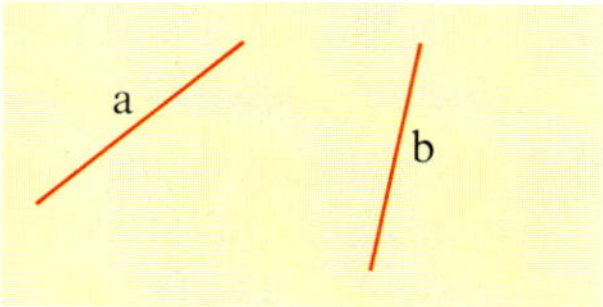

4.
a) Zeichne nacheinander eine, zwei drei, vier, . . . , acht Geraden, so daß die Ebene in möglichst viele Gebiete zerlegt wird. Wie viele sind es jeweils?
Fülle die Tabelle aus.

Zahl der Geraden	1	2	3	4	5	6	7	8
Zahl der Gebiete								

▲ **b)** Welche Zahlenfolge kannst du in der Tabelle erkennen? Setze die Tabelle fort.

Zur Übung: 1 bis 3

Beziehungen zwischen Punkten und Geraden

Aufgabe

a) Markiere auf dem Zeichenblatt mit einer Stecknadel oder einem spitzen Bleistift einen Punkt; nenne ihn P. Zeichne durch P eine Gerade; nenne sie g.
Zeichne durch P eine zweite, dritte, vierte, ... Gerade. Nenne die Geraden h, k, l, ... usw.
In wie viele Gebiete wird das Zeichenblatt jeweils zerlegt? Lege eine Tabelle an.

b) Zeichne drei Punkte A, B und C, die nicht auf einer Geraden liegen.
Zeichne nun zu jeweils zwei Punkten die **Verbindungsgerade;** dies ist die Gerade, die durch beide Punkte geht.
Wie viele Verbindungsgeraden gibt es zu den drei Punkten?
Die Verbindungsgerade der Punkte A und B wird mit AB bezeichnet. Gib die Bezeichnungen der anderen Verbindungsgeraden an.

Lösung

a)

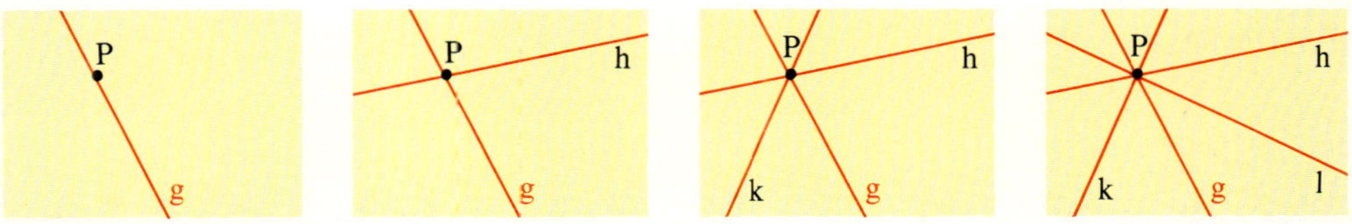

Zahl der Geraden	1	2	3	4	5	6
Zahl der Gebiete	2	4	6	8	10	12

Wir sagen: Die Gerade g geht durch den Punkt P. Oder: Der Punkt P liegt auf der Geraden g.

b) Zu den drei Punkten A, B und C gibt es die drei Verbindungsgeraden AB, BC und CA.

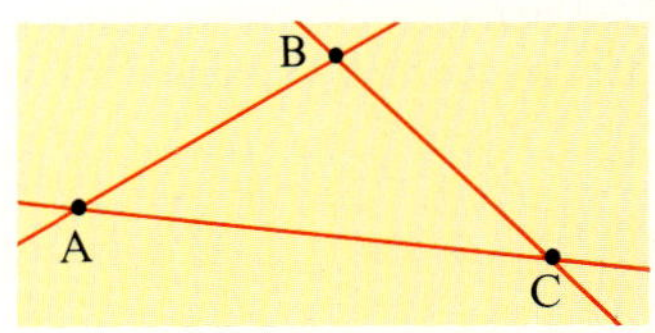

Zu zwei Punkten A und B kann man stets die **Verbindungsgerade** zeichnen. Wir bezeichnen sie mit AB oder BA.

Zur Festigung und zum Weiterarbeiten

1.

a) Zeichne zwei Geraden a und b und einen Punkt P.
P soll sowohl auf a als auch auf b liegen.
Man sagt: Die beiden Geraden schneiden sich im Punkt P.

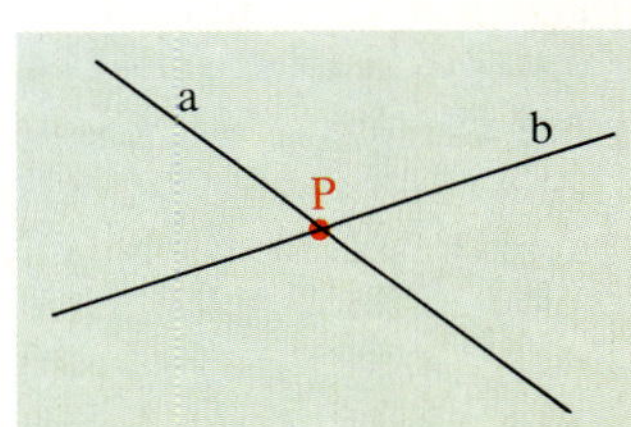

b) Zeichne drei weitere Punkte Q, R und S.
Q soll auf a, aber nicht auf b liegen;
R soll auf b, aber nicht auf a liegen;
S soll weder auf a noch auf b liegen.

2.

a) Markiere einen Punkt P. Zeichne mit einem spitzen Bleistift möglichst viele Geraden durch P.

b) Wie viele Geraden kann man theoretisch durch den Punkt P zeichnen?

3.

a) Zeichne die Verbindungsgerade zweier Punkte A und B. Markiere einen Punkt C, der auf AB liegt. Was kannst du über die Verbindungsgeraden BC und CA aussagen?

b) Wie viele Verbindungsgeraden gibt es zu drei Punkten wenigstens [höchstens]?

4.

a) Zeichne drei Punkte A, B und C, die nicht auf einer Geraden liegen. Zeichne die drei Verbindungsgeraden AB, BC und CA.
Zeichne nun einen vierten Punkt D, so daß drei neue Verbindungsgeraden hinzukommen [eine neue Verbindungsgerade hinzukommt].

▲ **b)** Wie viele Verbindungsgeraden gibt es zu 2, 3, 4, ... Punkten höchstens? (Tabelle!)

Zur Übung: 4 bis 8

Übungen

Geraden

1.
Übertrage die Figur auf Karopapier. Markiere und benenne alle Schnittpunkte der vier Geraden. In wie viele Gebiete wird die Ebene zerlegt?

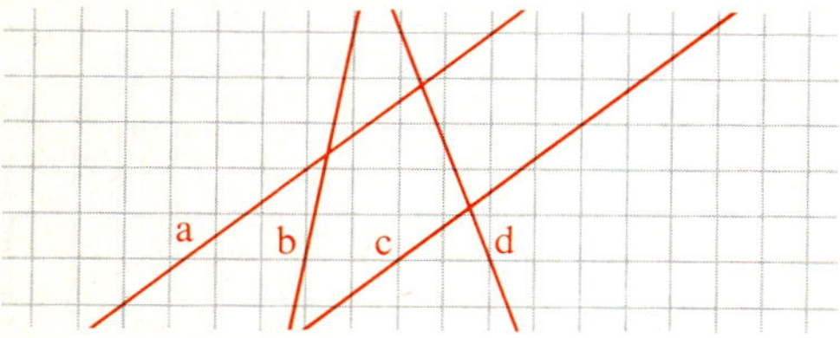

2.
Zeichne drei Geraden a, b und c.

a) Alle drei Geraden sollen sich in einem Punkt schneiden.

b) Es sollen insgesamt drei Schnittpunkte auf dem Zeichenblatt entstehen.

c) Die Geraden a und b sollen sich in einem Punkt außerhalb des Zeichenblattes schneiden. Die Gerade c soll die Geraden a und b auf dem Zeichenblatt schneiden.

▲ **3.**
Zeichne drei Geraden. Die Ebene soll dabei in 4 [5; 6; 7] Gebiete zerlegt werden.

Beziehungen zwischen Punkten und Geraden

4.
Übertrage die fünf Punkte auf Karopapier und zeichne alle Verbindungsgeraden.

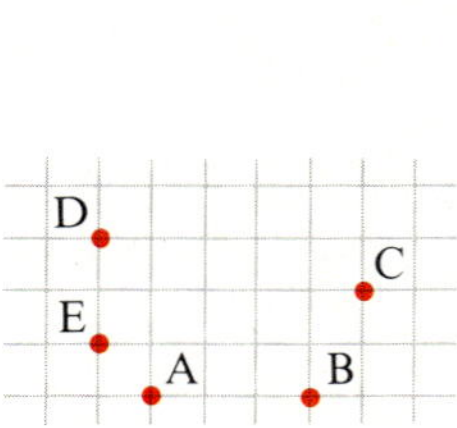

5.
Zeichne einen Punkt P. Zeichne durch P eine Gerade [zwei, drei, vier Geraden]. In wie viele Gebiete wird die Ebene zerlegt?

6.
Zeichne ein beliebiges Viereck und alle Verbindungsgeraden der Eckpunkte.

7.
Markiere auf einer Geraden g fünf Punkte A, B, C, D und E. Zeichne nun einen weiteren Punkt P, der nicht auf g liegt.
Zeichne die Verbindungsgeraden von P mit den fünf Punkten.

8.
Wie viele Verbindungsgeraden von vier Punkten kann es höchstens geben? Wie viele sind es mindestens?

Beziehungen zwischen Geraden

Zueinander senkrechte Geraden

Zur Information

Nimm ein Zeichenblatt und falte es zweimal wie im folgenden Bild angegeben.
Die beiden Faltlinien bestimmen zwei Geraden, nenne sie g und h.

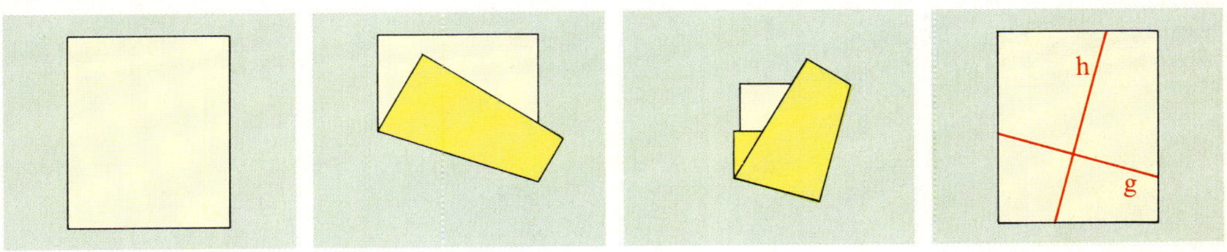

Die Geraden g und h sind **senkrecht** (*orthogonal*) zueinander. Man schreibt: $g \perp h$.
Mit dem Geodreieck kann man zueinander senkrechte Geraden zeichnen:

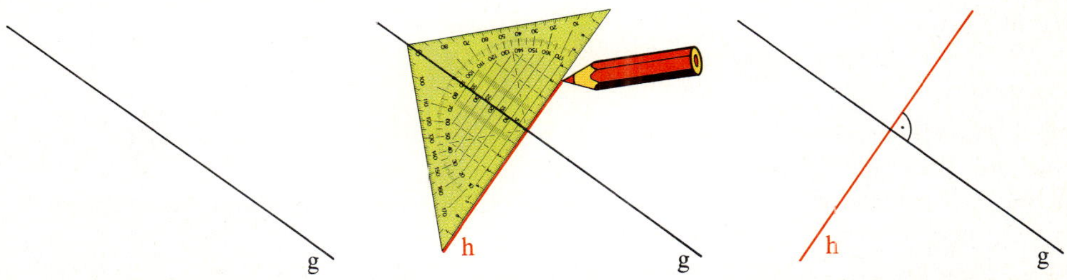

Zur Festigung und zum Weiterarbeiten

1.
Prüfe mit dem Geodreieck, ob die Geraden a und b senkrecht zueinander sind.

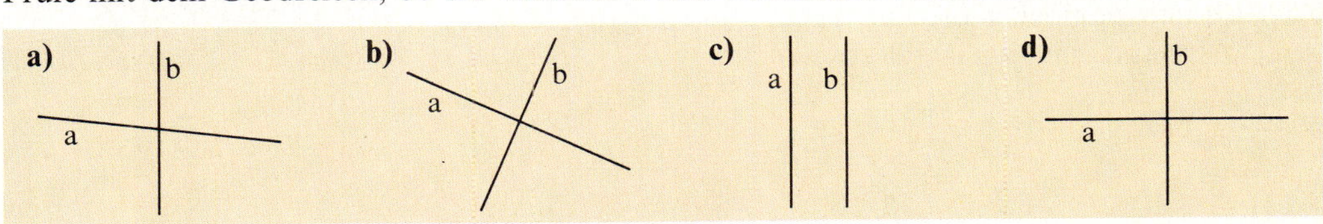

2.
Zeichne eine Gerade a. Zeichne nun mit Hilfe des Geodreiecks drei weitere Geraden b, c und d, die zu a senkrecht sind.

3.
Zeichne eine Gerade g und einen Punkt P, der nicht auf der Geraden g liegt.
Zeichne nun die Gerade, die durch P geht und zu g senkrecht ist; nenne sie h.

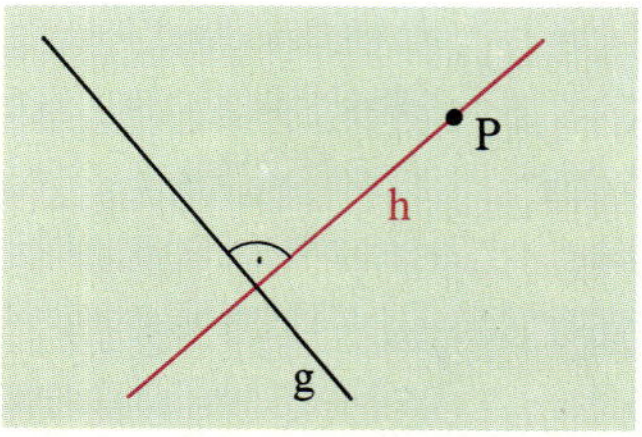

Man nennt die Gerade h die **Senkrechte** (*Orthogonale*) zu der Geraden g durch den Punkt P.

4.
Suche im Klassenzimmer Beispiele für zueinander senkrechte Kanten.

△ **5.**
a) Welche der Geraden a, b, c, d, e sind zueinander senkrecht?

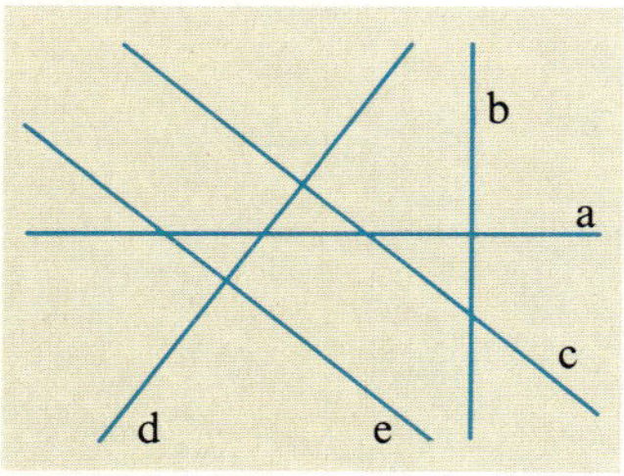

b) Ergänze die Tabelle für die Beziehung *ist senkrecht zu.*

	a	**b**	**c**	**d**	**e**
a		×			
b	×				
c					
d					
e					

c) Ergänze das Pfeildiagramm für die Beziehung *ist senkrecht zu.*

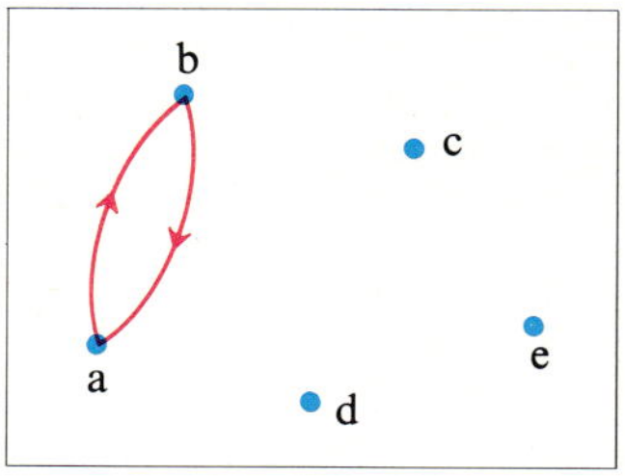

Zur Übung: 1 bis 4

Lotrecht, waagerecht

Ergänzung

Verwechsle nicht *senkrecht zu* und *lotrecht* (vertikal). Ob eine Kante (z. B. einer Mauer) lotrecht verläuft, prüft man mit dem Senkblei. Lotrecht ist eine Eigenschaft *einer* Kante (Strecke, Geraden); *senkrecht zu* beschreibt dagegen eine Beziehung zwischen *zwei* Kanten (Strecken, Geraden). Im täglichen Leben sagt man statt lotrecht auch senkrecht. Unterscheide daher senkrecht und senkrecht *zu*.

Ob eine Kante (z. B. eines Schrankes) *waagerecht* verläuft, prüft man mit einer Wasserwaage. Waagerecht ist eine Eigenschaft *einer* Kante (Strecke, Geraden).
Zwei Kanten, von denen die eine lotrecht und die andere waagerecht verläuft, sind zueinander senkrecht.

Rechteck, Quadrat

Aufgabe

Zeichne ein Rechteck mit den Seitenlängen a = 5 cm, b = 3 cm.

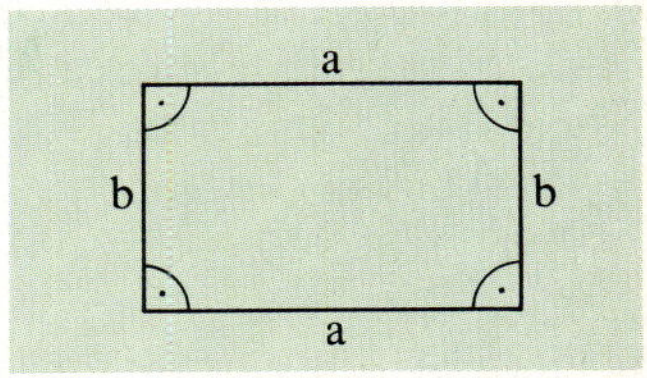

Lösung

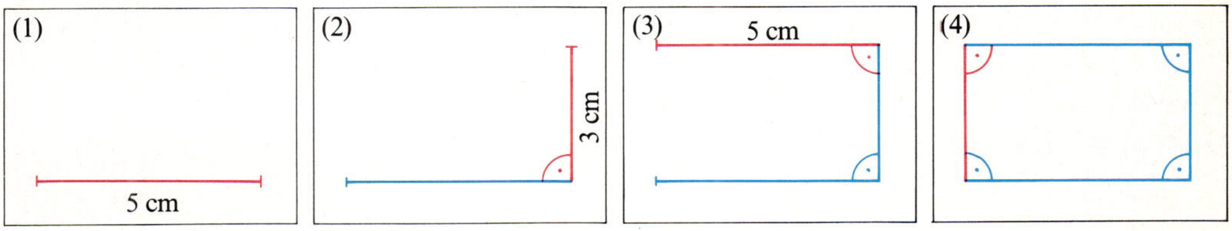

Zur Festigung und zum Weiterarbeiten

1.
Zeichne ein Quadrat mit den Seitenlängen a = 4 cm.

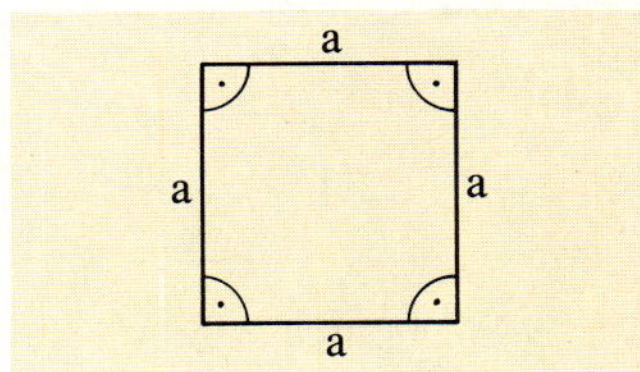

2.
Welche der Vierecke sind Rechtecke? Welche der Rechtecke sind sogar Quadrate?

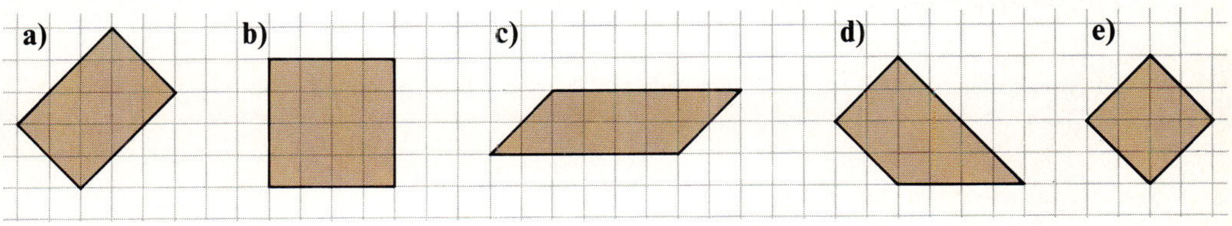

Jedes Viereck, bei dem benachbarte Seiten senkrecht zueinander sind, heißt **Rechteck.**

Jedes Rechteck mit vier gleich langen Seiten heißt **Quadrat.**

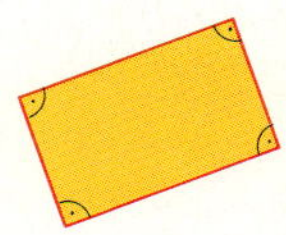

Zur Übung: 5 bis 8

Abstand eines Punktes von einer Geraden

Aufgabe

a) Ein abseits der Straße gelegenes Grundstück soll mit der Kanalisation verbunden werden. Der Abwasserkanal verläuft längs der Straße. Wie wird man das Verbindungsrohr zweckmäßig verlegen?

b) Gegeben sind eine Gerade g und ein Punkt P. Bestimme den **Abstand** (die kürzeste Verbindung) des Punktes P von der Geraden g.

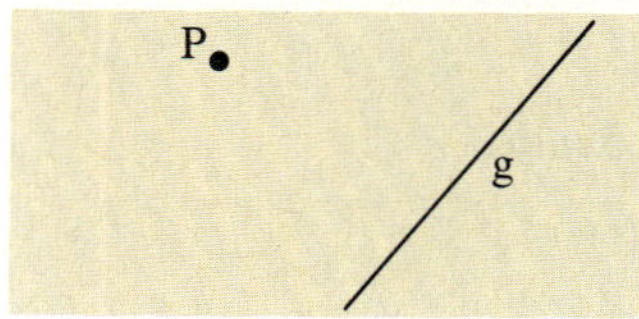

Lösung

a) Das Verbindungsrohr wird senkrecht zur Straße hin verlegt, weil dann die benötigte Rohrlänge am kürzesten ist.

b)

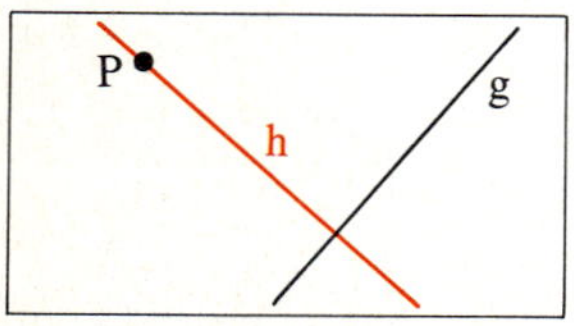

Zeichne durch P die Senkrechte zur Geraden g; nenne sie h.

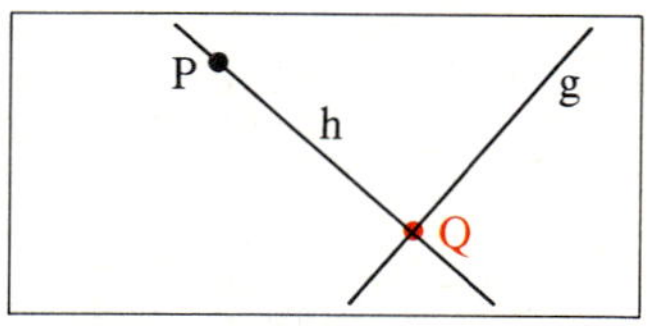

Markiere den Schnittpunkt von g und h; nenne ihn Q.

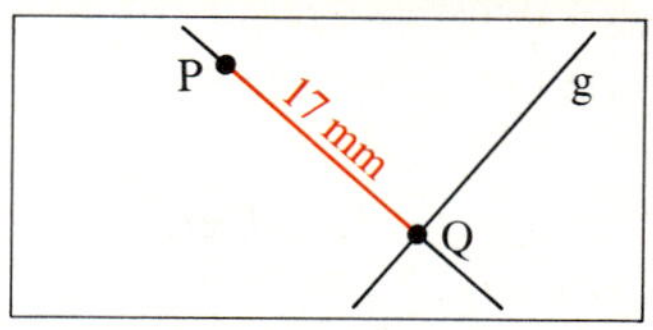

Miß die Länge der Strecke $\overline{PQ}$.

Ergebnis: Der Abstand des Punktes P von der Geraden g beträgt 17 mm.

> Die Länge der Strecke $\overline{PQ}$ heißt **Abstand** des Punktes P von der Geraden g.

Zur Festigung und zum Weiterarbeiten

1.

a) Bestimme die Abstände der Punkte von den beiden Geraden.

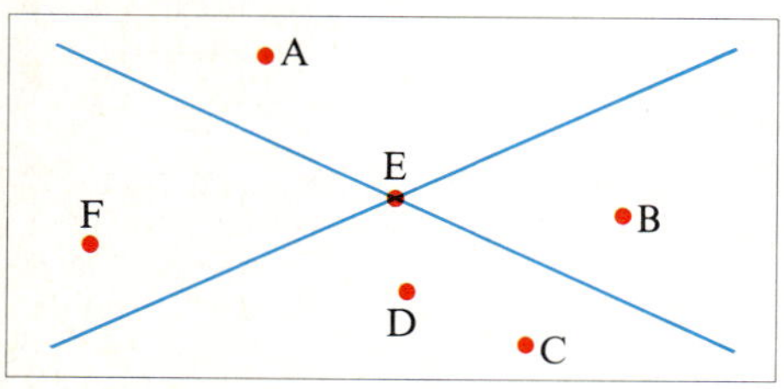

b) Zeichne eine Gerade g und einen Punkt A, der von der Geraden g den Abstand 3 cm hat. Benutze das Geodreieck wie folgt:

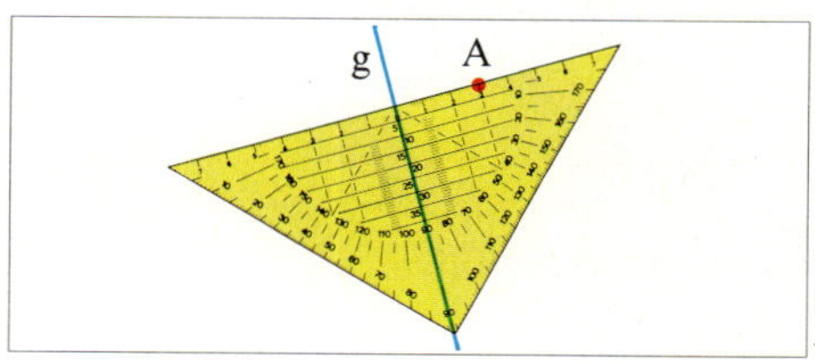

Zur Übung: 9 bis 12

Zueinander parallele Geraden

Aufgabe

Gegeben ist eine Gerade g.

a) Zeichne vier Punkte A, B, C und D; der Abstand von g soll 1 cm betragen. (Alle Punkte sollen auf derselben Seite von g liegen.) Was fällt dir auf?

b) Zeichne eine Gerade h, deren Abstand von der Geraden g überall 12 mm beträgt.

Lösung

a)

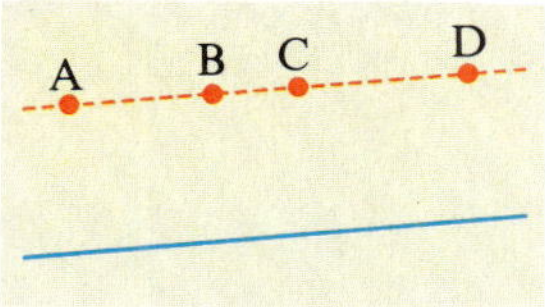

Alle vier Punkte liegen auf einer Geraden.

b)

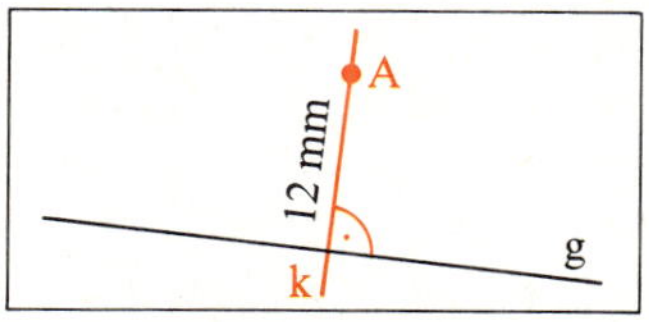

Zeichne einen Punkt A, dessen Abstand von g 12 mm beträgt. Die Senkrechte zu g durch A nenne k.

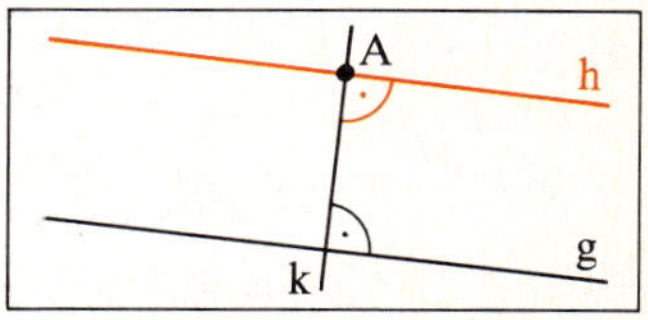

Zeichne die Senkrechte durch A zu k; nenne sie h. Die Gerade h ist die gesuchte Gerade.

Zwei Geraden g und h, die überall denselben Abstand haben, nennt man **parallel** zueinander und schreibt:

$g \parallel h$.

Zwei parallele Geraden schneiden sich nicht.

Zur Information

(1) *Weitere Möglichkeiten zum Zeichnen paralleler Geraden.*
Die folgenden Abbildungen zeigen zwei weitere Verfahren zum Zeichnen paralleler Geraden.

1. Möglichkeit

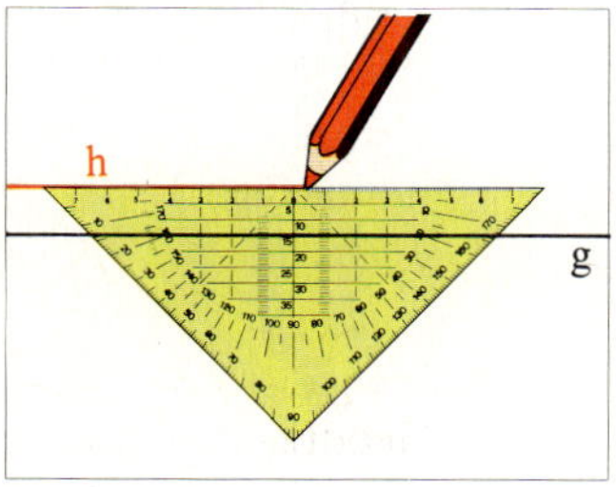

2. Möglichkeit

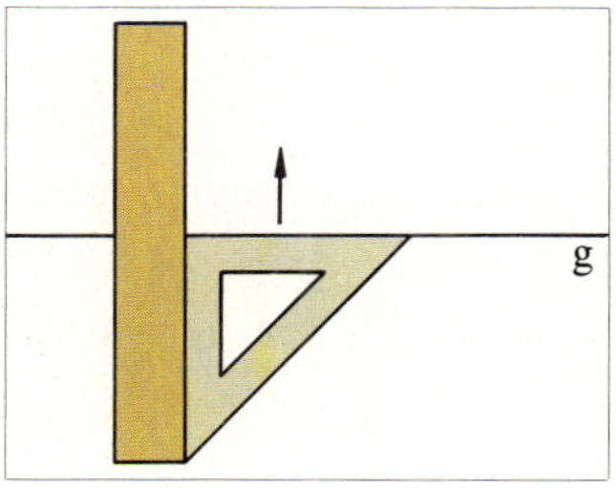

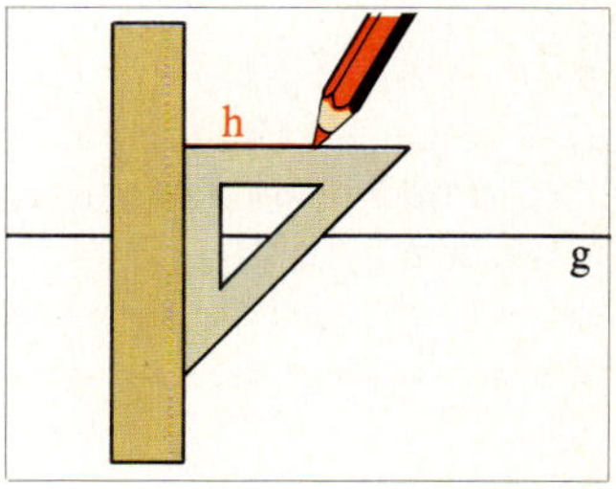

(2) *Jede Gerade ist zu sich selber parallel.*
Zwei parallele Geraden können im Grenzfall den Abstand null voneinander haben. Dann fallen beide Geraden zu einer einzigen Geraden zusammen. Aus diesem Grunde sagt man:

Jede Gerade ist zu sich selbst parallel.

Zur Festigung und zum Weiterarbeiten

1.

Prüfe, ob die beiden Geraden a und b parallel zueinander sind.

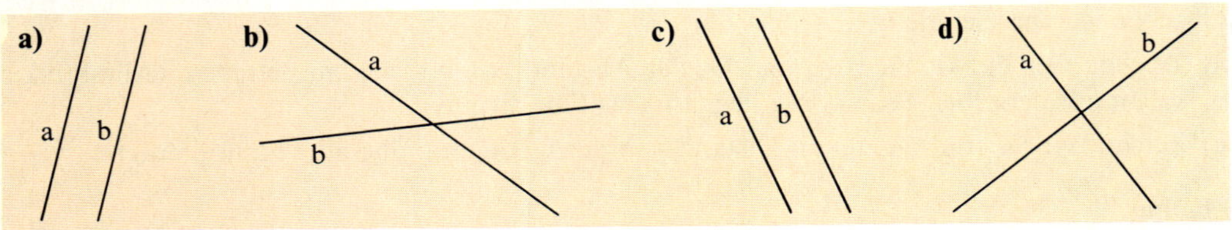

2.

Zeichne zwei zueinander parallele Geraden, deren Abstand

a) 3 cm **b)** 15 mm **c)** 2,1 cm beträgt.

3.

Suche im Klassenraum zueinander parallele Kanten.

4.

Zeichne eine Gerade a. Zeichne nun zwei zu a senkrechte Geraden b und c. Wie liegen die Geraden b und c zueinander?

5.

Gegeben sind eine Gerade g und ein Punkt P, der nicht auf g liegt. Zeichne diejenige Gerade, die zu g parallel ist und durch den Punkt P geht. Löse die Aufgabe wie folgt:

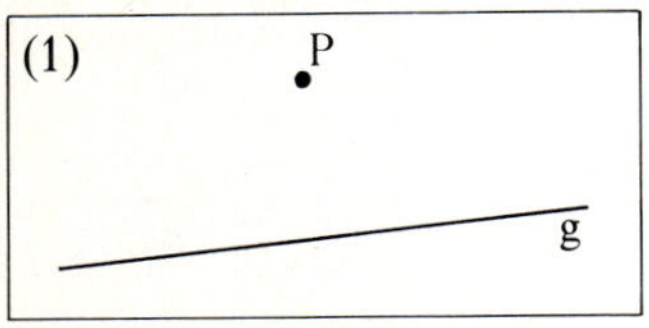

Gegeben: g und P

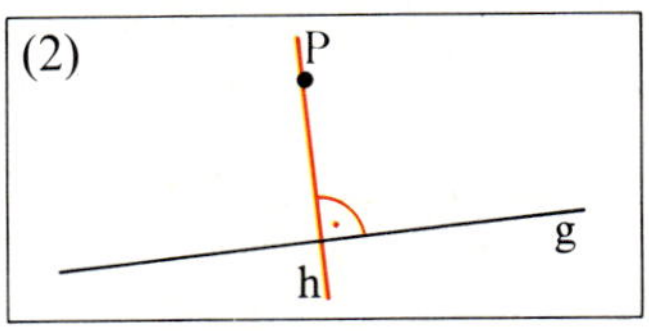

Zeichne die Senkrechte zu g durch P; nenne sie h.

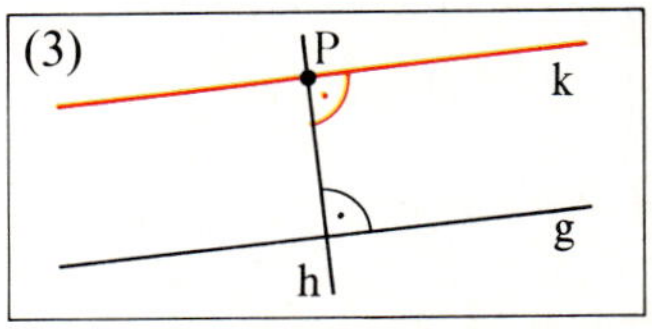

Zeichne die Senkrechte zu h durch P; nenne sie k.

> Die Gerade k ist die **Parallele** zu der Geraden g durch den Punkt P.

△ **6.**

a) Welche der Geraden a, b, c, d und e sind zueinander parallel?

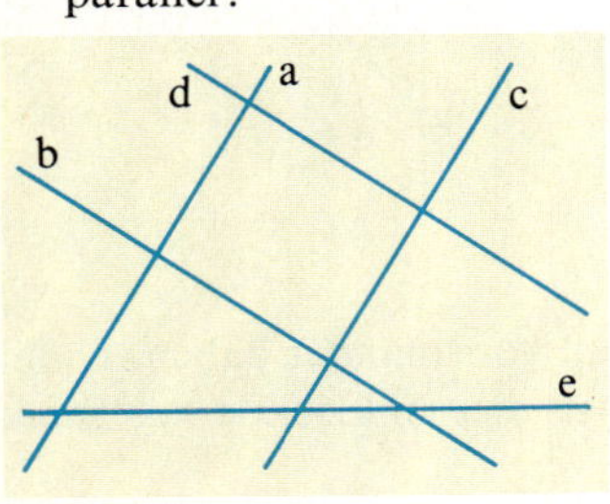

b) Ergänze die Tabelle für die Beziehung *ist parallel zu.*

	a	b	c	d	e
a	×		×		
b					
c					
d					
e					

c) Ergänze das Pfeildiagramm für die Beziehung *ist parallel zu.*

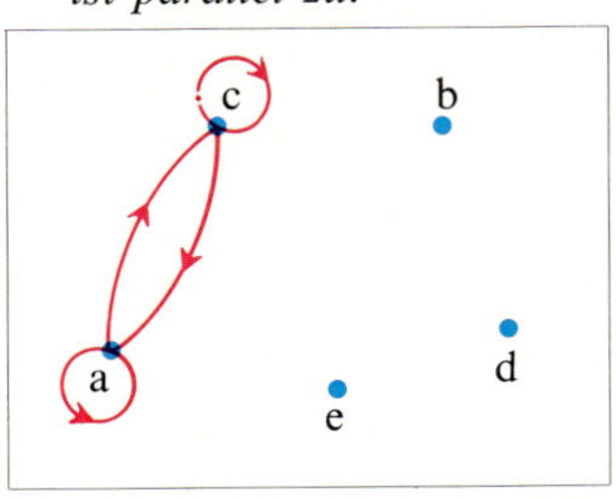

Zur Übung: 13 bis 21

Parallelogramm, Raute

Aufgabe

Schneide aus Papier mehrere verschieden breite **Parallelstreifen** (Streifen, die von zwei parallelen Geraden begrenzt werden). Lege jeweils zwei Parallelstreifen so, daß sie sich kreuzen. Beschreibe die Eigenschaften des entstehenden Vierecks.

Lösung

Es entsteht jeweils ein Viereck, bei dem gegenüberliegende Seiten auf parallelen Geraden liegen. (Wir sagen: die gegenüberliegenden Seiten sind zueinander parallel.) Gegenüberliegende Seiten sind außerdem gleich lang.

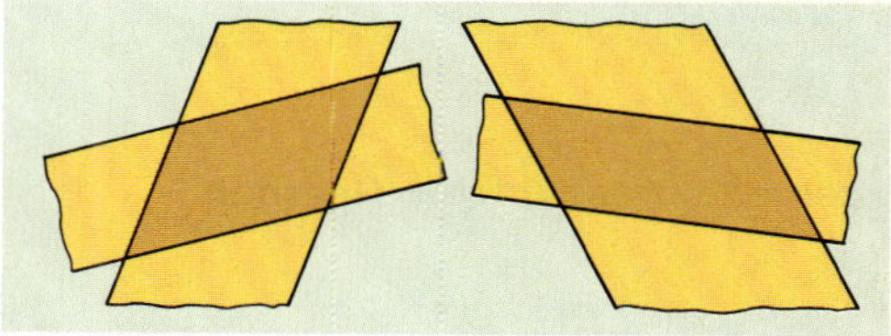

Ein Viereck, bei dem gegenüberliegende Seiten zueinander parallel sind, heißt **Parallelogramm.** Im Parallelogramm sind gegenüberliegende Seiten gleich lang.

Zur Festigung und zum Weiterarbeiten

1.

Zeichne mit Hilfe des Geodreiecks zwei sich kreuzende Parallelstreifen mit den Breiten 2,5 cm und 3,5 cm. Schraffiere das entstandene Parallelogramm und benenne die Eckpunkte.

2.

A, B, C und D sind die Eckpunkte eines Parallelogramms ABCD. Welche der Verbindungsgeraden sind zueinander parallel?

3.

Welche Vierecke sind Parallelogramme?

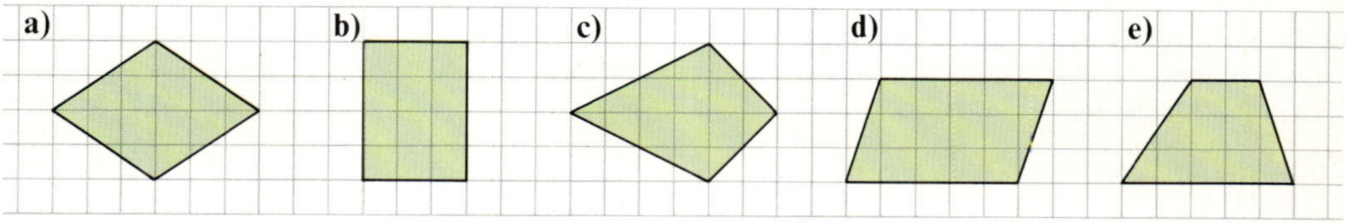

4.

Die Streifen rechts sind gleich breit. Was kannst du über das entstandene Parallelogramm aussagen?

Ein Parallelogramm, in dem alle vier Seiten gleich lang sind, heißt **Raute.**

5.

Zeichne mit Hilfe des Geodreiecks zwei sich kreuzende Parallelstreifen mit jeweils der Breite 3 cm. Schraffiere die entstandene Raute und benenne die Eckpunkte.

Zur Übung: 22 bis 26

Übungen

Zueinander senkrechte Geraden

1.

Zeichne eine Gerade a sowie drei weitere Geraden, die zu a senkrecht sind.

2.

Zeichne vier Geraden a, b, c und d. Es soll gelten: $a \perp b$, $b \perp c$, $c \perp d$. Was für ein Viereck entsteht auf diese Weise?

3.

Zeichne ein Dreieck. Zeichne durch die drei Eckpunkte die Senkrechten zu den gegenüberliegenden Seiten. Was fällt dir auf?
Überprüfe deine Vermutung an drei weiteren Beispielen.

△ **4.**

a) Lege eine Tabelle für die Beziehung *ist senkrecht zu* an.

b) Zeichne ein Pfeildigramm.

c) Zeichne vier Geraden g, h, k und l, zu denen das untenstehende Pfeildiagramm paßt. Jeder Pfeil bedeutet: *ist senkrecht zu.*

Zu **a)** und **b)**

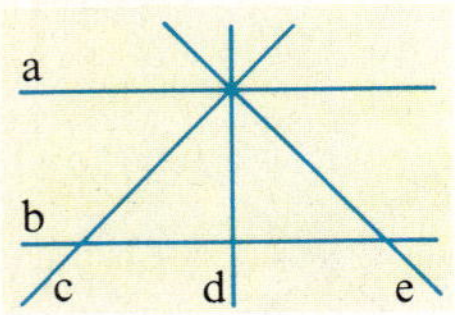

Zu **c)**

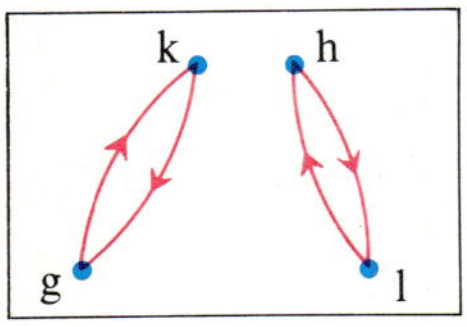

Rechteck, Quadrat

5.

Zeichne auf unliniertes Papier ein Rechteck mit

a) a = 5 cm und b = 3 cm,

b) a = 7,5 cm und b = 1,5 cm.

Gib auch den Umfang an.

6.

Zeichne ein Rechteck, dessen Umfang 20 cm beträgt und dessen eine Seite 4 cm lang ist.
Wie lang sind die anderen drei Seiten?

7.

Zeichne mit Hilfe des Geodreiecks ein Quadrat mit den Seitenlängen

a) 37 mm; **b)** 2,8 cm.

Gib auch den Umfang an.

8.

a) Zeichne ein Quadrat mit dem Umfang 18 cm.

b) Zeichne mehrere Rechtecke, deren Umfang 12 cm beträgt.

Abstand eines Punktes von einer Geraden

9.

Übertrage die Figur in dein Heft.
Bestimme die Abstände der Punkte von der Geraden.

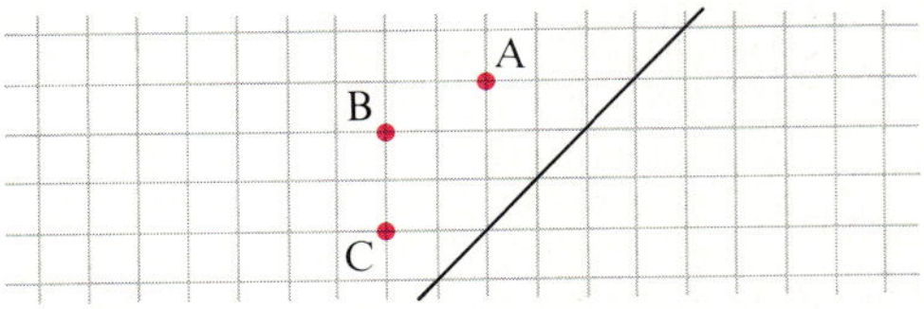

10.

Bestimme die Abstände der drei Eckpunkte von den gegenüberliegenden Seiten.

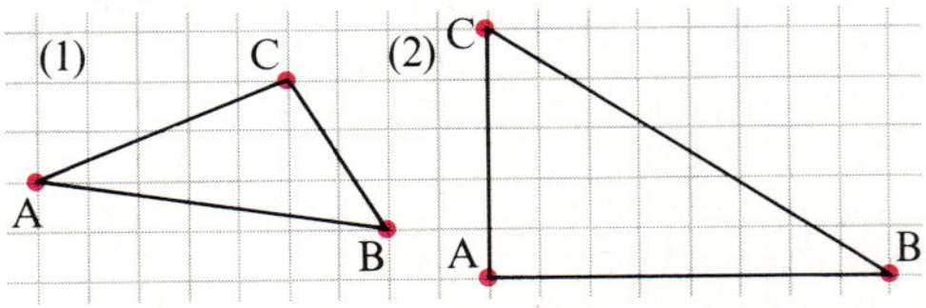

11.
Übertrage das Viereck ABCD in dein Heft. Bestimme für jeden der vier Eckpunkte die Abstände von den beiden gegenüberliegenden Seiten.

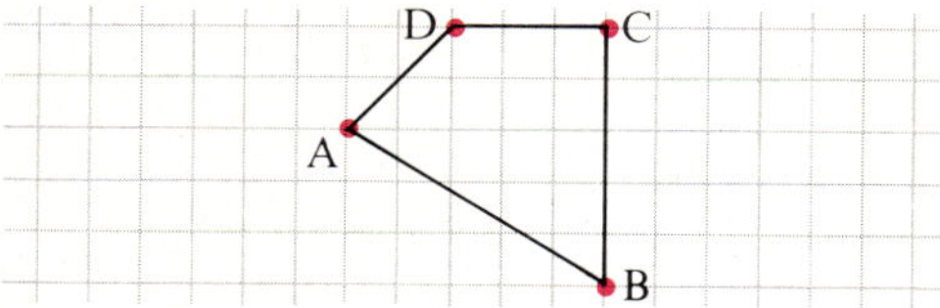

12.
Zeichne eine Gerade g. Zeichne drei Punkte A, B und C, die von g die Abstände 19 mm, 23 mm bzw. 35 mm haben.

Zueinander parallele Geraden

13.
Zeichne zwei parallele Geraden mit dem Abstand

a) 3 cm; **b)** 12 mm; **c)** 21 mm;
d) 4 cm 7 mm; **e)** 3,9 mm.

14.
Zeichne zu einer Geraden g zwei parallele Geraden. Jede dieser Geraden soll von der Geraden g den Abstand 1,5 cm haben.

15.
Zeichne drei Punkte A, B und C, die nicht auf einer Geraden liegen. Zeichne die Verbindungsgeraden AB, AC und BC. Zeichne durch A die Parallele zu BC, zu B die Parallele zu AC und durch C die Parallele zu AB.

16.
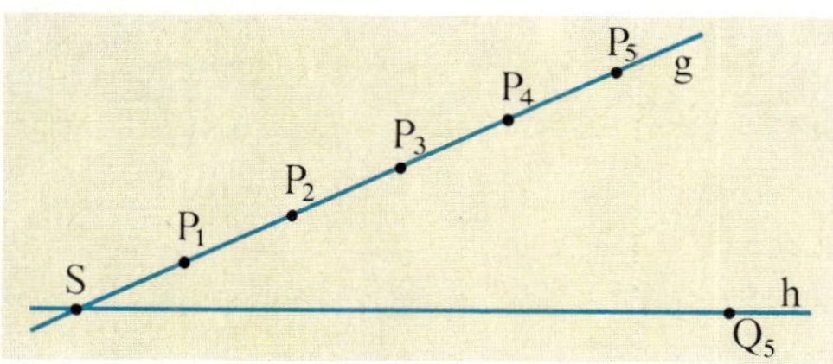

Zeichne auf der Geraden g von S aus fünf Punkte P_1 bis P_5 mit jeweils gleichem Abstand. Verbinde die Punkte P_5 und Q_5 durch eine Gerade. Zeichne zu dieser Geraden P_5Q_5 jeweils eine Parallele durch P_1 bis P_4. Diese Geraden schneiden die Gerade h in den Punkten Q_1 bis Q_4. Was stellst du fest?

▲ 17.
In wie vielen Punkten können sich zwei, drei, vier, ... Geraden höchstens schneiden?
Fülle die Tabelle aus. Kannst du eine Gesetzmäßigkeit entdecken?

Zahl der Geraden	2	3	4	5	6	7	8
Zahl der Schnittpunkte							

▲ 18.
Zeichne vier Geraden so, daß man insgesamt sechs [fünf; vier; drei; einen; keinen] Schnittpunkte erhält.
In wie viele Gebiete wird die Ebene durch die vier Geraden jeweils zerlegt?

19.
a) Lege eine Tabelle für die Beziehung *ist parallel zu* in der Menge {g, h, k, l, m} an.

b) Zeichne ein Pfeildiagramm.

c) Zeichne vier Geraden g, h, k und l, zu denen das Pfeildiagramm paßt.
Jeder Pfeil bedeutet: *ist parallel zu.*

Zu **a)** und **b)**

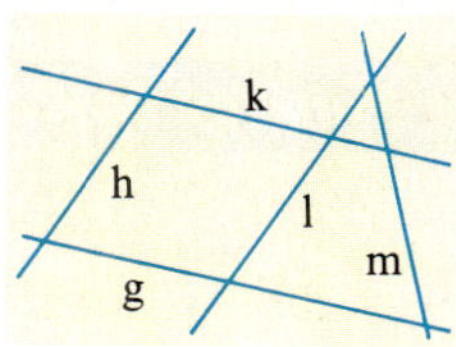

Zu **c)**

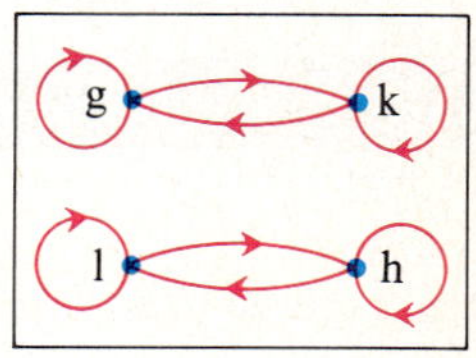

20.
a) Zeichne fünf Geraden a, b, c, d und e.
Es soll gelten: $a \perp b$, $c \perp d$, $d \perp a$ und $e \perp c$.

b) Lege für die beiden Beziehungen $\perp$ und $\parallel$ je eine Relationstabelle an.

21.
Max behauptet:

(1) Wenn $g \parallel h$ und $h \parallel k$, dann auch $g \parallel k$.

(2) Wenn $g \perp h$ und $h \perp k$, dann auch $g \perp k$.

(3) Wenn $g \parallel h$ und $h \perp k$, dann $g \perp k$.

Überprüfe die Behauptung; benutze eine Skizze.

Parallelogramm, Raute

22.
a) Zeichne mit dem Geodreieck drei verschiedene Parallelogramme, deren Seiten 3 cm und 5 cm lang sind.

b) Zeichne drei verschiedene Rauten mit der Seitenlänge 4 cm.

23.

Zeichne drei verschiedene Parallelogramme, die aus zwei Parallelstreifen entstehen, mit den Breiten

a) 2 cm und 3 cm;

b) 1,5 cm und 4 cm;

c) 4 cm und 4 cm.

Gib auch den Umfang an.

24.

Ergänze zu einem Parallelogramm ABCD. Welches der Parallelogramme ist eine Raute [ein Quadrat]?

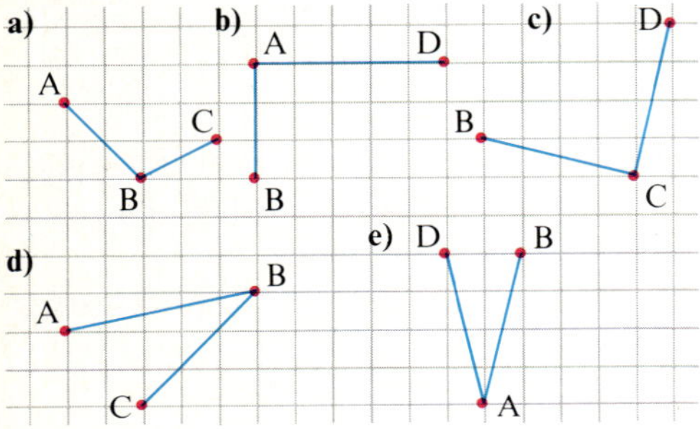

25.

Wie viele Parallelogramme kannst du in der Figur erkennen? Benenne sie.

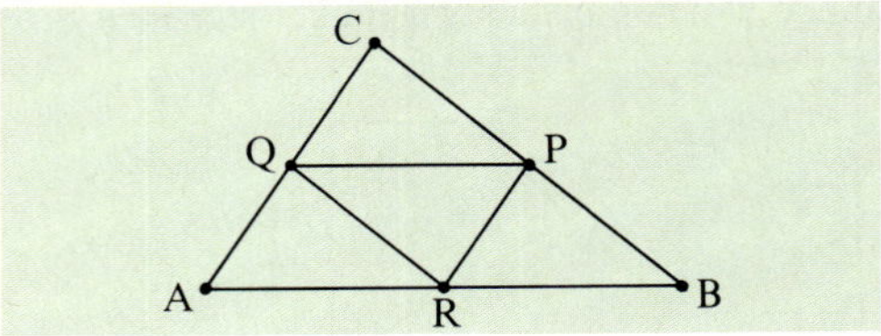

26.

Ergänze das Dreieck ABC durch Zeichnen eines vierten Punktes D zu einem Parallelogramm.

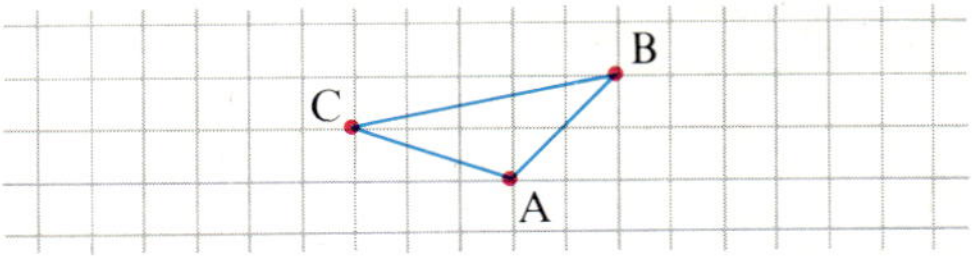

Es gibt drei Möglichkeiten. Gib jeweils den Namen des entstandenen Parallelogramms an.

Koordinaten eines Punktes im Gitternetz – Figuren im Gitternetz

Zur Information

Wo haben die Bankräuber das Geld versteckt? Auf einem Notizzettel fand die Polizei den Hinweis: Jägerstand (J), 50 m Ost – 30 m Nord. Kurze Zeit später fand sie das Versteck.

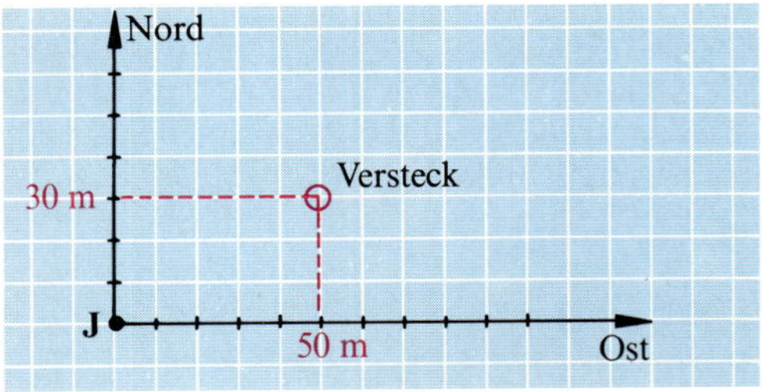

Entsprechend kann man die Gitterpunkte eines quadratischen Gitternetzes durch zwei natürliche Zahlen festlegen.

Beispiel: Der Punkt A wird durch das Zahlenpaar (5; 3) festgelegt. Man gelangt von O aus nach A, indem man 5 Schritte nach rechts und 3 Schritte nach oben geht. Der Punkt A erhält den neuen Namen A (5; 3).

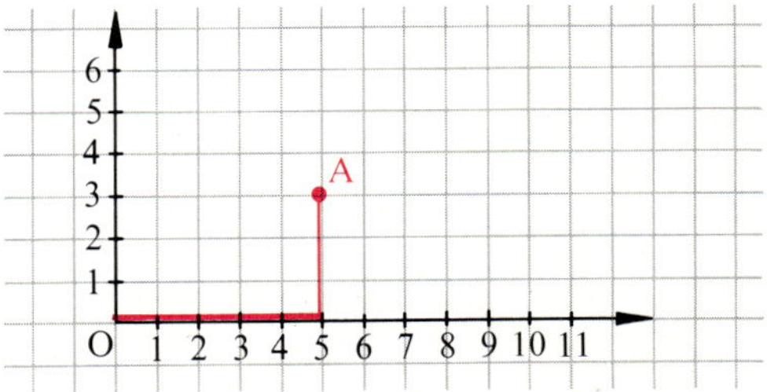

Der Punkt A (5; 3) hat die **Koordinaten** 5 und 3.
5 ist erste Koordinate, 3 ist zweite Koordinate des Punktes A.

Zur Festigung und zum Weiterarbeiten

1.

Lies für jeden Punkt die beiden Koordinaten ab und notiere ihn mit seinen Koordinaten (z. B. G (7; 2)).

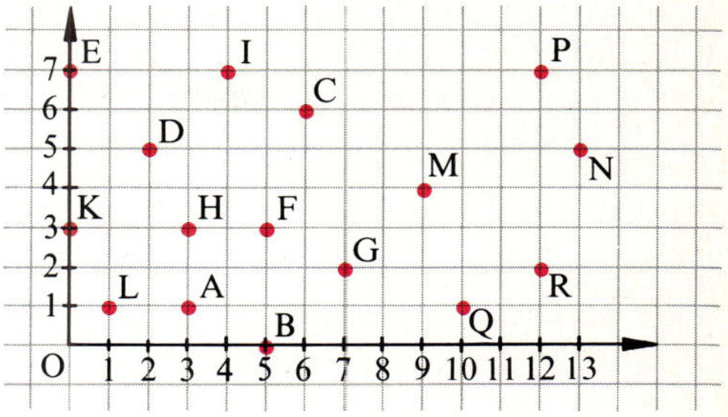

2.

Trage die Punkte in ein Gitternetz ein.
A (5; 7); B (0; 3); C (6; 6); D (2; 0); E (8; 1); F (4; 8); G (7; 7); H (0; 0); K (8; 2); L (4; 4).

3.

Zeichne in ein Gitternetz das Viereck ABCD mit den angegebenen Punkten.

a) A (1; 6); B (6; 2); C (8; 5); D (5; 8) **b)** A (1; 1); B (5; 4); C (8; 2); D (3; 8)

4.

Zeichne in ein Gitternetz einen Kreis. Der Mittelpunkt ist der Punkt M (7; 6). Der Radius beträgt 5 Kästchenlängen. Zeichne nun die folgenden Punkte ein:

A (7; 1), B (10; 4), C (5; 2), D (14; 9), E (3; 9), F (10; 2), G (7; 10), H (1; 2).

Welche der Punkte liegen

a) auf dem Kreis; **b)** im Inneren des Kreises; **c)** außerhalb des Kreises?

5.

Lies die Koordinaten der Eckpunkte des Vielecks ab. Schreibe z. B.: A (1; 4).

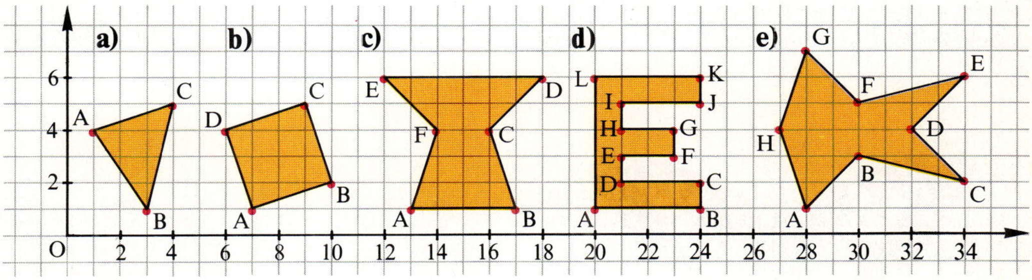

Übungen

1.

Notiere jeden Eckpunkt des Vielecks mit Hilfe seiner Koordinaten.

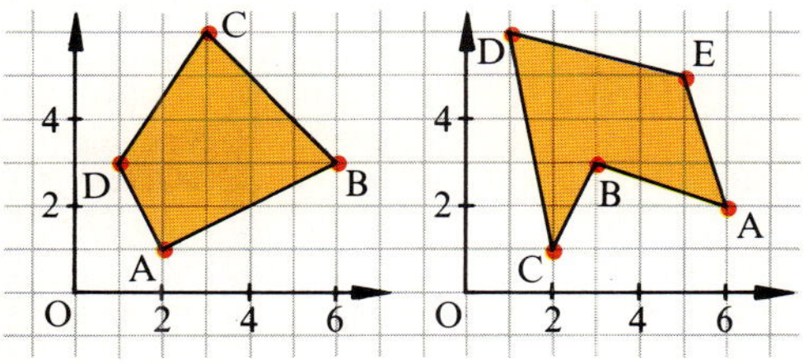

2.

Zeichne ein Sechseck ABCDEF mit folgenden Eckpunkten.

a) A (1; 2); B (2; 5); C (4; 5); D (7; 4); E (5; 9); F (1; 7)

b) A (4; 2); B (6; 4); C (9; 5); D (5; 8); E (4; 7); F (2; 6)

3.
Zeichne die Strecke $\overline{AB}$ in ein Gitternetz, markiere den Mittelpunkt M und bestimme seine Koordinaten.

a) A(5; 8); B(11; 4) **d)** A(5; 5); B(1; 1)
b) A(2; 0); B(6; 8) **e)** A(8; 0); B(2; 6)
c) A(9; 3); B(1; 1)

4.
Trage die Punkte in ein Gitternetz ein.

a) A(2; 1); B(10; 5); C(0; 5); D(12; 11)
b) A(1; 4); B(8; 7); C(3; 2); D(10; 4)
c) A(3; 3); B(13; 7); C(9; 0); D(5; 9)

Welche Beziehung besteht zwischen den Geraden AB und CD? Notiere das Ergebnis mit Hilfe der Zeichen $\parallel$ bzw. $\perp$.

5.
Zeichne das Viereck ABCD in ein Gitternetz, markiere den Schnittpunkt der beiden Diagonalen und bestimme seine Koordinaten.

a) A(2; 2); B(7; 1); C(8; 5); D(5; 7)
b) A(2; 1); B(6; 2); C(8; 7); D(4; 6)

6.
Zeichne die beiden Punkte A und B in ein Gitternetz ein. Zeichne zwei weitere Punkte C und D, so daß ein Quadrat ABCD entsteht. Gib die Koordinaten von C und D an.

a) A(3; 3); B(6; 3) **c)** A(3; 6); B(5; 4)
b) A(5; 1); B(5; 4) **d)** A(6; 6); B(3; 3)

7.
Zeichne die drei Punkte A(2; 2), B(6; 3) und C(6; 7) in ein Gitternetz. Zeichne einen weiteren Punkt D. Die Geraden AD und BC sollen sich senkrecht schneiden.

8.
Zeichne die drei Punkte A(3; 4), B(6; 5) und C(5; 8) in ein Gitternetz. Zeichne einen weiteren Punkt D. Es soll ein Viereck entstehen, bei dem je zwei gegenüberliegende Seiten parallel sind.
Es gibt drei verschiedene Lösungen dieser Aufgabe.

Achsenspiegelungen und Verschiebungen im Gitternetz

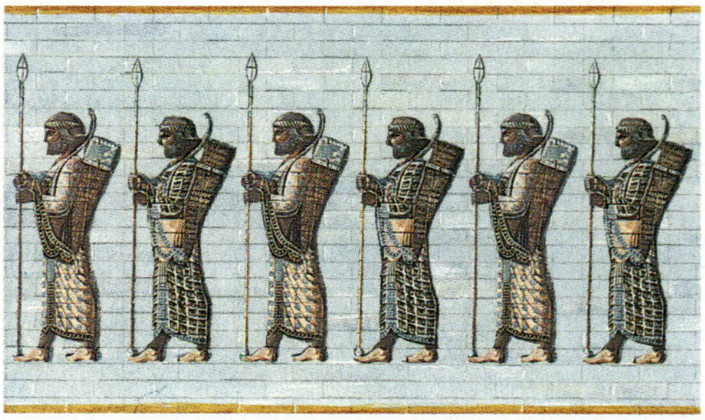

Achsensymmetrische Figuren

Aufgabe

Auf einem Zeichenblatt ist nur die eine Hälfte eines Flugzeugs gezeichnet.
Wie kannst du die andere Hälfte zeichnen?

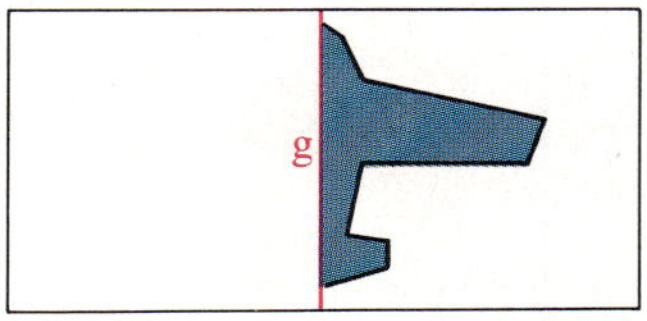

Lösung

(1) Falte das Blatt längs g.

(2) Durchstich das doppelt liegende Blatt in den markierten Punkten mit einer Nadel.

(3) Falte das Blatt auseinander und zeichne die fehlenden Verbindungsstrecken.

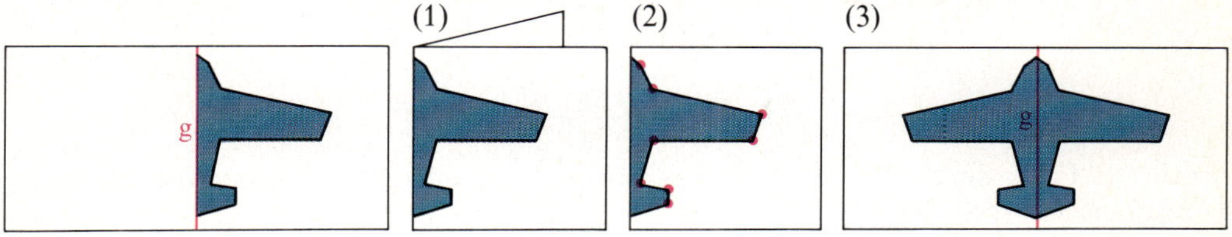

Zur Information

Wenn du nun das Zeichenblatt an der Geraden g (Faltkante) faltest, fällt die eine Hälfte der Figur auf die andere. Aus diesem Grunde heißt die Figur **achsensymmetrisch** zur Geraden g. Die Gerade g heißt **Symmetrieachse** der Figur.

In einer achsensymmetrischen Figur hat jeder Punkt einen **Symmetriepartner.**

Für die Figur rechts gilt z. B.:
Der Symmetriepartner von A ist B und umgekehrt,
der Symmetriepartner von C ist G und umgekehrt,
der Symmetriepartner von E ist E.

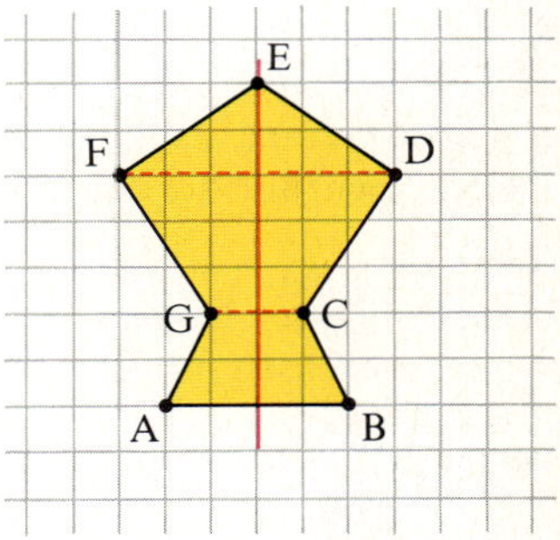

> Die Symmetrieachse schneidet die Verbindungsstrecke zweier Symmetriepartner in deren Mittelpunkt. Außerdem sind Symmetrieachse und Verbindungsstrecke senkrecht zueinander.

Zur Festigung und zum Weiterarbeiten

1.

Trage zu jedem Eckpunkt des achsensymmetrischen Achtecks den Symmetriepartner in die Tabelle ein. Prüfe, ob die Verbindungsstrecke zweier Symmetriepartner von der Symmetrieachse halbiert wird und zu ihr senkrecht ist.

Punkt	A	B	C	D	E	F	G	H
Symmetriepartner								

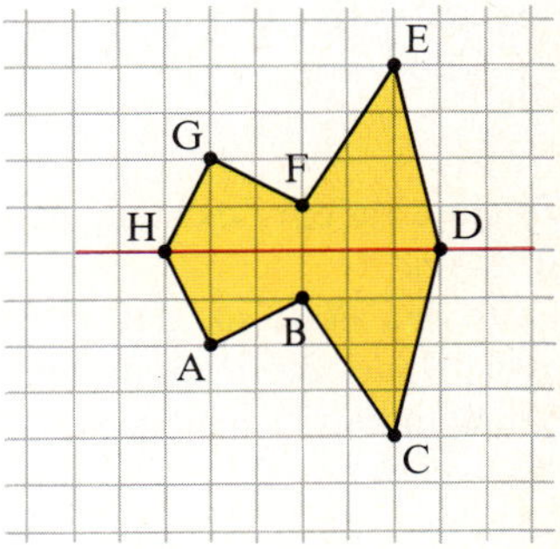

2.

Entscheide, ob die Figur achsensymmetrisch ist.

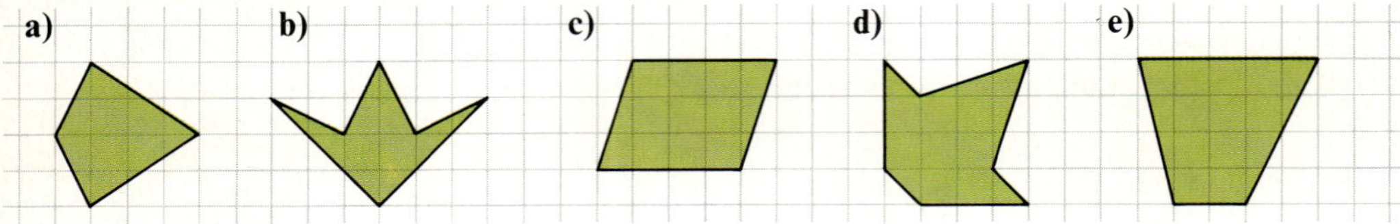

3.

Ergänze die Figur durch Abzählen der Rechenkästen zu einer achsensymmetrischen Figur. (Symmetrieachse: rote Gerade)

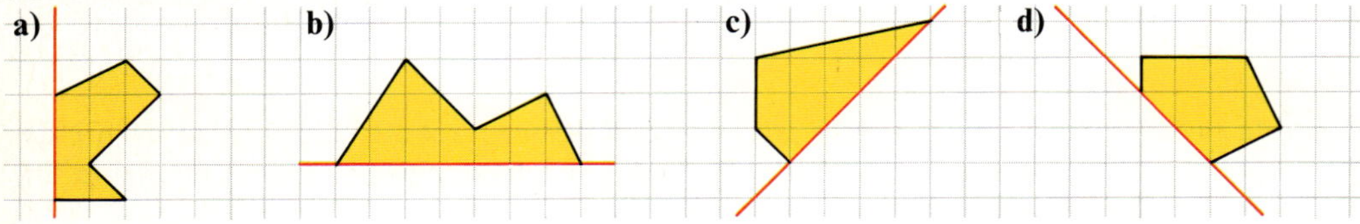

4.

Trage die Punkte A (2; 4), B (8; 4), C (7; 7) und D (5; 7) in ein Gitternetz ein. Wähle eine geeignete Gerade als Symmetrieachse und ergänze das Viereck zu einem achsensymmetrischen Vieleck. Benenne die neuen Eckpunkte mit großen Buchstaben und gib ihre Koordinaten an.

5.

Manche Figuren haben nicht nur eine, sondern mehrere Symmetrieachsen. Zeichne jeweils alle Symmetrieachsen in die Figur ein.

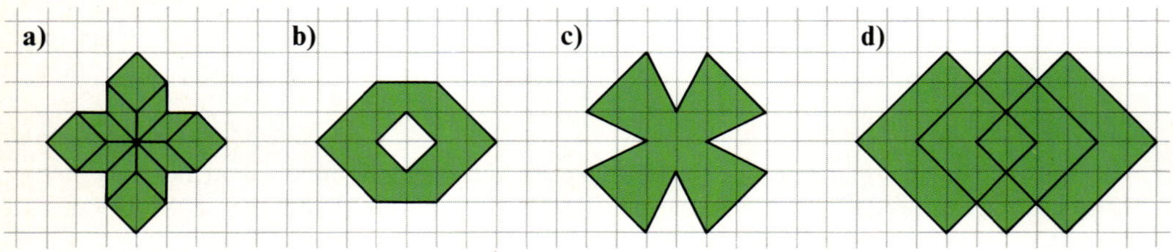

Zur Übung: 1 bis 6

Achsenspiegelung

Aufgabe

Zeichne auf ein Zeichenblatt eine Gerade g und vier Punkte A, B, C und D.

Falte das Blatt so, daß g Faltkante ist. Markiere dann mit einer Nadel die Symmetriepartner der vier Punkte bezüglich der Symmetrieachse g. Bezeichne sie mit A′, B′, C′ und D′.

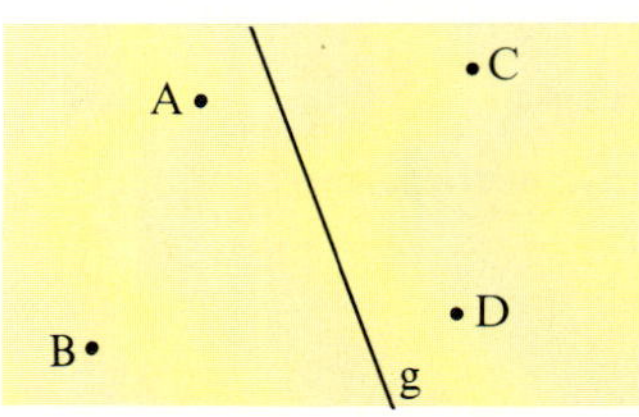

Lösung

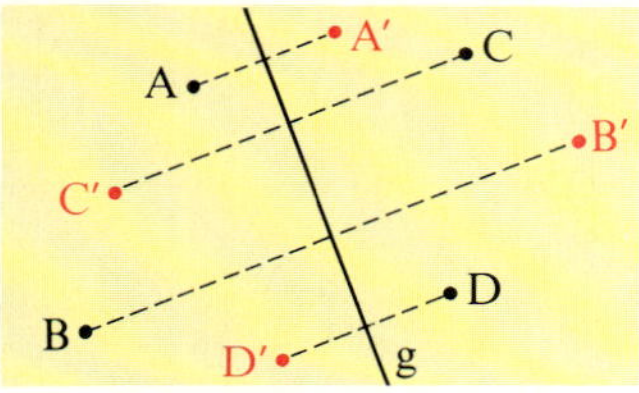

> Wir nennen A′, B′, C′ und D′ die Bilder der Punkte, A, B, C und D bei der **Achsenspiegelung** (*Geradenspiegelung*) an der Geraden g.

Zur Festigung und zum Weiterarbeiten

1.

Zeichne das Bild des Dreiecks ABC bei der Spiegelung an der Geraden g. Zeichne zuerst die Bilder der Eckpunkte.
Gib dem Bilddreieck einen geeigneten Namen.

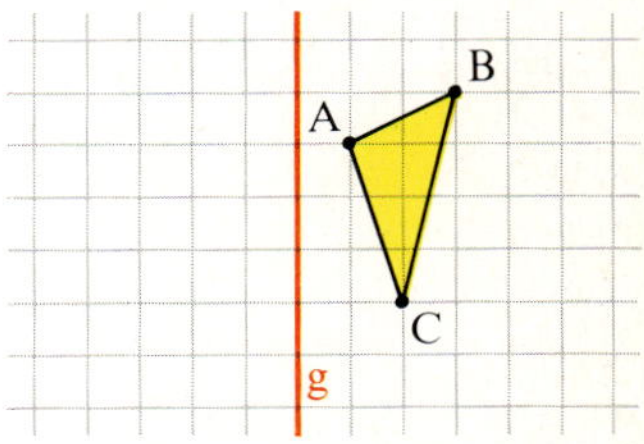

2.

Zeichne das Bild eines Punktes P mit Hilfe des Geodreiecks.

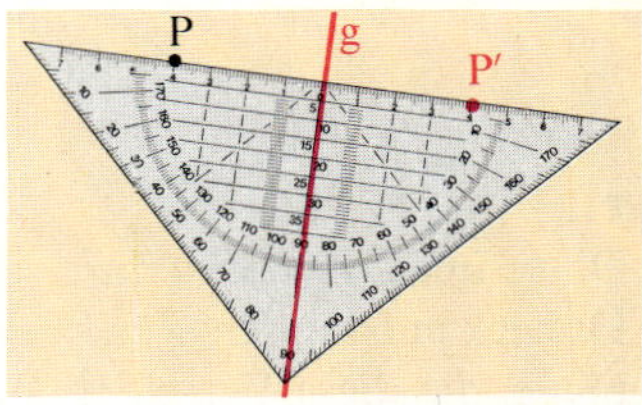

3.

Zeichne zu der Figur ihr Spiegelbild bei Spiegelung an der Geraden. Welche der Figuren fällt mit ihrem Spiegelbild zusammen? Gib eine Begründung.

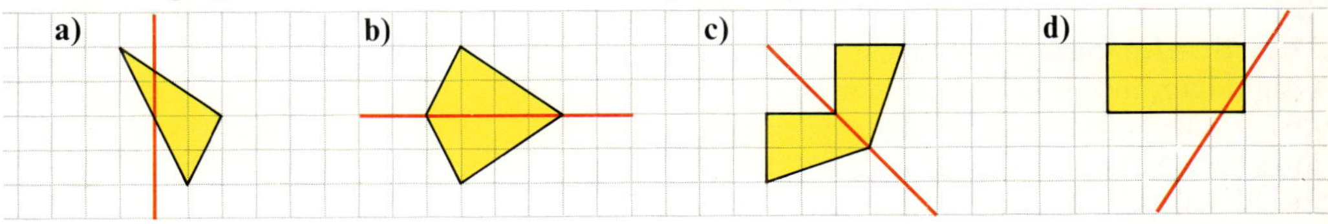

4.

Bei einer Achsenspiegelung ist die grüne Figur das Bild der gelben. Zeichne die Spiegelachse.

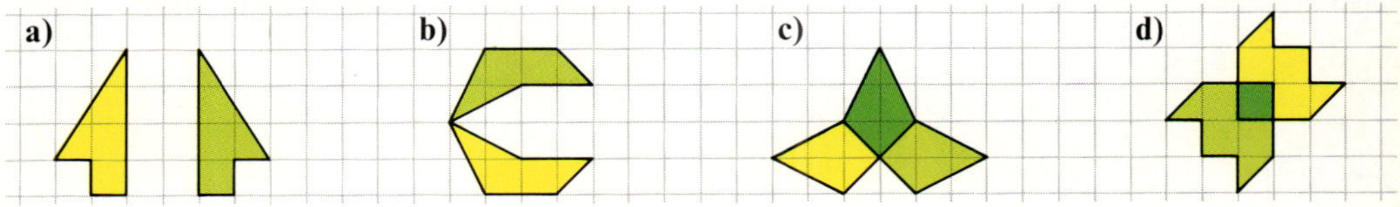

Zur Übung: 7 bis 11

Verschiebungen

Aufgabe

Verschiebe das Viereck um

a) 3 Kästchen nach rechts und 2 Kästchen nach oben;

b) 3 Kästchen nach links und 1 Kästchen nach unten;

c) 4 Kästchen nach rechts und 2 Kästchen nach unten.

Zeichne **Verschiebungspfeile** von den Eckpunkten des Vierecks zu den Eckpunkten des Bildvierecks.

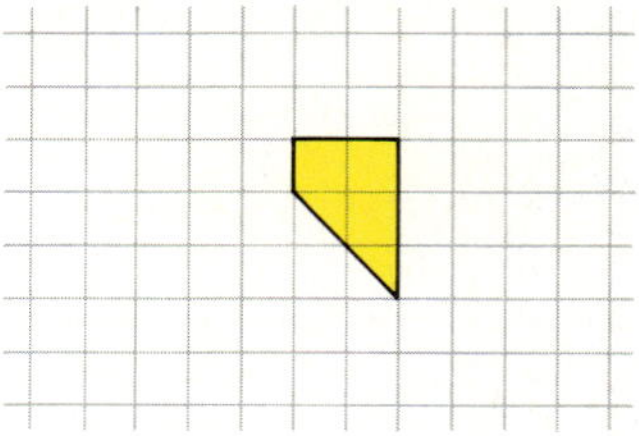

Lösung

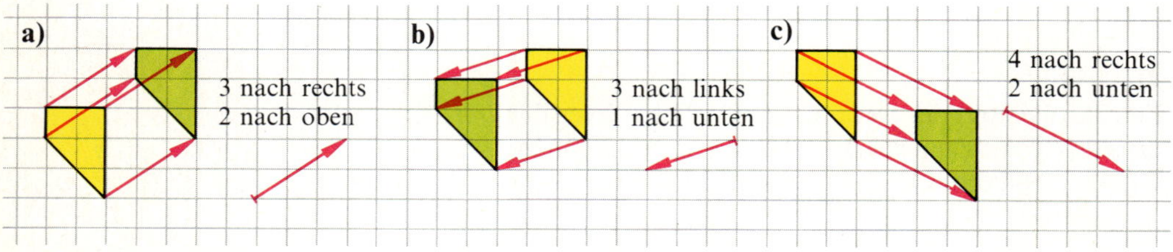

Bei einer **Verschiebung** haben alle **Verschiebungspfeile** dieselbe Länge und dieselbe Richtung.

Zur Festigung und zum Weiterarbeiten

1.

Das grüne Dreieck ist durch eine Verschiebung aus dem gelben Dreieck entstanden. Zeichne vier verschiedene Verschiebungspfeile, die diese Verschiebung bestimmen.

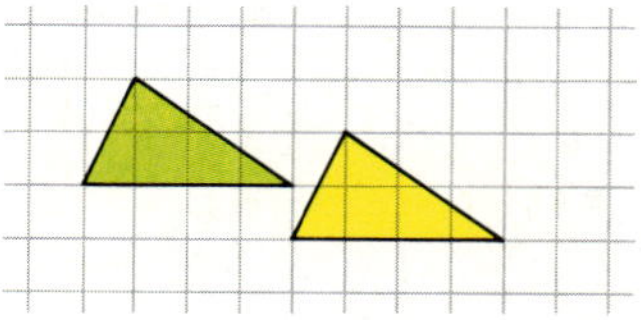

2.

Das **Streifenornament** entsteht aus der Grundfigur, indem man diese immerfort um *drei* Rechenkästchen nach rechts bzw. nach links verschiebt.
Zeichne ein Streifenornament, das aus derselben Grundfigur durch Verschieben um zwei Rechenkästchen nach rechts bzw. links entsteht.

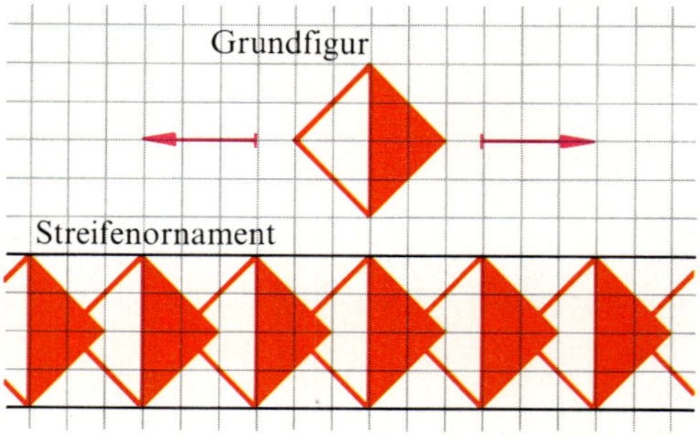

Zur Übung: 12 bis 15

Übungen

Achsensymmetrische Figuren

1.

Prüfe, ob die Gerade g Symmetrieachse der Figur ist. Falls ja, notiere in einer Tabelle zu jedem Punkt den Symmetriepartner.

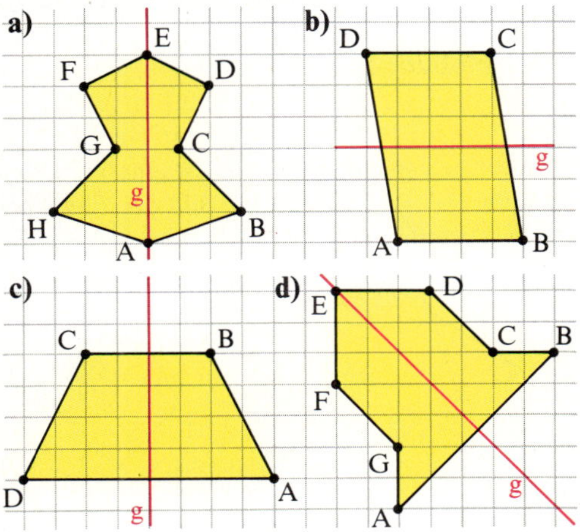

2.

Untersuche, ob die Figur achsensymmetrisch ist. Wenn ja, zeichne die Symmetrieachse in die Figur ein.

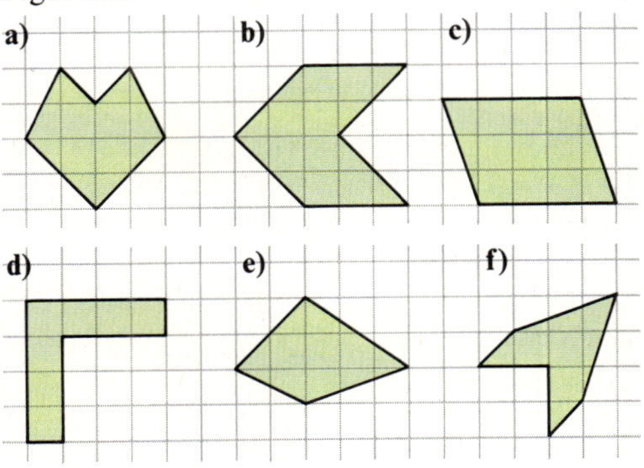

3.

Ergänze die Figur zu einer achsensymmetrischen Figur. Die rote Gerade soll Symmetrieachse sein.

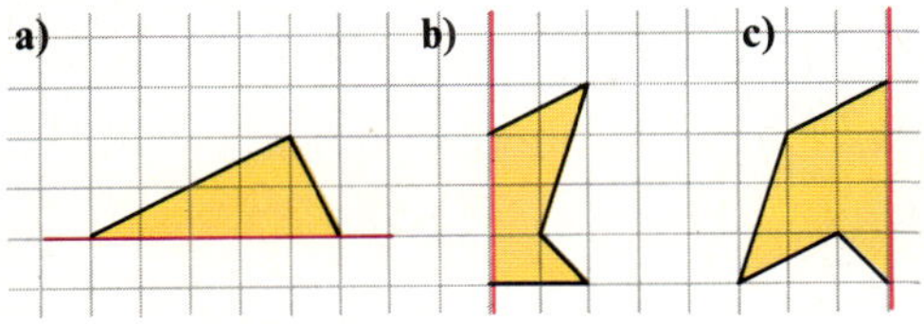

4.

Verfahre wie in Übungsaufgabe 3.

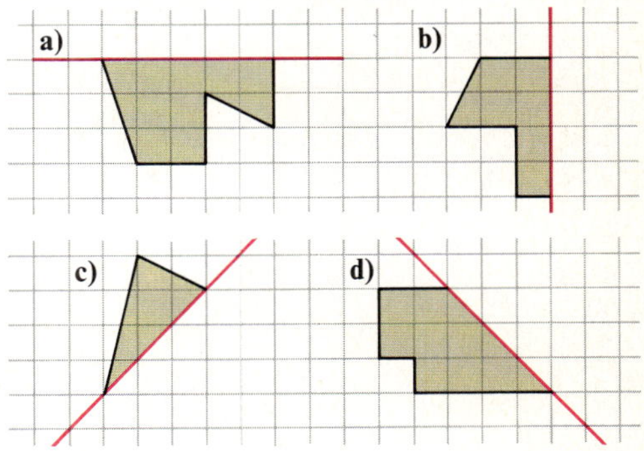

5.

Welche der Verkehrszeichen sind achsensymmetrisch?

6.

Zeichne das Dreieck ABC mit A(4; 1), B(4; 7) und C(2; 4) in ein Gitternetz. Die Gerade AB soll Symmetrieachse sein. Ergänze das Dreieck zu einer achsensymmetrischen Figur.
Welche Figur entsteht?

Achsenspiegelung

7.
Übertrage die Figur auf Karopapier; zeichne ihr Bild bei der Spiegelung an der Achse.

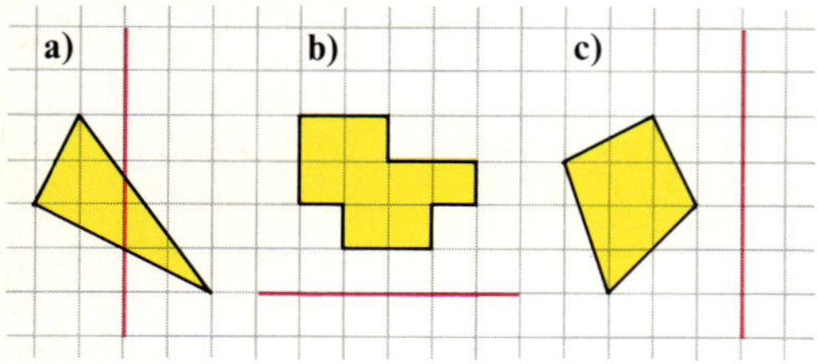

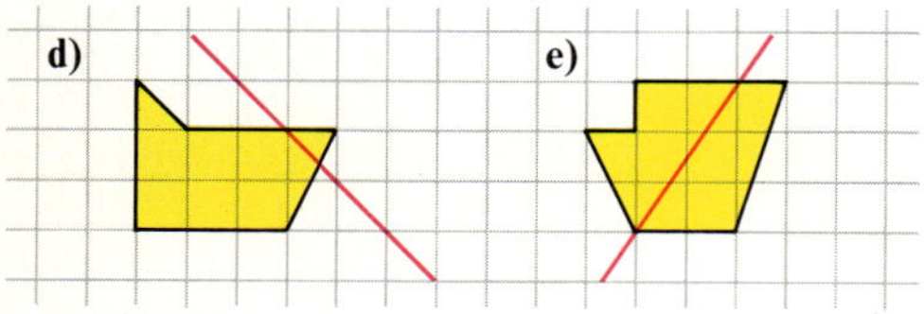

8.
Die grüne Figur ist das Bild der gelben Figur bei einer Achsenspiegelung. Zeichne die Spiegelachse.

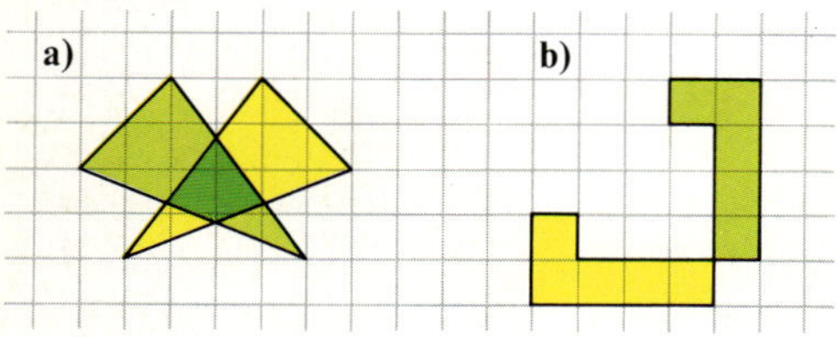

9.
Verfahre wie in Übungsaufgabe 8.

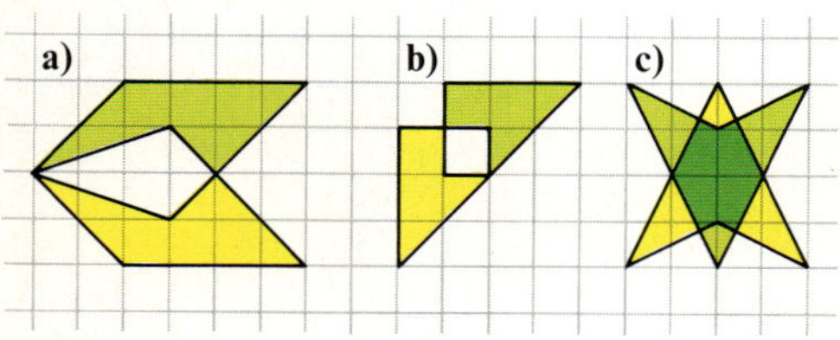

10.
Zeichne das Spiegelbild der Figur bei der Achsenspiegelung an der Geraden. Entscheide, ob die Figur auf sich abgebildet wird.

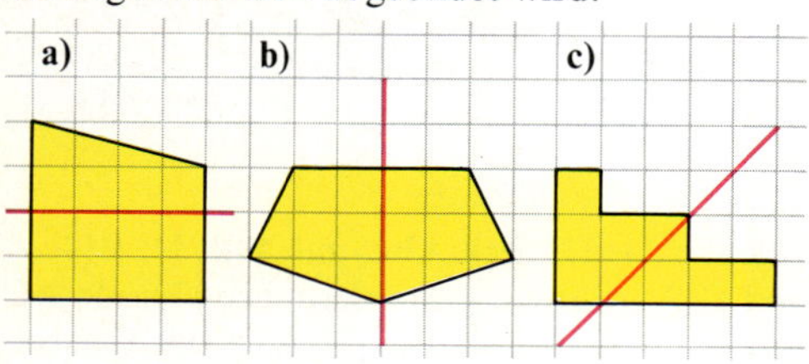

11.
Verfahre wie in Übungsaufgabe 10.

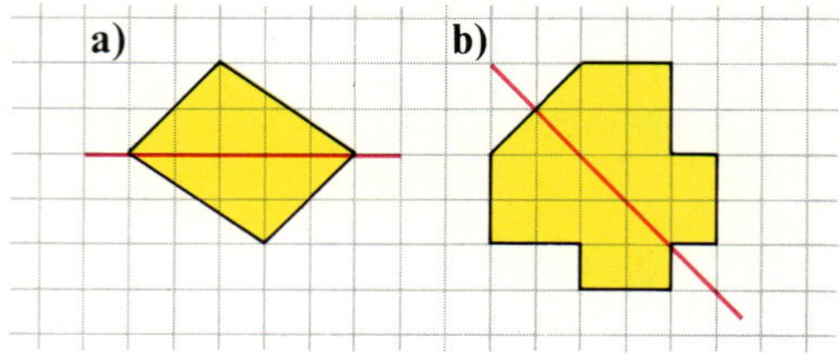

Verschiebungen

12.
Durch den Verschiebungspfeil ist eine Verschiebung festgelegt. Zeichne das Bild der Figur bei dieser Verschiebung.

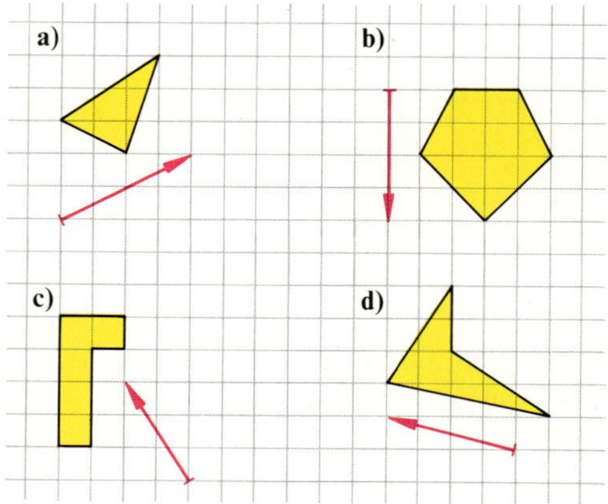

13.
Zeichne das Fünfeck ABCDE mit A(4; 5), B(7; 4), C(8; 8), D(6; 7) und E(4; 8) in ein Gitternetz. Der Verschiebungspfeil beginnt in P und endet in Q.
Zeichne das Bild des Fünfecks bei der angegebenen Verschiebung.

a) P(1; 4); Q(6; 1)

b) P(10; 6); Q(6; 2)

c) P(3; 1); Q(2; 7)

d) P(5; 4); Q(6; 2)

e) P(0; 0); Q(3; 4)

Gib auch die Koordinaten der Bildpunkte von A, B, C, D und E an.

14.

Die grüne Figur ist durch eine Verschiebung aus der gelben entstanden.

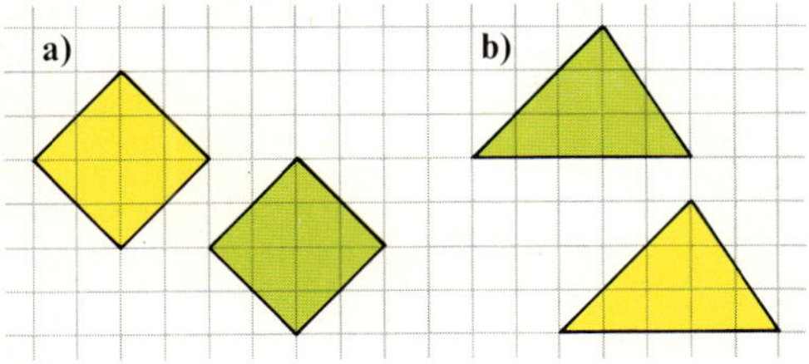

Zeichne vier verschiedene Verschiebungspfeile, die diese Verschiebung bestimmen.

15.

Zeichne ein Streifenornament, indem du die Grundfigur immerfort jeweils um 4 Rechenkästchen nach rechts bzw. nach links verschiebst.

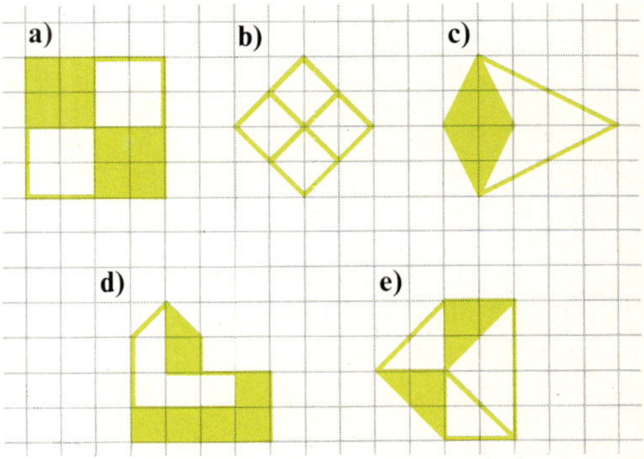

Vermischte Übungen zur Wiederholung

1.

Zeichne auf Karopapier ein Schrägbild und ein Netz eines

a) Quaders, der 4 cm lang, 2 cm breit und 3 cm hoch ist;

b) Würfels mit der Kantenlänge 4 cm.

2.

Auf dem Quader im Bild ist der Weg einer Spinne eingezeichnet. Sie kriecht geradlinig von A nach B, dann von B nach C, von C nach D und von D nach E.

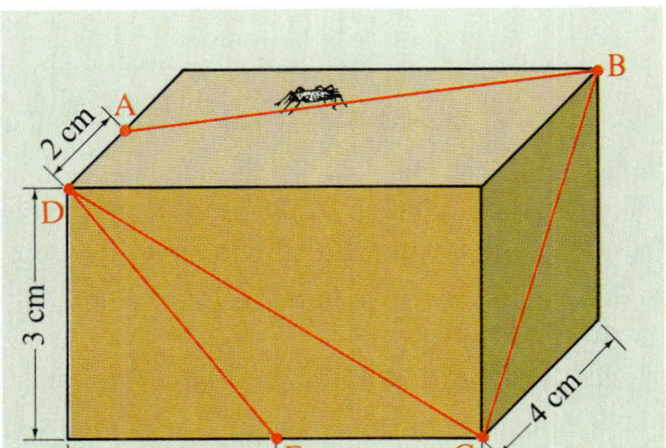

Zeichne drei Netze des Quaders. Trage den Weg der Spinne jeweils in das Netz ein.

Beachte: Es kann vorkommen, daß der Weg der Spinne im Netz „Sprünge" hat.

3.

a) Zeichne in ein Gitternetz die Punkte A (1; 4), B (7; 1), C (5; 4), D (7; 6), E (3; 7) ein.

b) Zeichne das Fünfeck ABCDE und alle Diagonalen, die im Inneren liegen.

c) Miß die Entfernungen zwischen den fünf Punkten und lege eine Entfernungstabelle an.

4.

a) Zeichne die Punkte A (2; 2), B (8; 0) und C (5; 6) in ein Gitternetz.

b) Zeichne die drei Verbindungsgeraden.

c) Zeichne jeweils die Senkrechte zu einer Verbindungsgeraden durch den dritten Punkt. Miß den Abstand des Punktes von der Verbindungsgeraden.

5.

Zeichne ein Rechteck mit den Seitenlängen 3 cm und 5 cm [2,5 cm und 5,5 cm]

a) auf Karopapier;

b) mit Hilfe des Geodreiecks.

6.

Zeichne mit dem Geodreieck

a) ein Parallelogramm, dessen Seiten 2 cm und 4 cm lang sind;

b) eine Raute mit der Seitenlänge 3 cm.

7.

Übertrage die Figur in dein Heft.

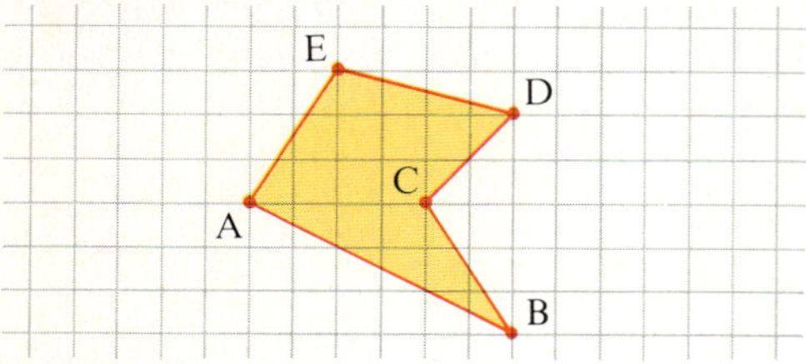

a) Miß den Umfang der Figur.

b) Miß die Entfernungen zwischen den fünf Punkten und lege eine Entfernungstabelle an.

8.

Übertrage die Figur in dein Heft.

a) Zeichne die drei Verbindungsgeraden.

b) Zeichne jeweils die Senkrechte zu einer Verbindungsgeraden durch den dritten Punkt. Miß den Abstand des Punktes von der Verbindungsgeraden.

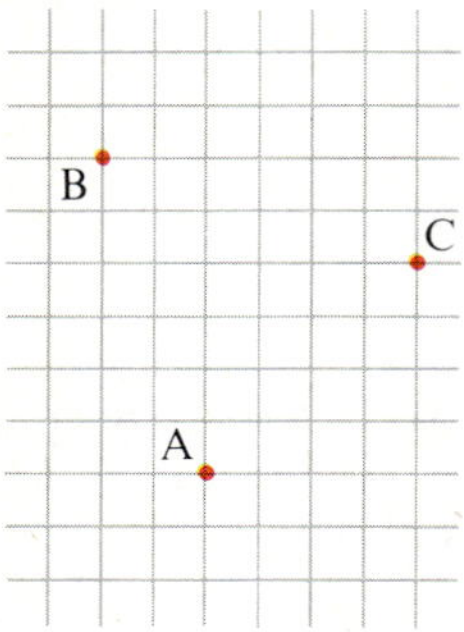

9.

Entscheide, ob die Figur achsensymmetrisch ist. Wenn ja, zeichne die Symmetrieachse ein. Notiere in einer Tabelle zu jedem Punkt den Symmetriepartner.

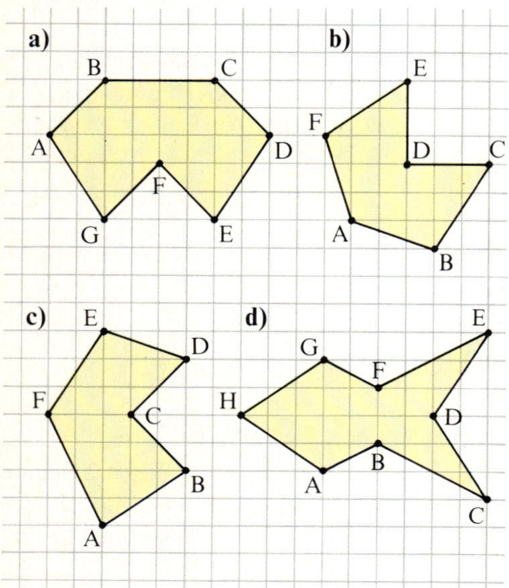

10.

Zeichne das Spiegelbild der Figur bei der Achsenspiegelung an der roten Geraden.

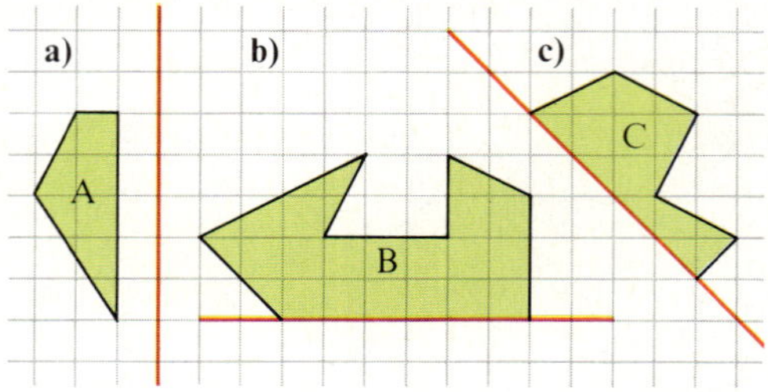

11.

Zeichne die drei Punkte A (1; 3), B (7; 3) und C (5; 5) in ein Gitternetz.
Zeichne einen vierten Punkt D so, daß ABCD ein achsensymmetrisches Viereck ist.
Finde möglichst alle drei Lösungen.

12.

Zeichne das Bild der Figur bei der angegebenen Verschiebung.

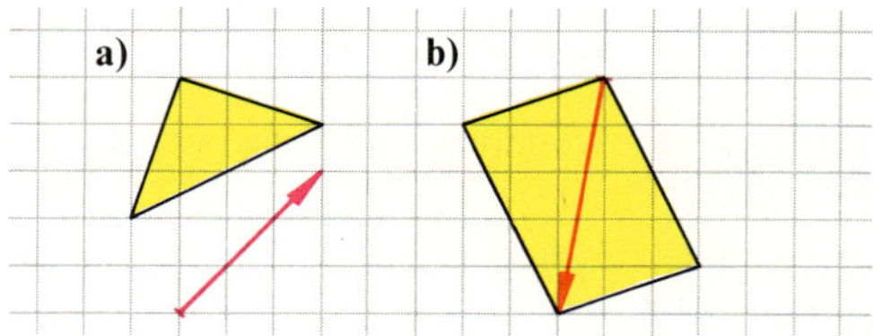

13.

Welche der folgenden Figuren ist nicht das Netz eines Würfels?

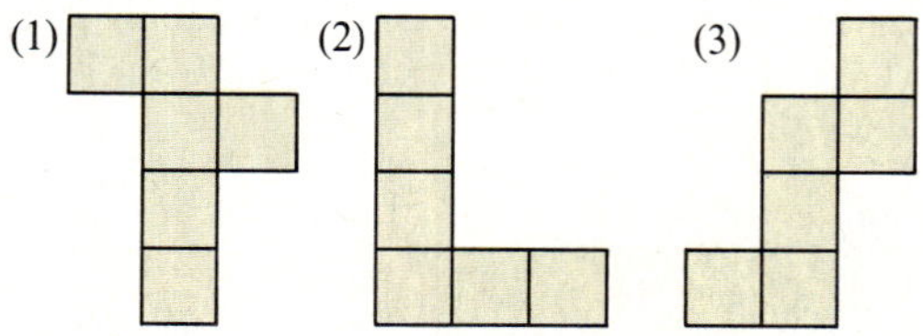

14.

Zeichne das Viereck ABCD mit A (1; 1), B (11; 5), C (9; 9) und D (3; 9) in ein Gitternetz.

a) Markiere die Mittelpunkte der Seiten $\overline{AB}$, $\overline{BC}$, $\overline{CD}$ und $\overline{DA}$.
Welche Koordinaten haben diese Punkte?

b) Verbinde die Mitten gegenüberliegender Seiten des Vierecks. Welche Koordinaten hat der Schnittpunkt dieser Mittellinien?

c) Verbinde die Seitenmitten des Vierecks zu einem neuen Viereck.
Was für ein Viereck ist entstanden?
Wo schneiden sich die Diagonalen dieses Vierecks?

5. Längen – Gewichte – Zeitspannen

Ein Generator wird zusammengebaut.

Fast 200 Tonnen hängen am Spezialkran. Behutsam wird der Koloß in das Rondell hinabgelassen. Ganze 29 Millimeter breit ist nach dem Einbau der Luftspalt zwischen den beiden Maschinenteilen – und das bei 16 Metern Durchmesser!

Längen und Längenmessung

Längenmessung

Aufgabe

Suche auf dieser Seite eine besonders lange Druckzeile. Miß ihre Länge. Schätze zuerst.

Lösung

Die gesuchte Länge beträgt 13 cm 6 mm. Es ist hier günstig, zwei Einheiten, cm und mm, zu verwenden.

Zur Information

Die Längenangabe 13 cm 6 mm bedeutet: 13 Zentimeterstrecken und 6 Millimeterstrecken hintereinandergelegt sind so lang wie die Druckzeile.

Die Strecke ist 4 cm lang. Eine Zentimeterstrecke läßt sich auf ihr 4mal abtragen.
Mit dem Lineal wird das Abtragen und Abzählen der Einheitsstrecken abgekürzt.
Verwechsle nicht eine Strecke (einen Stab, die Kante eines Gegenstandes) mit der Länge der Strecke (des Stabes, der Kante).

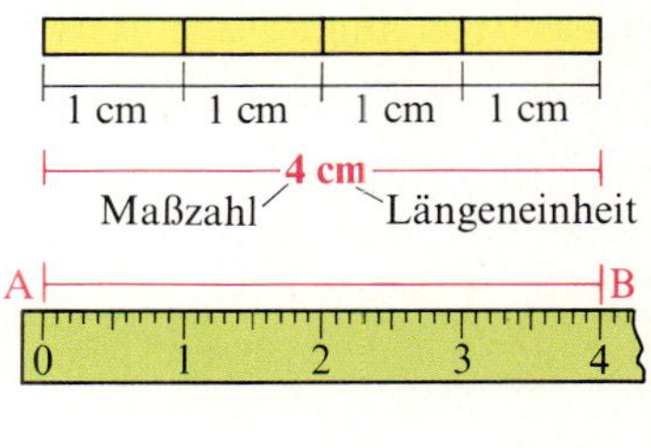

Zur Festigung und zum Weiterarbeiten

1.

Miß Strecken im Klassenzimmer, z. B. die Breite der Tafel. Schätze zuerst. In welcher Einheit bzw. welchen Einheiten mißt du zweckmäßig?

2.

Zeichne eine Strecke folgender Länge: **a)** 7 cm 8 mm **b)** 1 dm 2 cm **c)** 1 dm 1 cm 6 mm
Wie viele Zentimeterstrecken, Millimeterstrecken, Dezimeterstrecken lassen sich auf ihr abtragen?

3.

a) Zähle alle Längeneinheiten auf, die du kennst.

b) Zeige mit den Fingern bzw. Händen ungefähr die Entfernung 1 mm; 1 cm; 1 dm; 1 m.

c) Gib in deinem Heimatort eine Entfernung von 1 km an.

4.

In welcher Einheit gibt man zweckmäßig an: Dicke eines Bohrers, Entfernung zwischen Städten, Höhe eines Schornsteins, Abweichung vom mittleren Hochwasser bei den Gezeiten?

△ **5.**

a) Früher wurden Längen in den Einheiten Meile (= 1 000 (lat. mille) Schritte), Fuß, Elle, Spanne usw. angegeben. Warum sind diese Einheiten unzweckmäßig?

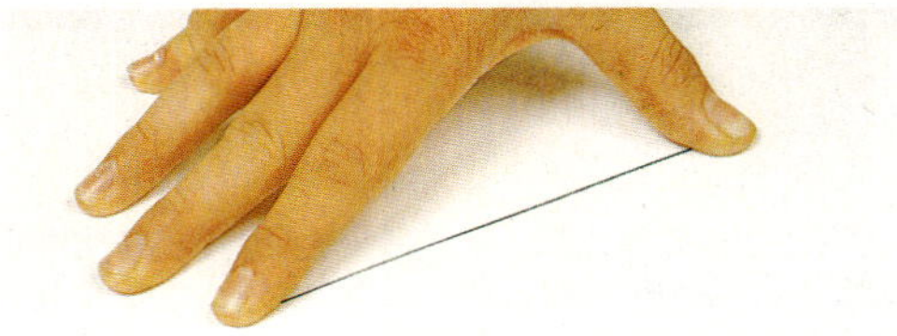

b) Miß die Breite des Klassenzimmers in der Einheit Fuß (Länge deines Fußes).

c) Speerwerfer messen beim Training die Weite ihrer Würfe manchmal mit ihren Speeren ab. Wie geschieht dies und in welcher Einheit messen sie?

Zur Übung: 1 und 2

Umwandlung von Längeneinheiten

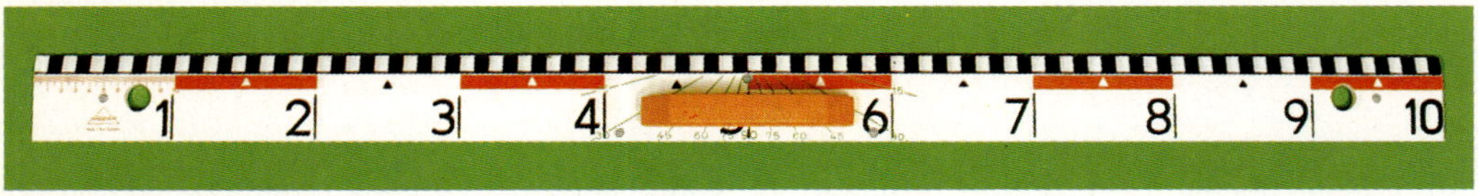

Aufgabe

a) (1) Denke dir einen Stab von 1 m Länge in 10 gleich lange Teile zerlegt. Zeige dies z. B. am Tafellineal. Wie lang ist jede Teilstrecke?

(2) Zerlege eine Dezimeterstrecke in 10 gleich lange Teile. Wie lang ist jede Teilstrecke?

(3) Teile eine Zentimeterstrecke in 10 gleich lange Teile. Wie lang ist jede Teilstrecke?

(4) Denke dir 1 000 Meterstrecken hintereinandergelegt. Wie lang ist die Gesamtstrecke?

b) Eine Druckzeile ist 13 cm 6 mm lang. Gib die Länge in der Einheit mm an.

Lösung

a) (1) 1 dm (2) 1 cm (3) 1 mm (4) 1 km

b) Schau dir 13 Zentimeterstrecken auf dem Lineal an. Jede Zentimeterstrecke besteht aus 10 Millimeterstrecken. Das sind zusammen 13 · 10, also 130 Millimeterstrecken. Hinzu kommen noch 6 Millimeterstrecken: 13 cm 6 mm = 136 mm

$$1\text{ mm} \xrightarrow{\cdot 10} 1\text{ cm} \xrightarrow{\cdot 10} 1\text{ dm} \xrightarrow{\cdot 10} 1\text{ m} \xrightarrow{\cdot 1\,000} 1\text{ km}$$

10 mm = 1 cm

10 cm = 1 dm

10 dm = 1 m

1 000 m = 1 km

Die Verwandlungszahl ist 10.

Zur Festigung und zum Weiterarbeiten

1.
Aus wie vielen Dezimeterstrecken bzw. Zentimeterstrecken, Millimeterstrecken besteht eine Strecke der angegebenen Länge?

a) 8 m **b)** 5 m **c)** 4 dm **d)** 7 dm **e)** 5 cm **f)** 3 m 5 cm **g)** 7 cm 5 mm **h)** 38 cm

2.
Schreibe mit der in Klammern angegebenen Einheit.

5 dm = ? cm

1 dm = 10 cm
5 dm = 50 cm

a) 3 m (dm)
4 m (cm)
8 dm (cm)
14 dm (cm)
3 cm (mm)
9 km (m)

b) 7 dm (cm)
8 m (cm)
5 cm (mm)
4 km (m)
800 cm (m)
7 000 m (km)

c) 310 cm (dm)
720 mm (cm)
8 100 cm (m)
37 000 m (km)
4 500 mm (cm)
370 dm (m)

d) 41 dm (mm)
24 m (mm)
2 km (cm)

Zur Übung: 3 bis 6

Kommaschreibweise – Einheitentabelle

Aufgabe

Die Länge einer Druckzeile beträgt 13 cm 6 mm. Gib die Länge in Kommaschreibweise an

a) in cm; **b)** in dm.

Lösung

Die Einheitentabelle zeigt, wie man das Komma setzt.

a) 13 cm 6 mm = 13,6 cm

Vor dem Komma		Nach dem Komma
dm	cm	mm
1	3	6

b) 13 cm 6 mm = 1,36 dm

Vor dem Komma	Nach dem Komma	
dm	cm	mm
1	3	6

Zur Information

Die Einheitentabellen auf Seite 131 lassen sich zu einer großen *Einheitentabelle* ergänzen. Sie liefert eine gute Übersicht für die Kommaschreibweise.

km			m			dm	cm	mm	Schreibweisen
H	Z	E	H	Z	E				
		3	2	4	9				3 km 249 m = 3,249 km = 3 249 m
		7	5						7 km 500 m = 7,5 km = 7 500 m
					8	7	5		8 m 75 cm = 8,75 m = 875 cm
					3	4			3 m 40 cm = 3,4 m = 340 cm
							7	9	7 cm 9 mm = 7,9 cm = 79 mm

Zur Festigung und zum Weiterarbeiten

Als Hilfe kann die Einheitentabelle dienen.

1.
Schreibe mit Komma in der in Klammern angegebenen Einheit.

a)	b)	c)	d)
14 cm 3 mm (cm)	28 cm 5 mm (cm)	75 cm (m)	1 m 5 dm (m)
2 m 23 cm (m)	14 m 25 cm (m)	87 cm (m)	27 dm 8 cm (dm)
3 m 5 cm (m)	19 m 5 cm (m)	6 mm (cm)	3 dm (m)
4 km 600 m (km)	8 km 700 m (km)	275 m (km)	9 cm (dm)
7 km 350 m (km)	3 km 280 m (km)	700 m (km)	4 mm (cm)

2.
Schreibe in zwei Einheiten. Verwandle dann in die kleinere Einheit.

3,45 m = 3 m 45 cm = 345 cm

a)	b)	c)	d)	e)	f)
4,75 m	3,75 m	7,2 m	0,85 m	2,005 km	3,45 dm
8,03 m	9,03 m	0,5 km	0,4 m	7,3 dm	9,08 dm
3,4 cm	6,7 cm	0,7 cm	0,7 cm	8,9 dm	8,4573 km
7,945 km	0,5 m	0,25 m	0,513 km	0,7 dm	2,475 m
3,8 km	9,4 km	2,04 m	0,2 km	8,74 dm	1,847 m

Zur Übung: 7 bis 11 sowie 12 bis 20 (Vermischte Übungen)

Übungen

Längenmessung

1.
Zeichne eine Strecke der folgenden Länge. Aus wie vielen Einheitsstrecken besteht sie?

a) 17 cm 5 mm
19 mm
1 dm 2 cm

b) 4 cm 6 mm
58 mm
1 dm 4 cm

△ **2.**
Wähle als Längeneinheit die Länge der kleinen Heftkante eines DIN A 5-Heftes (1 HK). Bestimme in dieser Einheit angenähert

a) die Länge der Tischkante;

b) die Breite des Raumes;

c) die Türhöhe.

Umwandlung von Längeneinheiten

3.

Schreibe mit der in Klammern angegebenen Einheit.

a)	8 m	(dm)	**b)**	9 dm	(cm)
	9 km	(m)		3 m	(cm)
	3 dm	(cm)		14 cm	(mm)
	340 cm	(dm)		7 km	(m)
	720 mm	(cm)		900 cm	(m)
	27 km	(m)		13 000 m	(km)
c)	85 cm	(mm)	**d)**	41 dm	(mm)
	830 dm	(m)		24 km	(cm)
	34 000 m	(km)		3 m	(mm)
	80 cm	(dm)		19 km	(mm)
	29 dm	(cm)		24 m	(mm)
	370 dm	(m)		3 000 mm	(dm)

4.

In einer Bastelanweisung sind die Maße der Schachfiguren in mm angegeben.
Verwandle in cm.

△ 5.

Der Maßstab einer Landkarte beträgt 1 : 1 000 000; das bedeutet: 1 cm auf der Karte ist 1 000 000 cm, also 10 km, in der Wirklichkeit.

a) Auf der Landkarte werden Strecken der Länge 7 cm, 1 mm, 3 cm 4 mm abgemessen. Wie lang sind die Strecken in der Wirklichkeit?

b) Wie groß erscheinen Entfernungen von 90 km, 8 km, 43 km auf der Landkarte?

△ 6.

Der Maßstab einer Landkarte beträgt 1 : 200 000. Wie lang sind

a) 2 cm; 9 cm; 4 mm in der Wirklichkeit?

b) 800 m; 4 km; 7 km 200 m auf der Karte?

Kommaschreibweise – Einheitentabelle

7.

Schreibe mit Komma in der in Klammern angegebenen Einheit.

a)	23 cm 3 mm	(cm)	**b)**	43 cm 8 mm	(cm)
	4 m 27 cm	(m)		17 m 75 cm	(m)
	8 m 5 cm	(m)		29 m 6 cm	(m)
	7 km 800 m	(km)		4 km 300 m	(km)
	9 km 250 m	(km)		18 km 390 m	(km)
c)	85 cm	(m)	**d)**	4 m 3 dm	(m)
	93 cm	(m)		27 dm 9 cm	(dm)
	8 mm	(cm)		8 dm	(m)
	293 m	(km)		4 cm	(dm)
	500 m	(km)		7 mm	(cm)

8.

Schreibe in zwei Einheiten. Verwandle dann in die kleinere Einheit.

a)	7,83 m	**b)**	8,25 m	**c)**	0,82 m
	9,04 m		9,04 m		0,6 m
	8,4 cm		7,7 cm		0,4 cm
	7,952 km		9,2 km		0,728 km
	2,9 km		0,8 km		0,3 m
d)	4,923 km	**e)**	8,405 km	**f)**	9,04 dm
	8,765 km		8,009 km		3,725 dm
	9,4 cm		0,07 dm		8,263 m
	3,6 m		3,75 dm		4,765 m
	2,5 m		8,257 m		0,472 m

9.

Fertige eine Einheitentabelle an und trage ein.
Lies drei Schreibweisen ab.

a) 517 cm; 75 dm; 865 mm; 275 cm

b) 73,57 km; 84,05 m; 3,5 km; 7,045 m

c) 2,005 km; 38 km 400 m; 12 km 40 m

d) 18 m 5 cm; 19 m 50 cm; 12 cm 4 mm

e) 12 dm 4 mm; 8 m 7 dm; 3 km 4 m

10.

Schreibe die Weglängen ohne Komma. Es gibt mehrere Möglichkeiten.
Welche Einheit ist üblich?

△ **11.**
Drücke in der in Klammern angegebenen Einheit aus.

a) 3 mm (cm)
7 cm (dm)
4 dm (m)

▲ **b)** 0,04 m (dm)
0,02 dm (cm)
0,28 m (dm)

▲ **c)** 7,2548 km (m)
0,0284 km (m)
0,0004 km (m)

▲ **d)** 0,7 km (cm)
2,8 m (mm)
0,5 dm (mm)

Vermischte Übungen

12.
Schreibe wie im Beispiel in mehreren Einheiten.

3 157 mm = 3 m 1 dm 5 cm 7 mm

a) 28 cm **b)** 37 mm **c)** 475 cm
d) 215 cm **e)** 2 403 m **f)** 34 745 dm
g) 3 564 cm **h)** 4 759 dm **i)** 9 845 m
j) 1 256 mm **k)** 2 084 m **l)** 18 005 dm

13.
Gib in der kleineren Einheit an.

7 m 9 dm = 79 dm

a) 5 m 7 dm **b)** 2 dm 7 cm
c) 55 m 2 dm **d)** 5 m 3 cm
e) 2 m 3 cm **f)** 24 km 12 m
g) 8 cm 3 mm **h)** 34 cm 9 mm
i) 17 m 54 cm **j)** 25 km 8 m

14.
Drücke in der in Klammern angegebenen Einheit aus.

a) 170 dm (m) **b)** 3 400 cm (dm)
c) 31 000 m (km) **d)** 24 000 mm (cm)
e) 1 400 cm (m) **f)** 23 000 mm (dm)
g) 367 000 mm (m) **h)** 840 000 dm (km)

15.
Gib zwei andere Schreibweisen an.

a) 3,7 m; 4 km 90 m; 3,05 dm; 47 m 28 dm
b) 92,97 m; 1,25 dm; 20 dm; 24 m
c) 12,67 km; 0,75 m; 0,09 m; 0,7 cm
d) 5 mm; 2 cm; 3,5 dm; 0,8 cm

16.
Was bedeuten die Angaben auf Bernds Fahrradtacho: 482,7 km; 182,5 km; 317,8 km

17.
Das Sprungtuch beim Trampolinturnen ist 180 cm bis 215 cm breit und 360 cm bis 430 cm lang. Verwandle in zwei Einheiten.

18.
Gib die Maße in mehreren Einheiten an.

a)

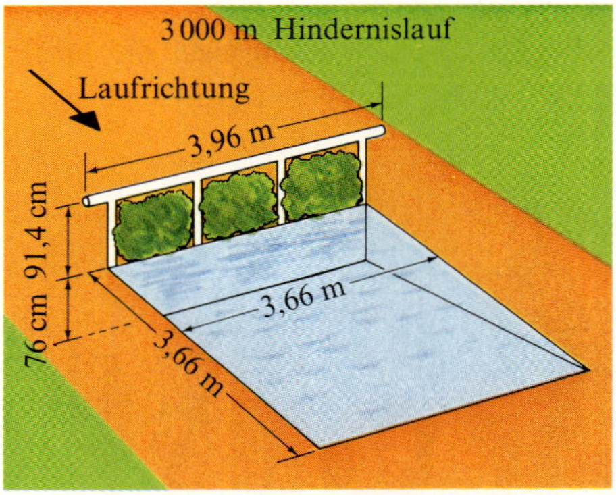

b)

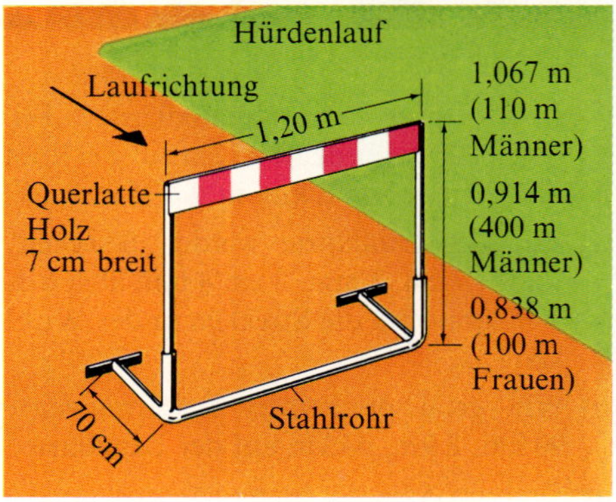

19.
a) In dem Fahrzeugschein eines Autos steht: Länge: 4 725 mm; Breite: 1 786 mm.
Schreibe mit Komma in der Einheit cm [m].

△ **b)** Welche Maße hat das Auto deiner Eltern? Schau im Fahrzeugschein nach.

20.

Aus einem Katalog für Modelleisenbahnen:

Spur	Spurweite	Schienenkreis
1	45 mm	1 200 mm bis 2 350 mm
N	9 mm	384 mm bis 1 052 mm
H0	16,5 mm	590 mm bis 1 337 mm
Z	6,5 mm	290 mm bis 980 mm

Verwandle die Angaben in cm [m]. Schreibe, wenn nötig, mit Komma.

Rechnen mit Längen

Addition und Subtraktion von Längen

Aufgabe

Ein Fernfahrer fährt auf der Autobahn von Hannover nach Duisburg und von dort weiter nach Frankfurt.

a) Wie lang ist der Weg, den er zurückgelegt hat?

b) Den Rückweg nimmt er auf kürzerem Wege über Kassel. Wieviel km war der Umweg über Duisburg länger?

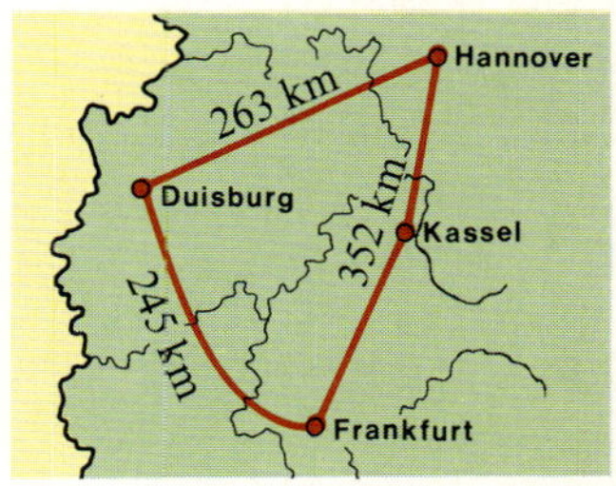

Lösung

a) *Rechnung:* 263 km + 245 km = 508 km
Antwort: Der Weg ist 508 km lang.

b) *Rechnung:* 508 km − 352 km = 156 km
Antwort: Der Umweg über Duisburg war 156 km länger.

Zur Festigung und zum Weiterarbeiten

1.

Schreibe und rechne wie im Beispiel.

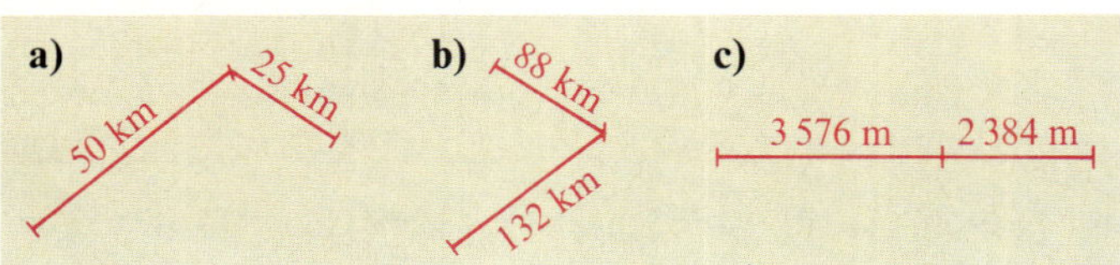

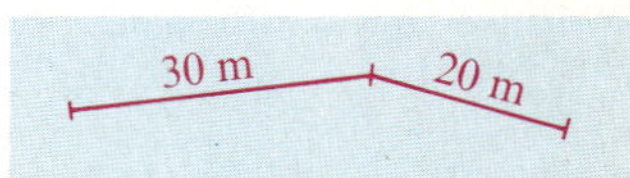

30 m + 20 m = 50 m
50 m − 30 m = 20 m
50 m − 20 m = 30 m

Zur Übung: 1 bis 10

Multiplikation und Division bei Längen

Aufgabe

a) Herr Meier möchte ein an einer Straße gelegenes Grundstück kaufen. Um die Länge der Straßenfront zu bestimmen, zählt er die Bordsteine. Es sind 26. Er weiß: Jeder Bordstein ist 90 cm lang. Wie lang ist die Straßenfront?

b) Die Straßenfront eines Gartens ist 24,5 m lang. Es sollen sieben gleich lange Zaunstücke angebracht werden.
Wie lang ist jedes dieser Stücke?

c) Eine Straße ist 189 m lang. Sie soll an einer Seite mit Bordsteinen eingefaßt werden. Wie viele Bordsteine werden benötigt? (Bordsteinlänge: 90 cm)

Lösung

a) *Rechnung:* 26 · 90 cm = 90 cm · 26 = 2 340 cm
Antwort: Die Straßenfront ist 23,40 m lang.

b) *Rechnung:* 24,5 m : 7 = 2 450 cm : 7 = 350 cm = 3,50 m
Antwort: Jedes Zaunstück ist 3,50 m lang.

c) *Rechnung:* 189 m : 90 cm = 18 900 cm : 90 cm = 210
Antwort: Es werden 210 Bordsteine benötigt.

Zur Festigung und zum Weiterarbeiten

1.
Schreibe und rechne wie im Beispiel.

a)

b)
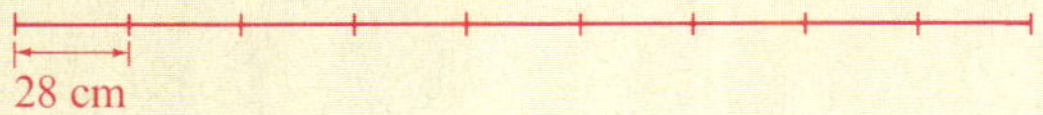

5 · 18 m = 90 m
90 m : 5 = 18 m
90 m : 18 m = 5

Zur Übung: 11 bis 20 sowie 21 bis 26 (Vermischte Übungen)

Übungen

Addition und Subtraktion von Längen

1.

a) 7 548 m + 2 859 m
b) 8 476 km + 9 534 km
c) 8 276 cm + 2 754 cm
d) 8 294 m − 7 696 m
e) 9 304 km − 7 905 km
f) 2 689 cm − 1 989 cm

2.

a) 6 543 m + 7 292 m + 9 789 m + 8 922 m
b) 7 298 km + 3 976 km + 8 408 km + 7 699 km
c) 4 798 cm + 2 394 cm + 9 766 cm + 7 879 cm
d) 94 765 m − 2 479 m − 3 846 m − 7 659 m
e) 48 269 km − 2 679 km − 2 889 km − 3 987 km
f) 47 653 cm − 7 884 cm − 6 398 cm − 4 796 cm

3.
Ein Zimmer ist 2,50 m hoch. Ein Bücherregal aus Aufbauteilen besteht aus übereinanderstehenden Möbelstücken mit den Höhen
0,75 m; 1,15 m; 0,65 m.
Paßt dieses Regal ins Zimmer?

Anleitung: Verwandle in cm.

4.
Auf einem Ballen sind 36 m Kleiderstoff. Davon sind bisher Stücke verkauft von

1,90 m; 2,15 m; 1,75 m; 1,25 m; 2 m; 1,5 m.

Der Rest wird im Schlußverkauf preiswert angeboten.

5.
Die Fußleiste eines Zimmers soll erneuert werden. Das Zimmer ist 3,50 m breit und 7,20 m lang. Die Tür ist mit Rahmen 1,20 m breit.

6.
Ein Grundstück (Bild) wird eingezäunt.
Wie lang muß der Draht sein?

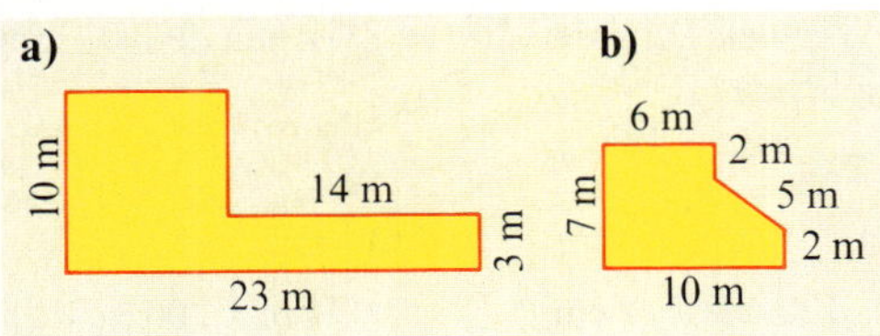

7.
Gerhard stellt ein Stäbchenmodell eines Quaders her. Welche Länge erhält er, wenn er alle Stäbe aneinanderlegt?

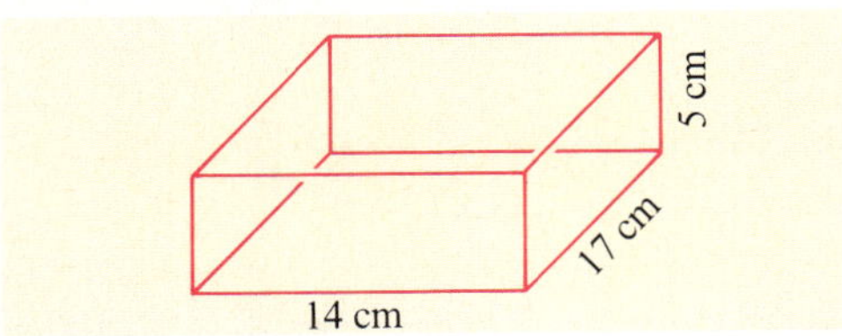

8.

a) Vor einem Ausflug zeigt der Kilometerzähler eines Autos 38 914 km an, nachher 39 011 km.

b) Vor einem Ausflug zeigt der Kilometerzähler 49 782 km an. Es werden 250 km zurückgelegt.

c) Es werden 425 km zurückgelegt. Der Kilometerzähler zeigt am Ende der Fahrt 70 325 km an.

▲ **9.**
Ein Paket ist 40 cm lang, 25 cm breit und 15 cm hoch. Beim Verschnüren werden für jeden Knoten 1 cm, zum Verknoten von Anfang und Ende zusammen 5 cm Faden benötigt.
Reichen 4 m Bindfaden zum Verpacken?

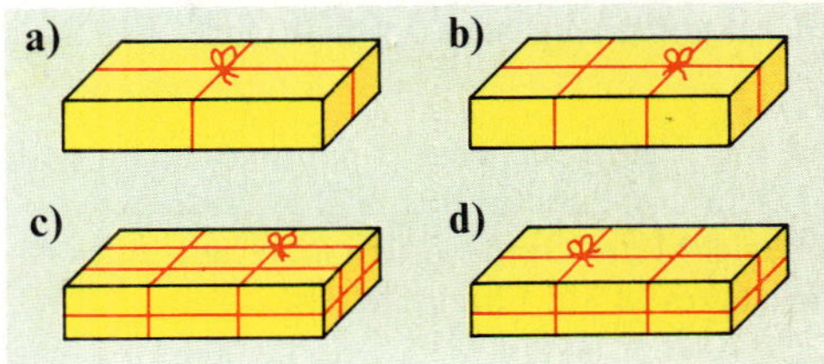

10.

a) (318 m + 417 m) − (419 m − 249 m)

b) (378 cm − 212 cm) + (294 cm + 174 cm)

c) (473 km − 319 km) + (437 km − 384 km)

d) (389 m + 217 m) − (214 m + 172 m)

Multiplikation und Division bei Längen

11.
Rechne im Kopf.

a) 7 · 105 m
5 · 803 m
6 · 111 km
8 · 390 mm

b) 7 · 23 m
5 · 17 m
9 · 74 m
8 · 58 m

c) 84 m : 12
72 km : 24
121 cm : 11
65 mm : 13

d) 108 km : 9 km
169 cm : 13 cm
180 m : 15 m
133 mm : 7 mm

12.
Berechne schriftlich.

a) 419 · 324 km
719 · 218 m
462 · 978 mm

b) 312 · 427 cm
219 · 218 m
403 · 476 m

c) 46 488 m : 78
13 806 cm : 26
15 222 m : 59

d) 31 374 m : 54 m
47 214 cm : 86 cm
49 104 km : 72 km

13.
In einer Kaufhausreklame steht:

Über 1 km Stoff im Angebot!

Im Lager liegen 36 Ballen zu je 32 m Länge.
Stimmt die Reklame?

14.
Eine Stadionlaufbahn ist 400 m lang. Wie viele Runden muß man für einen 2 000 m- [10 000 m-; 5 000 m-] Lauf zurücklegen?

15.
Eine Kleiderfabrik hat 3 780 m Stoff eingekauft. Für einen Anzug benötigt man 3 m.

16.
In einer Fabrik stehen 37 Spinnmaschinen. Jede Maschine stellt stündlich 530 m Garn her.
Wieviel Meter Garn werden innerhalb eines Arbeitstages (8 Std.) hergestellt?

17.
In einer Sekunde bewegt sich der Schall 333 m weit fort. Bei einem Gewitter hört man den Donner 3 Sekunden [8 Sekunden] nach dem Blitz. Wie weit ist das Gewitter entfernt?

18.
Ein Zimmer ist 4,10 m lang. Die Einzelteile eines Aufbauregals sind 85 cm breit. Aus wie vielen Teilen kann man ein ins Zimmer passendes Regal zusammensetzen?

19.
Ein Fußballspieler läuft durchschnittlich pro Spiel 8 500 m. Während eines Jahres finden etwa 39 Spiele statt.

a) Wie lang ist die Strecke, die er bei diesen 39 Spielen im Jahr zurücklegt?

b) Ein Spieler spielt 7 Jahre in einer Mannschaft. Wie lang ist die Strecke, die er während dieser Zeit in den Spielen zurückgelegt hat?

20.
Berechne. Beachte die Berechnungsregeln.

a) $37 \cdot (412\text{ m} + 732\text{ m})$

b) $48 \cdot (514\text{ m} - 258\text{ m})$

c) $12 \cdot 104\text{ m} - 8 \cdot 94\text{ m}$

d) $3 \cdot 27\text{ cm} + 3 \cdot 53\text{ cm}$

e) $3 \cdot (27\text{ cm} + 53\text{ cm})$

f) $4 \cdot 48\text{ cm} + 4 \cdot 22\text{ cm}$

g) $4 \cdot (48\text{ cm} + 22\text{ cm})$

h) $2 \cdot 164\text{ cm} + 2 \cdot 86\text{ cm}$

i) $2 \cdot (164\text{ cm} + 86\text{ cm})$

Vermischte Übungen

21.
Hans will die Höhe eines Hochhauses bestimmen. Er mißt die Zimmerhöhe: 2,50 m. Das Haus hat 14 Stockwerke, der Keller ragt 1 m aus dem Boden. Die Dicke der Zimmerdecken schätzt Hans auf je 25 cm. (Skizze!)

22.
Herr Müller fährt mit seinem Wagen jährlich etwa 13 000 km. Er kauft einen Gebrauchtwagen, der schon 27 200 km zurückgelegt hat.
Wieviel volle Jahre kann Herr Müller den Wagen fahren, wenn er ihn spätestens mit 100 000 km verkaufen will?

△ **23.**
Beim 110-m-Hürdenlauf sind zwei Hürden 9,14 m voneinander entfernt. Es ist günstig, wenn ein Läufer 2 m vor einer Hürde abspringt und möglichst kurz hinter der Hürde wieder aufkommt. Ein Läufer hat einen Schritt von etwa 2 m Länge.
Wie viele Schritte kann er zwischen den Hürden machen?

24.

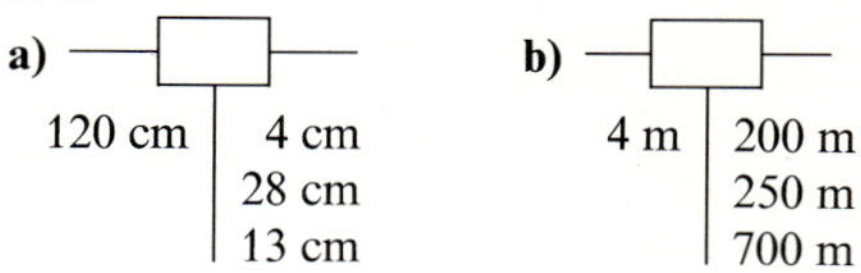

25.

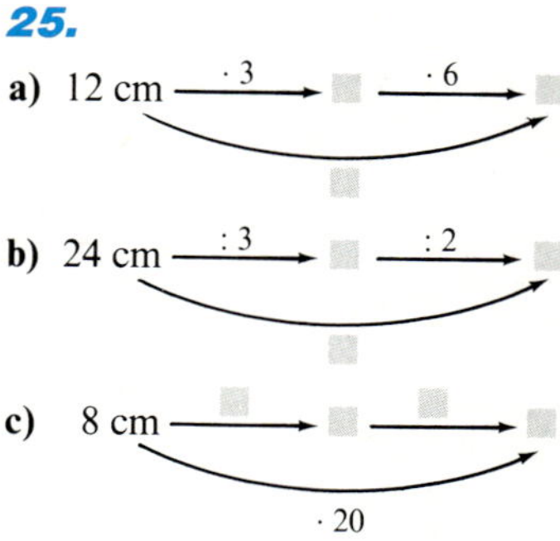

△ **26.**
Welche Länge erhältst du, wenn du 1 cm [1 mm] von 2 km subtrahierst?
Warum kommt eine solche Aufgabe im täglichen Leben nicht vor?

Gewichte und Gewichtsmessung

Gewichtsmessung

Aufgabe

Miß mit einer Tellerwaage und einem Gewichtssatz das Gewicht deines Mathematikbuches.
Schätze zuerst.

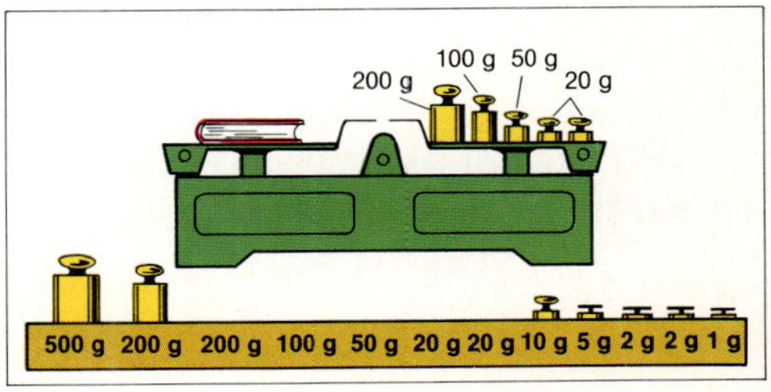

Lösung

Das Gewicht beträgt ca. 390 g.

Zur Information

Die Gewichtsangabe 390 g bedeutet: Der Gegenstand (Körper) hat dasselbe Gewicht wie 390 kleine Gewichtsstücke mit jeweils 1 g Gewicht.

Der Körper rechts hat das Gewicht 5 g. Das bedeutet:
Er hat dasselbe Gewicht wie 5 Grammstücke zusammen.
Die Waage ist im Gleichgewicht.

In den Naturwissenschaften (Physik, Chemie ...) spricht man von Masse statt Gewicht.

Zur Festigung und zum Weiterarbeiten

1.

Miß mit Hilfe eines Gewichtssatzes das Gewicht von Gegenständen (Füller, Deutschbuch, Klassenbuch, Federtasche, Atlas usw.). Schätze vorher.

2.

a) Was bedeutet die Gewichtsangabe (1) 7 kg; (2) 3 kg 417 g?

b) Wann ist es zweckmäßig, das Gewicht eines Körpers in zwei Einheiten anzugeben?

3.

a) Nenne verschiedene Gegenstände (z. B. Waren aus dem Supermarkt), die dasselbe Gewicht haben.

b) Zwei Gegenstände haben dieselben Abmessungen. Der eine ist aus Holz, der andere aus Eisen.
Vergleiche ihre Gewichte.

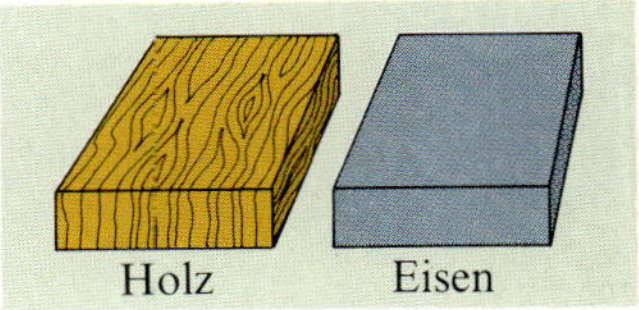

Man muß einen Gegenstand (Körper) von seinem Gewicht *unterscheiden.*
Gegenstände mit *verschiedenen Abmessungen* können *gleiches Gewicht* haben,
Gegenstände mit *gleichen Abmessungen* können *verschiedenes Gewicht* haben.

Zur Übung: 1 bis 4

Gewichtseinheiten und ihr Zusammenhang

Aufgabe

a) Stelle dir 1 000 Grammstücke vor. Wie groß ist ihr Gewicht?

b) Stelle dir 1 000 Kilogrammstücke vor. Wie groß ist ihr Gewicht?

c) Stelle dir ein Grammstück vor, das in 1 000 gleich schwere Teile zerlegt ist. Welches Gewicht hat jeder Teil?

Lösung

a) 1 000 Grammstücke haben das Gewicht 1 kg (1 Kilogramm).

b) 1 000 Kilogrammstücke haben das Gewicht 1 t (1 Tonne).

c) Jeder Teil hat das Gewicht 1 mg (1 Milligramm). 1 000 Milligrammstücke wiegen 1 g.

$$1\text{ mg} \xrightarrow{\cdot 1\,000} 1\text{ g} \xrightarrow{\cdot 1\,000} 1\text{ kg} \xrightarrow{\cdot 1\,000} 1\text{ t}$$

1 000 mg = 1 g

1 000 g = 1 kg

1 000 kg = 1 t

Die Verwandlungszahl ist 1 000.

Zur Festigung und zum Weiterarbeiten

1.
Was bedeutet das Verkehrsschild rechts?
Merke: Manche Pkw haben ein Gewicht von 1 t.

2.
In welcher Gewichtseinheit gibt man das Gewicht an?

a) Brief **b)** Ladung eines Lkw **c)** erwachsener Mensch

Zur Übung: 5

Umwandlung von Gewichtseinheiten

Aufgabe

Ein Bus wiegt 12 t. Wieviel Kilogrammstücke würdest du zum Wiegen benötigen?

Lösung

Für 1 t braucht man 1 000 Kilogrammstücke, für 12 t also 12 000. 12 t = 12 000 kg

Zur Festigung und zum Weiterarbeiten

1.

a) Wie viele kg-Stücke würde man zum Abwiegen benötigen: 7 t; 19 t; 8 t 250 kg; 36 t 750 kg?

b) Wie viele g-Stücke würde man zum Abwiegen benötigen: 37 kg; 395 kg; 13 kg 250 g?

2.
Gib in der in Klammern angegebenen Einheit an.

35 kg = ? g

1 kg = 1 000 g
35 kg = 35 000 g

a) 7 t (kg)
9 kg (g)
4 g (mg)
8 t (kg)

b) 38 kg (g)
72 kg (g)
14 t (kg)
48 t (kg)

c) 8 g (mg)
24 g (mg)
49 g (mg)
42 t (kg)

d) 3 000 g (kg)
17 000 g (kg)
24 000 kg (t)

e) 2 000 mg (g)
3 000 mg (g)
41 000 g (kg)

f) 4 kg (mg)
28 000 kg (t)
49 000 kg (t)

g) 8 kg (g)
9 g (mg)
2 t (kg)

h) 2 t (g)
8 t (g)
9 kg (mg)

3.
Schreibe in zwei Einheiten:

3 750 g = 3 kg 750 g

2 575 g; 8 019 g; 4 314 kg; 8 007 kg; 6 210 mg; 7 010 mg.

4.
Schreibe in der kleineren Einheit:

8 kg 250 g = 8 250 g

4 kg 750 g; 8 kg 10 g; 9 t 210 kg; 4 t 8 kg; 10 g 100 mg.

Zur Übung: 6 bis 10

Kommaschreibweise – Einheitentabelle

Aufgabe

Was bedeutet die Angabe 3,125 kg auf der Packung?

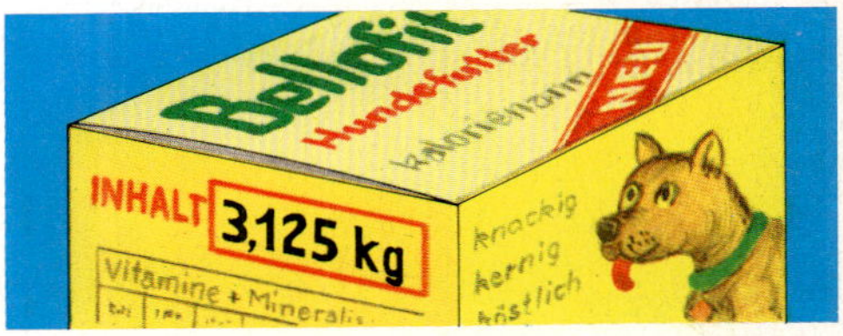

Lösung

Die Bedeutung erkennt man an der Einheitentabelle rechts.

3,125 kg = 3 kg 125 g = 3 125 g

Vor dem Komma kg			Nach dem Komma g		
		3	1	2	5

Zur Information

Die eben verwendete Einheitentabelle läßt sich zu einer großen *Einheitentabelle* ergänzen. Sie ist für das Verständnis der Kommaschreibweise hilfreich.

t			kg			g			mg			Schreibweisen
H	Z	E	H	Z	E	H	Z	E	H	Z	E	
		2	5									2 t 500 kg = 2,5 t = 2 500 kg
					3	4	7	5				3 kg 475 g = 3,475 kg = 3 475 g
								7	3	4		7 g 340 mg = 7,34 g = 7 340 mg

Zur Festigung und zum Weiterarbeiten

Die Einheitentabelle kann dir helfen.

1.
Schreibe mit Komma in der größeren Einheit.

7 kg 390 g = 7,39 kg

a) 3 kg 217 g; 7 kg 245 g **b)** 41 kg 19 g; 22 kg 7 g **c)** 3 t 750 kg; 24 t 20 kg **d)** 24 t 500 kg; 4 t 9 kg **e)** 43 g 710 mg; 52 g 20 mg

2.
Schreibe mit zwei Einheiten.

7,8 t = 7 t 800 kg

a) 3,785 kg; 3,75 kg **b)** 4,578 t; 4,5 t **c)** 3,578 g; 2,63 g **d)** 3,5 kg; 4,7 kg **e)** 7,2 t; 3,5 kg **f)** 2,5 g; 27,05 kg

3.
Drücke in der in Klammern angegebenen Einheit aus.

8,35 kg = 8 350 g

a) 3,75 kg (g); 0,04 kg (g) **b)** 4,517 t (kg); 0,45 t (kg) **c)** 3,45 kg (g); 0,05 kg (g) **d)** 24,725 t (kg); 0,5 t (kg) **e)** 2,51 g (mg); 0,5 g (mg)

4.
Schreibe in der in Klammern angegebenen Einheit.

750 g = 0,75 kg

a) 250 g (kg) **b)** 300 g (kg) **c)** 750 kg (t) **d)** 83 kg (t) **e)** 294 mg (g)
f) 300 mg (g) **g)** 30 mg (g) **h)** 8 mg (g) **i)** 20 g (kg) **j)** 2 g (kg)

Zur Übung: 11 bis 15

Übungen

Gewichtsmessung

1.
Wieviel 1-kg-Stücke und wieviel 1-g-Stücke benötigt man zum Abwiegen?

a) 7 kg 215 g **b)** 4 718 g
c) 81 kg **d)** 12 kg 47 g

2.
Was bedeutet die Gewichtsangabe
728 g [5 kg; 3 kg 250 g]?

3.
Suche in einem Supermarkt oder im Vorratsschrank Gegenstände mit den Gewichten
100 g, 125 g, 200 g, 250 g, 500 g.

4.
Gib Gegenstände mit gleichen Maßen, aber unterschiedlichen Gewichten an.

Gewichtseinheiten und ihr Zusammenhang

5.
In welcher Einheit gibt man das Gewicht an?

a) Lastkraftwagen **b)** Stück Wurst
c) Paket **d)** Laib Brot
e) Flugzeug **f)** Wassertropfen
g) Haar **h)** Briefmarke

Umwandlung von Gewichtseinheiten

6.

a) Wieviel kg-Stücke würde man zum Abwiegen benötigen:
8 t; 49 t; 4 t 370 kg; 9 t 224 kg

b) Wieviel g-Stücke würde man zum Abwiegen benötigen:
24 kg; 52 kg; 7 kg 750 g; 18 kg 241 g

7.

Gib in der in Klammern angegebenen Einheit an.

a) 18 kg (g)
9 g (mg)
14 t (kg)

b) 82 kg (g)
15 g (mg)
94 t (kg)

c) 2 t (g)
3 kg (mg)
4 t (g)

d) 4 000 g (kg)
19 000 mg (g)
24 000 kg (t)

e) 3 000 g (kg)
17 000 kg (t)
4 000 mg (g)

f) 3 000 000 g (t)
4 000 000 mg (kg)
8 000 000 g (t)

8.

Schreibe in zwei Einheiten.

a) 2 594 g
8 543 kg
7 649 mg
3 004 mg

b) 18 036 kg
42 008 g
49 434 mg
2 005 g

c) 42 085 g
51 003 kg
3 475 mg
2 007 kg

9.

Schreibe in der kleineren Einheit.

a) 7 kg 250 g
8 t 490 kg
4 g 320 mg

b) 3 kg 70 g
8 t 5 kg
4 g 32 mg

c) 2 kg 60 g
5 t 70 kg
4 g 80 mg

d) 8 kg 2 g
4 t 95 kg
1 g 9 mg

10.

Drücke in der in Klammern angegebenen Einheit aus.

a) 66 kg (mg)
b) 24 kg (mg)
c) 84 kg (mg)
d) 8 t (g)
e) 17 t (g)
f) 8 kg (mg)
g) 34 kg (mg)
h) 9 kg 184 g (mg)
i) 8 kg 250 g (mg)
j) 2 t 250 kg (g)
k) 8 t 850 kg (g)
l) 7 t 25 kg (g)

Kommaschreibweise – Einheitentabelle

11.

Fertige eine Einheitentabelle an, trage ein und lies zwei weitere Schreibweisen ab.

a) 713 kg
28 719 mg
18 t 265 kg
13 kg 89 g
4 738 mg

b) 7 218 g
845 kg
24 t 157 kg
19 kg 7 g
47 t 84 kg

c) 2 t 18 kg
8 t 215 kg
8 kg 80 g
7 g 5 mg
4 t 5 kg

d) 7 kg 215 g
5 g 125 mg
8 t 750 kg
2 kg 30 g
3 kg 17 g

12.

Schreibe mit Komma in der größeren Einheit.

a) 3 kg 529 g
8 kg 20 g
4 kg 2 g

b) 9 t 427 kg
9 t 80 kg
9 t 8 kg

c) 5 g 180 mg
8 g 18 mg
4 g 1 mg

d) 4 kg 200 g
9 t 800 kg
4 g 100 mg

13.

Schreibe mit zwei Einheiten

a) 7,854 kg
7,054 kg
7,004 kg
7,5 kg
7,05 kg

b) 4,876 t
4,07 t
4,007 t
4,055 t
4,7 t

c) 8,743 g
8,7 g
8,07 g
8,075 g
8,007 g

14.

Drücke in der in Klammern angegebenen Einheit aus.

a) 3,7 kg (g)
0,75 kg (g)
0,075 kg (g)

b) 8,247 t (kg)
8,02 t (kg)
0,2 t (kg)

c) 1,125 g (mg)
1,5 g (mg)
1,05 g (mg)

d) 0,7 kg (g)
0,007 t (kg)
1,005 g (mg)

15.

Schreibe mit Komma in der in Klammern angegebenen Einheit.

a) 700 kg (t)
250 g (kg)
7 g (kg)
20 mg (g)

b) 300 kg (t)
480 mg (g)
70 g (kg)
700 g (kg)

Rechnen mit Gewichten

Addition und Subtraktion von Gewichten

Aufgabe

Der olympische Zweikampf der Gewichtheber besteht aus Reißen und Stoßen.

a) Der Olympiasieger von 1976 im Superschwergewicht, Alexejev (UdSSR), schaffte im Reißen 185 kg und im Stoßen 255 kg. Wie groß war das Gesamtgewicht, das er zur Hochstrecke gebracht hat?

b) Der Silbermedaillengewinner, Bonk (DDR), schaffte im Reißen 170 kg. Wieviel hätte er im Stoßen schaffen müssen, um mit Alexejev gleichzuziehen?

Lösung

a) *Rechnung:* 185 kg + 255 kg = 440 kg
Antwort: Er brachte insgesamt 440 kg zur Hochstrecke.

b) *Rechnung:* 440 kg − 170 kg = 270 kg
Antwort: Er hätte 270 kg im Stoßen schaffen müssen.

Zur Übung: 1 bis 5

Multiplikation und Division bei Gewichten

Aufgabe

a) Ein Händler verkauft an einem Tage 24 Beutel mit jeweils 5 kg Kartoffeln.
Wieviel kg hat er insgesamt verkauft?

b) Am Morgen hat er 200 kg Kartoffeln im Großmarkt eingekauft. Sie sollen in 5-kg-Beutel umgefüllt werden.
Wie viele Beutel sind das?

c) An einem anderen Tag hat er für die 200 kg Kartoffeln aber nur 8 große Beutel zur Verfügung. Er verteilt die Kartoffeln gleichmäßig. Wieviel kg sind in jedem Beutel?

Lösung

a) *Rechnung:* Da alle 24 Beutel gleich schwer sind, gilt: $24 \cdot 5\ \text{kg} = 5\ \text{kg} \cdot 24 = 120\ \text{kg}$
Antwort: Der Händler hat insgesamt 120 kg verkauft.

b) *Rechnung:* Da eine Zerlegung in Teile zu je 5 kg erfolgt, gilt: $200\ \text{kg} : 5\ \text{kg} = 200 : 5 = 40$
Antwort: Man erhält 40 Beutel.

c) *Rechnung:* Da eine Zerlegung in 8 gleich schwere Teile erfolgt, gilt: $200\ \text{kg} : 8 = 25\ \text{kg}$
Antwort: In jedem Beutel sind 25 kg.

Zur Festigung und zum Weiterarbeiten

1.

Schreibe und rechne wie im Beispiel.

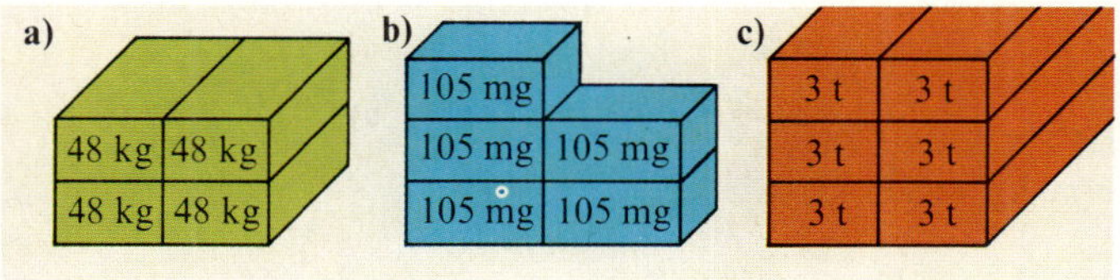

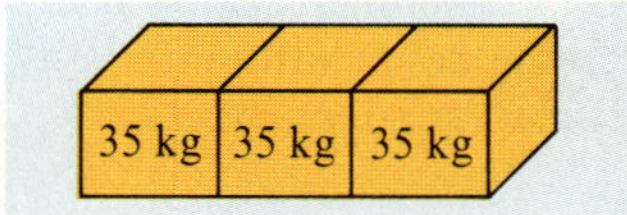

3 · 35 kg = 105 kg
105 kg : 3 = 35 kg
105 kg : 35 kg = 3

Zur Übung: 6 bis 11 sowie 12 bis 18 (Vermischte Übungen)

Übungen

Addition und Subtraktion von Gewichten

1.

a) 3 784 kg + 9 728 kg **b)** 3 746 t + 9 876 t **c)** 4 756 g + 4 755 g

d) 8 275 kg − 7 985 kg **e)** 7 487 t − 6 624 t **f)** 47 529 g − 46 589 g

2.

a) 87 543 kg + 75 438 kg + 28 434 kg + 39 475 kg

b) 82 765 kg + 27 349 kg + 47 826 kg + 98 743 kg

c) 214 563 t + 518 975 t + 293 486 t + 314 752 t

d) 92 476 kg − 9 843 kg − 1 985 kg − 8 976 kg − 2 197 kg

e) 138 456 g − 47 285 g − 24 219 g − 14 936 g − 21 487 g

f) 834 757 g − 21 456 g − 19 847 g − 89 475 g − 34 796 g

3.

Auf 4 Lastkraftwagen befinden sich Ladungen mit 718 kg, 288 kg, 347 kg und 158 kg Gewicht. Sie sollen auf einen Lkw mit 1,5 t Tragfähigkeit umgeladen werden.
Ist das noch gestattet?

4.

Auf einem Lkw mit 5 t Tragfähigkeit befinden sich bereits Ladungen mit den Gewichten 380 kg, 785 kg und 2 t 10 kg.
Wieviel darf noch zugeladen werden?

5.

a) (450 g − 170 g) + (453 g + 714 g)
b) (394 kg − 274 kg) − (219 kg − 194 kg)
c) (249 t + 149 t) − (367 t − 174 t)
d) (579 g − 240 g) + (314 g − 278 g)
e) (817 mg + 279 mg) + (847 mg − 297 mg)

Multiplikation und Division bei Gewichten

6.

Rechne im Kopf.

a) 8 · 19 kg; 4 · 27 g; 2 · 69 t
b) 4 · 707 g; 8 · 906 kg; 7 · 560 t
c) 413 kg : 7; 801 kg : 9; 456 t : 8

7.

Rechne schriftlich.

a) 419 · 567 g; 339 · 712 kg; 414 · 824 t
b) 23 868 g : 52 g; 41 588 kg : 74 kg; 43 243 t : 83 t
c) 62 856 g : 72; 28 704 kg : 32; 54 264 t : 57
d) 22 125 g : 75; 39 644 kg : 68; 27 192 t : 44

8.
Ein Schiff soll mit Koks aus 38 Güterwagen beladen werden. Jeder Wagen faßt 12 t. Der Laderaum des Schiffes faßt 500 t.
Ist die Verladung möglich?

9.
Eine Zementfabrik stellt täglich 570 t [730 t] Zement her. Er wird in Säcke von je 50 kg verpackt.

10.
Ein Kaufmann füllt 5 kg Tee in Tüten zu je 75 g.
Wie viele Tüten erhält er?

11.
Berechne. Beachte die Berechnungsregeln.

a) 48 · (513 kg + 384 kg)
b) 44 · (319 kg − 249 kg)
c) 74 · 52 kg − 66 · 49 kg
d) 94 · 88 g + 45 · 59 g
e) 45 · 371 kg + 31 · 419 kg
f) 27 · 441 t − 23 · 319 t
g) 49 · (318 kg − 297 kg) + 47 · (374 kg − 147 kg)
h) 45 · (713 g + 119 g) − 35 · (619 g − 248 g)
i) 14 · 342 t + 24 · (219 t − 139 t)

Vermischte Übungen

12.
Ein Briefträger trägt 317 Briefe von durchschnittlich 30 g und 58 Drucksachen von durchschnittlich 80 g aus.
Welches Gewicht muß der Briefträger zu Beginn in seiner Tasche tragen?

13.
a) Aus einem Supermarkt sollen folgende Restbestände abtransportiert werden:
288 Beutel mit je 125 g Nudeln,
335 Dosen Milch zu je 350 g,
266 Dosen mit je 275 g Fisch.
Welches Gewicht ist zu bewegen?
Gib das Ergebnis in der nächsthöheren Einheit an.

b) Ein Schinken wiegt 10 kg [15,4 kg]. Es werden nacheinander verkauft:
500 g, 375 g, 800 g, 250 g.
Wie schwer ist das Reststück?

△ 14.
Wie schwer ist das Auto deiner Eltern?
Schau im Fahrzeugschein nach.
Schreibe mit Komma in t.

15.
a)

	· 3	
118 kg		
		180 kg
141 kg		
		480 kg

b)

	: 4	
68 kg		
		32 kg
32 kg		
		84 kg

16.
Verwandle in Angaben mit mehreren Einheiten.

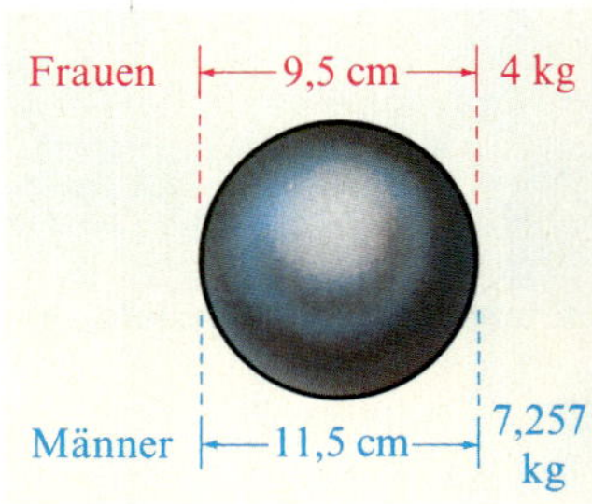

17.
Bei einem Zehntonner darf die Ladung und der Lastkraftwagen selbst nicht das Gesamtgewicht von 10 t überschreiten.
Mit einem solchen Lkw sollen Stapel mit je 400 Klinkersteinen transportiert werden. Ein Klinkerstein wiegt 2 200 g; das Eigengewicht des Lkw beträgt 6,3 t.
Wie viele Stapel Klinkersteine darf der Lkw höchstens transportieren?

△ 18.
Ein Gewichtssatz besteht aus den folgenden Gewichtsstücken:
fünf 1-g-Stücke, zehn 5-g-Stücke,
zehn 10-g-Stücke.
Gib jeweils mehrere Möglichkeiten an, wie man das Gewicht bestimmen kann. Schreibe wie folgt:

78 g = 7 · 10 g + 1 · 5 g + 3 · 1 g
78 g = 6 · 10 g + 3 · 5 g + 3 · 1 g

a) 67 g **b)** 39 g **c)** 142 g
d) 133 g **e)** 155 g **f)** 89 g

Zeitspannen – Zeitpunkte – Rechnen mit Zeitspannen

Zeitpunkte – Zeitdauer – Maßeinheiten

Aufgabe

Denke dir folgende Vorgänge: Tauchen im Wasser, Dauerton auf einer Blockflöte, 15maliges Pendeln eines Uhrpendels, 60-m-Lauf.
Mit welchen der abgebildeten Uhren kannst du die Dauer der Vorgänge vergleichen und messen?
Gib Maßeinheiten an, mit denen man eine Zeitdauer messen kann.

Lösung

Geeignet ist vor allem die Stoppuhr. Mit ihr mißt man die **Zeitdauer** (Zeitspanne) von Vorgängen. Geeignet (aber nicht so gut) ist auch die Armbanduhr mit dem Sekundenzeiger. Die Digitaluhr gibt **Zeitpunkte, Uhrzeiten** auf Minuten genau an, ebenso der Wecker.

Man muß **Zeitpunkte** (Uhrzeiten, Daten) unterscheiden von **Zeitspannen** (Zeitdauer). Zwischen zwei Zeitpunkten liegt eine Zeitspanne.

7.58 Uhr $\xrightarrow{+\ 15\,\text{min}}$ 8.13 Uhr

Eine Zeitdauer (Zeitspanne) wird in den Einheiten Sekunde (s), Minute (min), Stunde (h) und Tag (d) gemessen (d von dies, day).

7 h
Maßzahl ↗ (7) — Maßeinheit ↖ (h)

1 d = 24 h, 1 h = 60 min, 1 min = 60 s

Zur Festigung und zum Weiterarbeiten

1.
Bestimme mit der Stoppuhr die Dauer von Vorgängen (z. B. Lösen einer Rechenaufgabe, Abrollen einer Kugel auf einem schrägen Brett, Durchlaufen einer Strecke von 60 m Länge, möglichst lange Atem anhalten, möglichst langes Tauchen usw.)

2.
Schreibe in der in Klammern angegebenen Einheit.

7 min = ? s

1 min = 60 s
7 min = 420 s

a)	b)	c)	d)	e)
5 min (s)	3 h (min)	5 d (h)	7 min (s)	3 h (s)
18 min (s)	14 h (min)	17 d (h)	120 s (min)	19 h (s)
47 min (s)	28 h (min)	24 d (h)	2 h (min)	24 d (min)
480 s (min)	360 min (h)	144 h (d)	360 min (h)	
720 s (min)	480 min (h)	264 h (d)	9 d (h)	
960 s (min)	540 min (h)	384 h (d)	48 h (d)	

3.

Verwandle in die kleinere Einheit.

7 min 42 s = 462 s

a) 8 min 12 s	**b)** 9 h 12 min	**c)** 1 d 9 h	**d)** 9 min 54 s	
14 min 8 s	7 h 18 min	4 d 18 h	21 h 53 min	**e)** 5 d 20 h

4.

Schreibe in zwei Einheiten.

83 s = 1 min 23 s
27 h = 1 d 3 h

a) 85 s	**b)** 73 min	**c)** 34 h	**d)** 144 s	**e)** 78 h
90 s	89 min	43 h	137 min	52 h

5.

a) 8.34 Uhr $\xrightarrow{+\,5\,\text{min}}$ ■	**b)** ■ $\xrightarrow{+\,8\,\text{min}}$ 9.23 Uhr	**c)** 9.18 Uhr $\xrightarrow{\;■\;}$ 9.57 Uhr
19.21 Uhr $\xrightarrow{+\,17\,\text{min}}$ ■	■ $\xrightarrow{+\,14\,\text{min}}$ 16.37 Uhr	17.24 Uhr $\xrightarrow{\;■\;}$ 17.53 Uhr
9.54 Uhr $\xrightarrow{+\,24\,\text{min}}$ ■	■ $\xrightarrow{+\,32\,\text{min}}$ 11.45 Uhr	15.48 Uhr $\xrightarrow{\;■\;}$ 16.12 Uhr

Zur Übung: 1 bis 9

Addition und Subtraktion von Zeitspannen

Aufgabe

Ein Läufer will bei einem 5 000-m-Lauf unter 13 min bleiben. Er legt die ersten 3 000 m in 8 min 29 s zurück.

a) Schafft er es, wenn er die letzten 2 000 m in 4 min 34 s zurücklegt?

b) Die Gesamtzeit des Läufers beträgt 13 min 11 s. In welcher Zeit ist er die letzten 2 000 m gelaufen?

Lösung

a) *Rechnung:* 8 min 29 s + 4 min 34 s = 12 min 63 s = 13 min 3 s
Antwort: Er schafft es nicht, da er 3 s mehr als 13 min braucht.

b) *Rechnung:* 13 min 11 s − 8 min 29 s = 12 min 71 s − 8 min 29 s = 4 min 42 s
Antwort: Er ist die letzten 2 000 m in 4 min 42 s gelaufen.

Zur Übung: 10 bis 13

Multiplikation und Division bei Zeitspannen

Aufgabe

a) Ein bestimmter Satellit benötigt für einen Umlauf um die Erde 1 h 30 min (= 90 min).
Welche Zeit benötigt er für 9 Umläufe?

b) Wie viele Umläufe macht der Satellit an einem Tag (24 h)?

c) Ein anderer Satellit benötigt für 7 Umläufe 9 h 55 min.
Wie lange dauert ein Umlauf?

Lösung

a) *Rechnung:* 9 · 1 h 30 min = 9 · 90 min = 810 min = 13 h 30 min
Antwort: Für 9 Umläufe benötigt der Satellit 13 h 30 min.

b) *Rechnung:* 24 h : 1 h 30 min = 1 440 min : 90 min = 16
Antwort: Der Satellit macht an einem Tag 16 Umläufe.

c) *Rechnung:* 9 h 55 min : 7 = 595 min : 7 = 85 min = 1 h 25 min
Antwort: Ein Umlauf dauert 1 h 25 min.

Zur Übung: 14 und 15

Übungen

Zeitpunkte – Zeitdauer – Maßeinheiten

1.
Drücke in der in Klammern angegebenen Einheit aus.

a) 24 h (min); 21 h (min); 18 min (s); 45 min (s); 1 h (s)
b) 5 d (h); 7 d (h); 30 d (h); 120 h (d); 720 h (d)
c) 1 440 s (min); 3 060 s (min); 1 740 s (min); 360 min (h); 480 min (h)
d) 1 620 min (h); 3 480 min (h); 168 h (d); 288 h (d); 1 200 s (min)
e) 7 200 s (h); 32 400 s (h); 7 200 min (d); 69 120 min (d); 14 400 min (h)
f) 5 h (s); 2 d (min); 5 d (min); 1 h 15 min (s); 2 h 30 min (s)

2.
Schreibe in der kleineren Einheit.

12 min 11 s = 731 s

a) 6 min 24 s; 9 min 12 s; 47 min 52 s; 52 min 37 s
b) 9 h 18 min; 13 h 37 min; 18 h 45 min; 21 h 52 min
c) 2 d 17 h; 8 d 12 h; 25 d 10 h; 34 d 9 h
d) 2 h 10 s; 8 h 20 s; 4 h 45 s; 4 h 42 s

3.
Schreibe mit zwei Einheiten.

90 min = 1 h 30 min

a) 74 min; 110 min; 200 min; 419 min; 522 min
b) 80 s; 115 s; 241 s; 317 s; 478 s
c) 30 h; 45 h; 64 h; 800 h; 942 h

4.
a) Für einen 800-m-Lauf [1 500-m-Lauf] braucht ein Läufer 1 min 45 s [3 min 42 s]. Wieviel Sekunden sind das?
b) Für einen Marathonlauf (42,195 km) benötigt ein Läufer 2 h 27 min. Wieviel Minuten sind das?

5.
a) Eine Raumkapsel ist 1 000 h im Weltall. Wieviel Wochen, Tage und Stunden sind das?
b) Wieviel Jahre ist man alt, wenn man 100 000 h gelebt hat?

6.
a) 7.15 Uhr $\xrightarrow{+\,5\,\text{min}}$ ■
b) 13.48 Uhr $\xrightarrow{+\,75\,\text{min}}$ ■
c) ■ $\xrightarrow{+\,38\,\text{min}}$ 20.12 Uhr
d) ■ $\xrightarrow{+\,13\,\text{h}}$ 22.14 Uhr
e) 8.15 Uhr $\xrightarrow{■}$ 11.34 Uhr
f) 11.54 Uhr $\xrightarrow{■}$ 14.32 Uhr
g) 21.48 Uhr $\xrightarrow{■}$ 22.37 Uhr
h) 17.29 Uhr $\xrightarrow{■}$ 19.14 Uhr

7.
Eine Uhr zeigt 21.24 Uhr [11.14 Uhr]. Wieviel Zeit ist seit Mitternacht vergangen?

8.
a) Ein Zug verläßt Hamburg um 8.45 Uhr [20.55 Uhr] und kommt in München um 16.25 Uhr [7.09 Uhr] an.
Wie lange dauert die Fahrt?

b) Ein Zug verläßt Konstanz um 10.15 Uhr [22.44 Uhr]. Bis Frankfurt benötigt er 4 h 42 min. Wann kommt er in Frankfurt an?

▲ **9.**
Wieviel Jahre alt sind folgende berühmte Mathematiker geworden?

a) G. Cantor: 3. 3. 1845 bis 6. 1. 1918

b) C. F. Gauss: 30. 4. 1777 bis 23. 2. 1855

c) L. Euler: 4. 4. 1707 bis 18. 9. 1783

d) D. Hilbert: 23. 1. 1862 bis 14. 2. 1943

e) G. W. Leibniz: 21. 6. 1646 bis 14. 11. 1716

f) J. v. Neumann: 8. 12. 1903 bis 8. 2. 1957

Addition und Subtraktion von Zeitspannen

10.
Bei einer 4 × 400-m-Staffel benötigen die einzelnen Läufer: 48 s, 49 s, 47 s, 48 s.
Welche Zeit wurde für die Staffel benötigt? (Verwandle in Minuten.)

11.
Hannelore hat sich eine Tonbandkassette mit spannenden Hörspielen gekauft. Sie möchte gerne wissen, wie lange das Abspielen dauert. Sie schaut sich dazu das Verzeichnis an (siehe unten).

Beachte: 6 : 40 bedeutet 6 min 40 s.

12.
a) Stelle den Fahrplan des Schulbusses zum Schulzentrum in Mittelstadt auf.

Adorf ab ...
Blauberg an ...
Blauberg ab ...
usw.

b) Wie lange ist der Bus unterwegs?

c) Wie lang ist die reine Fahrzeit?

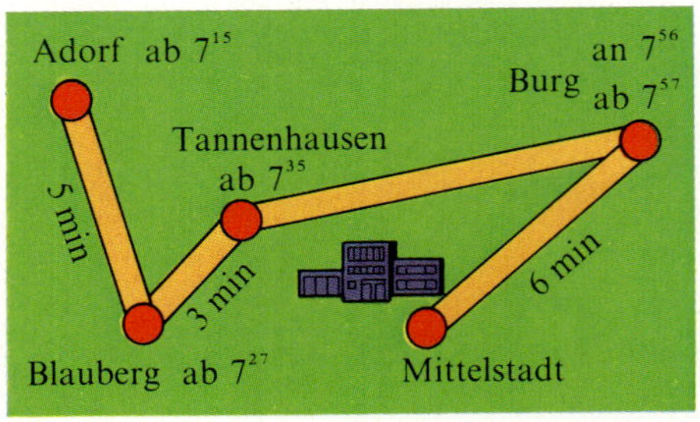

13.
Berechne die reine Fahrzeit [die Gesamtdauer der Aufenthalte] des IC Konsul.

Hamburg Alt.	ab 16.30
Hamburg Hbf	an 16.40
Hamburg Hbf	ab 16.45
Hannover	an 18.07
Hannover	ab 18.10
Göttingen	an 19.05
Göttingen	ab 19.07
Fulda	an 20.30

Fulda	ab 20.32
Frankfurt	an 21.31
Frankfurt	ab 21.38
Mannheim	an 22.22
Mannheim	ab 22.24
Heidelberg	an 22.42
Heidelberg	ab 22.44
Stuttgart	an 23.57

Multiplikation und Division bei Zeitspannen

14.
Ein 10 000-m-Läufer benötigt für seinen Lauf 29 min 10 s. Wie lange benötigt er im Durchschnitt für 1 Runde (400 m)?

15.
a) Ein Rennfahrer durchfährt mit gleichbleibender Geschwindigkeit eine Rennstrecke. Für jede Runde benötigt er 3 min 47 s. Welche Zeit benötigt er für 25 [30; 50] Runden?

b) Nach 3 h wird das Rennen abgewunken. Wieviel volle Runden hat er gefahren? In der wievielten Runde befindet er sich?

c) Ein anderer Rennfahrer benötigt für 20 Runden 1 h 15 min. Ist er schneller oder langsamer als der erste Rennfahrer?

Freizeit, Sport und Spiel

Fernsehgewohnheiten – Rechnen mit Zeiten

Aufgabe

Uwes Vater schimpft: „Du sitzt zu oft vor dem Fernseher, zuviel Fernsehen ist schädlich.“ Daraufhin führt Uwe eine Woche lang genau Buch über seine Fernsehzeiten.

Hier sein Ergebnis:

Sa:	18.05–18.58	Sportschau
	19.05–19.30	Sportjournal
So:	18.33–19.15	Sportschau
	19.15–19.59	Sportkalender
Mo:	18.00–18.30	Der Bauerngeneral
	19.30–20.15	Hitparade
Di:	17.30–17.50	Luft hat keine Balken
	17.50–18.20	Ein Wort aus Musik
	18.20–18.57	Tom und Jerry
Mi:	17.40–17.50	Tele-Lexikon
	18.05–18.57	Raumschiff Enterprise
Do:	17.00–17.25	Tom Sawyer
	17.25–17.40	Klamottenkiste
	17.40–17.50	Romanze zu dritt
	18.20–18.57	Drei sind einer zuviel
Fr:	18.00–18.20	Stan und Ollie
	18.20–18.57	Western von gestern

a) Wieviel Zeit nehmen alle Fernsehsendungen in Anspruch?

b) Manchmal liegen zwischen den einzelnen Sendungen Pausen, in denen Uwe das Fernsehgerät nicht abgestellt hat. Um wieviel Minuten erhöht sich dadurch seine Fernsehzeit? Wieviel Zeit hat Uwe insgesamt vor dem Fernsehgerät verbracht?

c) Wieviel Minuten (Stunden) hat Uwe durchschnittlich an einem Tag ferngesehen?

Lösung

a)

Sa:	18.05–18.58:	53 min
	19.05–19.30:	25 min
So:	18.33–19.59:	86 min
Mo:	18.00–18.30:	30 min
	19.30–20.15:	45 min
Di:	17.30–18.57:	87 min
Mi:	17.40–17.50:	10 min
	18.05–18.57:	52 min
Do:	17.00–17.50:	50 min
	18.20–18.57:	37 min
Fr:	18.00–18.57:	57 min
		532 min = 8 h 52 min

Ergebnis: Die Fernsehsendungen nehmen insgesamt 8 Stunden und 52 Minuten in Anspruch.

b) Zwischenzeiten, in denen das Fernsehgerät weiterläuft:

Sa:	18.58–19.05:	7 min
Mo:	18.30–19.30:	60 min
Mi:	17.50–18.05:	15 min
Do:	17.50–18.20:	30 min
		112 min = 1 h 52 min

Ergebnis: Durch die Zwischenzeiten erhöht sich die Fernsehzeit um 1 Stunde und 52 Minuten auf insgesamt 10 Stunden und 44 Minuten.

c) Durchschnittliche Fernsehzeit ohne Zwischenzeiten: 532 min : 7 = 76 min = 1 h 16 min
Durchschnittliche Zeiten mit Zwischenzeiten: 644 min : 7 = 92 min = 1 h 32 min
Ergebnis: Uwe hat durchschnittlich etwa $1\frac{1}{2}$ Stunden pro Tag vor dem Fernseher verbracht.

Anregungen für Gruppenarbeit/Partnerarbeit

△ **1.**

a) Bringt ein Fernsehprogramm der letzten Woche mit und berechnet für jedes Gruppenmitglied die Fernsehzeit pro Woche (mit Zwischenzeiten) [die durchschnittliche Fernsehzeit pro Tag].

b) Fachleute empfehlen: „Kinder sollten nicht mehr als eine Stunde täglich fernsehen." Vergleicht eure Ergebnisse mit dieser Empfehlung. Schreibt auch Gründe auf, warum Kinder nicht zuviel fernsehen sollten.

△ **2.**

Schreibt für eine Woche auf, wieviel Zeit jedes Gruppenmitglied täglich für seine Hausaufgaben (insgesamt) [für seine Mathematikaufgaben] gebraucht hat. Berechnet für jedes Gruppenmitglied die Gesamtzeit pro Woche und die durchschnittliche Arbeitszeit pro Tag.

△ **3.**

Uwe hat eine Woche lang aufgeschrieben, womit er seine Zeit verbringt (siehe Tabelle).

a) Wieviel Zeit hat Uwe durchschnittlich pro Tag für die einzelnen Bereiche aufgewandt? Stellt diese Durchschnittszeiten in einem Säulendiagramm (Seite 19) dar.

b) Legt für jeden von euch eine Tabelle an. Wieviel Zeit wendet jeder von euch in einer Woche für die einzelnen Bereiche etwa auf? Zeichnet ein Säulendiagramm auf ein Zeichenblatt und stellt es in der Klasse aus.

Schlafen	70 h
Schule mit Pausen und Schulweg	35 h
Spielen mit Freunden	14 h
Freizeit mit Eltern (Ausflüge, Spiele)	10 h 30 min
Fernsehen	10 h 30 min
Hausaufgaben	7 h
Pflichten in der Familie (z. B. Einkaufen)	3 h 30 min
Sonstiges	17 h 30 min

△ Bundesjugendspiele – Rangordnungen genau betrachtet

△ Aufgabe

△ Die Mädchen des gleichen Jahrgangs aus den Klassen 5 a, 5 b und 5 c vergleichen die Ergebnisse der Bundesjugendspiele. Dabei kommt es zu heftigen Diskussionen darüber, welche Klasse am besten abgeschnitten hat. Tina (5 a) nimmt den ersten Platz für ihre Klasse in Anspruch. Anne (5 c) meint, ihre Klasse sei besser.

	5 a	5 b	5 c
Anzahl der Mädchen	13	11	12
Ehrenurkunden	5	3	4
Siegerurkunden	4	3	6
keine Urkunden	4	5	2

a) Welche Argumente sprechen für Tina, welche für Anne?

b) Nora (5 b) schlägt vor: „Am besten sehen wir uns die genauen Punktzahlen an." Berechne für jede Klasse die Gesamtpunktzahl und die Durchschnittspunktzahl. (Den Rest beim Dividieren brauchst du nicht zu beachten.) Vergleiche.

	Ehrenurkunde	Siegerurkunde	keine Urkunde
5 a	1 750; 1 740; 1 730; 1 725; 1 710	1 310; 1 300; 1 290; 1 260	1 000; 910; 900; 850
5 b	2 000; 1 950; 1 940	1 675; 1 650; 1 640	1 225; 1 200; 1 140; 1 130; 980
5 c	1 800; 1 770; 1 740; 1 730	1 360; 1 350; 1 340; 1 265; 1 260; 1 255	750; 700

Lösung

a) Für Tina (5 a): Die Mädchen der Klasse 5 a haben die meisten Ehrenurkunden.
Für Anne (5 c): Die Mädchen der 5 c haben zwar 1 Ehrenurkunde weniger als die 5 a, dafür haben sie aber 3 Siegerurkunden mehr als die 5 a.
Außerdem hat die 5 c die wenigsten Mädchen, die keine Urkunde erhalten haben.

b)

Klasse	5 a	5 b	5 c
Gesamtpunktzahl	17 535	16 530	16 320
Durchschnittspunktzahl	1 348	1 502	1 360

Die Klasse 5 b hat die höchste Durchschnittspunktzahl erreicht.
Ergebnis: Man kann die Ergebnisse der Bundesjugendspiele auf unterschiedliche Art vergleichen. Dabei kann man zu unterschiedlichen Ergebnissen kommen.

Vergleich	1. Platz	2. Platz	3. Platz
Anzahl der Siegerurkunden	5 a	5 c	5 b
Anzahl aller Urkunden	5 c	5 a	5 b
Durchschnittspunktzahl	5 b	5 c	5 a

Anregungen für Partnerarbeit/Gruppenarbeit

1.
Die erste Tabelle gibt auszugsweise den Medaillenspiegel der 1. Leichtathletik-Weltmeisterschaft in Helsinki 1983 an.

a) Nach welchem Gesichtspunkt sind die Mannschaften der einzelnen Länder geordnet?

b) Hältst du diesen Ländervergleich für gerecht? Belege deine Meinung durch Beispiele.

c) In der zweiten Tabelle sind außer den Medaillen (1. bis 3. Platz) auch noch die gewonnenen 4., 5., 6., 7. und 8. Plätze aufgeführt. Die Reihenfolge ergibt sich nach folgender Wertung:

Platz	G	S	B	4.	5.	6.	7.	8.
Punkte	9	7	6	5	4	3	2	1

Berechne die Punktezahlen der einzelnen Mannschaften und ordne nach der Punktzahl.

d) Vergleiche die Reihenfolge in c) mit der Reihenfolge in a). Welche Reihenfolge hältst du für gerechter?

Der Medaillenspiegel der Leichtathletik-WM

	Gold	Silber	Bronze
1. DDR	10	7	5
2. USA	8	9	7
3. UdSSR	6	6	11
4. CSSR	4	3	2
5. Bundesrepublik Deutschland	2	5	1
6. Großbritannien	2	2	3
7. Polen	2	1	1
8. Italien	1	1	1
Finnland	1	1	1
10. Jamaika	1	1	1
....			
....			
20. Bulgarien	–	–	3

Medaillen – Plätze – Punkte

	G	S	B	4.	5.	6.	7.	8.
1. UdSSR	6	6	11	8	2	6	–	3
2. USA	8	9	7	5	5	3	–	7
3. DDR	10	7	5	3	7	2	5	2
4. Bundesrepublik Deutschland	2	5	1	5	2	4	5	2
5. Großbritannien	2	2	3	5	5	1	3	2
6. CSSR	4	3	2	1	1	3	3	1
7. Finnland	1	1	1	3	–	2	–	2
8. Italien	1	1	1	–	1	2	6	–
9. Bulgarien	–	–	3	2	1	1	2	1
10. Kanada	–	–	–	2	4	2	2	3

Information *Trainingsprogramm eines Langstreckenläufers*

Bekannte Sportler werden bewundert und beneidet. Oft wird dabei übersehen, wieviel Mühe und Schweiß es kostet, bis ein Sportler eine Spitzenleistung erzielen kann. Den Tabellen kannst du Informationen über das Trainingsprogramm eines Langstreckenläufers entnehmen.

Lauftrainingseinheit

- Ruhiger Dauerlauf 4,5 km
- Steigerungsläufe 3mal 100 m
- Tempoläufe 4mal 300 m
- Intervalltempoläufe 15mal 50 m
- Zusätzliche Aufwärm- und Lockerungsübungen mit einer Laufstrecke von ca. 1 200 m Länge

Krafttrainingseinheit

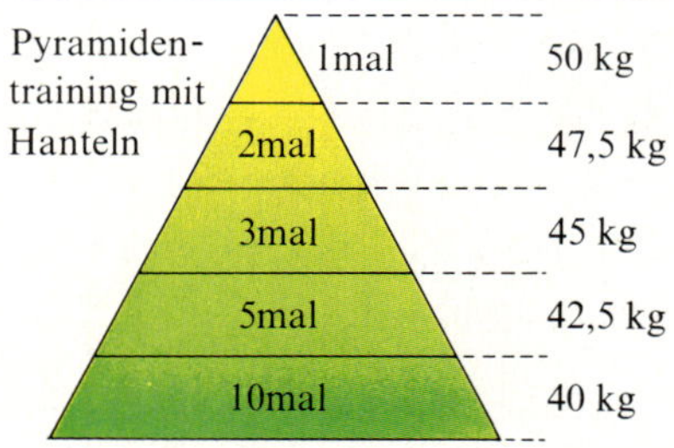

△ **2.**

a) Wie lang ist die Gesamtstrecke, die der Läufer in einer Trainingseinheit zurücklegt?

b) In einer Woche macht ein Läufer 12mal Lauftraining. Wieviel km legt er in einer Trainingswoche zurück?

c) Pro Jahr rechnet der Läufer mit 45 Trainingswochen. Außerdem läuft er bei Wettkämpfen 7mal 5 000 m und 5mal 10 000 m. Wieviel km legt der Läufer in einem Jahr zurück?

d) Die Strecke Hannover-Hamburg ist 150 km lang. Wieviel mal würde der Läufer diese Strecke in einem Jahr laufen?

△ **3.**

Zusätzlich zum Lauftraining macht der Läufer Kraftübungen.

a) Wieviel kg muß er bei einer Krafttrainingseinheit (siehe Information) insgesamt heben?

b) Der Läufer macht 5mal pro Woche Krafttraining. Wieviel kg muß er pro Woche [in den 45 Trainingswochen eines Jahres] insgesamt heben?

Vermischte Übungen zur Wiederholung

1.

Schreibe mit der in Klammern angegebenen Einheit.

a)	b)	c)
9 m (dm)	7 000 m (km)	3,5 km (m)
14 m (dm)	130 dm (m)	7,8 cm (mm)
37 km (m)	70 mm (cm)	0,57 m (cm)
400 cm (m)	70 cm (mm)	4,7 m (cm)

2.

Schreibe mit der in Klammern angegebenen Einheit.

a)	b)	c)
38 kg (g)	12 000 g (kg)	3,7 kg (g)
14 t (kg)	7 000 mg (g)	0,5 t (kg)
900 g (mg)	4 000 kg (t)	1,5 g (mg)
80 g (mg)	9 000 g (kg)	2,7 t (kg)

3.

Schreibe mit zwei Einheiten und mit Komma.

a) 4 780 m; 475 cm **b)** 19 mm; 7 500 m **c)** 753 mm; 4 823 mm

4.

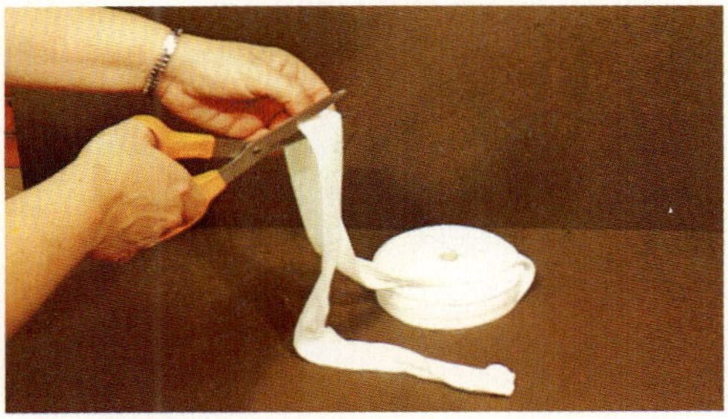

Ein Schlauchverband ist 20 m lang.

a) Täglich benötigt ein Kranker davon 40 cm. Wie lange reicht der Verband?

b) Der Verband soll 40 Tage reichen. Wieviel darf täglich abgeschnitten werden?

c) Wieviel bleibt von dem Verband übrig, wenn man 13,45 m abschneidet.
Anleitung: Rechne mit cm.

5.

Schreibe mit zwei Einheiten und mit Komma.

a) 2 575 g; 8 473 kg **b)** 5 900 mg; 3 500 kg **c)** 12 g; 41 kg

6.

Bestimmte Zigaretten enthalten 12 mg gesundheitsschädlichen Teer.

a) Wieviel mg Teer enthält eine Packung Zigaretten (21 Stück)?

b) Wie viele Zigaretten enthalten zusammen 3 g (also 3 000 mg) Teer?
Wie viele Packungen sind das?

c) Schau auf der Banderole einer Zigarettenpackung nach, wieviel mg Teer eine Zigarette der Packung hat.
Wieviel mg Teer enthalten die Zigaretten der Packung zusammen?

7.

a) Ein Intercity verläßt Hamburg um 7.45 Uhr und kommt in Hannover um 9.07 Uhr an. Wie lang ist die Fahrzeit?

b) Dies ist der Zeitplan für den Unterricht einer Schule. Berechne die gesamte Unterrichtszeit [Pausenzeit] für einen Tag und für eine Woche. Schreibe die Ergebnisse in zwei Einheiten.

1. Stunde:	7.50 Uhr – 8.35 Uhr
2. Stunde:	8.40 Uhr – 9.25 Uhr
3. Stunde:	9.45 Uhr – 10.30 Uhr
4. Stunde:	10.35 Uhr – 11.20 Uhr
5. Stunde:	11.40 Uhr – 12.25 Uhr
6. Stunde:	12.30 Uhr – 13.15 Uhr

8.

a) Ein 800-m-Läufer legt die erste Runde (400 m) in 51 s und die zweite Runde in 58 s zurück. Wie lautet seine Gesamtzeit?

b) In welcher Zeit hätte er die zweite Runde laufen müssen, um gerade 1 min 46 s zu erreichen?

9.

Armin Hary ist es als erstem Läufer gelungen, 100 m in genau 10 s zu laufen. Welche Zeit hätte er für 400 m [1 500 m; 10 000 m] benötigt, wenn er seine Geschwindigkeit hätte beibehalten können? (Verwandle in Minuten.)

10.

Bei einer Werbesendung im Fernsehen kostet 1 s Sendezeit 1 500 DM. Eine Sendung läuft am Montag 1 min, am Dienstag $\frac{1}{2}$ min und am Donnerstag $\frac{1}{4}$ min.

a) Wie teuer sind die drei Sendungen zusammen?

b) Die Sendungen werden 18 Wochen ausgestrahlt. Wie teuer war die Werbung insgesamt?

11.

Berechne.

a) (319 kg − 277 kg) + (912 kg − 458 kg)

b) 19 · (48 m + 47 m) − 17 · (38 m + 42 m)

c) 14 · 59 min + 28 · 63 min

d) 37 · (42 km + 37 km) − 27 · 56 km

e) 49 · 52 m + 38 · (219 m − 192 m)

6. Flächeninhalte

Schüler haben ein Quadrat auf den Schulhof gemalt. Seine Seiten sind 10 m lang. Es hat die Größe (den Flächeninhalt) 1 Ar (1 a). Teilweise ist es mit Meterquadraten (1 m Seitenlänge) ausgelegt. Es passen 100 Meterquadrate in das große Quadrat.

In diesem Kapitel lernst du, wie man den Flächeninhalt von Flächen bestimmen kann.

Flächenvergleich – Messen von Flächen

Vergleich von Flächen – Flächeninhalt

Aufgabe

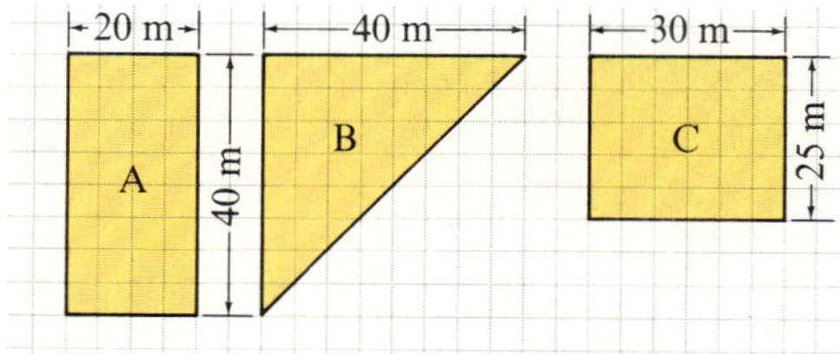

a) Die Parkplätze A und B sollen gepflastert werden. Vergleiche sie; benötigt man für einen mehr Material als für den anderen?

b) Vergleiche die Größe des Parkplatzes C mit der Größe des Parkplatzes A.

c) Fred sagt: „Für die Begrenzung von Parkplatz B braucht man mehr Randsteine als für die Begrenzung von Parkplatz A. Also ist Parkplatz B größer als Parkplatz A.“ Gib die Länge der Begrenzungen an. Stimmt die Überlegung von Fred?

Lösung

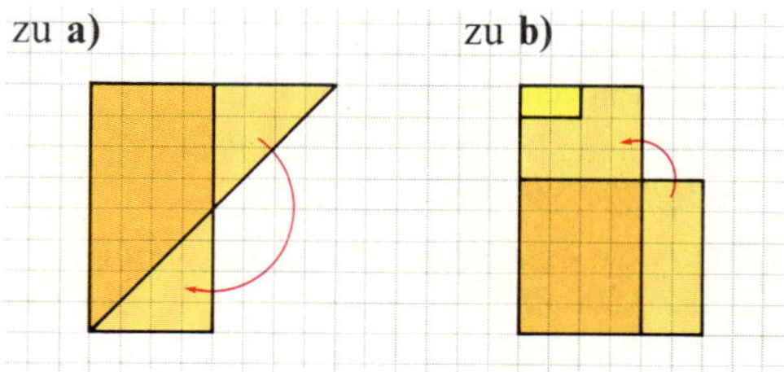

a) Zeichne die Flächen A und B auf Papier. Schneide sie aus, lege sie übereinander. Zerschneide die eine Fläche so, daß ihre Teile genau auf die andere passen. Überlege: Ein Schnitt genügt.
Beide Flächen sind gleich groß. Das bedeutet: Sie haben dieselbe **Größe** bzw. denselben **Flächeninhalt.** Für beide Parkplätze benötigt man gleich viel Material.

b) Parkplatz C hat einen *kleineren Flächeninhalt* als Parkplatz A, denn die Teile von C bedecken A nicht vollständig.

c) Die Längen der Begrenzungen sind: Parkplatz A: 120 m, Parkplatz B: 136,60 m.
Parkplatz B hat eine längere Begrenzung als Parkplatz A. Doch verwechselt Fred den *Flächeninhalt einer Fläche* mit dem *Umfang der Fläche.*
Die Länge der Begrenzung gibt den Umfang der Fläche an. Parkplatz A hat denselben Flächeninhalt wie Parkplatz B. Aber: Parkplatz B hat einen größeren Umfang als Parkplatz A.

Flächen, die man so zerlegen kann, daß sie danach genau aufeinanderpassen, sind gleich groß. Sie haben denselben **Flächeninhalt.** Verschiedene Flächen können denselben Flächeninhalt haben.

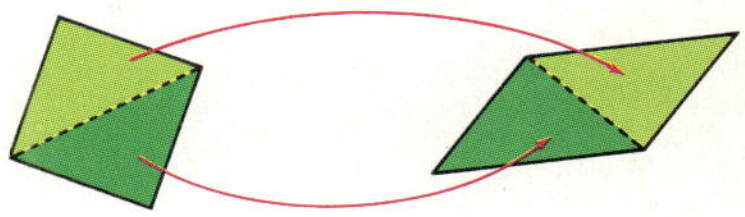

Der *Umfang* einer Fläche ist die Länge der Begrenzung der Fläche. Der Umfang ist eine Länge. Deshalb wird er in Längeneinheiten (z. B. cm, m) gemessen.

Zur Festigung und zum Weiterarbeiten

1.
Die Fächen A bis E sind mit Teppichfliesen ausgelegt.

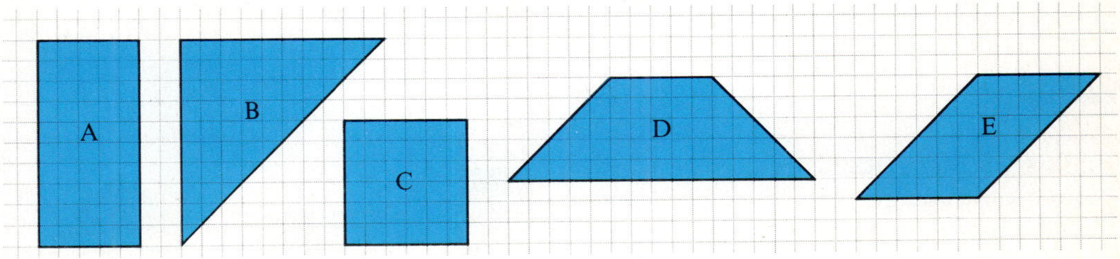

a) Schätze, welche Fläche am größten [am kleinsten] ist.

b) Welche Flächen sind gleich groß? Du kannst dazu die Flächen abzeichnen, Linien einzeichnen, ausschneiden, die Fliesen zählen usw.

2.

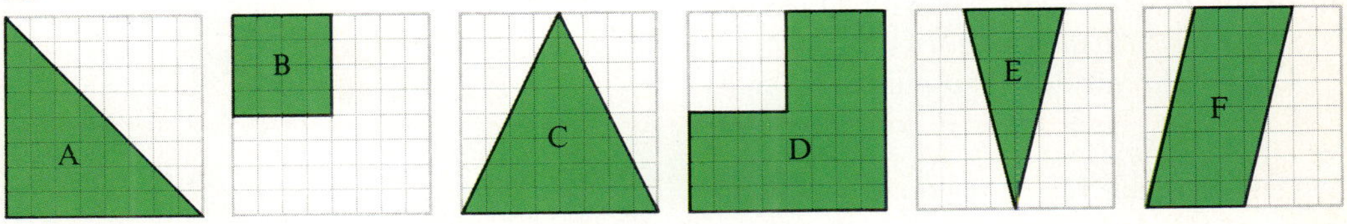

Welche grünen Flächen haben denselben Flächeninhalt?

3.
Zerschneide ein Quadrat [ein Rechteck] wie im Bild in zwei Teile. Lege diese beiden Teile zu einer neuen Figur (Viereck oder Dreieck) zusammen.
Vergleiche ihren Flächeninhalt mit dem des Quadrates [des Rechtecks].

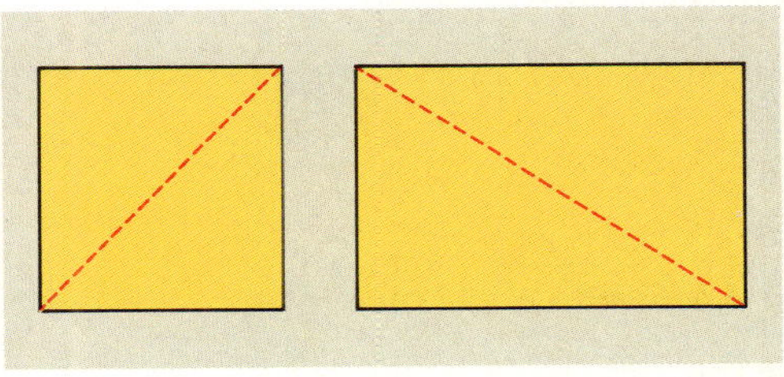

4.

Zur Unterscheidung Flächeninhalt – Umfang

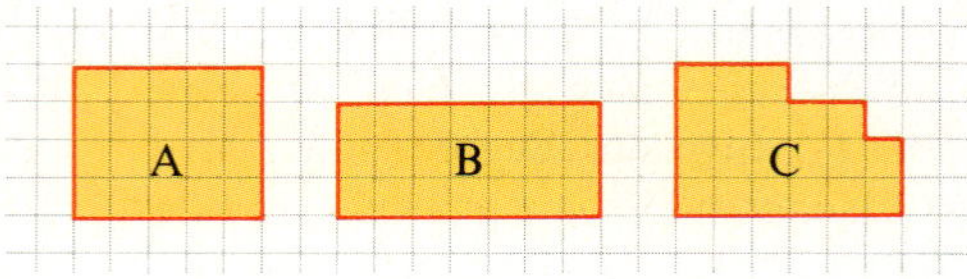

a) Gib den Umfang der Flächen in der Einheit K (Kästchenlänge) an.

b) Welche Flächen haben gleichen Flächeninhalt, aber verschiedenen Umfang?

c) Welche Flächen haben gleichen Umfang aber verschiedenen Flächeninhalt?

Zur Übung: 1 bis 5

Messen des Flächeninhalts in der Einheit cm²

Aufgabe

Was bedeutet die Angabe 5 cm², die in der Bastelanleitung vorkommt?
Zeichne auf Millimeterpapier mehrere Flächen (nicht nur Rechtecke) mit dem Flächeninhalt A = 5 cm².
Bestimme auch den Umfang u der Flächen.

Lösung

Ein Quadrat mit der Seitenlänge 1 cm (ein Zentimeterquadrat) hat den Flächeninhalt 1 cm² (gelesen: *1 Quadratzentimeter* oder *1 Zentimeter hoch 2*). Alle anderen Figuren, die man durch Zerschneiden und erneutes Zusammensetzen eines Zentimeterquadrates erhält, haben auch den Flächeninhalt 1 cm².

In die Fläche rechts passen 5 Quadrate von 1 cm Seitenlänge.
Die Fläche hat den Flächeninhalt 5 cm².

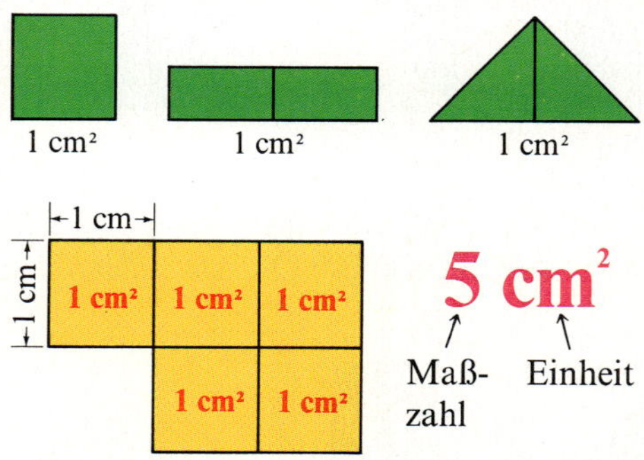

Weitere Beispiele für Flächen mit A = 5 cm²:

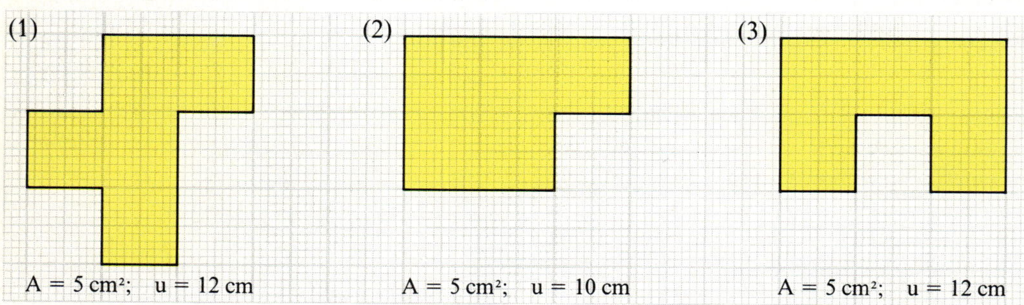

Zur Festigung und zum Weiterarbeiten

1.
Bestimme den Flächeninhalt in cm^2.

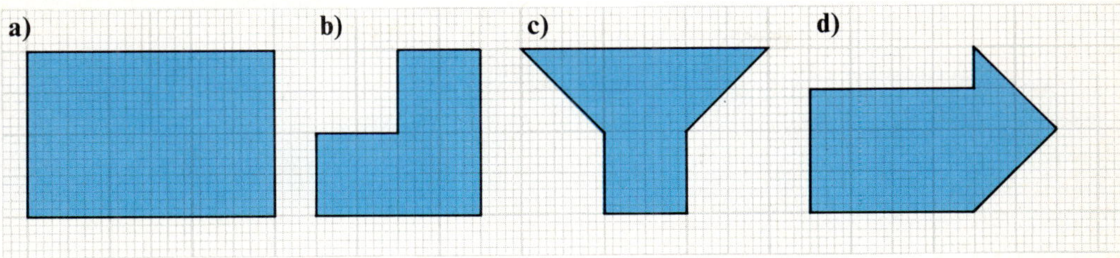

2.
Denke dir die Fläche von Aufgabe 1 a ausgeschnitten, zerlegt und neu zu einer anderen Fläche zusammengesetzt. Welchen Flächeninhalt hat die neue Fläche?
(Du darfst zeichnen und ausschneiden, zerschneiden und neu mit Klebestreifen zusammenheften.) Miß jeweils den Umfang.

3.
Zeichne drei verschiedene Flächen mit dem folgenden Flächeninhalt.
a) $7\ cm^2$ **b)** $8\ cm^2$ **c)** $10\ cm^2$ **d)** $100\ cm^2$ **e)** $120\ cm^2$ △ **f)** $160\ cm^2$

4.
Welchen Flächeninhalt hat dieses Rechteck?
Anleitung: Stelle fest, aus wie vielen Zentimeterquadraten es besteht. Zähle zeilen- oder spaltenweise ab.
Wie viele Zeilen sind es?
Wie viele Quadrate sind in jeder Zeile?
Gib auch den Umfang des Rechtecks an.

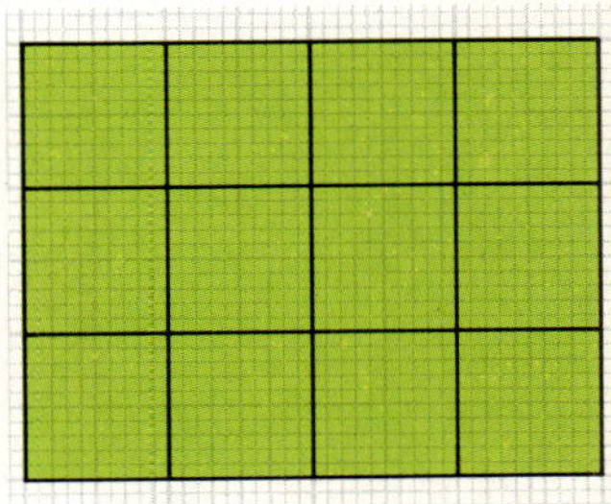

5.
Zeichne auf Karopapier ein Rechteck mit den folgenden Seitenlängen. Gib seinen Flächeninhalt und seinen Umfang an.
a) $a = 4\ cm;\ b = 5\ cm$ **b)** $a = 2\ cm;\ b = 6\ cm$

6.
a) Zeichne drei verschiedene Rechtecke mit dem Flächeninhalt $24\ cm^2$. Gib auch jeweils den Umfang an.
▲ **b)** Zeichne zwei verschiedene Flächen mit dem Umfang 10 cm. Die eine soll den Flächeninhalt $4\ cm^2$, die andere den Flächeninhalt $6\ cm^2$ haben.

△ **7.**
Man kann den Flächeninhalt (die Größe) einer Fläche auch in willkürlichen Einheiten angeben, z. B. in K (Karogröße), B (Buchgröße), H (Heftgröße), F (Fliesengröße).
Die Größe der gekachelten Fläche rechts ist 20 F.
Bestimme in der Einheit H (Heftgröße) die Größe deiner Tischfläche.

Zur Übung: 6 bis 14

Messen des Flächeninhalts in der Einheit dm²

Aufgabe

Dieses Quadrat hat die Seitenlänge 1 dm. Es heißt daher Dezimeterquadrat. Es hat den Flächeninhalt $1\,dm^2$ (gelesen: *1 Quadratdezimeter* oder *1 Dezimeter hoch 2*). Manche Fliesen haben diese Größe.

a) Zeichne mehrere solche Quadrate und schneide sie aus. Lege damit die Fläche eines DIN-A 4-Blattes (z. B. eines großen Schulheftes) aus. Wie groß ist diese Fläche?

b) Aus wie vielen Zentimeterquadraten besteht das Dezimeterquadrat? Zerlege dazu das Quadrat in Streifen. Wie viele sind das? Wie viele Zentimeterquadrate sind in jedem Streifen? Fülle aus: $1\,dm^2 = \square\,cm^2$.

Lösung

a) Man benötigt 6 Dezimeterquadrate. Der Flächeninhalt eines DIN-A 4-Blattes beträgt $6\,dm^2$.

b) Das Dezimeterquadrat besteht aus 10 Streifen. In jedem Streifen sind 10 Zentimeterquadrate. Das Dezimeterquadrat hat $10 \cdot 10$, also 100 Zentimeterquadrate.
Es gilt: $1\,dm^2 = 100\,cm^2$

> Ein Quadrat mit der Seitenlänge 1 dm hat den Flächeninhalt $1\,dm^2$ (gelesen: *1 Quadratdezimeter* oder *1 Dezimeter hoch 2*).
>
> $1\,dm^2 = 100\,cm^2$ $\qquad 1\,cm^2 \xrightarrow{\cdot 100} 1\,dm^2$

Zur Übung: 15 bis 17

Maßeinheiten für Flächeninhalte und ihr Zusammenhang

Zur Information

Andere Einheiten für den Flächeninhalt sind $1\,mm^2$, $1\,m^2$, 1 a (Ar), 1 ha (Hektar), $1\,km^2$.

Quadrat mit der Seitenlänge	Flächeninhalt des Quadrates	gelesen
1 mm	$1\,mm^2$	1 mm hoch 2 oder 1 Quadratmillimeter
1 cm	$1\,cm^2$	1 cm hoch 2 oder 1 Quadratzentimeter
1 dm	$1\,dm^2$	1 dm hoch 2 oder 1 Quadratdezimeter
1 m	$1\,m^2$	1 m hoch 2 oder 1 Quadratmeter
10 m	1 a	1 Ar
100 m	1 ha	1 Hektar
1 km	$1\,km^2$	1 Kilometer hoch 2 oder 1 Quadratkilometer

Der Flächeninhalt (die Größe) eines Baugrundstücks wird häufig in Ar oder in Quadratmetern (m^2), der Flächeninhalt (die Größe) einer landwirtschaftlichen Anbaufläche in Hektar angegeben. Manchmal bezeichnet man 25 Ar als 1 *Morgen*. Die Größe von Seen oder Ländern gibt man in km^2 an. Siehe zu 1 a auch das Bild auf Seite 156.

Zur Festigung und zum Weiterarbeiten

1.

a) Schneide aus Papier (Zeitungen, Tapeten, Packpapier) mehrere Meterquadrate (Seitenlänge 1 m) aus und lege damit verschiedene Flächen mit der Größe $3\,m^2$ [$5\,m^2$].

b) Zerschneide ein Meterquadrat und setze die Teile zu einer neuen Fläche zusammen. Welchen Flächeninhalt hat die neue Fläche?

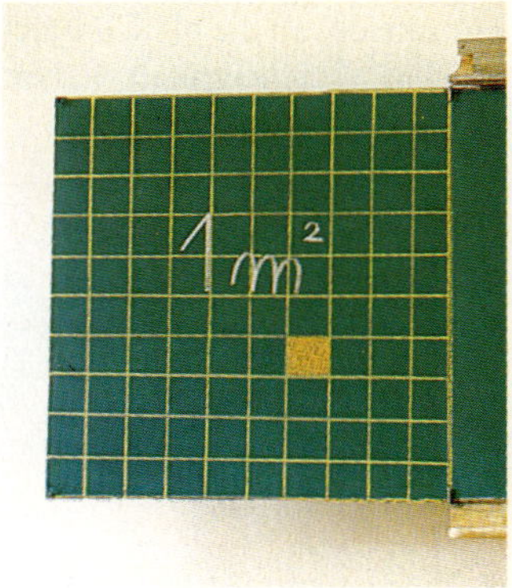

2.

a) Zeichne in ein Meterquadrat ein Gitternetz wie im Bild.

b) Wie viele Dezimeterquadrate sind in dem Meterquadrat enthalten.

c) Fülle aus: $1\,m^2 = \square\,dm^2$.

3.

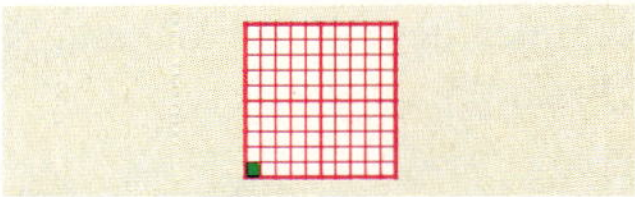

Ein Quadrat mit der Seitenlänge 1 cm (Zentimeterquadrat) ist in kleine Quadrate zerlegt. Der Abstand der Gitterlinien beträgt 1 mm.

a) In wie viele kleine Quadrate ist das große Quadrat zerlegt?

b) Fülle aus: $1\,cm^2 = \square\,mm^2$.

4.

a) Miß auf dem Schulhof ein Quadrat von 10 m Seitenlänge ab. Es hat die Größe 1 a.

b) Wie viele Meterquadrate (Seitenlänge 1 m) braucht man, um ein Quadrat mit dem Flächeninhalt 1 a auszulegen?

c) Fülle aus: $1\,a = \square\,m^2$.

d) Miß auf dem Schulhof eine Fläche von 2 a [3 a] ab.

5.
Erkläre, weshalb gilt:

a) 1 ha = 100 a, **b)** 1 km^2 = 100 ha.

Das Quadrat auf Seite 160 kann dir helfen.

$$1\,mm^2 \xrightarrow{\cdot 100} 1\,cm^2 \xrightarrow{\cdot 100} 1\,dm^2 \xrightarrow{\cdot 100} 1\,m^2 \xrightarrow{\cdot 100} 1\,a \xrightarrow{\cdot 100} 1\,ha \xrightarrow{\cdot 100} 1\,km^2$$

$100\,mm^2 = 1\,cm^2$

$100\,cm^2 = 1\,dm^2$

$100\,dm^2 = 1\,m^2$

$100\,m^2 = 1\,a$

$100\,a = 1\,ha$

$100\,ha = 1\,km^2$

Die Verwandlungszahl ist 100.

Zur Übung: 18 bis 22

Übungen

Vergleich von Flächen – Flächeninhalt

1.
Entscheide, ob die blauen Flächen L und M den gleichen Flächeninhalt haben. (Schneide aus und zerlege.)

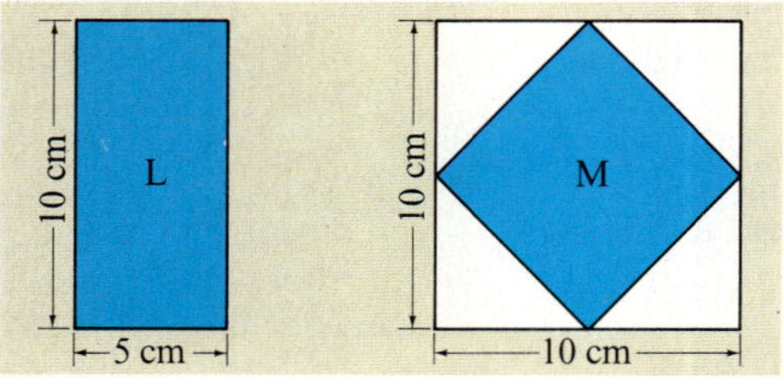

2.
Warum haben die beiden braunen Quadrate zusammen denselben Flächeninhalt wie das grüne Quadrat?

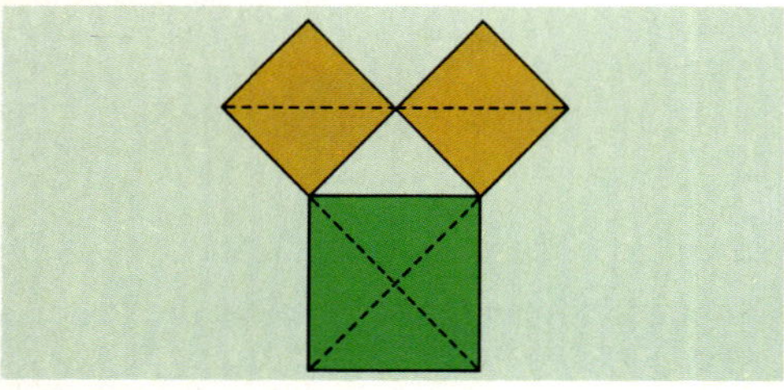

3.

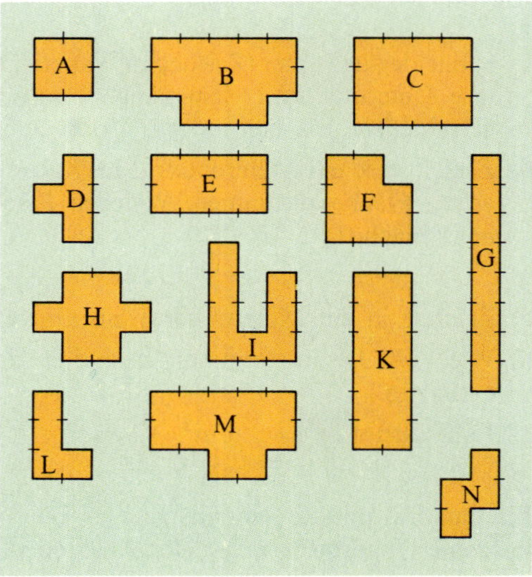

a) Welche der Flächen haben den gleichen Flächeninhalt? (Du kannst zeichnen, ausschneiden, zählen und vergleichen.)

b) Gib zu jeder Fläche den Umfang an.
Gib Flächen an, die denselben Umfang, aber verschiedene Flächeninhalte [verschiedene Umfänge, aber denselben Flächeninhalt] haben.

4.

Ingo hat vier quadratische Plättchen von 1 cm Seitenlänge. Er legt alle Plättchen zu einer Fläche zusammen. Dabei achtet er darauf, daß die Seiten richtig aneinanderpassen.

Er findet nachstehende Flächen.

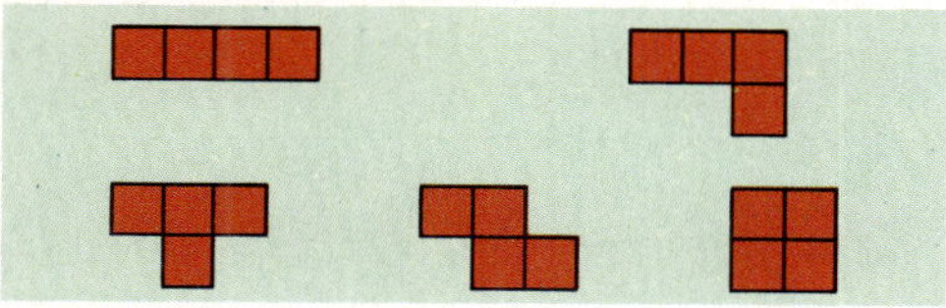

a) Vergleiche die Flächeninhalte der Flächen.

b) Vergleiche die Umfänge der Flächen.

▲ ### 5.

Britta legt Flächen aus fünf quadratischen Plättchen, z. B.:

a) Es gibt 12 verschiedene Flächen. Lege oder zeichne alle auf Karopapier.

b) Vergleiche die Flächeninhalte und die Umfänge der Flächen.

Messen des Flächeninhalts in der Einheit cm^2

6.

a) Gib den Flächeninhalt in cm^2 an.

b) Miß den Umfang. Gib ihn auf Millimeter genau an.

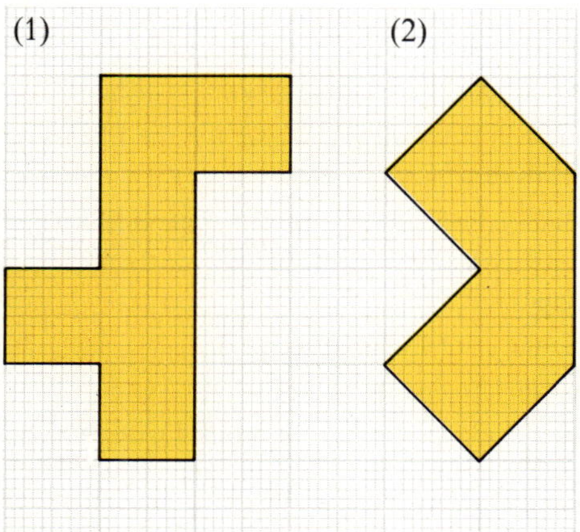

7.

Zeichne zwei Flächen mit dem Flächeninhalt

a) $4\ cm^2$; **b)** $6\ cm^2$; **c)** $3\ cm^2$;
d) $9\ cm^2$; **e)** $12\ cm^2$.

8.

Zeichne eine Fläche mit dem Flächeninhalt (A) und dem Umfang (u).

a) $A = 16\ cm^2$ und $u = 16\ cm$

b) $A = 16\ cm^2$ und $u = 20\ cm$

c) $A = 16\ cm^2$ und $u = 34\ cm$

d) $u = 12\ cm$ und $A = 9\ cm^2$

e) $u = 12\ cm$ und $A = 8\ cm^2$

f) $u = 12\ cm$ und $A = 5\ cm^2$

9.

Elke braucht zum Basteln einen 30 cm langen Papierstreifen, der außerdem einen Flächeninhalt von $30\ cm^2$ hat. Sie hat einen Streifen, der 16 cm lang und 2 cm breit ist.
Wie kann sie schneiden und kleben?

10.

a) Zerlege das Rechteck in Längsstreifen. Wie viele Zentimeterquadrate gehören zu jedem Streifen? Wie viele Streifen hat das Rechteck? Wie viele Zentimeterquadrate hat das Rechteck? Wie groß ist sein Flächeninhalt?

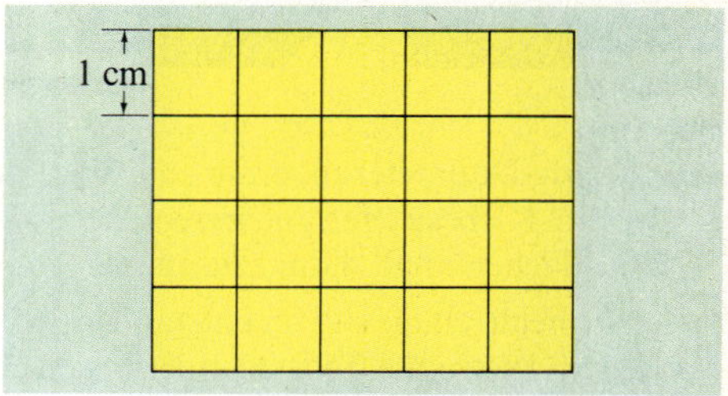

b) Führe eine ähnliche Überlegung mit den Querstreifen durch.

c) Zeichne ein Rechteck mit 5 Längsstreifen. Jeder Streifen soll 3 Zentimeterquadrate haben. Bestimme den Flächeninhalt des Rechtecks.

11.

Zeichne ein Rechteck mit folgenden Seitenlängen. Gib den Flächeninhalt und den Umfang an.

a) $a = 3\ cm$; $b = 5\ cm$

b) $a = 2\ cm$; $b = 6\ cm$

c) $a = 4\ cm$; $b = 4{,}5\ cm$

12.

a) Zeichne vier verschiedene Flächen, die aus 24 Zentimeterquadraten bestehen.

b) Gib jeweils den Umfang an.

c) Wie groß ist der Flächeninhalt einer jeden Fläche?

13.

Zeichne zwei Rechtecke mit dem Flächeninhalt 18 cm^2 [20 cm^2; 16 cm^2; 28 cm^2] und gib den Umfang an.

△ 14.

a) Zeichne vier verschiedene Flächen mit dem Flächeninhalt 12 K (Karogröße).

b) Gib in der Einheit 1 P (Postkartengröße) den Flächeninhalt eines kleinen Heftes [großen Heftes; Zeichenblocks] an.

Messen des Flächeninhalts in der Einheit dm^2

15.

Gib den Flächeninhalt und den Umfang an.

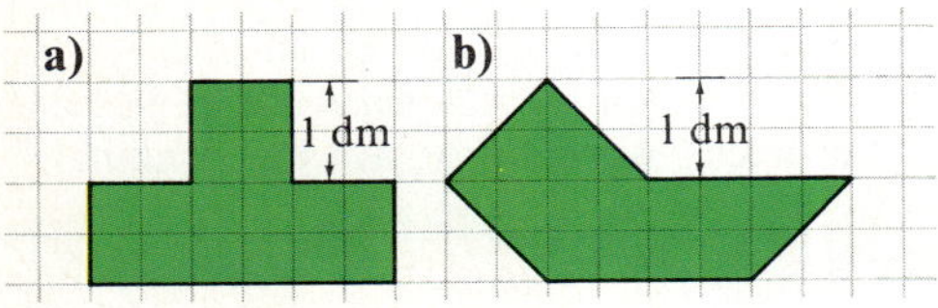

16.

a) Schneide Dezimeterquadrate aus. Setze daraus mit Klebestreifen mehrere Flächen mit dem Flächeninhalt 4 dm^2 zusammen.

b) Zerschneide einige der so entstandenen Flächen und setze die Teile zu einer neuen Fläche zusammen.
Wie groß ist der Flächeninhalt der neuen Fläche?

17.

Gib den Flächeninhalt in dm^2 an.

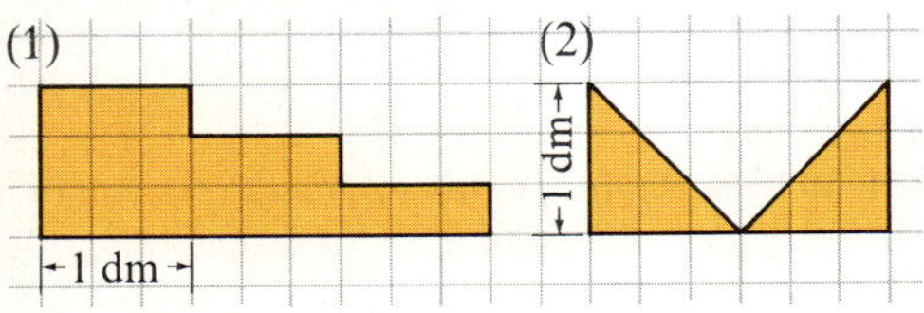

Maßeinheiten für Flächeninhalte und ihr Zusammenhang

18.

a) Gib die Größe der abgebildeten Kellerfläche in m^2 an. Du kannst die Fläche in dein Heft übertragen und die Meterquadrate verkleinert einzeichnen.

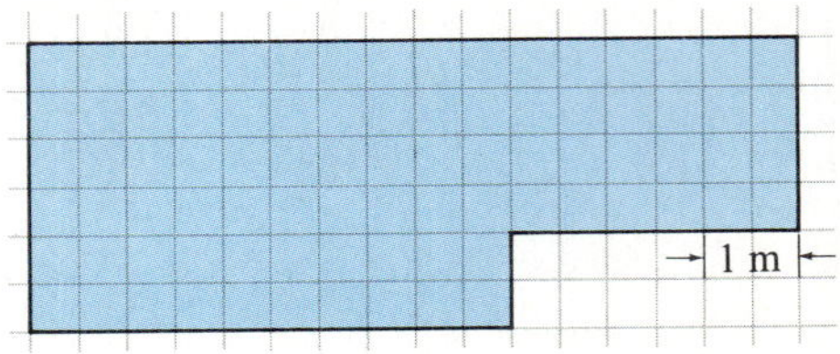

b) Zeichne ebenso verkleinert Zimmerflächen mit dem Flächeninhalt 30 m^2 [17 m^2].

19.

a) Schneide aus Packpapier, Zeitungen oder Tapeten Meterquadrate aus und setze daraus mit Klebestreifen Flächen mit dem Flächeninhalt 2 m^2 [4 m^2] zusammen.

b) Zerschneide und setze die Teile neu zusammen. Wie groß ist der Flächeninhalt der neuen Fläche?

20.

Zeichne verkleinert drei Rechtecke mit dem Flächeninhalt 24 m^2. Gib auch den Umfang an.

21.

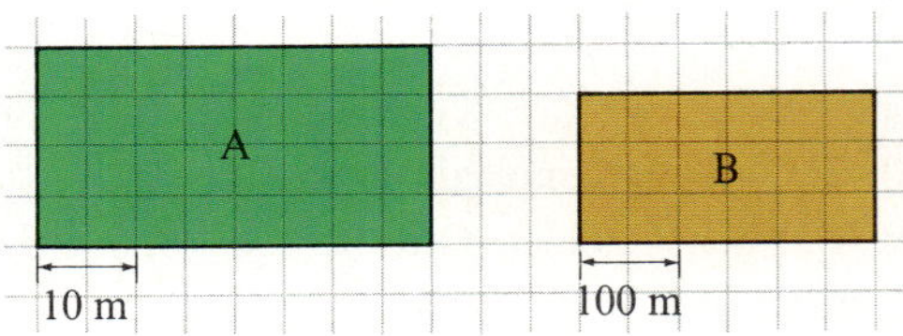

a) Gib die Größe des Grundstücks A in Ar an.

b) Gib die Größe des Ackers B in ha an.

c) Wie lang wäre ein Zaun um die Fläche A [B] herum?

d) Zeichne ähnlich einen 9 a großen Bolzplatz [einen 6 ha großen Wald].

△ 22.

Schlage im Lexikon nach:

a) Größe des Bodensees

b) Größe der Bundesrepublik Deutschland

c) Größe deines Bundeslandes

Umwandeln in andere Einheiten – Kommaschreibweise

Umwandeln in andere Einheiten – Einheitentabelle

Aufgabe

a) Eine $4\ m^2$ große Wand soll mit Fliesen gekachelt werden. Jede Fliese ist $1\ dm^2$ groß. Wie viele Fliesen werden benötigt? Fülle aus: $4\ m^2 = \square\ dm^2$

b) Herr Meier liest das Schild. Er verwandelt schnell die Einheit a in m^2. Wie könnte Herr Meier überlegen?

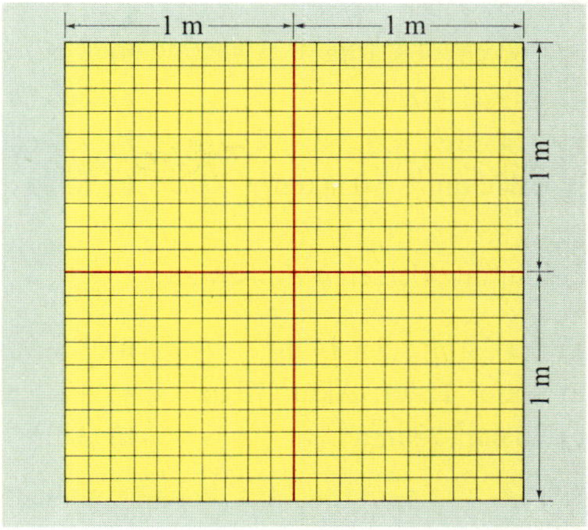

Lösung

a) Die Wandfläche besteht aus 4 Meterquadraten. Jedes dieser Quadrate besteht aus 100 Dezimeterquadraten. Es werden also 400 Fliesen benötigt.
Es gilt: $4\ m^2 = 400\ dm^2$

b) Wir stellen uns vor: Der Garten ist von 3 Quadraten mit dem Flächeninhalt 1 a bedeckt. Jedes dieser Quadrate ist so groß wie 100 Meterquadrate. Insgesamt bedecken 300 Meterquadrate die Fläche, also $3\ a = 300\ m^2$. Der Garten ist $300\ m^2$ groß.

Zur Festigung und zum Weiterarbeiten

1.
Zeichne auf Karopapier eine $2\ dm^2$ große Fläche. Unterteile sie in Zentimeterquadrate. Wie viele erhältst du? Fülle aus: $2\ dm^2 = \square\ cm^2$.

2.
Gib in der in Klammern angegebenen Einheit an. Stelle dir dabei eine Fläche (z. B. Fliese, Beet, Garten, See) mit dem jeweiligen Flächeninhalt vor.

a) $8\ dm^2$ (cm^2); $15\ dm^2$ (cm^2)
b) $5\ m^2$ (dm^2); $27\ m^2$ (dm^2)
c) 8 a (m^2); 75 a (m^2)
d) 2 ha (a); 31 ha (a)
e) $4\ cm^2$ (mm^2); $18\ cm^2$ (mm^2)
f) $3\ km^2$ (ha); $43\ km^2$ (ha)

$4\ dm^2 = ?\ cm^2$

$1\ dm^2 = 100\ cm^2$
$4\ dm^2 = 400\ cm^2$

3.
Drücke in der in Klammern angegebenen Einheit aus.

a) $3\,800\ cm^2$ (dm^2)
$4\,000\ cm^2$ (dm^2)
b) $5\,900\ dm^2$ (m^2)
$8\,000\ dm^2$ (m^2)
c) $400\ m^2$ (a)
$1\,000\ m^2$ (a)
d) 3 000 a (ha)
1 700 a (ha)
e) 8 000 ha (km^2)
400 ha (km^2)
f) $300\ mm^2$ (cm^2)
$16\,000\ mm^2$ (cm^2)

$2\,300\ dm^2 = ?\ m^2$

$100\ dm^2 = 1\ m^2$
$2\,300\ dm^2 = 23\ m^2$

4.

a) Verwandle in die in Klammern angegebene Einheit: 4 dm^2 (cm^2); 3 dm^2 (cm^2); 2 m^2 (dm^2); 3 m^2 (dm^2); 5 m^2 (dm^2); 2 a (m^2); 4 a (m^2); 5 a (m^2).

b) Gib in der in Klammern angegebenen Einheit an: 3 m^2 (cm^2); 62 m^2 (cm^2); 4 ha (m^2); 12 ha (m^2); 8 km^2 (a); 65 km^2 (a); 7 a (dm^2); 24 a (dm^2)

5.

Drücke in zwei Einheiten aus.

340 a = 3 ha 40 a

a) 260 ha; 4 821 ha
b) 3 250 a; 4 635 a
c) 4 823 km^2; 3 204 km^2
d) 803 a; 4 024 a
e) 846 ha; 1 024 ha
f) 5 020 km^2; 305 km^2
g) 174 dm^2; 421 dm^2
h) 437 cm^2; 819 cm^2
i) 214 mm^2; 842 mm^2
j) 8 372 dm^2; 5 056 dm^2
k) 6 594 cm^2; 9 070 cm^2
l) 5 608 mm^2; 7 323 mm^2

6.

Gib in der kleineren Einheit an.

4 a 25 m^2 = 425 m^2

a) 8 a 37 m^2; 9 a 14 m^2
b) 3 ha 18 a; 24 ha 48 a
c) 4 km^2 15 ha; 7 km^2 63 ha
d) 4 km^2 12 ha; 9 km^2 75 ha
e) 4 a 5 m^2; 15 a 9 m^2
f) 8 ha 9 a; 24 ha 3 a
g) 18 cm^2 25 mm^2
h) 8 dm^2 3 cm^2
i) 8 m^2 14 dm^2; 23 m^2 7 dm^2

km^2		ha		a		m^2		dm^2		cm^2		mm^2		
Z	E	Z	E	Z	E	Z	E	Z	E	Z	E	Z	E	
							4	0	0					4 m^2 = 400 dm^2
					7	5	8							7 a 58 m^2 = 758 m^2

Zur Übung: 1 bis 7

Kommaschreibweise

Aufgabe

Was bedeutet die Kommaschreibweise 8,45 a? Verwandle in m^2.

Lösung

Wir tragen 8,45 a in die Einheitentabelle ein und lesen ab:

8,45 a = 8 a 45 m^2 = 845 m^2

Vor dem Komma			Nach dem Komma		
	a		m^2		
	Z	E	Z	E	
		8	4	5	

Zur Festigung und zum Weiterarbeiten

1.

Gib in zwei Einheiten an. Verwandle dann in die kleinere Einheit. Die Einheitentabelle kann dir helfen.

$8{,}35\,a = 8\,a\ 35\,m^2 = 835\,m^2$

a) $2{,}49\,km^2$; $7{,}53\,km^2$; $8{,}06\,km^2$; $2{,}4\,km^2$
b) $0{,}54\,km^2$; $2{,}04\,km^2$; $2{,}4\,km^2$; $0{,}4\,km^2$
c) $2{,}54\,m^2$; $9{,}08\,m^2$; $3{,}5\,m^2$; $0{,}45\,m^2$
d) $4{,}7\,m^2$; $0{,}04\,m^2$; $0{,}4\,m^2$; $4{,}5\,m^2$
e) 7,65 a; 8,23 a; 0,42 a; 3,5 a
f) 4,37 ha; 8,05 ha; 8,5 ha; 0,45 ha

2.

Schreibe mit Komma. Die Einheitentabelle kann dir helfen.

$618\,m^2 = 6\,a\ 18\,m^2 = 6{,}18\,a$

a) $714\,m^2$; $312\,m^2$; $780\,m^2$; $496\,m^2$
b) $380\,m^2$; $7\,m^2$; $5\,m^2$; $50\,m^2$
c) 144 ha; 219 ha; 240 ha; 390 ha
d) 440 ha; 40 ha; 4 ha; 400 ha
e) 344 a; 40 a; 4 a
f) $730\,dm^2$; $30\,dm^2$; $700\,dm^2$

3.

km^2			ha		a		m^2		dm^2		cm^2		mm^2		drei Schreibweisen
H	Z	E	Z	E	Z	E	Z	E	Z	E	Z	E	Z	E	für denselben Flächeninhalt
						7	2	3							$7\,a\ 23\,m^2 = 7{,}23\,a = 723\,m^2$
	2	2		5											$22\,km^2\ 5\,ha = 22{,}05\,km^2 = 2\,205\,ha$
				3	7	0									$3\,ha\ 70\,a = 3{,}7\,ha = 370\,a$

Trage in die Tabelle ein und lies drei Schreibweisen wie oben ab.

a) 2 ha 17 a; 8,75 a; $2\,421\,m^2$; 3,04 ha; $4\,km^2$ 12 a; 0,5 ha; $7{,}2\,km^2$; 0,04 a

b) 2 ha 19 a; 4 ha 73 a; 9 ha 55 a; 3,4 a; 7,2 a; 8,9 a; $3{,}5\,km^2$; $7{,}2\,km^2$

c) $24\,475\,dm^2$; $82{,}45\,dm^2$; $73{,}65\,cm^2$; $4{,}3\,m^2$; $7{,}05\,dm^2$; $0{,}04\,dm^2$

Zur Übung: 8 bis 10

Übungen

Umwandeln in andere Einheiten – Einheitentabelle

1.

Gib in der in Klammern angegebenen Einheit an.

a) $14\,m^2$ (dm^2); $18\,dm^2$ (cm^2); 37 a (m^2); 75 ha (a)
b) $4\,dm^2$ (cm^2); $5\,km^2$ (ha); 4 a (m^2); 9 ha (a)
c) $9\,km^2$ (ha); $2\,cm^2$ (mm^2); $53\,m^2$ (dm^2); 73 a (m^2)
d) 18 ha (m^2); $5\,km^2$ (a); $2\,m^2$ (cm^2); $17\,km^2$ (m^2)

2.

Gib in der in Klammern angegebenen Einheit an.

a) $200\,dm^2$ (m^2); $300\,cm^2$ (dm^2); $400\,m^2$ (a); 800 a (ha); 700 ha (km^2)
b) 200 a (ha); 700 ha (km^2); $900\,m^2$ (a); $1\,900\,m^2$ (a); 300 ha (km^2)
c) 2 500 ha (km^2); $8\,400\,m^2$ (a); $2\,000\,dm^2$ (m^2); $70\,000\,dm^2$ (m^2); 43 000 a (ha)
d) $40\,000\,m^2$ (ha); 80 000 a (km^2); $90\,000\,dm^2$ (a); $170\,000\,dm^2$ (a); $80\,000\,cm^2$ (m^2)

3.

Gib in der in Klammern angegebenen Einheit an.

a) 43 dm^2 (cm^2)
73 m^2 (dm^2)
2 dm^2 (cm^2)
5 km^2 (ha)

b) 400 m^2 (a)
2 800 a (ha)
8 900 ha (a)
200 ha (km^2)

c) 2 000 a (ha)
19 a (m^2)
7 km^2 (ha)
3 a (m^2)

d) 7 ha (m^2)
5 km^2 (a)
30 000 m^2 (ha)
40 000 a (km^2)

4.

a) 5 m^2 = x dm^2
600 dm^2 = x m^2
7 cm^2 = x mm^2
900 mm^2 = x cm^2
300 cm^2 = x dm^2

b) 8 ha = x a
900 a = x ha
2 a = x m^2
600 m^2 = x a
500 ha = x km^2

c) 2 300 cm^2 = x dm^2
2 300 cm^2 = x mm^2
800 dm^2 = x m^2
800 dm^2 = x cm^2

d) 125 ha = x a
30 km^2 = x ha
57 dm^2 = x cm^2
3 200 mm^2 = x cm^2

5.

Schreibe in mehreren Einheiten.

4 785 m^2 = 47 a 85 m^2

a) 2 753 m^2
2 885 m^2
4 732 m^2
4 172 ha

b) 181 a
320 ha
305 ha
108 m^2

c) 8 405 a
3 005 m^2
3 280 m^2
4 008 a

d) 482 cm^2
964 mm^2
314 dm^2
241 cm^2

6.

Gib in der kleinsten vorkommenden Einheit an.

a) 5 a 14 m^2
17 ha 3 a
19 a 2 m^2
2 km^2 6 ha

b) 84 m^2 6 dm^2
3 km^2 20 ha
2 m^2 16 dm^2
8 m^2 5 dm^2

c) 8 ha 17 a
8 km^2 19 ha
4 a 25 m^2
2 ha 50 a

d) 85 dm^2 18 cm^2
5 dm^2 2 cm^2
4 cm^2 19 mm^2
62 cm^2 8 mm^2

△ 7.

Eine Wand ist 21 m^2 groß. Sie soll mit Fliesen von 1 dm^2 Größe gekachelt werden.
Wie viele Fliesen werden benötigt?

Kommaschreibweise

8.

Schreibe in zwei Einheiten.

4,2 ha = 4 ha 20 a

a) 2,97 ha
18,5 a
37,3 ha
84,2 m^2
8,9 km^2

b) 5,2 km^2
7,6 km^2
4,72 m^2
4,92 a
2,53 ha.

c) 3,05 m^2
2,4 ha
1,07 ha
7,09 km^2
7,49 a

d) 3,04 km^2
0,75 a
0,33 ha
23,7 ha
19,6 m^2

e) 7,5 ha
8,5 km^2
6,7 a
4,2 ha
2,8 km^2

f) 3,7 cm^2
7,8 dm^2
8,2 cm^2
4,02 dm^2
2,09 cm^2

9.

Schreibe mit Komma.

a) 7 m^2 12 dm^2
5 dm^2 16 cm^2
12 a 16 m^2
84 ha 13 a
72 a 19 m^2

b) 5 ha 43 a
3 cm^2 4 mm^2
27 ha 2 a
2 km^2 97 ha
7 a 83 m^2

c) 4 dm^2 6 cm^2
8 km^2 7 ha
14 a 9 m^2
7 m^2 2 dm^2
3 a 7 m^2

d) 41 m^2
50 a
3 dm^2
4 cm^2
7 ha

10.

Trage in eine Einheitentabelle ein. Lies drei Schreibweisen ab.

a) 29,14 a
3,50 ha
5,45 km^2
31,8 m^2

b) 328 a
735 ha
574 m^2
219 dm^2

c) 2,5 a
3,7 ha
4,3 km^2
6,9 m^2

d) 0,45 a
0,28 ha
0,37 km^2
0,46 m^2

e) 3,7 ha
4,8 km^2
7,5 a
2,6 ha

f) 3,62 cm^2
0,47 dm^2
8,04 cm^2
4,03 dm^2

g) 7,5 a
2,6 ha
0,8 km^2
3,7 m^2

h) 2,9 km^2
2,09 km^2
0,2 m^2
0,02 m^2

i) 2,473 m^2
3,748 ha
2,402 a
0,005 km^2

Rechnen mit Flächeninhalten

Addition und Subtraktion

Aufgabe

Herr Meier besitzt ein 842 m^2 großes Grundstück.

a) Er kauft ein Nachbargrundstück von 715 m^2 hinzu. Wie groß ist jetzt sein Grundstück?

b) Er muß für den Bau einer neuen Straße 188 m^2 abgeben. Wie groß ist dann noch sein Grundstück?

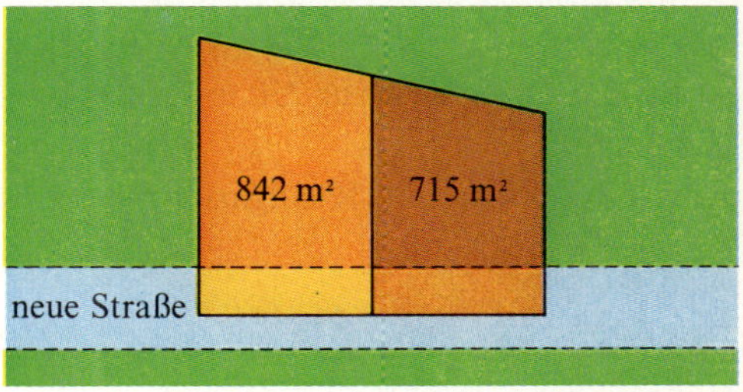

Lösung

a) *Rechnung:* $842\ m^2 + 715\ m^2 = 1\,557\ m^2$

Antwort: Das Grundstück ist 1 557 m^2 groß.

b) *Rechnung:* $1\,557\ m^2 - 188\ m^2 = 1\,369\ m^2$

Antwort: Jetzt ist sein Grundstück nur noch 1 369 m^2 groß.

Zur Festigung und zum Weiterarbeiten

1.

a) $3\,147\ m^2 + 4\,756\ m^2$; $4\,765\ ha + 3\,649\ ha$; $9\,426\ a + 3\,487\ a$

b) $8\,474\ m^2 - 4\,739\ m^2$; $9\,426\ a - 8\,579\ a$; $7\,210\ ha - 3\,425\ ha$

2.

Berechne. Verwandle gegebenenfalls in eine andere Einheit.

a) 847 a + 958 a **b)** 450 ha − 338 ha

c) 937 m^2 − 788 m^2 **d)** 314 dm^2 + 497 dm^2

e) 8,75 m^2 + 4,82 m^2 **f)** 9,47 ha − 8,36 ha

6 350 a + 7 469 a
= 13 819 a
= 138 ha 19 a

3.

a) Herr Mertens will den Fußboden in seinem Keller mit einer Kautschuk-Farbe streichen. Er mißt: Heizungskeller 9 m^2, Vorratskeller 16 m^2, Hobbyraum 46 m^2, Vorraum 12 m^2. Für wieviel Quadratmeter muß er Farbe kaufen?

b) Ein Bungalow soll verputzt werden. Die beiden Seitenflächen sind zusammen 54 m^2 groß. Die Vorder- und Rückseite des Bungalows haben eine Größe von je 21,45 m^2. Der Bungalow hat eine 3,50 m^2 große Tür und eine 35 m^2 große Fensterfläche.
Wieviel Quadratmeter müssen verputzt werden?

4.

Schreibe und rechne wie im Beispiel.

a)

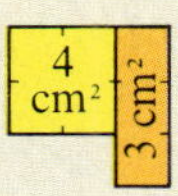

b)

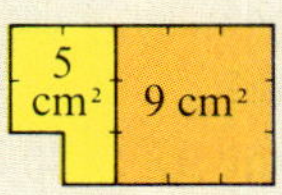

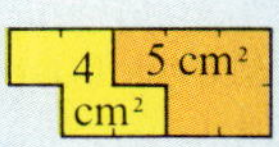

4 cm² + 5 cm² = 9 cm²
9 cm² − 4 cm² = 5 cm²
9 cm² − 5 cm² = 4 cm²

Zur Übung: 1 bis 8

Multiplikation und Division

Aufgabe

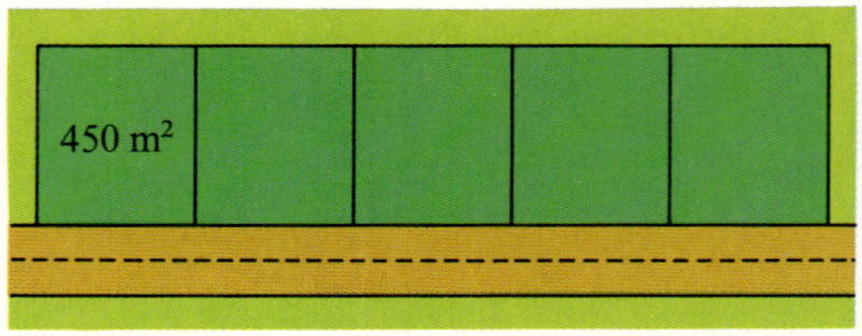

Für 5 Familien werden Kleingärten vermessen. Jede Familie bekommt einen Garten von $450\ m^2$.

a) Wie groß ist das Grundstück insgesamt?

b) Wie viele Gärten hätte man bekommen, wenn jeder Garten nur $250\ m^2$ groß gewesen wäre?

c) Wie groß wäre ein Kleingarten, wenn das Grundstück an 6 Familien gleichmäßig verteilt worden wäre?

Lösung

a) *Rechnung:* $5 \cdot 450\ m^2 = 2\,250\ m^2$ *Antwort:* Das Grundstück ist insgesamt $2\,250\ m^2$ groß.

b) *Rechnung:* $2\,250\ m^2 : 250\ m^2 = 9$ *Antwort:* Man hätte 9 Gärten erhalten.

c) *Rechnung:* $2\,250\ m^2 : 6 = 375\ m^2$ *Antwort:* Jeder Kleingarten wäre $375\ m^2$ groß gewesen.

Zur Festigung und zum Weiterarbeiten

1.
Schreibe und rechne wie im Beispiel.

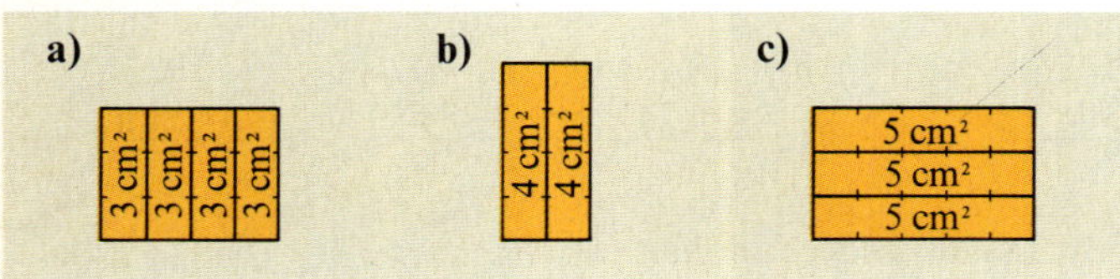

$3 \cdot 2\ cm^2 = 6\ cm^2$
$6\ cm^2 : 3 = 2\ cm^2$
$6\ cm^2 : 2\ cm^2 = 3$

2.
Rechne im Kopf.

a) $7 \cdot 18\ cm^2$	**b)** $8 \cdot 47\ m^2$	**c)** $9 \cdot 150$ a	**d)** $256\ m^2 : 8$	**e)** $490\ m^2 : 5\ m^2$
$8 \cdot 15$ a	$8 \cdot 42$ a	$8 \cdot 290$ ha	455 a $: 7$	$243\ dm^2 : 3\ dm^2$
$12 \cdot 7$ ha	$101 \cdot 5\ dm^2$	$7 \cdot 306\ km^2$	$795\ dm^2 : 5$	177 ha $: 3$ ha

3.
Rechne schriftlich.

a) $48 \cdot 243$ a	**b)** $219 \cdot 314$ a	**c)** $2\,592$ a $: 48$	**d)** $2\,576\ m^2 : 56\ m^2$
$24 \cdot 619$ ha	$417 \cdot 205\ m^2$	$7\,104$ ha $: 74$	$2\,646$ a $: 42$ a
$62 \cdot 780\ m^2$	$104 \cdot 211$ ha	$5\,002\ m^2 : 82$	$2\,071$ ha $: 19$ ha

4.

a) Eine Baugesellschaft sucht ein Grundstück für den Bau von 5 Reihenhäusern. Für jedes Reihenhaus ist ein Bauplatz von $480\ m^2$ vorgesehen. Wie groß muß das Grundstück sein?

b) In einem anderen Fall steht ein Grundstück von $6\,720\ m^2$ zur Verfügung. Es wird in 7 gleich große Bauplätze zerlegt. Wie groß ist jeder Bauplatz?

c) Wie viele Bauplätze bekommt man, wenn jeder Bauplatz $1\,120\ m^2$ groß ist?

Zur Übung: 9 bis 16 sowie 17 bis 21 (Vermischte Übungen)

Übungen

Addition und Subtraktion

1.

a) 4 753 a + 2 875 a	**b)** 3 928 ha + 4 739 ha	**c)** 8 439 ha + 2 679 ha
d) 4 753 m^2 − 2 854 m^2	**e)** 6 804 a − 5 905 a	**f)** 5 340 ha − 2 051 ha

2.

a) 7 653 m^2 + 2 149 m^2 + 4 735 m^2 + 6 843 m^2	**b)** 7 523 a + 2 149 a + 3 904 a + 6 210 a	**c)** 3 465 ha + 2 199 ha + 4 124 ha + 3 098 ha
d) 2 198 m^2 − 1 243 m^2	**e)** 5 472 a − 4 196 a	**f)** 2 475 ha − 1 796 ha
g) 9 846 m^2 − 2 654 m^2 − 3 769 m^2	**h)** 8 504 a − 3 476 a − 4 921 a	**i)** 24 164 ha − 9 846 ha − 8 972 ha

3.
Zu einem Gut gehören 75 ha Ackerland, 23 ha Wiesen, 110 ha Wald.
Wie groß ist die gesamte Gutsfläche?

4.
Bei einer Flurbereinigung soll das Land neu aufgeteilt werden. Bauer Schulte hatte vorher Akkerflächen mit folgenden Größen:

3 ha; 2,6 ha; 1,8 ha; 3,9 ha; 24 ha; 12,5 ha.

Nach der Flurbereinigung hatte er zwei Stücke von 31 ha und 17 ha. Vergleiche.

5.
Einer Gemeinde gehört eine Fläche von 2 735 ha. Davon sind 481 ha Weideland, 510 ha Ackerland, 618 ha Wald und 22 ha Wohngebiete. 12 ha entfallen auf Straßen und Wege. Der Rest ist Brachland.
Wie groß ist dieses?

6.
Herr Mathis verkauft Bauplätze. Der erste Bauplatz ist 750 m^2, der zweite 675 m^2, der dritte 775 m^2 und der vierte 650 m^2 groß.

a) Wieviel Quadratmeter hat Herr Mathis verkauft?

b) Ein Quadratmeter kostet 60 DM.

7.
Berechne und verwandle in eine höhere Einheit.

a) 612 cm^2 + 753 cm^2 + 416 cm^2 + 785 cm^2

b) 356 dm^2 + 118 dm^2 + 625 dm^2 + 897 dm^2

c) 219 cm^2 + 413 cm^2 + 551 cm^2 + 810 cm^2

d) 352 dm^2 + 278 dm^2 + 716 dm^2 + 211 dm^2

8.
Berechne. Verwandle gegebenenfalls das Ergebnis in die höhere Einheit.

a) (359 m^2 + 494 m^2) + (437 m^2 − 177 m^2)

b) (247 m^2 + 853 m^2) − (759 m^2 + 312 m^2)

c) (248 a − 159 a) − (348 a − 276 a)

d) (412 ha − 213 ha) + (266 ha + 744 ha)

e) (715 m^2 + 813 m^2) − (219 m^2 + 259 m^2)

f) (344 dm^2 − 214 dm^2) − (258 dm^2 − 212 dm^2)

g) (619 m^2 + 214 m^2) − (229 m^2 + 359 m^2)

h) (819 dm^2 − 217 dm^2) − (319 m^2 + 198 m^2)

Multipikation und Division

9.
Rechne im Kopf.

a) 7 · 42 m^2	**b)** 8 · 102 m^2	**c)** 8 · 240 m^2
8 · 52 a	11 · 12 a	9 · 309 a
9 · 16 ha	25 · 44 ha	7 · 480 ha
4 · 24 km^2	12 · 52 km^2	9 · 560 km^2
d) 56 m^2 : 7	**e)** 91 m^2 : 7	**f)** 76 m^2 : 4 m^2
64 a : 8	126 a : 6	168 m^2 : 8 m^2
42 ha : 7	405 ha : 5	135 a : 9 a
27 ha : 9	147 m^2 : 3	188 ha : 4 ha

10.
Rechne schriftlich.

a) 241 · 47 m^2	**b)** 2 688 m^2 : 48 m^2
319 · 424 a	5 494 a : 67 a
218 · 346 ha	4 212 ha : 78 ha
569 · 942 m^2	6 789 m^2 : 93 m^2
c) 2 842 m^2 : 29	**d)** 857 · 482 m^2
2 107 a : 43	820 · 715 km^2
2 418 ha : 62	259 · 562 a
5 628 m^2 : 84	706 · 850 m^2

11.
An einer Straße sollen 18 Garagen gebaut werden. Jede soll 17 m^2 groß sein.
Wie groß muß das Grundstück mindestens sein, auf dem die Garagen gebaut werden sollen.

12.
Ein bestimmter Mähdrescher kann in einer Stunde ein 53 a großes Feld abernten.
Wie viele Stunden benötigt er für ein 424 a großes Feld?

13.
Ein Landwirt beabsichtigt, ein 4,17 ha großes Feld in drei Tagen umzupflügen.
Wie groß ist die Fläche, die er sich für jeden Tag zum Umpflügen vornehmen muß?
Anleitung: Verwandle die 4,17 ha in a.

14.
Herr Sorp kauft Rasendünger. Auf dem Sack steht: Reicht für 120 m^2. Herrn Sorps Rasenfläche ist 24 m^2 groß.
Wieviel mal kann er düngen?

Vermischte Übungen

15.
a) Herr Froehle hat für seinen Garten einen Sack mit 50 kg Kunstdünger gekauft. In der Gebrauchsanweisung steht, daß man 7 kg Kunstdünger pro Ar ausstreuen soll. Herrn Froehles Garten hat eine Größe von 600 m^2. Reicht der Kunstdünger?
b) Wieviel kg Kunstdünger braucht man, um ein Feld der Größe 1 ha zu düngen?

16.
a) Die Stellfläche für ein Auto ist 9 m^2 groß. Ein Parkplatz hat 500 solcher Stellflächen und 200 m^2 Wegfläche.
Wie groß ist er?
b) Für jedes Auto ist in einem Parkhaus eine Fläche von 9 m^2 vorgesehen. 220 Autos können dort abgestellt werden. Hinzu kommen 350 m^2 Wegfläche.
Wie groß ist die Gesamtfläche des Parkhauses?
c) Wie viele Autos können dort parken, wenn man die Fläche für ein Auto auf 10 m^2 vergrößert?

17.
In einer Behörde gibt es 49 Arbeitszimmer von 16 m^2 Größe und 12 Arbeitszimmer von 20 m^2 Größe.
Wie groß ist die Fläche für die Arbeitszimmer zusammen?

18.
Die Ausstellungsfläche einer Messehalle beträgt 1 ha.
a) Sie soll an 100 Aussteller gleichmäßig verteilt werden.
Wie groß ist die Fläche für jeden Aussteller?
b) In einem anderen Jahr soll die zur Verfügung stehende Fläche in Messestände von 2 a Größe aufgeteilt werden.
Wie viele solcher Messestände sind zu vergeben?

19.
Berechne. Verwandle in eine größere Einheit.
a) $38 \cdot (47\,m^2 + 518\,m^2)$
b) $14 \cdot (45\,m^2 - 27\,m^2)$
c) $48 \cdot (47\,a + 65\,a)$
d) $67 \cdot (112\,ha - 67\,ha)$
e) $42 \cdot (40\,m^2 + 12\,m^2) - 36 \cdot (17\,m^2 - 9\,m^2)$
f) $18 \cdot (32\,a - 14\,a) + 27 \cdot (114\,a - 72\,a)$
g) $19 \cdot (47\,ha + 56\,ha) + 41 \cdot (217\,ha - 49\,ha)$
h) $28 \cdot (59\,m^2 + 42\,m^2) - 75 \cdot (39\,m^2 - 27\,m^2)$

20.
In einer Wohnung ist das Wohnzimmer 26 m^2, das Schlafzimmer 17 m^2 und die Küche 12 m^2 groß. Bad und Flur sind zusammen 20 m^2 groß.
Die Miete beträgt monatlich 6 DM pro Quadratmeter.
Wie hoch ist die Miete im Monat [im Jahr]?

△ **21.**
Verwandle in m^2, ha und km^2 (s. Bild).

Berechnungen am Rechteck

Flächeninhalt eines Rechtecks

Aufgabe

Bestimme den Flächeninhalt des Rechtecks mit den Seitenlängen a = 4 cm und b = 3 cm.

Lösung

Unterteile das Rechteck in Längsstreifen von 1 cm Breite. Lege jeden Streifen mit Zentimeterquadraten aus. Jeder Streifen hat 4 Zentimeterquadrate. Sein Flächeninhalt ist 4 cm^2. Die Zahl der Streifen ist 3. Der gesuchte Flächeninhalt ist $3 \cdot 4$ cm^2, also 12 cm^2. Insgesamt passen $3 \cdot 4$, also 12 Zentimeterquadrate, in das Rechteck.

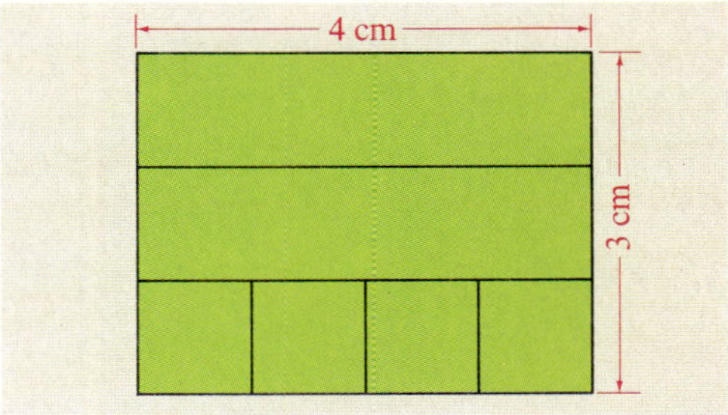

Der Flächeninhalt A eines Rechtecks ist gleich dem Flächeninhalt eines Streifens mal Anzahl der Streifen.

Zur Festigung und zum Weiterarbeiten

1.

Bestimme den Flächeninhalt des Rechtecks, indem du es in Querstreifen zerlegst.
Wie groß ist der Flächeninhalt eines Streifens? Wie viele Streifen erhältst du?

2.

Ein Rechteck hat die Seitenlängen 4 dm und 6 dm. Zerlege in Streifen. Jetzt mußt du die Streifen mit Dezimeterquadraten auslegen. Bestimme den Flächeninhalt.

3.

Ein Rechteck kann in 5 Streifen mit je 4 Zentimeterquadraten zerlegt werden. Gib die Maße des Rechtecks und den Flächeninhalt an. Zeichne.

4.

Der Flächeninhalt eines Rechtecks beträgt 24 cm^2. Es ist in 3 [4; 6; 8] Streifen zerlegt. Berechne den Flächeninhalt eines Streifens. Zeichne.

5.

Der Flächeninhalt eines Rechtecks beträgt 18 cm^2. Es ist in Streifen mit den Flächeninhalten 3 [6; 9] cm^2 zerlegt. Wie viele Streifen sind das?

6.

Gib den Flächeninhalt des Rechtecks an.

a) a = 3 cm, b = 5 cm
b) a = 4 cm, b = 6 cm
c) a = 7 cm, b = 8 cm
d) a = 2 cm, b = 3 cm
e) a = 8 dm, b = 2,5 dm
f) a = 7 dm, b = 6 dm
g) a = 4 m, b = 6 m

Zur Information

Hat ein Rechteck die Seitenlängen 4 cm und 3 cm, so läßt es sich z. B. in 3 Streifen mit je 4 cm^2 Größe zerlegen. Der Flächeninhalt des Rechtecks beträgt also $(4 \cdot 3)\ cm^2$, d. h. 12 cm^2. Daher gilt:

Man berechnet den **Flächeninhalt A eines Rechtecks,** indem man die Maßzahlen der Seitenlängen miteinander multipliziert und das Produkt mit der entsprechenden Einheit versieht. Dabei ist vorausgesetzt, daß die Seitenlängen in derselben Einheit gemessen sind.

Wir schreiben kurz:

$\mathbf{A = a \cdot b}$

Hierfür sagt man einprägsam:
Flächeninhalt eines Rechtecks gleich *Länge mal Breite.*

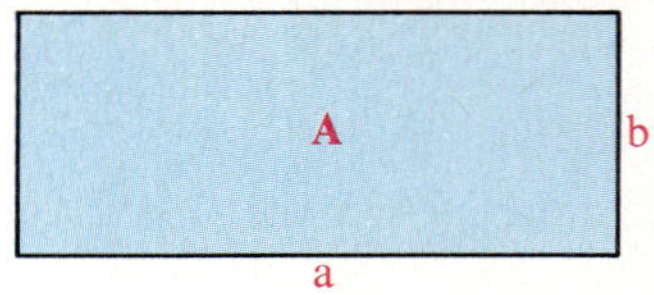

Beispiel: a = 7 cm; b = 8 cm

$A = a \cdot b$
$= 7\ cm \cdot 8\ cm$
$= 56\ cm^2$

Zur Übung: 1 bis 6

Formel für den Umfang eines Rechtecks

Aufgabe

Gegeben ist ein Rechteck mit den Seitenlängen a und b. Bestimme den Umfang u.
Beispiel: a = 5 cm; b = 3 cm

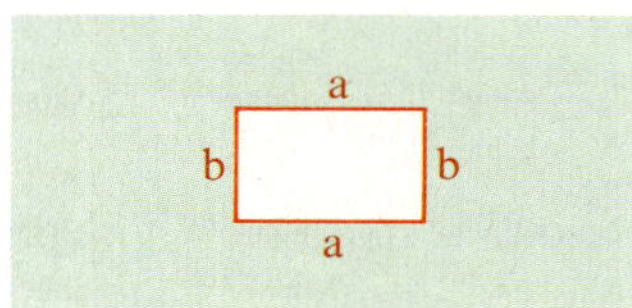

Lösung

Für das Beispiel erhalten wir:

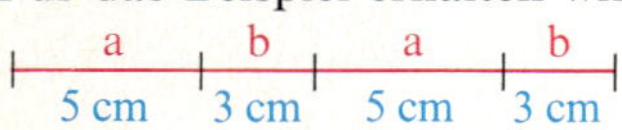

$u = 5\ cm + 3\ cm + 5\ cm + 3\ cm = 2 \cdot 5\ cm + 2 \cdot 3\ cm = 10\ cm + 6\ cm = 16\ cm$

$u = a + b + a + b = 2 \cdot a + 2 \cdot b$

Der **Umfang eines Rechtecks** ist die Länge seiner Begrenzung.
Ein Rechteck mit den Seitenlängen a und b hat den Umfang: $\mathbf{u = 2 \cdot a + 2 \cdot b}$

Zur Festigung und zum Weiterarbeiten

1.
Berechne den Umfang des Rechtecks.

a) a = 7 cm; b = 8 cm **b)** a = 9 m; b = 3 m **c)** a = 37 m; b = 48 m
d) a = 12 cm; b = 18 cm **e)** a = 27 cm; b = 33 cm **f)** a = 8,4 m; b = 9,3 m

△ **2.**
Bestimme durch Umlegen mit einer Schnur den Umfang rechteckiger Kästen, Bücher, Tischplatten, Türflächen.

3.

Gegeben ist der Umfang und eine Seitenlänge. Berechne die andere Seitenlänge.

a) u = 24 cm; a = 7 cm **b)** u = 38 cm; a = 9 cm **c)** u = 58 m; b = 17 m

4.

Zeige, daß für den Umfang eines Quadrates mit der Seitenlänge a gilt: u = 4 · a
Beispiel: a = 13 cm

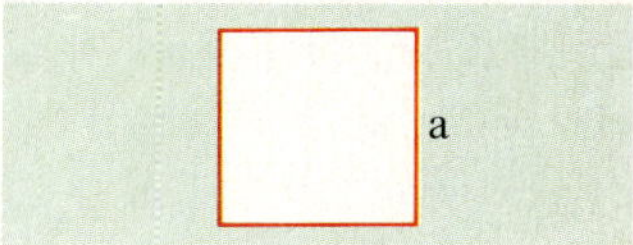

Wiederholung

Du darfst Umfang und Flächeninhalt nicht verwechseln.
Der Umfang ist eine Länge. Deshalb wird er in Längenmaßen, z. B. cm, m, ... gemessen.

Zur Übung: 7 bis 12 sowie 13 bis 19 (Vermischte Übungen)

Übungen

Flächeninhalt eines Rechtecks

1.

Zeichne ein Rechteck mit den angegebenen Seitenlängen und bestimme dann mit Hilfe der Zahl der Streifen den Flächeninhalt.

a) a = 7 cm, b = 5 cm **b)** a = 5 cm, b = 4 cm **c)** a = 75 mm, b = 35 mm

2.

Bestimme den Flächeninhalt des Rechtecks mit den Seitenlängen a und b.

a)

a	7 cm	5 m	15 m	21 dm	80 cm
b	5 cm	4 m	8 m	2 dm	40 cm

a	14 cm	75 mm	35 mm	73 dm	12 m
b	6 cm	45 mm	63 mm	14 dm	12 m

b)

a	9 dm	12 cm	81 dm	34 m	80 m
b	11 dm	4 cm	90 dm	13 m	30 m

a	460 m	54 m	11 cm	33 dm	250 m
b	308 m	77 m	55 cm	23 dm	500 m

3.

Ein Grundstück ist 60 m lang und 20 m breit. Wieviel Ar ist es groß?

4.

Bestimme den Flächeninhalt des Rechtecks. Verwandle das Ergebnis in eine höhere Maßeinheit.

a) a = 24 m, b = 63 m **b)** a = 421 m, b = 329 m **c)** a = 419 m, b = 256 m

5.

Fred und Olaf gehören verschiedenen Sportvereinen an. Sie streiten, welcher Verein das größere Fußballfeld hat.
Fred sagt: Unser Feld ist 90 m lang. Euer Feld ist nur 85 m lang. Daher ist unser Feld größer.
Olaf antwortet: Euer Feld ist nur 65 m breit, unseres dagegen 72 m. Unser Feld ist größer.
Wer hat recht?

6.

Berechne die fehlenden Größen.

Seitenlängen	18 cm		11 cm	18 dm
	27 cm	15 cm		37 cm
Flächeninhalt		450 cm^2	880 cm^2	

Seitenlängen		45 m		2 km
	18 dm	27 m	30 m	500 m
Flächeninhalt	306 dm^2		9 000 m^2	

Formel für den Umfang eines Rechtecks

7.

Bestimme den Umfang des Rechtecks.

a) a = 4 cm; b = 2 cm

b) a = 7 cm; b = 9 cm

c) a = 12 m; b = 18 m

d) a = 34 m; b = 67 m

8.

a) Ein rechteckiges Beet (7,40 m lang und 4,20 m breit) soll mit Randsteinen eingefaßt werden.
Wie lang ist diese Einfassung?

b) Die Fußleiste eines Zimmers soll erneuert werden. Das Zimmer ist 4,50 m breit und 5,20 m lang. Die Tür ist 1,20 m breit.
Wie lang ist die Fußleiste?

c) Ein Garten (25 m breit, 35,50 m lang) erhält einen neuen Maschendrahtzaun.
Wie lang ist dieser?

9.

Berechne den Umfang des Rechtecks mit den Seitenlängen a und b.

a)

a	8 cm	9 cm	40 dm	84 cm
b	12 cm	24 cm	70 dm	16 cm

b)

a	118 cm	35 dm	28 m	24 m
b	140 cm	23 dm	44 m	60 m

c)

a	13 m	240 m	84 m	420 m
b	16 m	120 m	83 m	40 m

10.

Von einem Quadrat ist die Seitenlänge a gegeben. Berechne den Umfang.

a) a = 12 cm **b)** a = 24 cm

c) a = 48 m **d)** a = 143 m

11.

Berechne die fehlende Größe.

Seitenlänge a	12 cm	10 cm	8 cm	
Seitenlänge b	9 cm			30 m
Umfang u		28 cm	36 cm	120 m

Seitenlänge a		32 m	59 mm	
Seitenlänge b	17 m		43 mm	13 km
Umfang u	98 m	112 m		56 km

12.

Ein Quadrat hat den Umfang u. Berechne die Seitenlänge a.

a) u = 48 cm **b)** u = 60 m **c)** u = 88 cm

Vermischte Übungen

13.

a) Eine Wiese ist 110 m lang und 42 m breit. Gib den Flächeninhalt in m^2 und in a an. Die Wiese soll eingezäunt werden.
Wie lang ist der Zaun?

b) Ein rechteckiger Hof (a = 12 m; b = 5 m) soll mit Platten belegt werden. 4 Platten füllen ein Quadrat mit 1 m^2 Größe.
Wie viele Platten werden benötigt?
Der Hof soll mit einem Maschendrahtzaun umgeben werden. Wie lang ist dieser?

14.

Bestimme den Flächeninhalt der (verkleinert gezeichneten) Fläche.

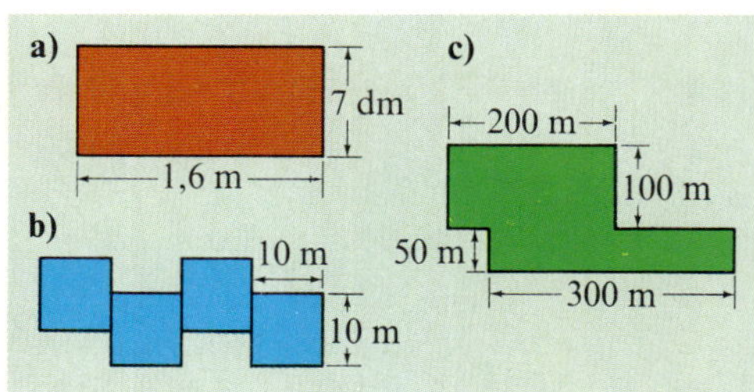

15.

Ein rechteckiger Garten (11 m breit; 87 m lang) wird an seiner schmalen Seite durch ein Haus begrenzt. An den übrigen Seiten des Gartens steht ein Zaun. Wie lang ist der Zaun?
Die Hälfte des Gartens ist Wiese.
Wie groß ist diese Fläche?

16.

Berechne zunächst die andere Seitenlänge des Rechtecks und dann den Flächeninhalt.

	Umfang	Seitenlänge
a)	12 cm	4 cm
b)	20 cm	7 cm
c)	18 m	6 m
d)	242 mm	71 mm
e)	360 m	27 m
f)	190 m	18 m

17.

a) Der Umfang eines Quadrats beträgt 44 cm. Berechne den Flächeninhalt.

▲ **b)** Der Flächeninhalt eines Quadrates beträgt 64 cm^2.
Gib den Umfang an.

18.

Der Flächeninhalt eines Rechtecks beträgt 16 cm^2 [24 cm^2]. Zeichne solche Rechtecke. Berechne den Umfang u.
Ergänze die nachstehende Tabelle.

a	b	u
2 cm	8 cm	20 cm

19.

Ein Rechteck hat den Umfang 20 cm. Gib mögliche Seitenlängen des Rechtecks an. Berechne den Flächeninhalt A.
Ergänze die nachstehende Tabelle.

a	b	A
6 cm	4 cm	24 cm^2

Mehrgliedrige Aufgaben zum Flächeninhalt

Aufgabe

Die Wände und die Decke eines Zimmers sollen mit einer besonderen Tapete tapeziert werden.
Eine Rolle dieser Tapete ist 75 cm breit und 10 m lang. Die Rollen sollen Kante an Kante geklebt werden.
Wie viele Rollen werden benötigt?

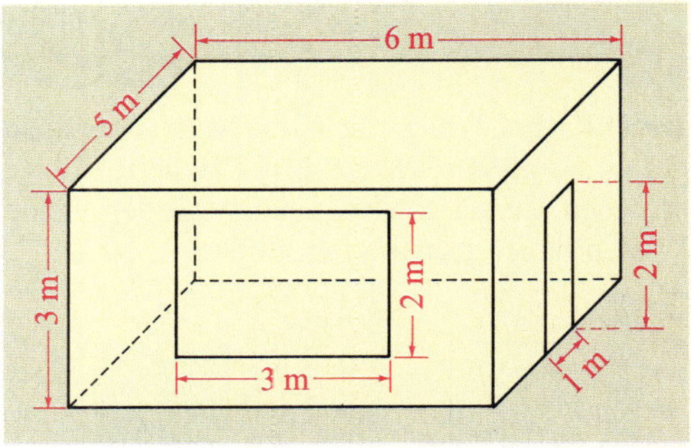

Lösung

Vorüberlegung:
Es ist sinnvoll, in folgenden Schritten vorzugehen:

1. Schritt: Die Größe der zu tapezierenden Fläche wird berechnet.

2. Schritt: Die Größe der Fläche einer Tapetenrolle wird berechnet.

3. Schritt: Durch Division der beiden ermittelten Größen erhält man die Zahl der Tapetenrollen.

Rechnung:

1. Schritt: Berechnung der Größe der zu tapezierenden Fläche

(a) Deckenfläche:
$A_1 = (5 \cdot 6)\ m^2 = 30\ m^2$

(b) Wandfläche gegenüber dem Fenster:
$A_2 = (3 \cdot 6)\ m^2 = 18\ m^2$

(c) Wandfläche gegenüber der Tür:
$A_3 = (5 \cdot 3)\ m^2 = 15\ m^2$

(d) Wandfläche mit Tür:
Die Größe der Türfläche muß von A_3 abgezogen werden:
$A_4 = 15\ m^2 - 2\ m^2 = 13\ m^2$

(e) Wandfläche mit Fenster:
Die Größe der Fensterfläche muß von A_2 abgezogen werden:
$A_5 = 18\ m^2 - (2 \cdot 3)\ m^2 = 12\ m^2$

Größe A der zu tapezierenden Fläche:
$A = A_1 + A_2 + A_3 + A_4 + A_5 = 88\ m^2 = 8\,800\ dm^2$

2. Schritt: Berechnung der Größe A_T der Fläche einer Tapetenrolle
$A_T = 75\ cm \cdot 1\,000\ cm = 75\,000\ cm^2 = 750\ dm^2$

3. Schritt: Berechnung der Zahl der Tapetenrollen
$A : A_T = 8\,800\ dm^2 : 750\ dm^2 = 11 + (550 : 750)$

Antwort: Man benötigt 12 Tapetenrollen.

Übungen

1.
Bauer Kiehne besitzt die Wiese A. Er möchte sie gegen die größere Wiese B des Bauern Flügge tauschen. Dieser ist damit einverstanden. Beide Wiesen haben gleich guten Boden.

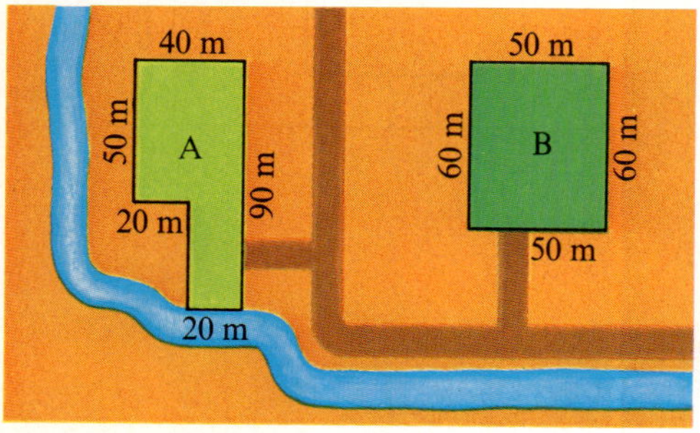

a) Gib die Größe jeder Wiese in Ar an.

b) Wieviel Ar gewinnt Bauer Kiehne dazu?

c) Ein Quadratmeter Wiese kostet 15 DM.

d) Beide wollen ihre Wiesen einzäunen.

2.
Ein rechteckiger Hof von 12 m Länge und 5 m Breite soll mit Platten belegt werden.
4 Platten füllen ein Quadrat mit 1 m^2 Größe.

a) Wie viele Platten werden benötigt?

b) Der Hof soll mit einem Maschendraht umgeben werden.
Wie lang ist dieser, wenn das Tor 2 m breit ist?

3.
Ein Bauplatz ist 27 m breit und 68 m lang. Der Besitzer hat ihn zu einem Quadratmeterpreis von 20 DM gekauft und will ihn nun wieder verkaufen; er fordert 30 DM pro Quadratmeter.

a) Wieviel hat er für das Grundstück bezahlt?

b) Welchen Preis möchte er beim Verkauf erzielen?

c) Wieviel DM würde er verdienen?

4.

Henning hat ein Bild für sein Zimmer gekauft. Er will für das Bild einen Rahmen basteln. Zunächst fertigt er eine Zeichnung an.

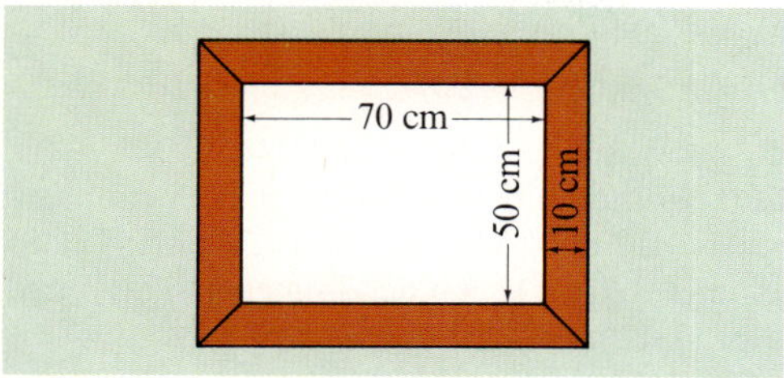

a) Wieviel Quadratzentimeter groß ist das Bild mit Rahmen?

b) Den Rahmen will Henning aus einem 10 cm breiten Brett sägen. Wie lang muß das Brett mindestens sein? Beachte den Verschnitt.

5.

Herr Münster legt in seinem Garten einen Plattenweg von 90 cm Breite und 12 m Länge an.

a) Wie groß ist die Fläche, die der Weg einnimmt?

b) Die quadratischen Platten sind 30 cm lang. Wie viele Platten werden gebraucht?

c) Eine Platte kostet 3,90 DM. Wieviel DM kosten die Platten für den Weg?

6.

a) Ein rechteckiger Garten ist 25 m lang und 35 m breit. Wie groß ist der Garten?

b) Der Garten soll mit Stauden bepflanzt werden, die jeweils eine Fläche von 1 m^2 beanspruchen. Eine Staude kostet 2,50 DM. Wieviel DM kostet die Bepflanzung?

△ 7.

a) Ein Quadrat hat die Seitenlänge 2 cm [3 cm; 5 cm]. Bestimme seinen Umfang und seinen Flächeninhalt.

b) Die Seitenlängen des Quadrats werden verdoppelt. Wie groß sind Umfang und Flächeninhalt des so entstandenen Quadrats?

c) Die Seitenlängen des Quadrats von a) werden verdreifacht. Wie groß sind Umfang und Flächeninhalt des so entstandenen Quadrats?

d) Wie ändern sich Umfang und Flächeninhalt eines Quadrats, wenn man die Seitenlängen verdoppelt? Wie ändern sie sich, wenn man die Seitenlängen verdreifacht?

Vermischte Übungen zur Wiederholung

1.

Gib in der in Klammern angegebenen Einheit an.

a)
90 a	(m^2)
120 ha	(a)
2400 m^2	(a)
3600 ha	(km^2)

b)
8 cm^2	(mm^2)
900 cm^2	(dm^2)
4500 m^2	(dm^2)
3000 dm^2	(m^2)

c)
900 a	(ha)
900 a	(m^2)
400 ha	(a)
400 ha	(km^2)

d)
200 m^2	(dm^2)
200 m^2	(a)
700 a	(ha)
700 a	(m^2)

e)
7 ha	(m^2)
29 km^2	(a)
2400 m^2	(cm^2)
30000 m^2	(ha)

f)
9 km^2	(a)
80000 ha	(m^2)
80000 ha	(km^2)
80000 a	(km^2)

2.

a) Gib in zwei Einheiten an. Verwandle dann in die kleinere der beiden Einheiten.

(1)	(2)	(3)
3,75 ha	23,5 ha	0,85 ha
7,52 a	17,05 a	3,75 dm^2
16,59 km^2	4,7 km^2	8,04 cm^2

b) Schreibe mit Komma.

(1)	(2)
7 ha 75 a	2 ha 5 a
12 a 19 m^2	61 a 7 m^2
49 m^2 55 dm^2	3 km^2 9 ha
3 km^2 50 ha	4 m^2 4 dm^2

(3)	(4)
3 dm^2 17 cm^2	18 ha
28 cm^2 53 mm^2	43 m^2
12 dm^2 4 cm^2	5 m^2
3 cm^2 3 mm^2	7 a

3.
Welche Flächen haben den gleichen Flächeninhalt, welche haben verschiedenen Flächeninhalt?

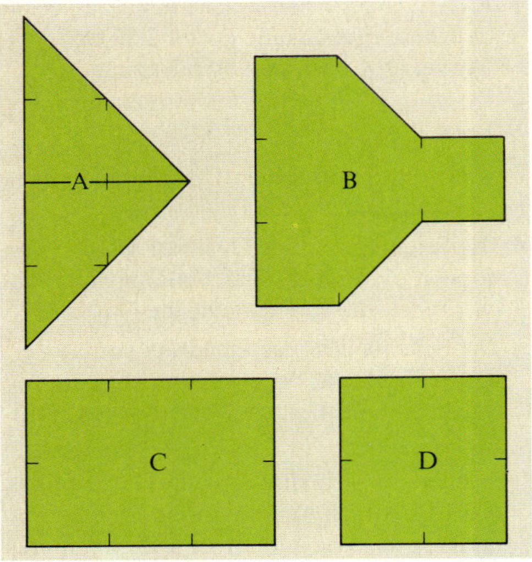

4.
a) Bestimme den Flächeninhalt beider Flächen. Miß auch den Umfang (auf mm genau).

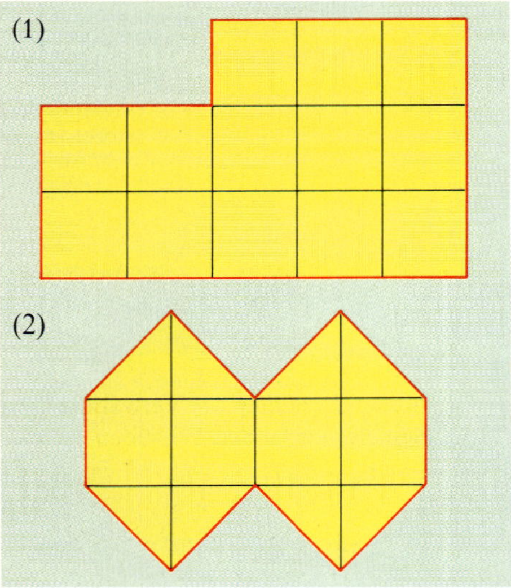

b) Zeichne eine Fläche mit folgendem Flächeninhalt:
(1) 18 cm^2; (2) 21 cm^2; (3) 0,25 dm^2

5.
Ein Rechteck hat die Seitenlängen a und b. Bestimme seinen Flächeninhalt und seinen Umfang.

a) a = 9 cm; b = 7 cm

b) a = 12 m; b = 9 m

6.
Eine Wohnung besteht aus folgenden Räumen: Küche (12 m^2), Wohnzimmer (24 m^2), Schlafzimmer (20 m^2), Kinderzimmer (16 m^2) und Flur (7 m^2).

a) Wie groß ist die Wohnung?

b) Die Miete beträgt 5 DM pro m^2.
Wie hoch ist diese?

c) Eine andere Wohnung ist 108 m^2 groß. Sie ist auch für 5 DM pro m^2 vermietet.
Wieviel m^2 ist diese Wohnung größer?
Wieviel DM ist sie teurer?

7.
a) Eine Wohnung besteht aus 5 Räumen (Diele, Küche, Wohnzimmer, Schlafzimmer, Kinderzimmer), die alle 18 m^2 groß sind.
Wie groß ist die ganze Wohnung?

b) Eine Weide (432 a) soll durch einen Elektrozaun in 8 gleich große Teile geteilt werden, in die dann nacheinander das Vieh getrieben wird.
Wie groß ist jeder Teil?

c) Die Wand einer Fabrikhalle (69 m lang und 6 m hoch) wird angestrichen. Ein Eimer Farbe reicht für 18 m^2.
Wie viele Eimer werden benötigt?

8.
In Seveso (Italien) wurde bei einem Unglück in einem Chemiewerk ein 1 400 ha großes Gebiet durch Gift verseucht. Damit man sich die Größe eines solchen Gebietes vorstellen kann, gib die Seitenlängen eines Rechtecks an, das diese Größe hat.
Welchen Umfang hat dieses Rechteck?

9.
a) $(342\ m^2 - 279\ m^2) + (419\ m^2 - 294\ m^2)$

b) (784 ha − 319 ha) − (249 ha + 178 ha)

c) 28 · (217 a + 348 a) + 36 · (719 a − 448 a)

d) $349 \cdot (26\ m^2 + 98\ m^2) - 167 \cdot (26\ m^2 - 18\ m^2)$

e) $542 \cdot (318\ m^2 + 475\ m^2) - 319 \cdot 246\ m^2$

7. Volumina (Rauminhalte)

Ein gewichtiges „Paket“ von 26 m³ Rauminhalt und etwa 5 t Gewicht traf im Zoo in Kronberg (Taunus) ein. Der „Paketinhalt“, ein afrikanischer Elefant, tastete vorsichtig schnuppernd mit aus der Kiste hängendem Rüssel die neue Umgebung ab.

Was 5 t bedeutet, weißt du schon. Was aber bedeutet 26 m³? Dies lernst du in diesem Kapitel.

Volumen (Rauminhalt) eines Körpers – Angabe durch Maßzahl und Einheit

Volumenvergleich von Körpern – Volumen eines Körpers

Aufgabe

a) Reedereien berechnen die Frachtkosten nach dem Stauraum. Im Bild siehst du zwei Containerstapel. Braucht man für beide Stapel gleich viel Stauraum?

b) Behälter (1) hat die Form eines Quaders. Er ist mit Sand gefüllt. Vergleiche mit den übrigen Behältern. Warum fassen alle gleich viel Sand?

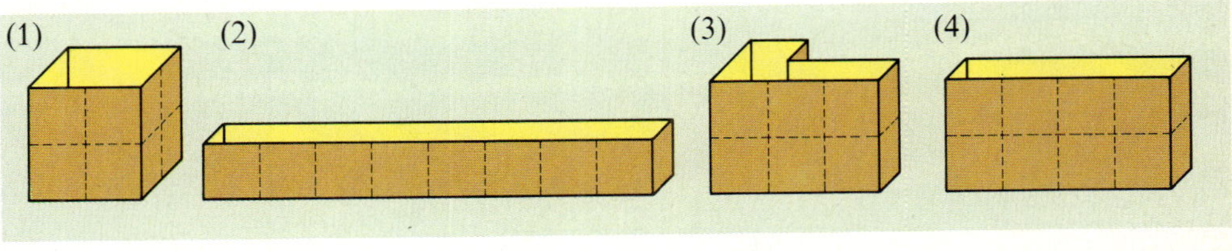

c) Baue aus vier gleichgestalteten Quadern (z. B. Mathematikbüchern, Streichholzschachteln, Bauklötzen) jeweils verschiedene Körper. Stelle drei nebeneinander und vergleiche.

Lösung

a) Stapel A besteht aus mehr Containern als Stapel B. Daher benötigt Stapel A einen größeren Stauraum als Stapel B.

b) Alle Behälter bestehen aus 8 Würfeln, die alle gleiche Abmessungen haben. Alle vier Behälter haben das gleiche **Volumen** (den gleichen **Rauminhalt**).

c)

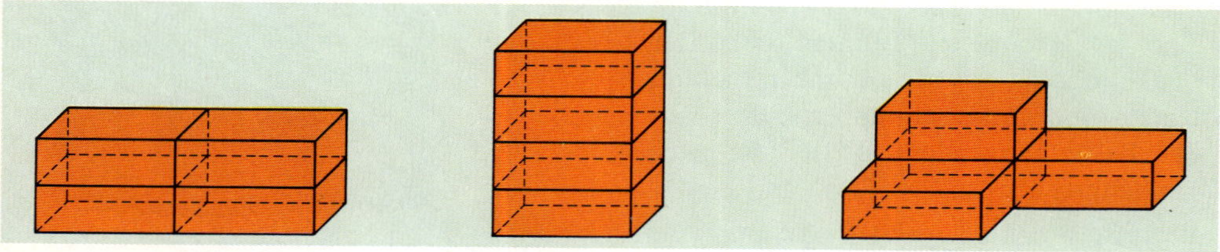

Alle drei Körper haben das gleiche Volumen (den gleichen Rauminhalt). Auch Körper, die nicht hohl sind, haben ein Volumen.

> Körper, die man aus derselben Zahl von Körpern mit jeweils gleichen Abmessungen aufbauen kann, sind gleich groß. Sie haben dasselbe **Volumen** (denselben **Rauminhalt**). Verschiedene Körper können dasselbe Volumen (denselben Rauminhalt) haben.

Verwechsle nicht *Volumen* (Rauminhalt) und *Gewicht* eines Körpers.

Zur Festigung und zum Weiterarbeiten

1.

Vergleiche die Körper.

a) Welche haben das gleiche Volumen (den gleichen Rauminhalt)?

b) Ordne sie nach der Größe ihres Volumens (Rauminhaltes).

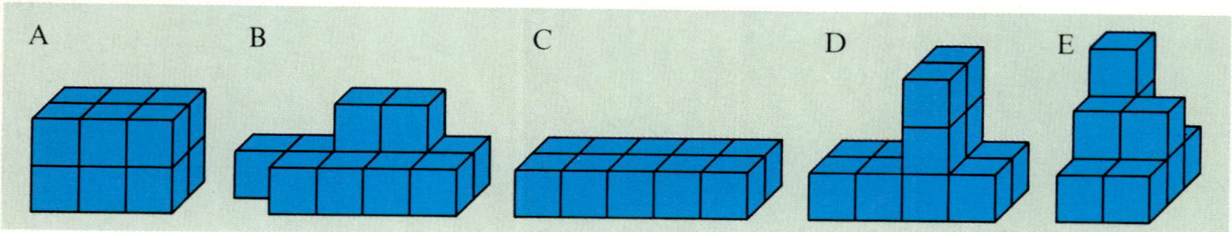

2.

Denke dir einen Quader. Zerschneide ihn in Teilkörper. Setze die entstandenen Teilkörper zu immer neuen Körpern zusammen. Vergleiche die Volumina (Rauminhalte) der entstehenden Körper.

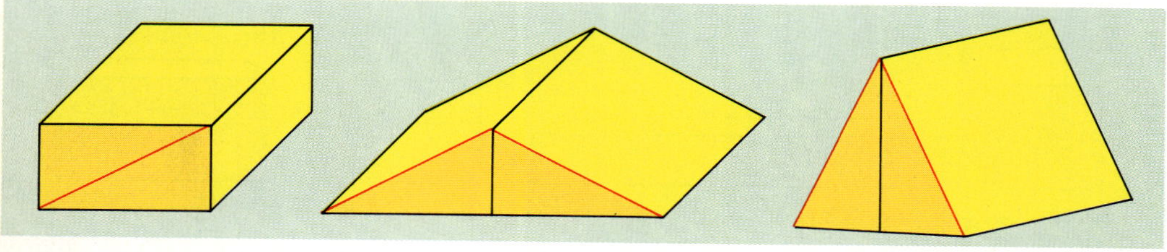

3.

Ordne die Behälter nach der Größe ihres Volumens (Rauminhaltes).

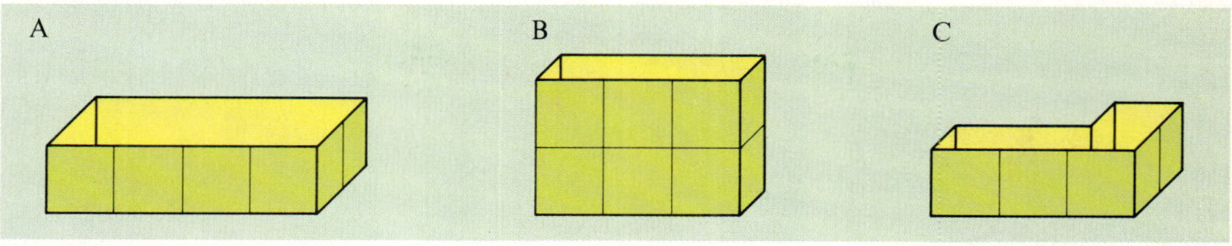

Ergänzung

Das Bild rechts zeigt einen *Volumenvergleich durch Eintauchen* in Wasser. Wenn das Wasser im Meßglas beim Eintauchen von Körpern um gleich viele Striche steigt, dann haben die Körper das gleiche Volumen.

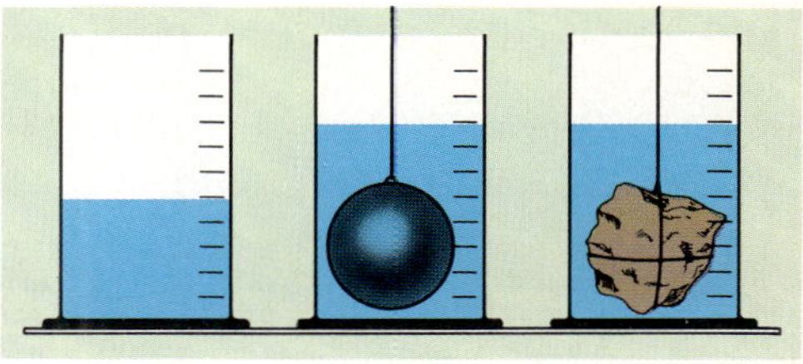

Zur Übung: 1 und 2

Messen von Volumina (Rauminhalten) – Maßeinheiten

Aufgabe

Das Volumen (der Rauminhalt) des Körpers rechts beträgt 5 cm³. Erkläre diese Angabe.

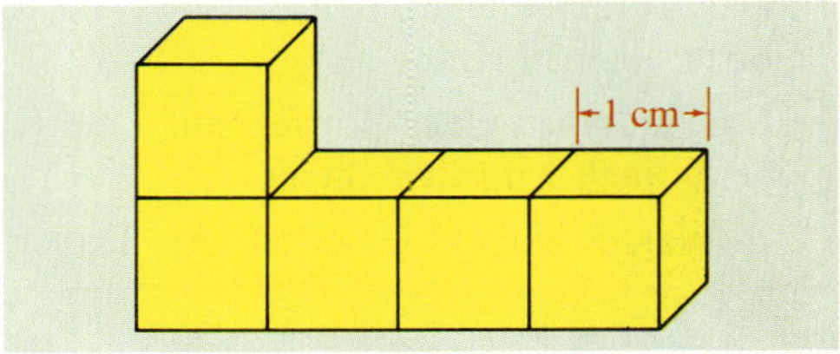

Lösung

Der Körper besteht aus 5 Würfeln. Jeder einzelne Würfel hat die Kantenlänge 1 cm. (Jeder dieser Würfel heißt daher auch Zentimeterwürfel.) Er hat das Volumen 1 cm³. Der ganze Körper hat daher das Volumen 5 cm³.

Ein Würfel mit der Kantenlänge 1 cm (Zentimeterwürfel) hat das Volumen (den Rauminhalt) 1 cm³ (gelesen: *1 Zentimeter hoch 3* oder *1 Kubikzentimeter*). Alle anderen Körper, die man durch Zerschneiden und erneutes Zusammensetzen eines Zentimeterwürfels erhält, haben auch das Volumen 1 cm³. Ein Körper hat das Volumen 5 cm³, wenn er dasselbe Volumen hat wie 5 Zentimeterwürfel zusammen.

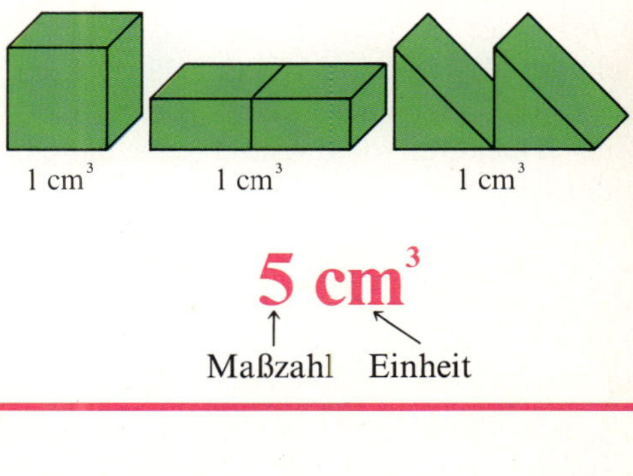

Zur Information

Meterwürfel
Kantenlänge 1 m
Volumen (Rauminhalt) 1 m^3

Dezimeterwürfel
Kantenlänge 1 dm
Volumen (Rauminhalt) 1 dm^3
bzw. 1 *l*

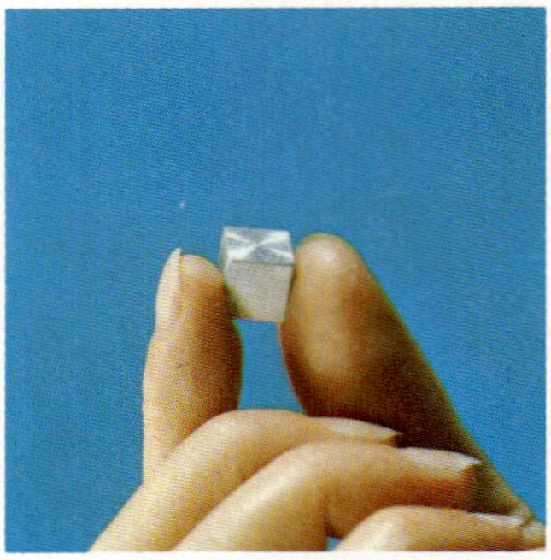

Zentimeterwürfel
Kantenlänge 1 cm
Volumen (Rauminhalt) 1 cm^3
bzw. 1 m*l*

Kantenlänge des Würfels	Volumen des Würfels	gelesen
1 mm	1 mm^3	1 Millimeter hoch 3 oder 1 Kubikmillimeter
1 cm	1 cm^3	1 Zentimeter hoch 3 oder 1 Kubikzentimeter
1 dm	1 dm^3	1 Dezimeter hoch 3 oder 1 Kubikdezimeter
1 m	1 m^3	1 Meter hoch 3 oder 1 Kubikmeter

Die Maßeinheiten dm^3 und cm^3 haben auch andere Namen. Es gilt:

Das Volumen eines Würfels mit 1 dm Kantenlänge heißt auch 1 *l* (Liter). **1 *l* = 1 dm^3**

Das Volumen eines Würfels mit 1 cm Kantenlänge heißt auch 1 m*l* (Milliliter). **1 m*l* = 1 cm^3**

1 *l* Wasser hat das Gewicht 1 kg. Daher hat 1 m*l* Wasser das Gewicht 1 g.

Man verwendet zum Messen des Volumens eines Topfes, eines Eimers und eines Fasses meist die Einheit 1 *l* (also dm^3). Das Volumen der Flüssigkeit in Flaschen (z. B. Arzneimittelflaschen, Sprudelflaschen) wird oft in m*l* (also cm^3) angegeben. Das Volumen (des umbauten Raumes) eines Hauses gibt man meist in m^3 an.

Zur Festigung und zum Weiterarbeiten

1.

Nicht nur Würfel mit der Kantenlänge 1 dm haben das Volumen (den Rauminhalt) 1 dm^3. Denke dir den Würfel zerschnitten. Erkläre das Bild rechts.

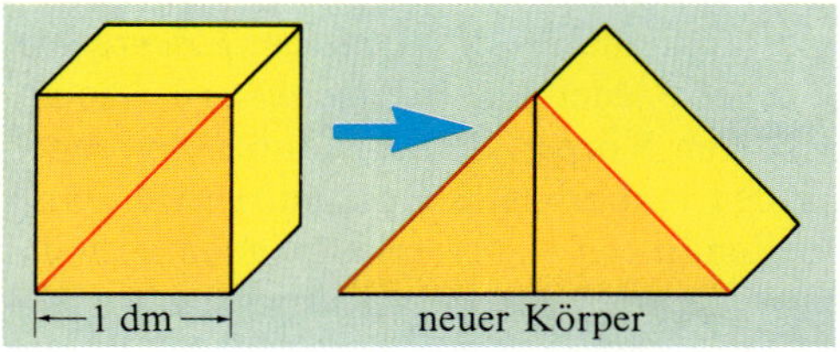

2.

Bestimme das Volumen (den Rauminhalt) der Körper.

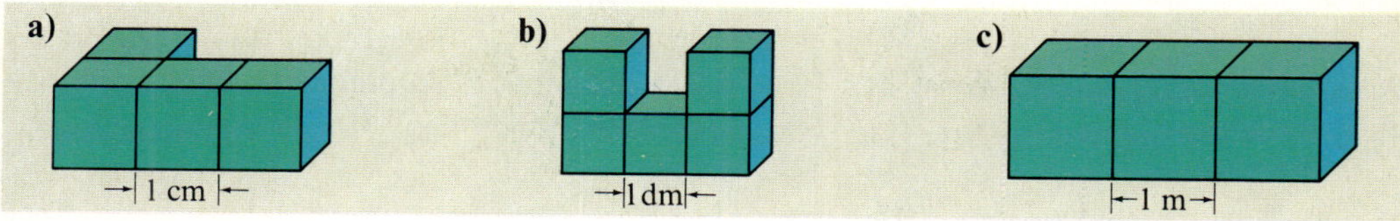

3.

Bestimme das Volumen (den Rauminhalt) der Körper (Quader). Hierbei sei für die Kantenlänge der einzelnen Würfel angenommen:

a) 1 cm **b)** 1 dm **c)** 1 m

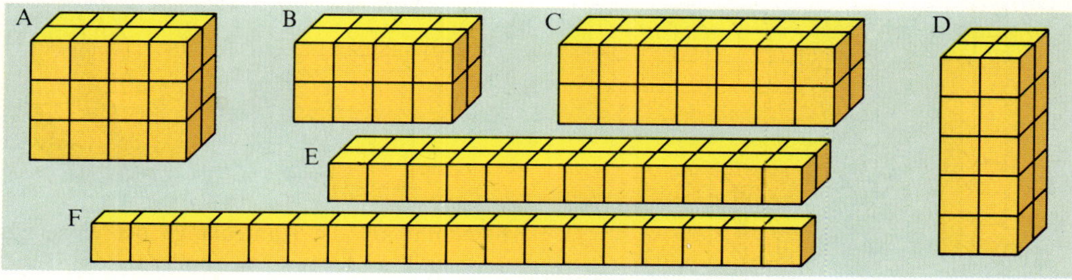

Anleitung: Fülle die Tabelle aus. (Du kannst auch mit Bauklötzen bauen.)

Bezeichnung des Quaders	**A**	**B**	**C**	**D**	**E**	**F**
Anzahl der Würfel in einer Reihe	4	4	7	2	12	
Anzahl der Reihen in einer Schicht	2	2	2	2	2	
Anzahl der Schichten	3	2	2	4	1	
Gesamtzahl der Würfel	24	16	28	16	24	18

4.

Jeder der einzelnen Würfel hat die Kantenlänge 1 cm [1 dm; 1 m].

a) Bestimme das Volumen (den Rauminhalt) des Körpers.

b) Ergänze den Körper dann (mit möglichst wenig Würfeln) zu einem Quader. Welches Volumen (welchen Rauminhalt) haben der Ergänzungskörper und der Quader?

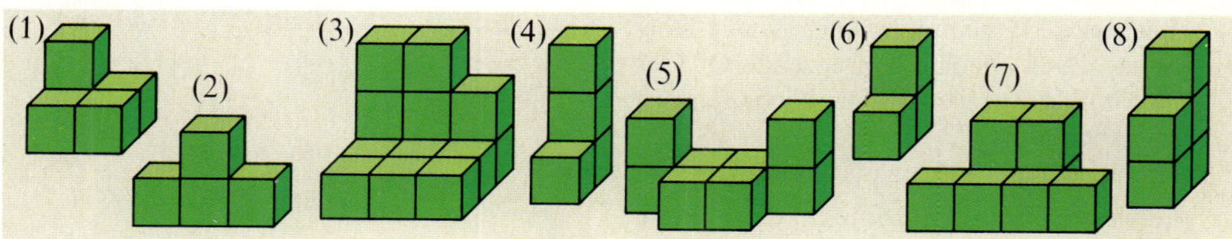

5.

Die Kiste mit dem Elefanten (siehe Seite 181 oben) hat ein Volumen (einen Rauminhalt) von 26 m^3. Was bedeutet das?

Zur Übung: 3 bis 8

Übungen

Volumenvergleich von Körpern – Volumen eines Körpers

1.

a) Welche der Körper A bis F haben das gleiche Volumen (denselben Rauminhalt)?

b) Ordne die Körper A bis D nach der Größe ihres Volumens (Rauminhalts).

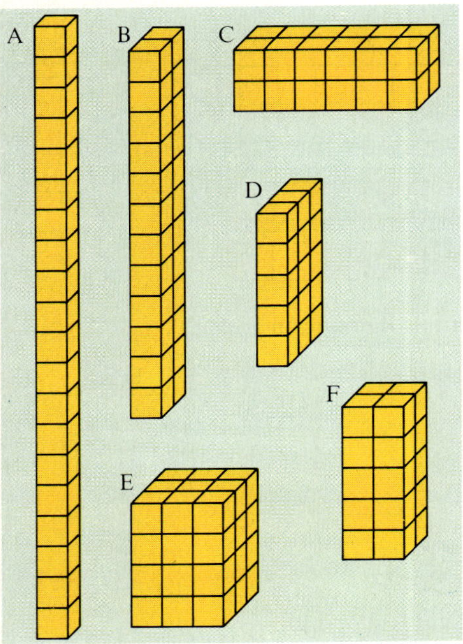

2.

a) Stelle aus 3 [5] gleichartigen Quadern (z. B. Schachteln mit Tintenpatronen, Streichholzschachteln, Mathematikbüchern) neue Körper her. Zwei aneinandergrenzende Quader sollen immer eine ganze Seitenfläche gemeinsam haben.
Vergleiche ihre Volumina (Rauminhalte).

b) Wie viele Körper kannst du auf diese Weise überhaupt erhalten?

Messen von Volumina (Rauminhalten) – Maßeinheiten

3.

a) Gib das Volumen (den Rauminhalt) an.

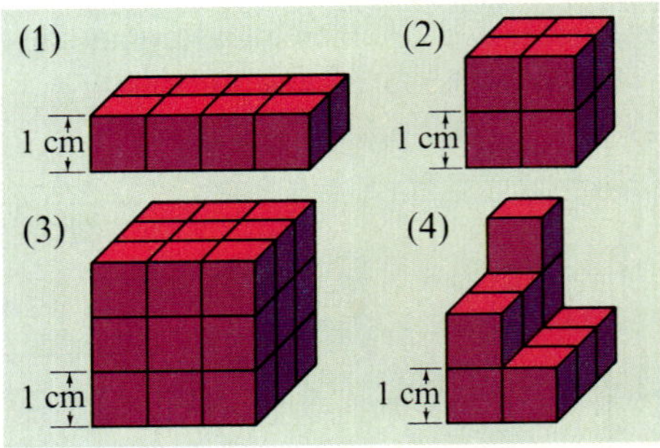

b) Nimm an, die Kantenlänge der einzelnen Würfel sei nicht 1 cm, sondern 1 dm [1 m]. Wie groß ist jetzt das Volumen (der Rauminhalt) des Körpers?

4.

Bestimme das Volumen (den Rauminhalt) der Körper von Übungsaufgabe 1.
Nimm an, die Kantenlänge der einzelnen Würfel sei 1 cm [1 dm; 1 m].

5.

Bestimme das Volumen der Körper in Aufgabe 1 b) (Seite 170). Nimm an, die Kantenlänge der Teilwürfel sei 1 cm [1 dm; 1 m].

6.

Zeichne im Schrägbild Quader mit folgendem Volumen (Rauminhalt). Trage die Maße ein.

a) $18\ \text{cm}^3$ **b)** $30\ \text{dm}^3$ **c)** $49\ \text{cm}^3$

△ **7.**

Gib das Gewicht des Wassers an.

a) 3 *l* **b)** 200 m*l*

c) 500 m*l* ($\frac{1}{2}$ *l*) **d)** 3 *l* 500 m*l* ($3\frac{1}{2}$ *l*)

△ **8.**

Wieviel *l* bzw. m*l* Wasser wiegen

a) 5 kg; **b)** 400 g; **c)** 750 g; **d)** 2 000 g?

Umwandlung in andere Volumeneinheiten – Kommaschreibweise

Zusammenhang zwischen den Volumeneinheiten

Aufgabe

Der Dezimeterwürfel rechts wird mit Zentimeterwürfeln (Kantenlänge 1 cm) ausgelegt.

a) Bestimme die Anzahl der Würfel in einer Reihe. Welches Volumen (welchen Rauminhalt) hat eine Reihe?

b) Bestimme die Anzahl der Würfel in einer Schicht und das Volumen (den Rauminhalt) der Schicht.

c) Wie viele Schichten werden benötigt? Wie viele Würfel werden insgesamt benötigt? Welches Volumen (welchen Rauminhalt) hat der Dezimeterwürfel?

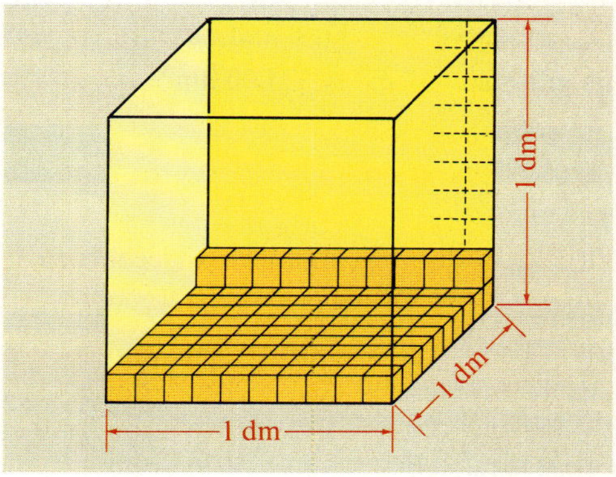

Lösung

a) In einer Reihe sind 10 Würfel. Eine Reihe hat das Volumen (den Rauminhalt) $10\ \text{cm}^3$.

b) Eine Schicht besteht aus 10 Reihen. Eine Schicht hat $10 \cdot 10$, also 100 Würfel. Ihr Volumen (Rauminhalt) ist $100\ \text{cm}^3$.

c) Es werden 10 Schichten benötigt, also $10 \cdot 100$, d. h. 1 000 Würfel. Der Dezimeterwürfel hat das Volumen $1\,000\ \text{cm}^3$.
Es gilt also: $1\ \text{dm}^3 = 1\,000\ \text{cm}^3$

Zur Festigung und zum Weiterarbeiten

1.
Ein Meterwürfel (Kantenlänge 1 m) soll mit Dezimeterwürfeln ausgelegt werden. Wie viele Dezimeterwürfel benötigt man? Welches Volumen (welchen Rauminhalt) hat der Meterwürfel?

2.
Denke dir einen Millimeterwürfel. Wie viele Millimeterwürfel benötigst du, um damit einen Zentimeterwürfel auszufüllen? Welches Volumen (welchen Rauminhalt) hat der Zentimeterwürfel?

$$1\ \text{mm}^3 \xrightarrow{\cdot 1\,000} 1\ \text{cm}^3 \xrightarrow{\cdot 1\,000} 1\ \text{dm}^3 \xrightarrow{\cdot 1\,000} 1\ \text{m}^3$$

$1\,000\ \text{mm}^3 = 1\ \text{cm}^3$ $\quad$ $1\ l = 1\ \text{dm}^3$

$1\,000\ \text{cm}^3 = 1\ \text{dm}^3$ $\quad$ $1\ \text{m}l = 1\ \text{cm}^3$

$1\,000\ \text{dm}^3 = 1\ \text{m}^3$ $\quad$ $1\ l = 1\,000\ \text{m}l$

Die Verwandlungszahl ist 1 000.

Zur Übung: 1

Umwandlung in andere Volumeneinheiten

Aufgabe

Drücke das Volumen 37 m³ in dm³ aus.

Lösung

37 Meterwürfel haben zusammen das Volumen 37 m³. Jeder Meterwürfel besteht aus 1 000 Dezimeterwürfeln. Das sind zusammen 37 000 Dezimeterwürfel.

Es gilt also: $37\ m^3 = 37\,000\ dm^3$

Zur Festigung und zum Weiterarbeiten

1.

Drücke in der in Klammern angegebenen Einheit aus. Stelle dir dabei einen Körper mit dem jeweiligen Volumen vor.

$9\ dm^3 = ?\ cm^3$

$1\ dm^3 = 1\,000\ cm^3$
$9\ dm^3 = 9\,000\ cm^3$

a) 3 dm³ (cm³)	**b)** 5 m³ (dm³)	**c)** 3 cm³ (mm³)		
18 dm³ (cm³)	28 m³ (dm³)	68 cm³ (mm³)		
319 dm³ (cm³)	413 m³ (dm³)	148 cm³ (mm³)	**d)** 8 *l* (m*l*)	**e)** 15 m³ (*l*)
700 dm³ (cm³)	30 m³ (dm³)	70 cm³ (mm³)	24 *l* (m*l*)	3 m³ (*l*)
210 dm³ (cm³)	300 m³ (dm³)	600 cm³ (mm³)	37 *l* (m*l*)	4 m³ (*l*)

2.

Schreibe in der in Klammern angegebenen Einheit.

$4\,000\ cm^3 = ?\ dm^3$

$1\,000\ cm^3 = 1\ dm^3$
$4\,000\ cm^3 = 4\ dm^3$

a) 2 000 cm³ (dm³)	**b)** 180 000 dm³ (m³)	**c)** 40 000 m*l* (*l*)
41 000 cm³ (dm³)	52 000 dm³ (m³)	73 000 *l* (m³)
200 000 cm³ (dm³)	4 000 000 dm³ (m³)	10 000 *l* (m³)

3.

Verwandle in die in Klammern angegebene Einheit.

a) 7 dm³ (cm³)	**b)** 9 *l* (m*l*)	**c)** 2 m³ (cm³)	**d)** 5 m³ (m*l*)	**e)** 8 m³ (cm³)
9 dm³ (cm³)	5 *l* (m*l*)	17 m³ (cm³)	18 m³ (m*l*)	23 m³ (*l*)
4 dm³ (cm³)	13 *l* (m*l*)	42 m³ (cm³)	34 m³ (m*l*)	14 dm³ (mm³)
8 m³ (dm³)	4 m³ (*l*)	9 *l* (cm³)	7 dm³ (mm³)	18 *l* (cm³)
7 m³ (dm³)	7 m³ (*l*)	30 *l* (cm³)	24 dm³ (mm³)	32 m³ (cm³)

4.

Schreibe in zwei Einheiten.

$2\,319\ cm^3 = 2\ dm^3\ 319\ cm^3$

a) 3 742 cm³	**b)** 68 540 dm³	**c)** 1 047 cm³	**d)** 41 219 m*l*
48 046 cm³	48 039 dm³	2 008 cm³	23 003 m*l*

5.

Drücke in der kleineren Einheit aus.

$4\ m^3\ 275\ dm^3 = 4\,275\ dm^3$

a) 2 m³ 150 dm³	**b)** 18 dm³ 280 cm³	**c)** 28 cm³ 750 mm³	
4 m³ 14 dm³	41 dm³ 50 cm³	4 cm³ 17 mm³	**d)** 19 *l* 3 m
3 m³ 2 dm³	4 dm³ 5 cm³	19 cm³ 4 mm³	2 *l* 75 m*l*
7 m³ 90 dm³	40 dm³ 200 cm³	17 cm³ 40 mm³	9 *l* 4 m*l*

6.

Wiederholung: Wie heißt die Verwandlungszahl bei Längen [Flächeninhalten]?

Zur Übung: 2 bis 7

Kommaschreibweise bei Volumina (Rauminhalten) – Einheitentabelle

Aufgabe

Herr Meier liest die Gaszähler ab.
Was bedeutet die Schreibweise 852,937 m^3 mit Komma?

Lösung

An der nebenstehenden Einheitentabelle erkennt man: 852,937 m^3 = 852 m^3 937 dm^3
Es sind bisher 852 m^3 und 937 dm^3 Gas verbraucht worden.

Vor dem Komma				Nach dem Komma			
	m^3			dm^3			
	8	5	2	9	3	7	

Zur Information

Die Einheitentabelle oben läßt sich zu einer größeren Tabelle ergänzen.
Sie ist für das Verständnis der Kommaschreibweise hilfreich.
Beachte: Bei Volumina (Rauminhalten) ist die Verwandlungszahl 1 000. Daher gehören zu jeder Einheit 3 Stellen: H, Z, E.

m^3			dm^3 (= *l*)			cm^3 (= m*l*)			mm^3			Schreibweisen
H	Z	E	H	Z	E	H	Z	E	H	Z	E	
		5			8							5 m^3 8 dm^3 = 5,008 m^3 = 5 008 dm^3
				3	2		4	3				32 dm^3 43 cm^3 = 32,043 dm^3 = 32 043 cm^3
				3	7		2					37 *l* 20 m*l* = 37,02 *l* = 37 020 m*l*

Zur Festigung und zum Weiterarbeiten

Als Hilfe kannst du die Einheitentabelle verwenden.

1.

Gib in zwei Einheiten an.

2,5 *l* = 2 500 m*l*
4,7 m^3 = 4 m^3 700 *l*

a) 3,754 m^3 4,259 m^3 **b)** 2,456 *l* 3,5 *l* **c)** 2,5 m^3 3,7 m^3 **d)** 8,4 *l* 9,2 *l*

2.

Schreibe mit Komma.

4 739 dm^3 = 4,739 m^3
3 500 m*l* = 3,5 *l*

a) 7 419 dm^3 8 734 dm^3 **b)** 8 400 dm^3 7 200 dm^3 **c)** 2 500 m*l* 3 850 m*l* **d)** 200 m*l* 10 m*l*

3.

Trage in eine Einheitentabelle ein und lies drei Schreibweisen ab.

a) 18 m^3 453 dm^3 54 dm^3 800 cm^3 87 m^3 200 dm^3
b) 3,7 *l* 2,8 m^3 4,4 *l*
c) 8,45 m^3 28 533 cm^3 0,45 m^3
d) 2,457 dm^3 3 000 mm^3 0,05 dm^3
e) 8 m^3 25 cm^3 12,04 dm^3 0,007 m^3

Zur Übung: 8 bis 12

Übungen

Zusammenhang zwischen den Volumeneinheiten

1.

a) Ein Körper hat das Volumen 1 dm^3 [8 dm^3]. Er ist aus Zentimeterwürfeln zusammengesetzt. Wie viele sind das?

b) Ein Körper hat das Volumen 1 m^3 [12 m^3]. Er ist aus Dezimeterwürfeln zusammengesetzt. Wie viele sind das?

Umwandlung in andere Volumeneinheiten

2.

Schreibe in der in Klammern angegebenen Einheit.

a) 7 dm^3 (cm^3) 9 dm^3 (cm^3) 18 dm^3 (cm^3)	**b)** 4 m^3 (dm^3) 18 m^3 (dm^3) 24 m^3 (dm^3)
c) 5 *l* (m*l*) 17 *l* (m*l*) 23 *l* (m*l*)	**d)** 4 m^3 (*l*) 11 m^3 (*l*) 12 m^3 (*l*)
e) 2 *l* (m*l*) 3 m^3 (*l*) 4 *l* (m*l*)	**f)** 3 m^3 (cm^3) 7 m^3 (cm^3) 2 dm^3 (mm^3)

3.

Schreibe in der in Klammern angegebenen Einheit.

a) 7 000 dm^3 (m^3) 5 000 dm^3 (m^3) 12 000 dm^3 (m^3)	**b)** 14 000 *l* (m^3) 19 000 *l* (m^3) 24 000 *l* (m^3)
c) 31 000 cm^3 (dm^3) 40 000 cm^3 (dm^3) 10 000 cm^3 (dm^3)	**d)** 4 000 m*l* (*l*) 8 000 m*l* (*l*) 5 000 m*l* (*l*)
e) 3 000 *l* (m^3) 4 000 m*l* (*l*)	**f)** 1 000 000 m*l* (m^3) 70 000 mm^3 (cm^3)

4.

Schreibe in der in Klammern angegebenen Einheit.

a) 4 000 m^3 (*l*) 7 000 *l* (m*l*) 8 000 dm^3 (m^3)	**b)** 9 000 cm^3 (dm^3) 2 000 m*l* (*l*) 6 000 *l* (m^3)
c) 1 000 m*l* (*l*) 4 000 dm^3 (m^3) 3 000 *l* (m*l*)	**d)** 7 000 m*l* (*l*) 5 000 *l* (m*l*) 10 000 dm^3 (m^3)

5.

Schreibe in zwei Einheiten.

3 759 *l* = 3 m^3 759 *l*

a) 2 759 dm^3 4 928 *l* 2 041 *l*	**b)** 8 537 m*l* 4 045 m*l* 7 005 m*l*	**c)** 8 249 cm^3 2 049 cm^3 3 007 cm^3

6.

Schreibe in der kleineren Einheit

3 m^3 459 *l* = 3 459 *l*

a) 9 m^3 247 *l* 4 m^3 59 *l* 8 m^3 7 *l*	**b)** 8 *l* 250 m*l* 2 *l* 25 m*l* 3 *l* 5 m*l*
c) 9 dm^3 175 cm^3 4 dm^3 75 cm^3 19 dm^3 5 cm^3	**d)** 4 m^3 218 dm^3 7 m^3 50 dm^3 19 m^3 8 dm^3

7.

Wiederholung: Drücke in der in Klammern angegebenen Einheit aus.

a) 31 m (dm) 210 cm (dm) 37 km (m) 2 100 cm (m)	**b)** 720 dm (m) 18 cm (mm) 12 m (cm) 8 000 m (km)
c) 17 m^2 (dm^2) 3 km^2 (ha) 2 400 dm^2 (m^2) 1 800 ha (km^2)	**d)** 3 dm^2 (cm^2) 14 ha (a) 1 200 m^2 (a) 2 800 cm^2 (dm^2)

Kommaschreibweise – Einheitentabelle

8.

Gib in zwei Einheiten an.

a) 7,485 m^3 8,25 m^3 2,043 m^3	**b)** 9,243 *l* 8,7 *l* 8,07 *l*	**c)** 4,5 m^3 8,9 m^3 4,05 m^3

9.

Schreibe mit Komma.

a) 4 873 *l* 8 240 *l* 1 941 m*l*	**b)** 8 470 dm^3 9 400 m*l* 8 040 m*l*	**c)** 418 m*l* 500 *l* 250 *l*

10.

Fertige eine Einheitentabelle an. Trage dann ein und lies zwei weitere Schreibweisen ab.

a) 34,857 m^3 48,73 *l* 12,1 *l*	**b)** 17 580 *l* 250 m*l* 180 m*l*	**c)** 3,5 *l* 4,2 m^3 2,7 *l*

11.

Trage in eine Einheitentabelle ein und lies zwei weitere Schreibweisen ab.

a) 3,75 m³	**b)** 2,05 cm³	**c)** 14 m³ 275 dm³
0,34 dm³	0,05 m³	4 cm³ 15 mm³
3,4 dm³	2,5 m³	15 dm³ 8 cm³
0,5 m³	2,453 dm³	42,002 m³
8,45 cm³	0,005 m³	18 000 dm³

△ **12.**

Herr Monske überträgt am 1. eines jeden Monats den Stand des Wasserzählers in die Tabelle rechts.

Tag	m³	dm³	Wasserverbrauch bis
1.5		166	■ m³ ■ dm³ = ■ dm³
1.6.	25	456	■ m³ ■ dm³ = ■ dm³
1.7.	51	837	■ m³ ■ dm³ = ■ dm³
1.8.			■ m³ ■ dm³ = ■ dm³

a) Vergleiche den Stand des Wasserzählers mit den Eintragungen in der Tabelle. Um welche Eintragung handelt es sich? Erkläre die Tabelle.

b) Wieviel Wasser wurde vom 1. 5. bis zum 1. 6. [1. 7.] verbraucht? Ergänze die Tabelle.

c) Vom 1. 5. bis zum 1. 8. wurden insgesamt 82 571 dm³ Wasser verbraucht. Übertrage in die Tabelle.

Rechnen mit Volumina (Rauminhalten)

Addition und Subtraktion

Aufgabe

Ein Hausbesitzer kauft für seinen neuen Öltank zunächst 2 500 *l* Heizöl, dann während des Winters noch einmal 1 500 *l* ein. Am Ende der Heizperiode befinden sich noch 250 *l* im Tank.

a) Wieviel Liter Heizöl wurden insgesamt eingekauft?

b) Wieviel Liter Heizöl sind verbraucht worden?

Lösung

a) *Rechnung:* 2 500 *l* + 1 500 *l* = 4 000 *l* *Antwort:* Es wurden insgesamt 4 000 *l* eingekauft.

b) *Rechnung:* 4 000 *l* − 250 *l* = 3 750 *l* *Antwort:* Es sind 3 750 *l* verbraucht worden.

Zur Festigung und zum Weiterarbeiten

1.

Schreibe und rechne wie im Beispiel.

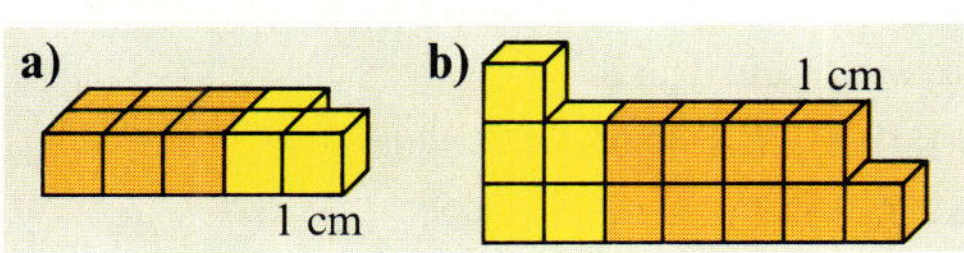

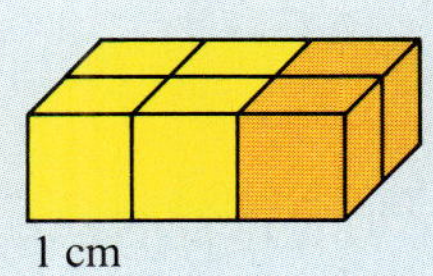

4 cm³ + 2 cm³ = 6 cm³
6 cm³ − 2 cm³ = 4 cm³
6 cm³ − 4 cm³ = 2 cm³

Zur Übung: 1 bis 5

Multiplikation und Division

Aufgabe

a) An einer Straße werden 7 Reihenhäuser gebaut. Jedes ist 714 m^3 groß. Wie groß ist das Gesamtvolumen?

b) Bei einem anderen Bau sollen 12 000 m^3 Gesamtvolumen nicht überschritten werden. Wie viele 800 m^3 große Häuser können gebaut werden.

c) Wie groß wäre ein Haus, wenn 16 Häuser mit einem Gesamtvolumen von 12 000 m^3 gebaut worden wären?

Lösung

a) *Rechnung:* $7 \cdot 714\ m^3 = 4998\ m^3$ *Antwort:* Das Gesamtvolumen beträgt 4 998 m^3.

b) *Rechnung:* $12\,000\ m^3 : 800\ m^3 = 12\,000 : 800 = 15$
Antwort: Es können 15 Häuser gebaut werden.

c) *Rechnung:* $12\,000\ m^3 : 16 = 750\ m^3$ *Antwort:* Jedes Haus wäre 750 m^3 groß.

Zur Festigung und zum Weiterarbeiten

1.
Schreibe und rechne wie im Beispiel.

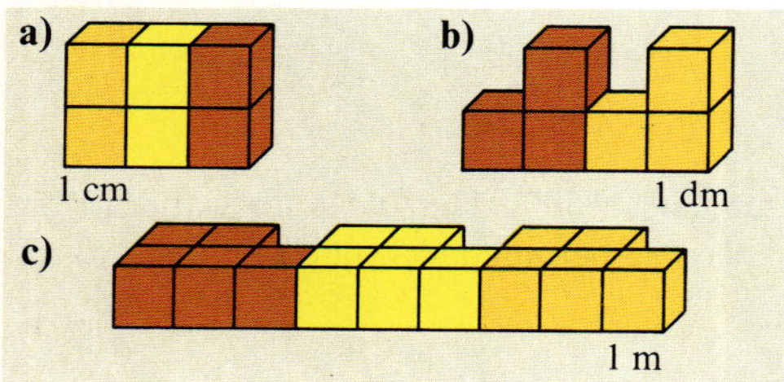

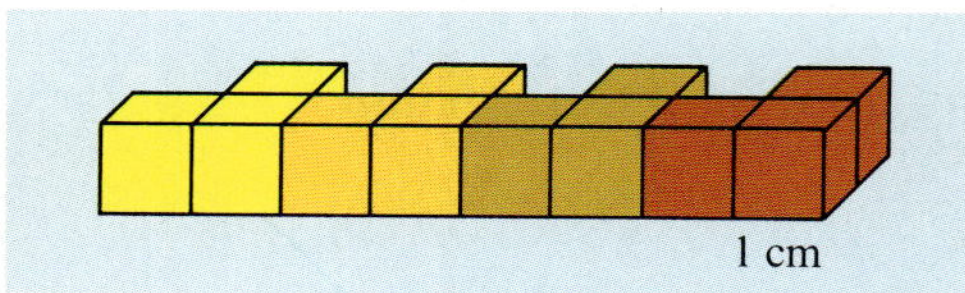

$4 \cdot 3\ cm^3 = 12\ cm^3$
$12\ cm^3 : 4 = 3\ cm^3$
$12\ cm^3 : 3\ cm^3 = 4$

Zur Übung: 6 bis 9 sowie 10 bis 18 (Vermischte Übungen)

Übungen

Addition und Subtraktion

1.

a) $7\,352\ m^3 + 8\,978\ m^3$ **b)** $3\,879\ l + 4\,231\ l$ **c)** $7\,654\ ml + 8\,466\ ml$

d) $8\,947\ m^3 - 6\,948\ m^3$ **e)** $2\,473\ l - 1\,504\ l$ **f)** $3\,042\ ml - 1\,245\ ml$

2.
Rechne schriftlich.

a) $38\,572\ l + 4\,896\ l + 3\,840\ l$

b) $78\,532\ l + 8\,765\ l + 8\,902\ l$

c) $47\,321\ m^3 + 4\,679\ m^3 + 3\,420\ m^3$

d) $92\,082\ m^3 + 8\,367\ m^3 + 4\,792\ m^3$

3.

a)	$8\,654\ m^3$ $+\ 7\,243\ m^3$ $+\ 4\,928\ m^3$ $+\ 2\,043\ m^3$	b)	$7\,253\ l$ $+\ 4\,853\ l$ $+\ 8\,976\ l$ $+\ 4\,209\ l$	c)	$8219\ ml$ $+\ 2\,473\ ml$ $+\ 4\,826\ ml$ $+\ 4\,654\ ml$
d)	$9\,241\ m^3$ $-\ 2\,476\ m^3$ $-\ 4\,156\ m^3$ $-\ 1\,473\ m^3$	e)	$8\,040\ l$ $-\ 2\,194\ l$ $-\ 3\,197\ l$ $-\ 1\,984\ l$	f)	$9\,040\ ml$ $-\ 2\,147\ ml$ $-\ 1\,898\ ml$ $-\ 1\,798\ ml$

4.

Für ein Wohnhaus mit mehreren Wohnungen werden im Sommer zunächst 30 700 *l* Heizöl in den leeren Tank eingefüllt und während des Winters noch einmal 15 800 *l*. Am Ende der Heizperiode waren noch 175 *l* im Tank.

a) Wieviel *l* Heizöl sind insgesamt eingekauft worden?

b) Wieviel *l* Heizöl sind verbraucht worden?

5.

Berechne.

a) $(4\,753\ m^3 + 4\,829\ m^3) - (3\,765\ m^3 + 3\,928\ m^3)$

b) $(7\,654\ m^3 + 2\,143\ m^3) + (8\,946\ m^3 - 7\,289\ m^3)$

c) $(8\,465\ l - 2\,179\ l) + (9\,746\ l - 8\,847\ l)$

d) $(2\,946\ l + 3\,498\ l) - (7\,847\ l - 6\,948\ l)$

Multiplikation und Division

6.

Rechne im Kopf.

a) $7 \cdot 18\ l$; $9 \cdot 24\ m^3$; $3 \cdot 42\ ml$

b) $12 \cdot 12\ l$; $25 \cdot 44\ m^3$; $50 \cdot 66\ l$

c) $7 \cdot 108\ l$; $4 \cdot 290\ m^3$; $8 \cdot 318\ l$

d) $84\ l : 7$; $104\ m^3 : 8$; $54\ m^3 : 3$

e) $96\ l : 8\ l$; $144\ m^3 : 12\ m^3$; $155\ l : 5\ l$

7.

Rechne schriftlich.

a) $484 \cdot 319\ m^3$; $597 \cdot 809\ l$; $298 \cdot 917\ m^3$

b) $13\,478\ l : 23$; $27\,591\ m^3 : 51$; $49\,608\ l : 72$

c) $29\,376\ m^3 : 48\ m^3$; $35\,811\ l : 69\ l$; $50\,721\ m^3 : 87\ m^3$

d) $37\,076\ m^3 : 62$; $29\,657\ m^3 : 47\ m^3$; $24\,882\ m^3 : 87\ m^3$

8.

a) Ein Müllgroßbehälter faßt 4 400 *l* Müll. In einer Stadt werden an einem Tage 45 volle Behälter geleert.
Wieviel Müll fällt daraus an?

b) Ein Müllwagen faßt 35 200 *l* Müll. Wie viele Müllgroßbehälter können bei einer Fahrt entleert werden?

c) Ein Müllbunker ($483\ m^3$) soll mit einem Müllwagen ($23\ m^3$) entleert werden.
Wie viele Fahrten sind erforderlich?

d) Der Inhalt eines Müllbunkers ($490\ m^3$) soll mit 14 Müllwagen abtransportiert werden. Wieviel m^3 muß bei gleichmäßiger Verteilung jeder Wagen aufnehmen.

9.

Berechne

a) $4 \cdot 718\ dm^3 + 8 \cdot 243\ dm^3$

b) $366 \cdot 650\ dm^3 + 635 \cdot 503\ dm^3$

c) $306 \cdot 603\ cm^3 + 605 \cdot 506\ cm^3$

d) $71 \cdot (442\ m^3 + 819\ m^3)$

e) $87 \cdot (319\ m^3 - 287\ m^3)$

f) $87 \cdot (419\ cm^3 + 216\ cm^3) + 74 \cdot (512\ cm^3 - 387\ cm^3)$

g) $92 \cdot (149\ l + 428\ l) - 83 \cdot (159\ l + 249\ l)$

h) $72 \cdot (413\ ml - 129\ ml) + 67 \cdot (219\ ml + 319\ ml)$

Vermischte Übungen

10.

In Archangelsk (UdSSR) wird von zwei deutschen Schiffen Schnittholz an Bord genommen. Auf das eine Schiff werden $4\,250\ m^3$, auf das andere $4\,550\ m^3$ Holz verladen.

a) Wieviel Kubikmeter Holz wurde von beiden Schiffen aufgenommen?

b) Die Fracht für $1\ m^3$ Holz kostet 41 DM. Berechne die Frachtkosten für die gesamte Holzladung.

c) Vor der Vergabe des Auftrages wurden verschiedene Angebote eingeholt. Eine Reederei forderte für den Transport von $4\,500\ m^3$ Holz 189 000 DM.
Warum wurde dieses Angebot abgelehnt?

11.

Bei der Planung eines Hauses werden die Baukosten nach dem umbauten Raum geschätzt.

a) Herr Baum plant ein Haus. Der umbaute Raum für Wohnhaus und Garage wird mit 974 m^3 angegeben, der des Wohnhauses allein mit 826 m^3.
Berechne den Rauminhalt für die Garage.

b) Der Architekt schätzt die Kosten für 1 m^3 umbauten Raum auf 235 DM.
Berechne die voraussichtlichen Kosten für das Haus, für die Garage, für Haus und Garage.

c) Die Endkosten beliefen sich insgesamt auf 387 000 DM.
Wie hoch waren die tatsächlichen Kosten für 1 m^3 umbauten Raum?

12.

Herr Wäsche ließ im Herbst seinen Tank mit 3 218 *l* Heizöl füllen. Während des Winters wurden 1 120 *l* und 879 *l* nachgefüllt. Im Mai waren noch 216 *l* Öl im Tank.

a) Wieviel Heizöl wurde insgesamt verbraucht?

b) 100 *l* Öl kosten 64 DM. Wie hoch waren die drei Rechnungen, die Herr Wäsche erhielt?

13.

a) Das Bauunternehmen INFORM errichtet 7 Reihenhäuser. Jedes Reihenhaus ist 672 m^3 groß.
Berechne das Gesamtvolumen.

b) Dieselbe Firma erstellte Wohnungen mit einem Gesamtvolumen von 39 680 m^3. Jede Wohnung war 248 m^3 groß.
Wie viele Wohnungen wurden gebaut?

14.

Eine Baufirma errichtete 394 Wohnungen im Jahre 1983. Das Gesamtvolumen betrug 102 440 m^3.
Wieviel Kubikmeter entfielen durchschnittlich auf jede Wohnung?

15.

An der Abfüllanlage einer Molkerei werden stündlich 300 1-*l*-Flaschen [500 m*l*-Flaschen] abgefüllt. Die Anlage arbeitet acht Stunden am Tag.
Wieviel Liter Milch werden jeden Tag abgefüllt?

16.

a) Ein mittelgroßes Tankschiff liegt an einer Ladebrücke im Persischen Golf. Stündlich werden 7 000 m^3 Rohöl in die Tanks des Schiffes gepumpt. Nach 8 Stunden sind alle Tanks gefüllt.
Wieviel Kubikmeter Rohöl hat das Schiff geladen?

b) An der Löschbrücke im Wilhelmshavener Ölhafen wird die Ladung in 14 Stunden gelöscht.
Wieviel Kubikmeter Öl wurden in einer Stunde aus den Tanks gedrückt?

c) Das Schiff hat mehrere Öltanks mit je 3 500 m^3. Wie viele Tanks waren gefüllt?

d) 1 m^3 Rohöl wiegt 950 kg. Berechne das Gewicht der Ladung in kg [t].

17.

Das menschliche Herz drückt bei jeder Zusammenziehung 80 cm^3 (Schlagvolumen) Blut in die Blutbahn. Es schlägt am Tag etwa 100 000mal.

a) Wieviel Liter Blut drückt das Herz jeden Tag in die Blutbahn, wieviel in einem Jahr (365 Tage)?

b) Wieviel Liter Blut wurde vom Herzen eines 85jährigen insgesamt in die Blutbahn gedrückt?

18.

Der Mensch nimmt durchschnittlich pro Tag 1,5 Liter an Getränken zu sich.

a) Wieviel Liter Flüssigkeit ist das in einem Jahr?

b) Wieviel Liter hat ein 90 Jahre alter Mensch in Form von Getränken zu sich genommen?

Berechnungen am Quader

Volumen eines Quaders

Aufgabe

Berechne das Volumen eines Quaders mit den Kantenlängen a = 5 cm, b = 4 cm und c = 3 cm.

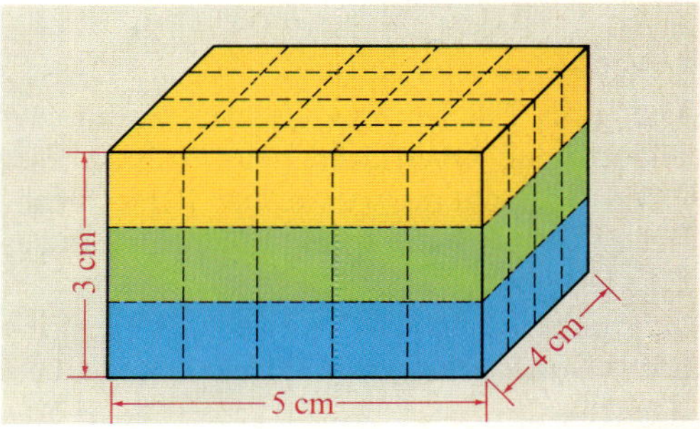

Lösung

Der Quader läßt sich in 3 aufeinanderliegende Schichten zerlegen. In jeder Schicht sind $4 \cdot 5$, also 20 Zentimeterwürfel. Jede Schicht hat das Volumen 20 cm^3. Das Gesamtvolumen ist $3 \cdot 20\ cm^3$, also 60 cm^3.

Das Volumen eines Quaders ist gleich dem Volumen einer Schicht mal Anzahl der Schichten.

Zur Festigung und zum Weiterarbeiten

1.
Ein Quader hat die Maße a = 4 dm, b = 6 dm, c = 5 dm.

a) In welcher Maßeinheit ist hier das Quadervolumen anzugeben?

b) Welche Kantenlänge haben die Maßwürfel?

c) Wie groß ist das Volumen einer Schicht? Wie groß ist das Volumen des Quaders? Wie viele Maßwürfel sind es insgesamt?

2.
Berechne das Quadervolumen.

a) a = 4 cm; b = 5 cm; c = 3 cm

b) a = 7 dm; b = 5 dm; c = 4 dm

c) a = 2 m; b = 3 m; c = 4 m

d) a = 27 cm; b = 34 cm; c = 19 cm

3.

a) Das Volumen eines Quaders beträgt 18 cm^3. Er ist in Schichten mit dem Volumen 3 cm^3 [6 cm^3; 9 cm^3] zerlegt. Wie viele Schichten sind das?

b) Das Volumen eines Quaders beträgt 12 dm^3. Er ist in 2 [3; 4; 6] Schichten zerlegt.

Man berechnet das **Volumen eines Quaders,** indem man die Maßzahlen der Kantenlängen miteinander multipliziert und das Produkt mit der entsprechenden Volumeneinheit versieht. Hierbei ist vorausgesetzt, daß die Kantenlängen in derselben Längeneinheit gemessen sind. Wir schreiben kurz:

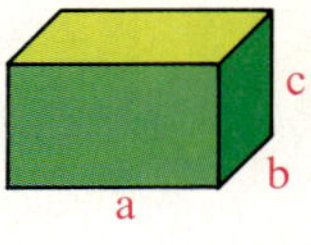

$\mathbf{V = a \cdot b \cdot c}$ kurz: Volumen eines Quaders = Länge mal Breite mal Höhe

Beispiel: a = 7 m; b = 5 m; c = 6 m $V = 7\ m \cdot 5\ m \cdot 6\ m = 7 \cdot 5 \cdot 6\ m^3 = 210\ m^3$

Zur Übung: 1 bis 7

Größe der Oberfläche eines Quaders

Aufgabe

Ein Quader hat die Maße
$a = 5$ cm, $b = 2$ cm und $c = 3$ cm.
Es soll mit Papier beklebt werden.
Wieviel cm^2 Papier wird benötigt?

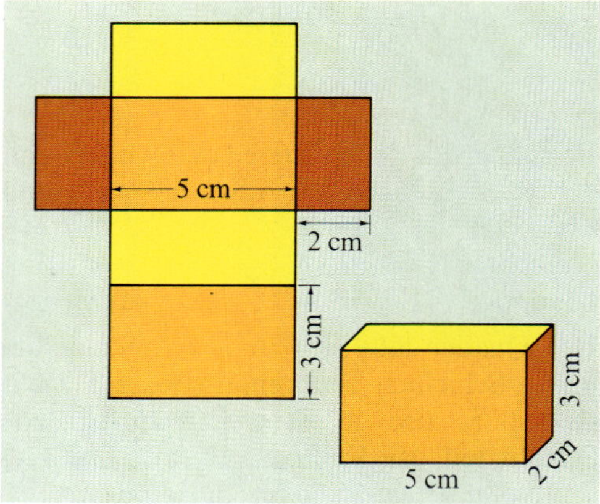

Lösung

Die sechs Flächen des Quaders zusammen bilden seine **Oberfläche.** Die Größe dieser Oberfläche gibt an, wieviel cm^2 Papier benötigt wird. Sie ist gleich dem Flächeninhalt des Quadernetzes.
Gegenüberliegende Seitenflächen sind gleich groß. Daher gilt für die Größe A der Oberfläche:

$$A = 2 \cdot 5\,\text{cm} \cdot 2\,\text{cm} + 2 \cdot 2\,\text{cm} \cdot 3\,\text{cm} + 2 \cdot 5\,\text{cm} \cdot 3\,\text{cm} = 2 \cdot 10\,\text{cm}^2 + 2 \cdot 6\,\text{cm}^2 + 2 \cdot 15\,\text{cm}^2$$

$$= 20\,\text{cm}^2 + 12\,\text{cm}^2 + 30\,\text{cm}^2$$

$$= 62\,\text{cm}^2$$

$$A = 2 \cdot a \cdot b + 2 \cdot b \cdot c + 2 \cdot a \cdot c$$

Ergebnis: Es werden 62 cm^2 Papier benötigt.

> Die sechs Flächen eines Quaders zusammen bilden die **Oberfläche des Quaders.**
>
> Für die Größe A der Oberfläche eines Quaders gilt:
>
> $\mathbf{A = 2 \cdot a \cdot b + 2 \cdot b \cdot c + 2 \cdot a \cdot c}$
>
> 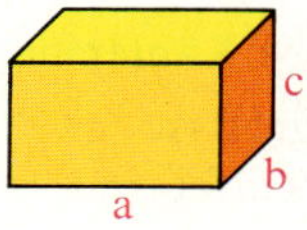
>

Zur Festigung und zum Weiterarbeiten

1.
Berechne die Größe der Oberfläche des Quaders.

a) $a = 14$ cm, $b = 28$ cm, $c = 9$ cm
b) $a = 9$ m, $b = 7$ m, $c = 8$ m
c) $a = 34$ cm, $b = 59$ cm, $c = 17$cm
d) $a = 54$ m, $b = 67$ m, $c = 78$ m
e) $a = 24$ m, $b = 92$ m, $c = 43$ m

2.
Berechne die Größe der Oberfläche und das Volumen des Quaders.

a) $a = 4$ cm; $b = 2$ cm; $c = 3$ cm **b)** $a = 7$ cm; $b = 5$ cm; $c = 5$ cm

3.
a) Begründe: Für die Größe der Oberfläche eines Würfels (Kantenlänge a) gilt: $A = 6 \cdot a^2$.
b) Berechne die Größe der Oberfläche: $a = 3$ cm; $a = 7$ cm; $a = 25$ cm; $a = 91$ cm; $a = 752$ cm

4.
Gib Quader mit gleichem Volumen (z. B. 24 cm^3), aber verschiedener Oberflächengröße an.

Zur Übung: 8 bis 10 sowie 11 bis 21 (Vermischte Übungen)

Übungen

Volumen eines Quaders

1.

Berechne das Volumen des Quaders. Gib auch die Anzahl der Schichten an und bestimme, wie viele Maßwürfel sich in jeder Schicht befinden.

a) 5 cm, 6 dm, 15 cm **b)** 22 dm, 32 dm, 8 dm **c)** 22 cm, 6 cm, 47 cm **d)** 6 dm, 25 dm, 13 dm

e) 32 dm, 15 dm, 35 dm **f)** 8 m, 7 m, 9 m **g)** 17 m, 22 m, 18 m **h)** 3 mm, 9 mm, 4 mm

2.

a) Begründe: Für das Volumen eines Würfels mit der Kantenlänge a gilt: $V = a^3$.

b) Berechne das Volumen:
a = 7 cm [a = 51 cm; a = 3 cm; a = 241 cm]

3.

Berechne die fehlende Kantenlänge des Quaders.

	Kantenlängen		Volumen
a)	5 cm;	6 cm	120 cm^3
b)	3 m;	2 m	24 m^3
c)	14 cm;	3 cm	84 cm^3
d)	9 dm;	9 dm	729 dm^3
e)	30 dm;	150 dm	135 m^3

4.

Eine Kiste hat ein Volumen von 60 *l*, also 60 dm^3. Wie lang, wie breit und wie hoch kann die Kiste sein?

a) Lege eine Tabelle an und notiere verschiedene Möglichkeiten.

Volumen	Kantenlängen		
60 dm^3	1 dm	1 dm	60 dm
60 dm^3	1 dm	2 dm	

b) Wie könntest du einen nicht quaderförmigen Körper mit einem Volumen von 60 dm^3 herstellen?

5.

Miß Länge, Breite und Höhe eines Zimmers und bestimme sein Volumen.

6.

Die Kiste auf dem Bild S. 181 mit dem Elefanten hat ein Volumen von 26 m^3 (also 26 000 dm^3). Gib mögliche Maße an.

Anleitung: Wähle z. B. 4 m und 5 m für zwei Kanten.

7.

Ein Graben soll ausgehoben werden (200 m lang, 5 m tief, 2 m breit). Wieviel Kubikmeter Erde müssen bewegt werden?

Größe der Oberfläche eines Quaders

8.

Berechne die Größe der Oberfläche

a) der Quader von Übungsaufgabe 1;

b) eines Würfels mit a = 7 cm [a = 35 cm; a = 8 m].

9.

Eine Kiste hat einen Rauminhalt von 24 m^3. Gib 4 mögliche Kantenlängen an und berechne jeweils die zugehörige Größe der Oberfläche.

▲ **10.**

Versuche Quader zu finden mit gleicher Größe der Oberfläche, aber verschiedenem Volumen.

Vermischte Übungen

11.

Berechne das Volumen und die Größe der Oberfläche.

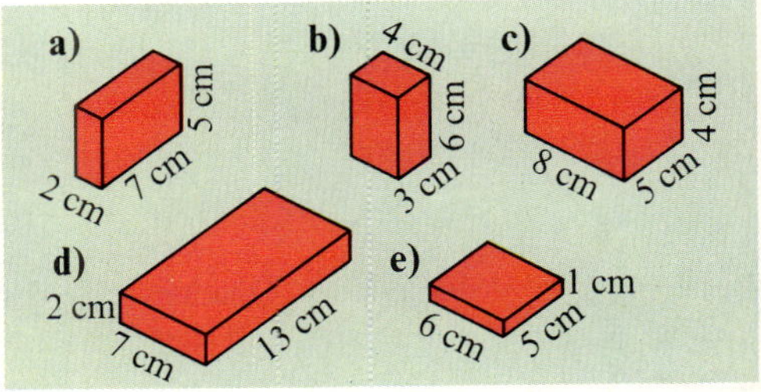

12.

Herr Müller baut einen Bungalow, der 18 m lang, 12 m breit und 3 m hoch sein soll. Der Kubikmeter umbauten Raumes kostet 250 DM. Wie teuer wird das Haus?

13.

Ein Aquarium ist 50 cm lang und 40 cm breit.

a) Wieviel Liter Wasser muß man hineingießen, damit das Wasser 10 cm hoch steht?

b) Wie hoch steht das Wasser, wenn man 50 *l* hineingießt?

14.

Ein Schwimmbad von 50 m Länge, 20 m Breite und 2 m Tiefe soll mit Wasser gefüllt werden. Der Kubikmeter Wasser kostet 3,50 DM.
Wie teuer ist die Füllung des Bades?

15.

Beim Bau einer U-Bahn wird eine Grube von 20 m Tiefe, 25 m Breite und 3 km Länge ausgehoben. Ein Lkw faßt 6 m³.
Wie viele Fahrten sind zum Abtransport der Erde notwendig?

16.

Der Grundriß eines 2,7 m hohen Bungalows ist bekannt (siehe Zeichnung, Zahlenangaben in Metern). Der Kubikmeter umbauten Raumes kostet 290 DM. Wie teuer ist das Haus?

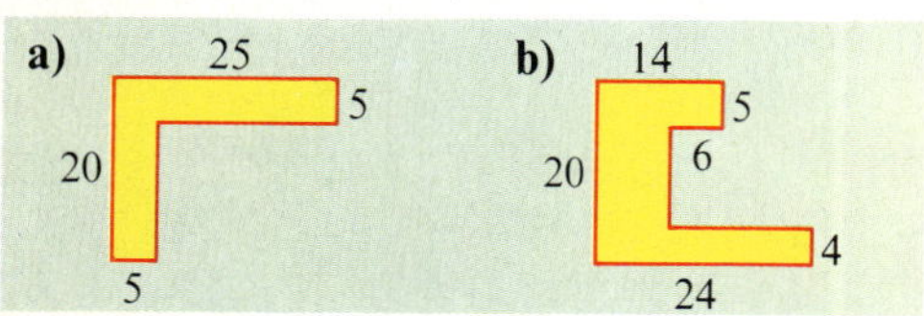

17.

Berechne das Volumen des Quaders aus der Größe A der Grundfläche und der Kantenlänge c.

a) $A = 24\,cm^2$, $c = 5\,cm$ **b)** $A = 17\,cm^2$, $c = 4\,cm$ **c)** $A = 28\,m^2$, $c = 3\,m$

18.

Herr Gerlach läßt im Herbst seine drei Heizöltanks auffüllen. Jeder Tank faßt 1 m³ Heizöl. Herrn Gerlach werden 2,854 m³ Heizöl in Rechnung gestellt.

a) Wieviel Liter wurden nachgefüllt?
Wieviel Liter Öl waren noch in den Tanks?

b) 1 *l* Heizöl kostet 64 Pfennig. Welche Summe wurde Herrn Gerlach in Rechnung gestellt?

19.

Ein Zimmer hat folgende Maße:
4 m breit, 5 m lang, 2,50 m hoch.
Das Fenster im Zimmer hat die Maße: 2,50 m breit, 1 m hoch. Die Tür ist 1 m breit und 2 m hoch. Die Tapete des Zimmers (ohne Decke) soll mit Farbe neu bestrichen werden. Auf dem Farbeimer steht die Angabe:
Inhalt: 25 kg; 1 kg reicht für 4 m².

a) Wieviel kg Farbe wird voraussichtlich benötigt?

b) Ein Eimer Farbe kostet 12 DM. Wie teuer ist also der Anstrich, wenn die Arbeit des Anstreichens nicht berechnet wird?

20.

Herr Spar will feststellen, wieviel *l* Benzin sein Auto auf 100 km verbraucht. Dazu merkt er sich den Kilometerstand beim letzten Volltanken: 38 417. Beim nächsten Tanken beträgt der Kilometerstand 38 867. Beim Tanken passen genau 45 *l* in den Tank.

▲ **21.**

Aus einem Wetterbericht: „Während der letzten 24 Stunden fielen 3 mm Niederschlag.“ Herr Meier überlegt, wieviel m³ (bzw. *l*) Wasser er hätte gewinnen können, wenn er das Regenwasser vom Dach seines Flachdachbungalows aufgefangen hätte. Die Verdunstung des Wassers vernachlässigt er.

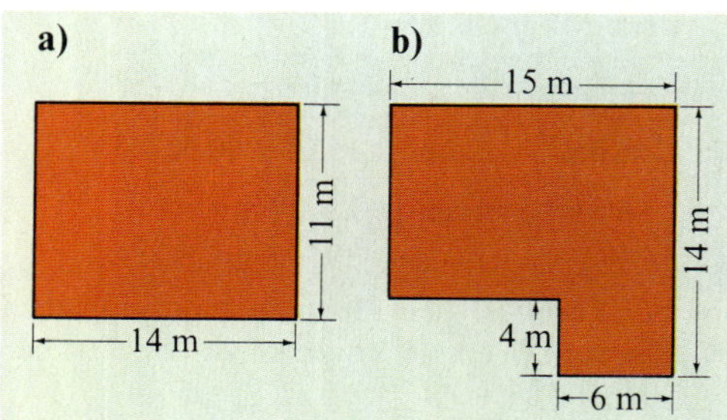

Mehrgliedrige Aufgaben zum Volumen

Aufgabe

Das Schwimmbecken eines Hallenbades besteht aus einem Schwimmbereich und einem Sprungbereich. Wieviel m^3 Wasser faßt das Schwimmbecken?

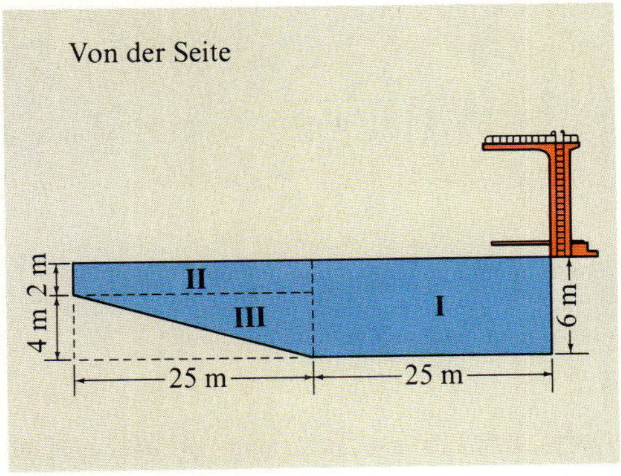

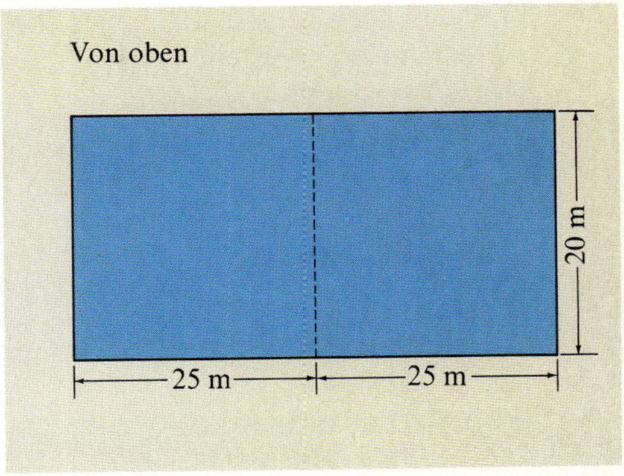

Lösung

Das mit Wasser gefüllte Schwimmbecken läßt sich in drei Teilkörper zerlegen: Körper I, II, III (siehe Zeichnung oben).

Die Körper I und II sind Quader, deren Maße bekannt sind. Körper III ist die Hälfte eines Quaders, dessen Maße ebenfalls bekannt sind.

Körper I (Sprungbereich): Maße 25 m, 20 m, 6 m

$V_I = 25\text{ m} \cdot 20\text{ m} \cdot 6\text{ m} = 3\,000\text{ m}^3$

Körper II (oberer Teil des Schwimmbereichs): Maße 25 m, 20 m, 2 m

$V_{II} = 25\text{ m} \cdot 20\text{ m} \cdot 2\text{ m} = 1000\text{ m}^3$

Körper III (unterer Teil des Schwimmbereichs): Er ist die Hälfte eines Quaders mit den Maßen: 25 m, 20 m, 4 m.

$V_{III} = (25\text{ m} \cdot 20\text{ m} \cdot 4\text{ m}) : 2 = 2\,000\text{ m}^3 : 2 = 1\,000\text{ m}^3$

Für das gesamte Volumen V des Schwimmbeckens gilt:

$$V = V_I + V_{II} + V_{III} = 3\,000\text{ m}^3 + 1000\text{ m}^3 + 1000\text{ m}^3 = 5\,000\text{ m}^3$$

Ergebnis: Das Schwimmbecken faßt $5\,000\text{ m}^3$ Wasser.

Zur Festigung und zum Weiterarbeiten

1.

Das Volumen des abgebildeten Körpers kann man auf zwei Weisen durch Addieren bzw. Subtrahieren von Volumina bestimmen.

Rechne auf beiden Wegen.

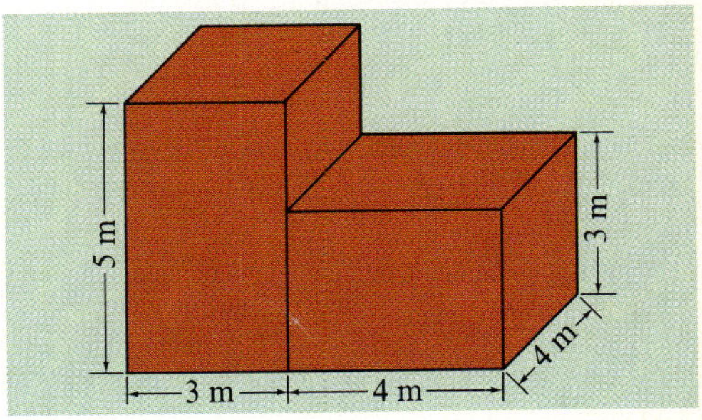

2.

a) Bei einem Bau soll das abgebildete Fundament gemauert werden. Wieviel m^3 ist es groß?
Achte auf die Maßeinheiten.

b) Für $1\,m^3$ benötigt man 370 Steine. Wegen Verlust oder Beschädigung der Steine rechnet man noch den 10. Teil hinzu. Wie viele Steine müssen bestellt werden?

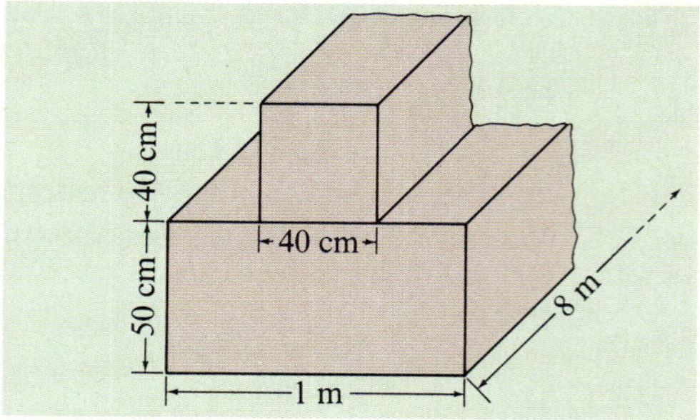

Übungen

1.

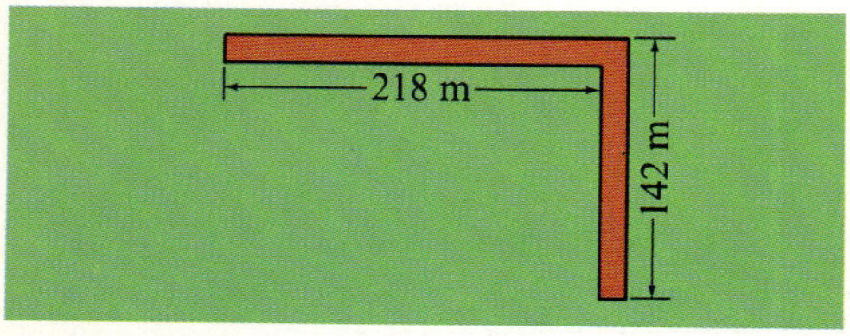

a) Ein 1 m breiter und 2 m tiefer Graben soll ausgehoben werden.
Wieviel m^3 Erde müssen abtransportiert werden?

b) Ein Lkw faßt $3\,m^3$ Erde.
Wie viele Fahrten sind erforderlich?

c) $1\,m^3$ Erde wiegt 1950 kg.
Wie schwer ist die Ladung bei einer Fahrt?

2.

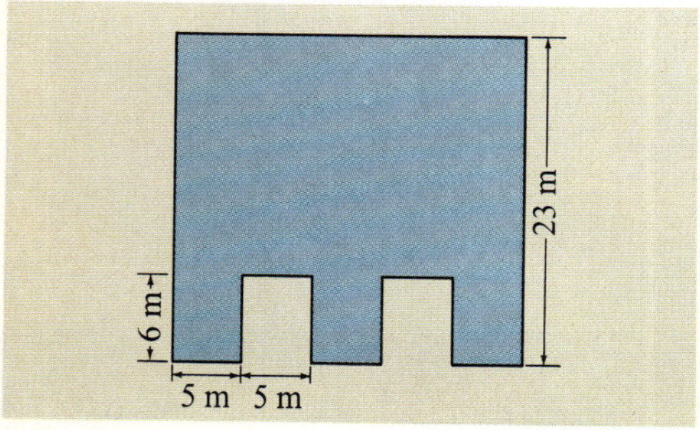

Eine Ausstellungshalle hat den abgebildeten Grundriß, d. h. so sieht man sie von oben. Sie ist 7 m hoch.
Welches Volumen hat sie?

3.

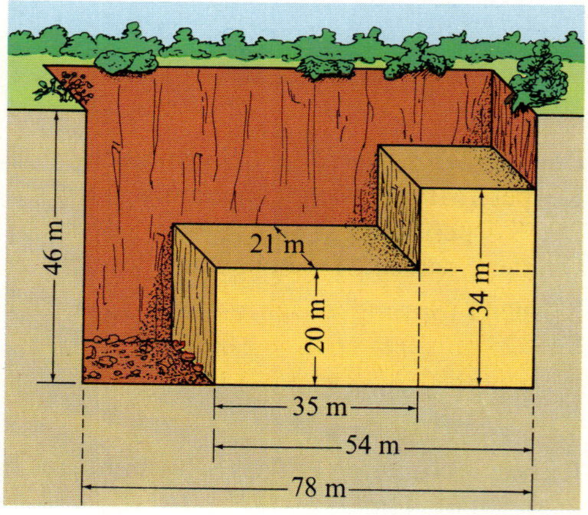

Ein alter Steinbruch (Bild) soll zugeschüttet werden. Wieviel m^3 Erde sind dafür erforderlich?
Nimm an, daß die Steinbruchwände senkrecht zur Erdoberfläche abfallen.

4.

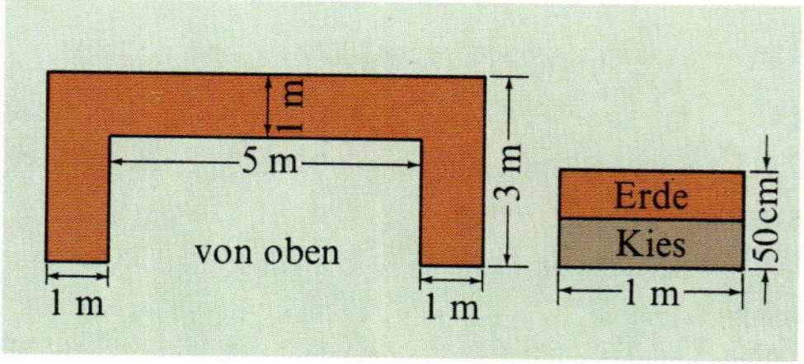

Eine Blumenwanne auf einem Balkon ist 50 cm hoch. Sie ist zur Hälfte mit Kies und zur Hälfte mit Erde gefüllt.
Wieviel m^3 Kies bzw. Erde sind erforderlich?

5.

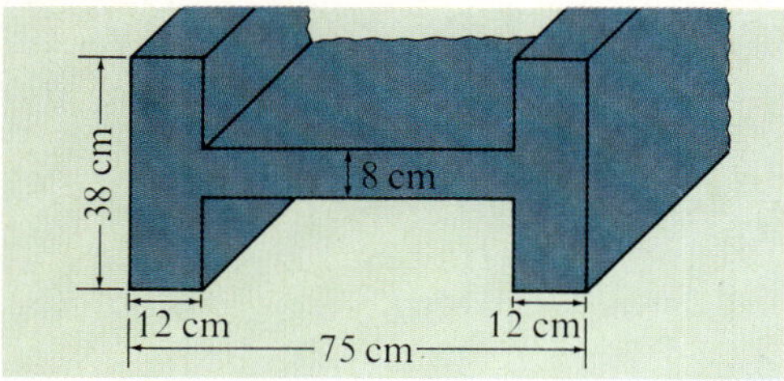

a) Der abgebildete Doppel-T-Träger ist 2,5 m lang.
Aus wieviel m^3 Eisen besteht er?

b) 1 cm^3 Eisen wiegt 8 g.
Wieviel g [kg] ist der Träger schwer?

Vermischte Übungen

6.

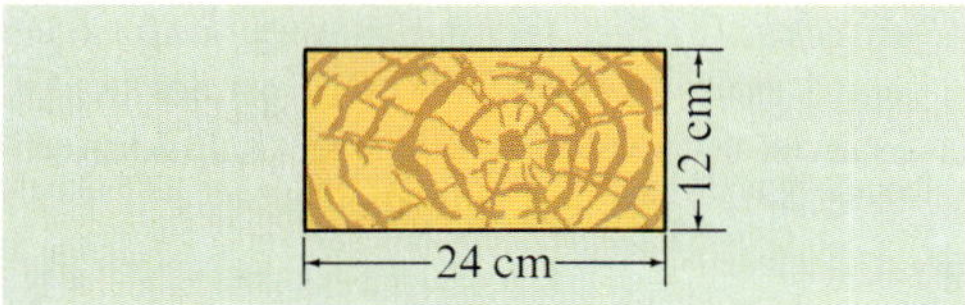

Das Bild zeigt den Querschnitt eines 17 m langen Holzbalkens.

a) Wieviel m^3 Holz hat der Balken?

b) Die Oberfläche des Balkens soll durch Hobeln geglättet werden.
Wieviel m^2 sind zu hobeln?

7.

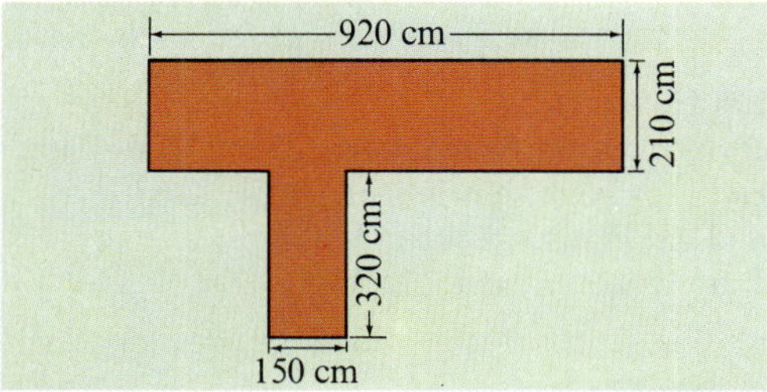

a) Wieviel m^2 groß ist das abgebildete Beet in einem Park?

b) Es soll gleichmäßig mit einer Torfschicht von 5 cm Dicke gedüngt werden.
Auf den Torfsäcken steht: „Inhalt 120 *l*".
Wie viele Säcke mit Torf müssen bestellt werden?

8.

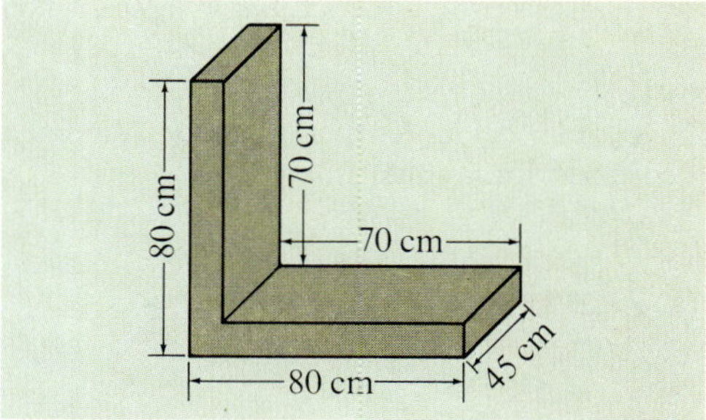

Winkelbetonsteine werden zum Abstützen von Erde verwendet.

a) Wieviel m^3 Beton sind zur Herstellung des abgebildeten Winkelbetonsteines erforderlich?

b) 1 dm^3 Beton wiegt 2 kg. Wieviel kg ist der Winkelbetonstein schwer?

c) Der Stein soll mit einem Schutzanstrich versehen werden. Wieviel m^2 sind zu streichen.
1 kg Farbe reicht für 5 m^2.
Wieviel kg Farbe sind erforderlich?

9.

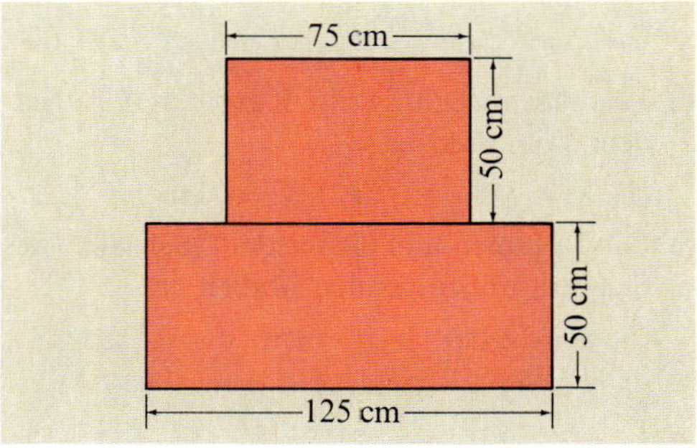

Ein 800 cm langes Stützfundament soll gemauert werden (Querschnitt siehe Bild).
Für 1 m^3 benötigt man 384 Steine.

a) Wie viele Steine sind im Fundament enthalten?

b) Das Fundament soll durch einen Anstrich gegen Feuchtigkeit geschützt werden. Gestrichen werden sollen alle Außenflächen außer der Deck- und der Bodenfläche.
Wieviel m^2 sind zu streichen?

Vermischte Übungen zur Wiederholung

1.

Zeige, daß beide Körper dasselbe Volumen (denselben Rauminhalt) haben.

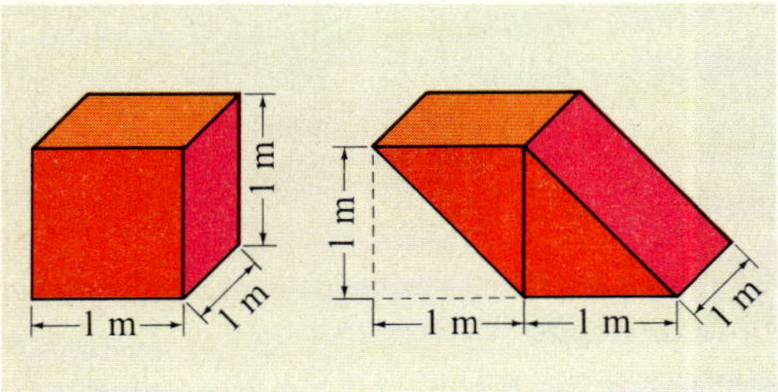

2.

a) Gib das Volumen des Körpers an.

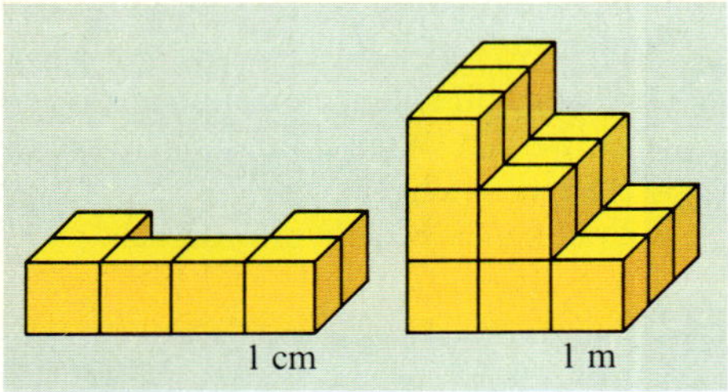

b) Zeichne im Schrägbild Körper mit folgendem Volumen:

(1) $V = 7\ cm^3$; (2) $V = 9\ cm^3$

c) Gib Volumen und Größe der Oberfläche des Quaders mit folgenden Maßen an.

(1) a = 8 cm; b = 7 cm; c = 11 cm

(2) a = 12 m; b = 14 m; c = 9 m

3.

Schreibe in der in Klammern angegebenen Einheit.

a)	$7\ m^3$	(dm^3)	**b)** 8 *l*	(m*l*)
	$9\ cm^3$	(mm^3)	$25\ m^3$	(*l*)
	$4000\ dm^3$	(m^3)	2000 m*l*	(*l*)
	$8000\ m^3$	(*l*)	4000 *l*	(m*l*)
c)	4000 *l*	(m^3)	**d)** $3{,}475\ m^3$	(dm^3)
	$7000\ m^3$	(*l*)	2,45 *l*	(m*l*)
	$8000\ cm^3$	(dm^3)	$3{,}5\ m^3$	(*l*)
	$3000\ dm^3$	(cm^3)	0,02 *l*	(m*l*)

4.

Schreibe mit Komma.

a)	**b)**	**c)**
$4575\ dm^3$	4926 m*l*	210 m*l*
9840 *l*	4900 m*l*	700 m*l*
$8500\ dm^3$	4090 m*l*	300 *l*
4700 *l*	3080 m*l*	30 *l*

5.

Schreibe mit zwei Einheiten.

a)	**b)**	**c)**
3,5 *l*	$8524\ dm^3$	$2{,}4\ m^3$
$7{,}2\ m^3$	$2619\ cm^3$	4856 *l*
9200 m*l*	4856 *l*	$4{,}7\ m^3$

6.

a) Für einen Kindergeburtstag kauft Frau Fries zunächst einen Kasten Sprudel (12 Flaschen). Jede Flasche enthält 190 m*l* Wasser. Wieviel m*l* Sprudel hat sie insgesamt eingekauft?

b) An der Geburtstagsfeier nehmen voraussichtlich 8 Kinder teil. Wieviel m*l* kann jedes Kind im Durchschnitt (d. h. wenn alle Kinder gleich viel erhalten) trinken?

c) Frau Fries hat vermutlich zu wenig Sprudel eingekauft. Sie rechnet damit, daß jedes Kind etwa $\frac{3}{4}$ *l* (also 750 m*l*) Sprudel trinkt. Wieviel m*l* Sprudel muß sie noch einkaufen? Wie viele Flaschen sind das?

7.

Ein Hallenbad hat
ein Becken für Schwimmer (25 m; 12 m; 2 m),
eines für Nichtschwimmer (14 m; 12 m; 1 m)
und ein Planschbecken (3 m; 4 m; 0,50 m).
$1\ m^3$ Wasser kostet 2,25 DM.

a) Wie teuer ist eine Füllung jedes einzelnen Beckens?

b) Wie lange dauert es, bis die Becken gefüllt sind, wenn man in 1 Stunde 2400 *l* Wasser zulaufen läßt?

c) Man muß mit einem Verlust von täglich 7000 *l* Wasser rechnen (Verdunstung usw.). Welche Kosten entstehen dadurch im Juli?

8.

Ein Vorratsbehälter faßt 105000 *l* Milch. Die Milch wird in $\frac{3}{4}$-*l*-Packungen abgefüllt.
Wie viele Packungen ergibt dies?

8. Zufallsversuche

Beschreiben von Zufallsversuchen

Vergleich von Chancen bei einem Zufallsversuch – Ereignis

Aufgabe

Sandra und Gabi haben zwei Glücksräder gebaut, mit denen sie auf Sandras Geburtstagsparty Mohrenköpfe auslosen. Auf jedem Rad sind die Zahlen von 0 bis 99 notiert.
Auf Sandras Rad gewinnen alle Zahlen, die zwei gleiche Ziffern enthalten; auf Gabis Rad gewinnen alle Zahlen, die auf 7 enden.
An welchem Rad würdest du spielen?

Lösung

Wir notieren für beide Räder jeweils die Menge aller Gewinnzahlen:
Sandras Rad: {11, 22, 33, 44, 55, 66, 77, 88, 99}
Gabis Rad: {7, 17, 27, 37, 47, 57, 67, 77, 87, 97}
Von 100 Zahlen erhält man bei Sandras Rad 9 Gewinnzahlen, bei Gabi ergeben sich 10 Gewinnzahlen. Also sind die Gewinnchancen bei Gabis Rad größer als bei Sandras Rad.

Zur Information

(1) Bei jedem Drehen des Glücksrades tritt ein **Ergebnis** auf; z. B. 13. Andere mögliche Ergebnisse sind z. B. 1, 10 oder 99. Welches Ergebnis auftritt, hängt vom *Zufall* ab. Das Drehen des Glücksrades nennt man daher auch einen **Zufallsversuch**.

(2) In der obigen Aufgabe lautet eine Bedingung: Das Rad zeigt eine Zahl, die auf 7 endet. Dies nennt man auch ein **Ereignis**. Zeigt das Rad die Zahl 57, so ist das Ereignis *eingetreten*, zeigt das Rad die Zahl 59, so ist das Ereignis *nicht eingetreten*.
Zu dem Ereignis gehört die Menge {7, 17, 27, 37, 47, 57, 67, 77, 87, 97}.
Sie enthält genau die Ergebnisse, bei denen das Ereignis eingetreten ist.

Zur Festigung und zum Weiterarbeiten

1.

Sandra überlegt sich neue Gewinnbedingungen für ihr Glücksrad mit den Zahlen von 0 bis 99:

(1) alle Zahlen, die durch 8 teilbar sind; (2) alle Zahlen, die auf 8 enden;

(3) alle Zahlen, in denen die Ziffer 8 vorkommt; (4) alle Zahlen mit der Quersumme 8.

Vergleiche die Gewinnchancen bei den vier Bedingungen.

2.

Die Menge, die zu einem Ereignis gehört, lautet:

a) {12, 24, 36, ..., 96} **b)** {70, 71, 72, ..., 79}

c) {12, 23, 34, 45, ..., 89} **d)** {11, 33, 55, 77, 99}

Gib eine passende Gewinnbedingung an.

Zur Übung: 1 bis 5

Ergebnismenge eines Zufallsversuches

Aufgabe

a) Betrachte folgende Zufallsversuche:

(1) Werfen eines Würfels; (2) Ziehen einer Zahl beim Lotto 6 aus 49;

(3) Werfen einer Münze; (4) Geburt eines Kindes; (5) Prüfen einer Glühlampe.

Gib zu jedem Zufallsversuch die Menge aller möglichen Ergebnisse an.

b) Ein Würfel wird geworfen. Notiere die Ergebnismenge E des Ereignisses „der Würfel zeigt eine durch 3 teilbare Zahl". Vergleiche diese Menge mit der Menge S aller möglichen Ergebnisse des Zufallsversuches. Stelle dies durch ein gemeinsames Mengenbild dar.

Lösung

a) (1) {1, 2, 3, 4, 5, 6} (2) {1, 2, 3, 4, 5, ..., 48, 49}

(3) {Zahl (Z), Wappen (W)} (4) {Junge, Mädchen} (5) {brauchbar, unbrauchbar}

b) Wir erhalten:

E = {3, 6}; S = {1, 2, 3, 4, 5, 6}.

Jedes Element der Menge E gehört auch zur Menge S; die Menge E ist eine Untermenge (Teilmenge) der Menge S.

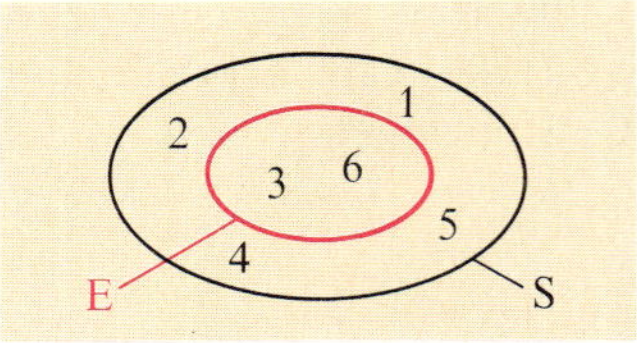

Zur Information

(1) Die Menge aller möglichen Ergebnisse eines Zufallsversuches nennen wir *Ergebnismenge des Zufallsversuches.*

(2) Die Ergebnismenge E eines Ereignisses ist eine Untermenge (Teilmenge) der Ergebnismenge S des Zufallsversuches; in Zeichen: $E \subseteq S$.

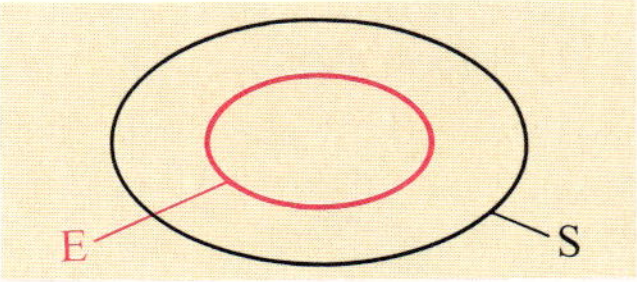

Zur Festigung und zum Weiterarbeiten

1.

Gib die Menge S aller möglichen Ergebnisse an:
(1) Geburt von Zwillingen;
(2) Ziehen eines Geldstückes aus einem Behälter mit (deutschen) Münzen verschiedenen Wertes;
(3) Ausgang eines Pokalspieles zwischen dem Hamburger Sportverein und Bayern München, in dem sechs Tore erzielt worden sind.

Notiere dann die Ergebnismenge E des jeweils zugehörigen Ereignisses:
(1) mindestens ein Mädchen (M);
(2) die Münze ist mehr wert als 50 Pfennig;
(3) Halbzeitergebnis 3:1.

Zeichne auch jeweils ein gemeinsames Mengenbild für die Mengen S und E.

Zur Übung: 6

Gegenereignis eines Ereignisses

Aufgabe

Bernd und Frank vereinbaren folgendes Spiel:
Ein Würfel wird geworfen. Bernd gewinnt, wenn der Würfel eine gerade Zahl zeigt, sonst Frank.

a) Wie heißt das Ereignis, bei dem Frank gewinnt?

b) Gib für Bernd und für Frank jeweils die Ergebnismenge des Gewinnfalles an.
Vergleiche beide Ereignisse; stelle dazu auch beide Ergebnismengen in einem gemeinsamen Mengenbild mit der Ergebnismenge S des Zufallsversuches dar.

Lösung

a) Das Ereignis für Franks Gewinnfall lautet z. B.:
Der Würfel zeigt eine *un*gerade Zahl bzw. der Würfel zeigt *nicht* eine gerade Zahl.

b) Bernds Gewinnfall: $E_1 = \{2, 4, 6\}$
Franks Gewinnfall: $E_2 = \{1, 3, 5\}$
Wenn das Ereignis E_1 eintritt, tritt das Ereignis E_2 nicht ein und umgekehrt.
Eines von beiden Ereignissen tritt immer ein.

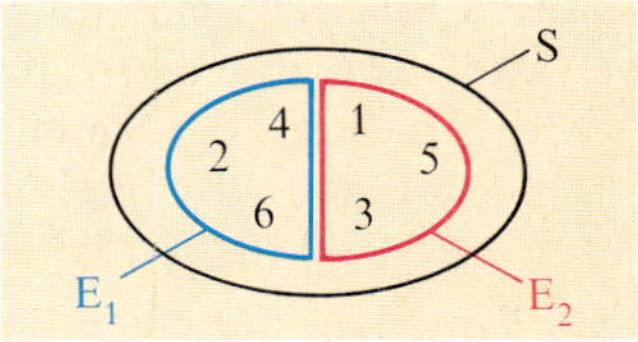

Zur Information

In der obigen Aufgabe nennt man das Ereignis *ungerade* Zahl ein **Gegenereignis** zum Ereignis *gerade Zahl*.
Wenn das Ereignis E_1 eintritt, tritt das Gegenereignis E_2 nicht ein und umgekehrt. Eines von beiden Ereignissen tritt immer ein.
Man erhält die Ergebnismenge E_2, indem man aus der Ergebnismenge S des Zufallsversuches alle Elemente der Ergebnismenge E_1 herausnimmt.

Zur Übung: 7

Schnittmenge, Vereinigungsmenge und Restmenge bei Ergebnismengen

Aufgabe

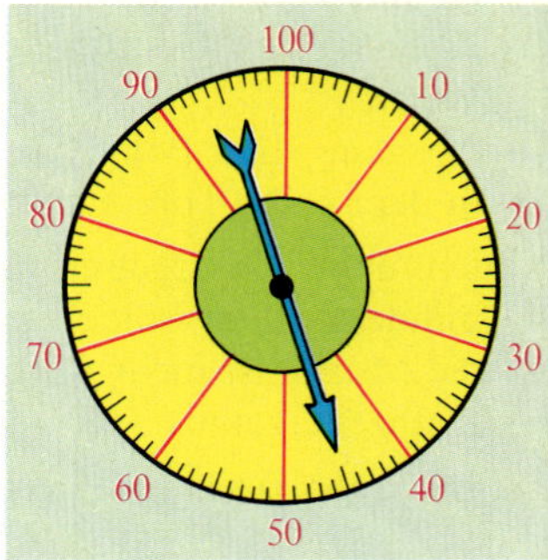

Für ein Schulfest hat die Klasse 5a ein Glücksrad mit den Zahlen 1 bis 100 gebaut. Es sollen Mohrenköpfe und Bleistifte ausgelost werden.
Man gewinnt einen Mohrenkopf, wenn das Glücksrad eine durch 9 teilbare Zahl zeigt.
Man gewinnt einen Bleistift, wenn das Glücksrad eine durch 12 teilbare Zahl zeigt.
Wir wollen bestimmen, welche Ergebnisse günstig sind. Dazu überlegen wir:
Bei welchem Ereignis erhält man
(1) beides, einen Mohrenkopf und einen Bleistift;
(2) nur einen Mohrenkopf; (3) nur einen Bleistift; (4) überhaupt einen Gewinn?

Lösung

Wir zeichnen zunächst ein gemeinsames Mengenbild für die Ergebnismengen E_1 und E_2 der folgenden Ereignisse:
E_1: Das Rad zeigt eine durch 9 teilbare Zahl.
E_2: Das Rad zeigt eine durch 12 teilbare Zahl.

(1) Man erhält sowohl einen Mohrenkopf als auch einen Bleistift bei dem **Und-Ereignis**:
Das Rad zeigt eine durch 9 *und* durch 12 teilbare Zahl.
Die Ergebnisse dieses Ereignisses gehören zu E_1 und zugleich zu E_2. Sie bilden die
Schnittmenge $E_1 \cap E_2$ (gelesen: E_1 geschnitten E_2):
$E_1 \cap E_2 = \{36, 72\}$

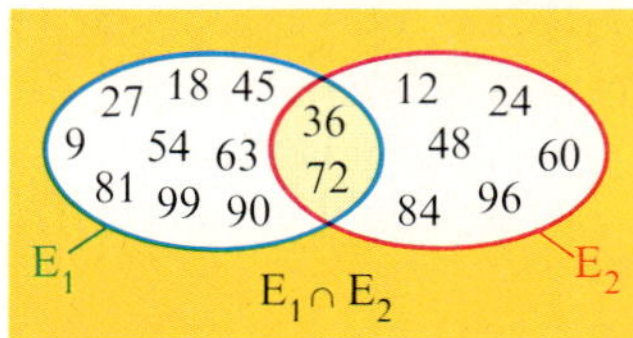

(2) Man erhält nur einen Mohrenkopf bei dem Ereignis:
Das Rad zeigt eine durch 9, *aber nicht* durch 12 teilbare Zahl. Die Ergebnisse dieses Ereignisses gehören zu E_1, aber nicht zu E_2. Sie bilden die
Restmenge $E_1 \setminus E_2$ (gelesen: E_1 ohne E_2):
$E_1 \setminus E_2 = \{9, 18, 27, 45, 54, 63, 81, 90, 99\}$

(3) Man erhält nur einen Bleistift bei dem Ereignis:
Das Rad zeigt eine durch 12, *aber nicht* durch 9 teilbare Zahl. Die Ergebnisse dieses Ereignisses gehören zu E_2, *aber nicht* zu E_1. Sie bilden die
Restmenge $E_2 \setminus E_1$ (gelesen: E_2 ohne E_1):
$E_2 \setminus E_1 = \{12, 24, 48, 60, 84, 96\}$

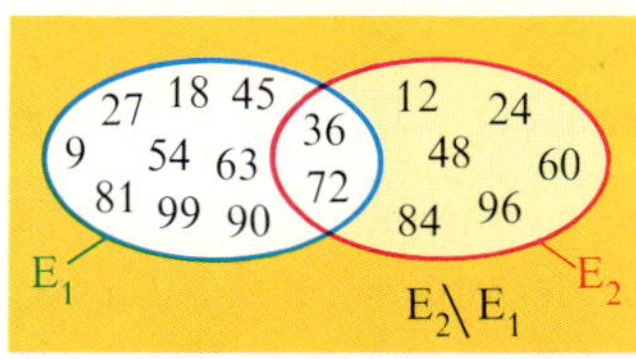

(4) Man erhält überhaupt einen Gewinn bei dem **Oder-Ereignis**:
Das Rad zeigt eine durch 9 *oder* durch 12 teilbare Zahl.
Die Ergebnisse dieses Ereignisses gehören zu E_1 *oder* zu E_2. Sie bilden die
Vereinigungsmenge $E_1 \cup E_2$ (gelesen: E_1 vereinigt mit E_2):
$E_1 \cup E_2 = \{9, 12, 18, 24, 27, 36, 45, 48, 54, 60, 63, 72, 81, 84, 90, 96, 99\}$

Die **Schnittmenge** $A \cap B$ zweier Mengen A und B besteht aus allen Elementen, die zu A *und* zugleich zu B gehören.

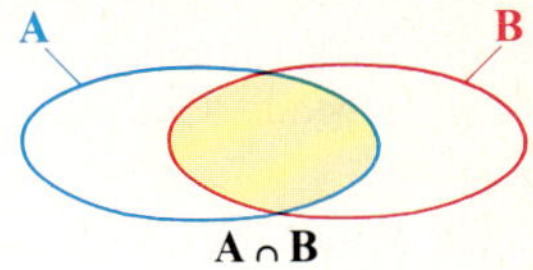

Die **Vereinigungsmenge** $A \cup B$ zweier Mengen A und B besteht aus allen Elementen, die zu A *oder* zu B gehören.

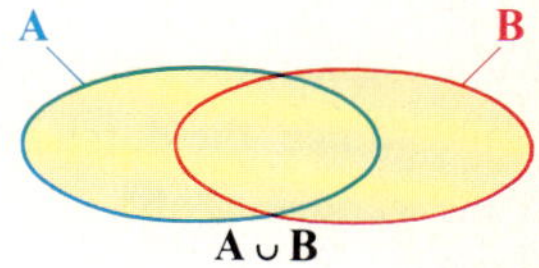

Die **Restmenge** $A \setminus B$ zweier Mengen A und B besteht aus allen Elementen, die zu A, *aber nicht* zu B gehören.
Beachte: Außer der Restmenge $A \setminus B$ kann man auch die Restmenge $B \setminus A$ bilden.

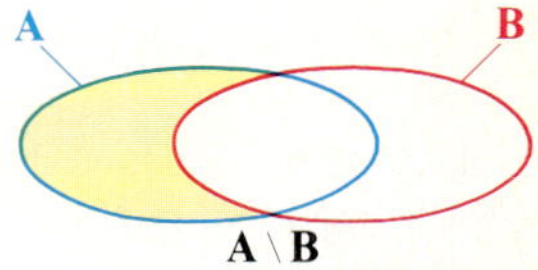

Zur Festigung und zum Weiterarbeiten

△ ***1.***

Die Klasse 5a ändert die Gewinnbedingungen:

(1) Mohrenkopf, wenn die Zahl durch 8 teilbar ist; Bleistift, wenn die Zahl auf 0 endet;

(2) Mohrenkopf, wenn die Zahl durch 25 teilbar ist; Bleistift, wenn die Zahl mit der Ziffer 6 beginnt;

(3) Mohrenkopf, wenn die Zahl auf 5 endet; Bleistift, wenn die Zahl durch 15 teilbar ist.

Bei welchem Ereignis erhält man

a) einen Mohrenkopf und einen Bleistift;

b) nur einen Mohrenkopf;

c) nur einen Bleistift;

d) überhaupt einen Gewinn?

△ *Zur Übung: 8 und 9*

Übungen

Vergleich von Chancen bei einem Zufallsversuch – Ereignis

1.

Auf einem Glücksrad A sind die Zahlen 1 bis 50 notiert, auf einem Rad B die Zahlen 51 bis 100. Es gewinnen alle Zahlen, die

a) durch 5 teilbar sind;

b) die Ziffer 5 enthalten;

c) die Quersumme 7 besitzen.

Gib die Ergebnismenge des Ereignisses an. Vergleiche die Gewinnchancen.

2.

Bei der Ziehung der Lottozahlen (Kugeln mit den Nummern 1 bis 49) vereinbaren Markus und Sabine ein Spiel:
Markus gewinnt einen Kaugummi, wenn eine Zahl gezogen wird, die die Ziffer 7 oder die Ziffer 8 enthält;
Sabine gewinnt einen Kaugummi, wenn die gezogene Zahl kleiner als 4 ist.
Ist die Spielregel gerecht?

3.
Für ein Glücksrad mit den Zahlen von 01 bis 99 werden folgende Gewinnbedingungen vereinbart:

(1) alle Zahlen, die auf 9 enden;

(2) alle Zahlen, die durch 9 teilbar sind;

(3) alle Zahlen, die auf 6 enden;

(4) alle Zahlen, die durch 6 teilbar sind;

(5) alle geraden Zahlen, die durch 5 teilbar sind;

(6) alle ungeraden Zahlen, die durch 5 teilbar sind;

(7) alle Zahlen, bei denen die zweite Ziffer doppelt so groß ist wie die erste;

(8) alle Zahlen, bei denen die erste Ziffer doppelt so groß ist wie die zweite;

(9) alle Zahlen, bei denen die zweite Ziffer mindestens 6 größer ist als die erste.

Gib jeweils die Ergebnismenge des Ereignisses an. Vergleiche die Gewinnchancen.

4.
Aus einem Behälter mit 60 numerierten Kugeln (Zahlen 1 bis 60) ziehen zwei Spieler abwechselnd eine Kugel, die anschließend jedesmal zurückgelegt wird.

a) Spieler A gewinnt 10 Pfennig, wenn die gezogene Zahl auf 8 endet; Spieler B gewinnt 10 Pfennig, wenn die gezogene Zahl durch 8 teilbar ist.
Welcher Spieler hat die besseren Gewinnchancen?

b) Ein Spieler C soll die gleichen Gewinnchancen haben wie Spieler A [Spieler B]. Gib eine passende Gewinnbedingung an.

c) Ein Spieler D gewinnt, wenn er eine Zahl der folgenden Menge zieht:

(1) {1, 11, 21, 31, 41, 51}

(2) {20, 21, 22, 23, 24, 25, 26, 27, 28, 29}

(3) {10, 30, 50}

Wie kann seine Gewinnbedingung heißen?

5.
Die Ergebnismenge des Ereignisses lautet:

a) {15, 30, 45, 60, 75, 90}

b) {61, 63, 65, 67, 69}

c) {07, 21, 35, 49, ..., 91}

d) {03, 14, 25, 36, ..., 69}

Gib eine passende Gewinnbedingung an.

Ergebnismenge eines Zufallsversuches

6.
Notiere die Menge S aller möglichen Ergebnisse.
Gib dann die Ergebnismenge E des angegebenen Ereignisses an und vergleiche sie mit S.

a) S: drei Kinder;
E: mindestens ein Mädchen

b) S: Ampelschaltung an einer Kreuzung;
E: freie Fahrt

Gegenereignis eines Ereignisses

7.
Gib zu dem Zufallsversuch und zu dem angegebenen Ereignis E_1 das zugehörige Gegenereignis E_2 an. Zeichne ein gemeinsames Mengenbild für die Mengen S, E_1 und E_2.

a) Werfen einer Münze; Zahl (Z) liegt oben

b) Werfen eines Würfels; die Augenzahl ist kleiner als 5

c) Ausgang eines Fußballspiels; die Gastmannschaft hat verloren

d) Werfen zweier verschiedener Münzen; eine Münze zeigt Wappen, die andere Münze zeigt Zahl

e) Geburt von Zwillingen; zwei Mädchen

Schnittmenge, Vereinigungsmenge und Restmenge bei Ergebnismengen

△ 8.
Elke möchte die Frühjahrsmesse besuchen und bittet ihre Mutter um eine Geldspende. Beide einigen sich: Der Zufall soll entscheiden; Elke soll mit zwei Würfeln werfen, die Augensumme (z. B. 7 bei ⚁, ⚄) soll den Geldbetrag festlegen:

a) 1 DM, falls Augensumme gerade
2 DM, falls Augensumme kleiner als 7

b) 1 DM, falls Augensumme ungerade
2 DM, falls Augensumme durch 3 teilbar

c) 1 DM, falls Augensumme durch 3 teilbar
2 DM, falls Augensumme durch 5 teilbar

d) 1 DM, falls Augensumme gerade
2 DM, falls Augensumme durch 4 teilbar.

Bei welchen Augensummen erhält Elke

(1) einen Geldbetrag; (2) genau 1 DM;
(3) genau 2 DM; (4) 3 DM?

△ **9.**
Jörn und Birte haben mit ihren Eltern verabredet: Wenn beim Lotto *6 aus 49* die gezogene Zusatzzahl eine bestimmte Bedingung erfüllt, wird das Taschengeld um 50 Pfennig erhöht.
In welchem Fall müssen die Eltern

(1) beiden Kindern 50 Pfennige zahlen;
(2) nur Jörn 50 Pfennig zahlen;
(3) nur Birte 50 Pfennig zahlen;
(4) das Taschengeld erhöhen?

a) Jörn: Die Zahl ist einstellig.
Birte: Die Zahl ist durch 5 teilbar.

b) Jörn: In der Zahl kommt die Ziffer 3 vor.
Birte: In der Zahl kommt die Ziffer 4 vor.

c) Jörn: Die Zahl ist durch 6 teilbar.
Birte: Die Zahl ist durch 7 teilbar.

d) Jörn: Die Zahl endet auf 4.
Birte: Die Zahl ist durch 9 teilbar.

Mehrstufige Zufallsversuche

Veranschaulichung durch ein Baumdiagramm

Aufgabe

Olaf und Holger spielen das folgende Spiel:
In einem Gefäß liegen vier gleich Kugeln, numeriert von 1 bis 4. Nach dem Durchmischen entnimmt zuerst Olaf blindlings eine Kugel und legt sie auf den Tisch. Dann zieht Holger eine der übriggebliebenen Kugeln und zeigt sie vor. Gewonnen hat derjenige, der die Kugel mit der größeren Zahl gezogen hat. Ist das Spiel fair?

Lösung

Das Ergebnis eines Spiels kann sein: Olaf zieht eine 3, Holger eine 2. Ein solches Ergebnis notieren wir kurz als *geordnetes Zahlenpaar* (3; 2).
Beachte: (2; 3) ist ein anderes Ergebnis.
Um die Frage zu entscheiden, müssen wir uns einen Überblick über alle möglichen Ergebnisse dieses Zufallsversuches verschaffen, dann die Gewinnergebnisse für Olaf bzw. Holger aussondern und ihre Anzahlen vergleichen.
Dabei hilft das nebenstehende **Baumdiagramm**: Der Baum hat (von links her) zunächst eine Verzweigung mit 4 Ästen, für jede Kugel, die Olaf ziehen kann, einen Ast.
An jedem dieser Äste hat der Baum dann 3 Äste, für jede Kugel, die Holger noch ziehen kann, einen Ast.

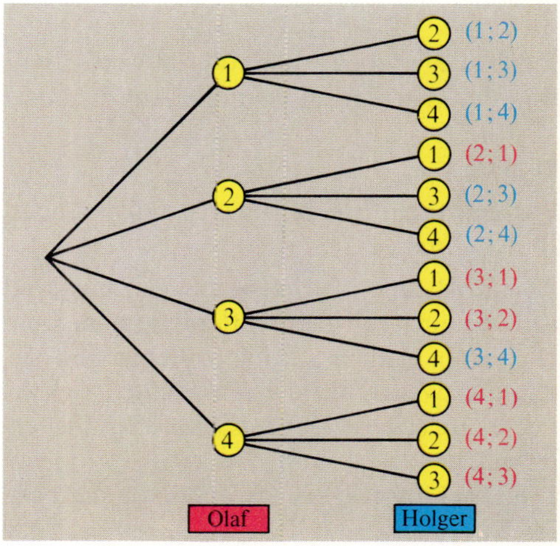

Man liest ab:
S = {(1; 2), (1; 3), (1; 4), (2; 1), (2; 3), (2; 4), (3; 1), (3; 2), (3; 4), (4; 1), (4; 2), (4; 3)}
Diese Ergebnismenge des Zufallsversuches hat $4 \cdot 3$, also 12 Elemente.

Olaf gewinnt: E_O = {(2; 1), (3; 1), (3; 2), (4; 1), (4; 2), (4; 3)}

Holger gewinnt: E_H = {(1; 2), (1; 3), (1; 4), (2; 3), (2; 4), (3; 4)}

Beide Spieler haben gleich viele Gewinnfälle, nämlich 6. Das Spiel ist fair.

Zur Festigung und zum Weiterarbeiten

1.

In einer Urne liegen ein 1-DM-Stück, ein 2-DM-Stück und ein 5-DM-Stück [ein 1-DM-Stück; zwei 2-DM-Stücke und ein 5-DM-Stück].
Heike greift blindlings eine Münze und legt sie auf den Tisch; anschließend greift Birgit eine der übriggebliebenen Münzen.
Heike hat gewonnen,

a) wenn ihre Münze mehr wert ist als Birgits Münze;

b) wenn beide Münzen zusammen mehr als 5 DM ergeben.

Andernfalls hat Birgit gewonnen. Ist das Spiel fair?

2.

Zeichne ein Baumdiagramm.

a) Nacheinander werden ein Würfel und eine Münze (W | Z) geworfen.

b) Nacheinander werden drei Münzen geworfen.

▲ ***3.***

Vom Standpunkt A aus werden nacheinander mit verbundenen Augen, d. h. ganz zufällig, zwei Teilstrecken durchlaufen (z. B. $\overline{AB}$ und $\overline{BE}$, kurz: ABE).
Bestimme mit einem Baumdiagramm alle möglichen Endpunkte.

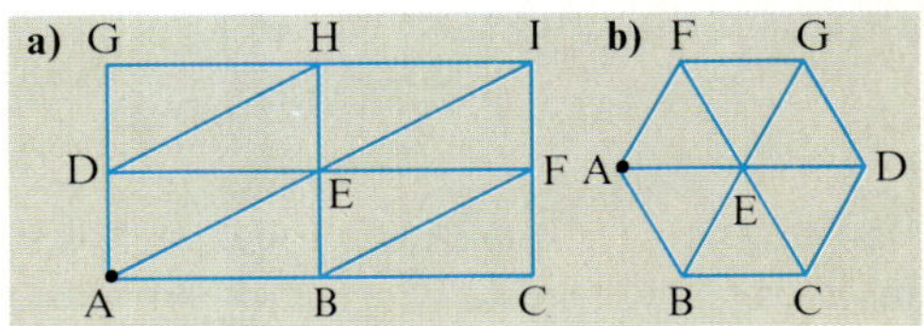

Zur Übung: 1 bis 7

Veranschaulichung durch ein Gitterdiagramm

Aufgabe

Ein blauer und ein roter Würfel werden von Rosi bzw. Christian geworfen.
Rosi hat gewonnen, wenn die Augensumme zwischen 5 und 9 liegt, sonst gewinnt Christian.

Lösung

Wir geben ein Ergebnis des Zufallsversuchs wieder durch ein geordnetes Zahlenpaar an, z. B. ⚃, ⚂ durch (4; 3).

Alle möglichen Ergebnisse dieses Zufallsversuches können wir auch mit dem **Gitterdiagramm** rechts ermitteln.
Die ersten Zahlen der Paare stehen auf der waagerechten, die zweiten auf der senkrechten Achse.
Die Paare selber ergeben sich als Schnittpunkte der Gitterlinien.
Die Ergebnismenge S des Zufallsversuches hat 6 · 6, also 36 Elemente:
S = {(1; 1), (1; 2), ..., (6; 5), (6; 6)}

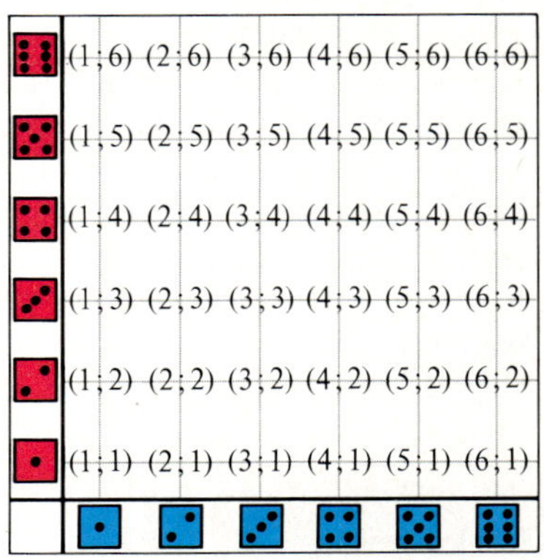

Im nebenstehenden Gitterdiagramm sind die Zahlenpaare eingekreist, deren Augensumme zwischen 5 und 9 liegt. Zum Gewinnereignis von Rosi gehören 16 Ergebnisse:
$E = \{(1;5), (1;6), \ldots, (6;1), (6;2)\}$
Dagegen hat Christian 36 – 16, also 20 Gewinnpaare. Er ist also im Vorteil.

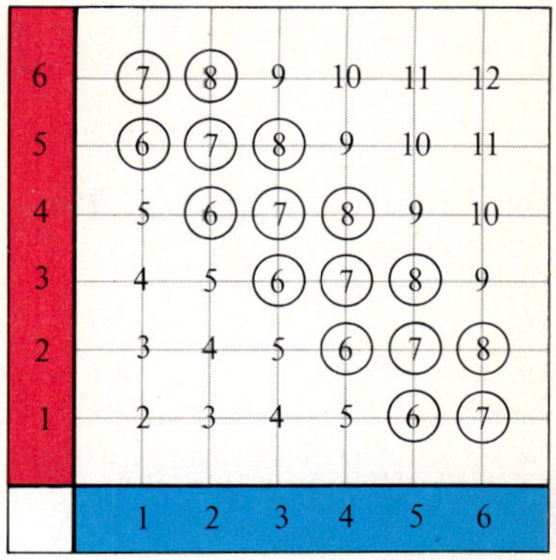

Zur Festigung und zum Weiterarbeiten

1.
Nick, Frank, Birte und Andrea spielen mit zwei Würfeln (rot und weiß) um Murmeln.

Nick gewinnt, wenn die Augensumme 7 ist; Birte: beide Würfel zeigen dieselbe Zahl;
Frank: Produkt der beiden Zahlen größer als 20; Andrea: Augensumme kleiner als 5.

Nick schlägt vor: „Wir bilden Mannschaften! Jungen gegen Mädchen!“
Die Jungen sollen gewinnen, wenn die Augensumme 7 oder das Produkt beider Zahlen größer als 20 ist.
Die Mädchen sollen gewinnen, wenn beide Würfel dieselbe Zahl zeigen oder die Augensumme kleiner als 5 ist.
Birte ist nicht einverstanden. Warum?

2.
Bilde aus den vier Einzelspielern und ihren Gewinnbedingungen zwei Mannschaften mit gleichen Gewinnchancen.

3.
Die roten Felder in der Tabelle sind die günstigen Ergebnisse. Gib passende Gewinnbedingungen an. Benutze ggf. *und*, *oder*, *nicht*.

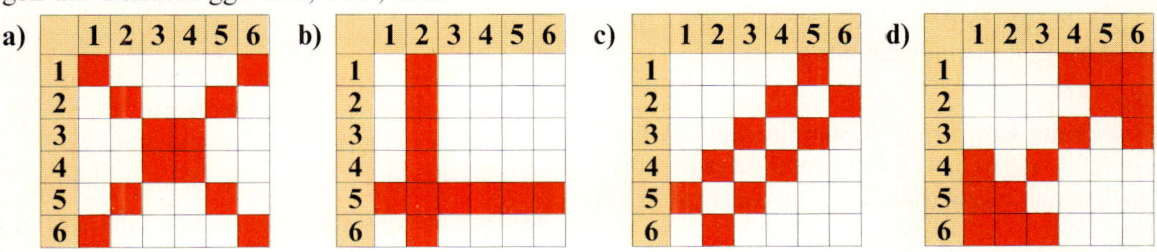

Zur Information

Ein Baumdiagramm kann man zu jedem Zufallsversuch zeichnen, gleichgültig wie viele Stufen er hat.
Das Baumdiagramm wird aber unübersichtlich, wenn in einer Stufe viele Ergebnisse auftreten.
Hier ist das Gitterdiagramm günstiger; man kann es allerdings nur für zwei Stufen verwenden.

Zur Übung: 8 und 9

Übungen

Veranschaulichung durch ein Baumdiagramm

1.
In einem Behälter liegen vier Kugeln mit den Nummern 2, 3, 4 und 5. Ina greift blindlings eine dieser Kugeln, Bettina anschließend eine der übriggebliebenen.
Ina hat gewonnen, wenn

a) ihre Zahl größer ist als Bettinas Zahl;

b) die Summe beider Zahlen eine gerade Zahl ist;

c) das Produkt beider Zahlen eine ungerade Zahl ist.

Bestimme Inas Gewinnzahlen mit Hilfe eines Baumdiagramms.

2.
Jörg will seinen Freund Dirk besuchen. Er muß eine Bahnlinie, eine Schnellstraße und einen Fluß überqueren. Die Bahnlinie hat drei Unterführungen (U_1, U_2, U_3); die Schnellstraße kann man durch zwei Fußgängertunnel (T_1, T_2) unterqueren; über den Fluß führen zwei Brükken (B_1, B_2).

a) Wie viele verschiedene Wege kann Jörg wählen?

b) Die Bahnunterführung U_1 [der Tunnel T_1; die Brücke B_2] ist gesperrt. Notiere in aufzählender Form die Menge aller Wege, die Jörg jetzt noch gehen kann.

3.
Ein Dreifarbenwürfel, bei dem je zwei Flächen rot (r), blau (b) bzw. gelb (g) sind, wird dreimal nacheinander geworfen. Ein Ergebnis kann z. B. sein: rbg.
Wie viele Ergebnisse

a) sind überhaupt möglich;

b) haben genau zweimal blau [drei gleiche Farben; in der Mitte rot]?

4.
Wie viele dreistellige Zahlen kann man aus den Ziffern 1, 2 und 3 bilden, wenn in der Zahl

a) jede Ziffer mehrmals vorkommen darf (*Beispiel:* 122);

b) jede Ziffer nur einmal vorkommen darf?

5.
Iris schreibt mit den Buchstaben a, b, e Geheimwörter.
Wie viele verschiedene Wörter kann sie bilden:

a) aus 3 Buchstaben (*z. B.:* aba, bea, aeb);

b) aus 4 [5; 6, ...] Buchstaben;

c) aus 3 Buchstaben, wobei jedes Wort drei verschiedene Buchstaben enthalten soll?

6.
Elke bildet aus den Ziffern 1, 2, 3, 4 und 5 [1, 2, 3, ..., 9] dreistellige Zahlen.
Wie viele verschiedene dreistellige Zahlen kann Elke bilden, wenn die Ziffern

a) nach rechts immer größer werden sollen (*Beispiele:* 134, 245; nicht 243, 255);

b) nach rechts immer kleiner werden sollen?

7.
Wie viele Ergebnisse beim dreimaligen Werfen einer Münze gibt es mit

a) genau zweimal Wappen oder [und] genau zweimal Zahl;

b) höchstens zweimal Wappen oder [und] höchstens zweimal Zahl?

Veranschaulichung durch ein Gitterdiagramm

△ **8.**
Veranschauliche in einem Gitterdiagramm die Gewinnfälle beim Doppelwurf mit zwei Würfeln bei der angegebenen Gewinnbedingung:

a) Erste Zahl 6 und Summe nicht größer als 9;

b) Produkt der Zahlen zwischen 5 und 18;

c) Erste Zahl 6 oder [und] zweite Zahl 4;

d) Augensumme 4 oder [und] Produkt 4;

▲ **e)** Summe 6 oder 8, aber Unterschied nicht größer als 3.

△ **9.**
Ein Würfel und eine Münze werden nacheinander geworfen (Ergebnis z. B. (4; Z)). Kreuze in einem Gitterdiagramm die Gewinnfälle an.

a) Augenzahl gerade und [oder] Wappen;

b) Augenzahl nicht größer als 3 und Wappen;

c) Augenzahl nicht durch 3 teilbar und Zahl.

Zum Knobeln

1.

Das Bild zeigt dir das Straßennetz einer amerikanischen Großstadt. Gesucht sind Taxistände, die von den Ausgängen A und B zweier U-Bahn-Stationen gleich weit entfernt sind. An welchen Kreuzungen (Gitterpunkten) könnte ein Taxi-Standplatz eingerichtet werden? Findest du auch drei Kreuzungen, die von B doppelt so weit entfernt sind wie von A?

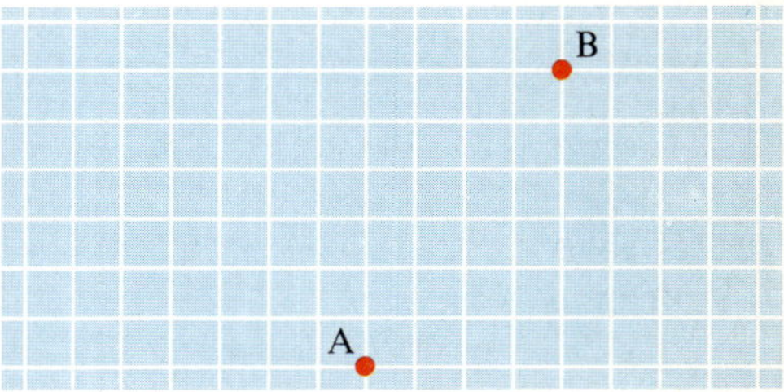

2.

In den Sommerferien waren 9 Schüler einer Klasse in Italien, 8 in der Schweiz, 4 in der Schweiz und in Italien, 5 in der Schweiz und in Österreich, 7 in Italien und in Österreich, 3 in allen drei Ländern und 6 nur in Österreich. Wie viele von den 35 Schülern dieser Klasse haben ihre Ferien in wenigstens einem dieser Länder verbracht?

3.

Färbe die Figur so, daß benachbarte Flächen stets verschieden gefärbt sind. Versuche, mit möglichst wenigen Farben auszukommen.

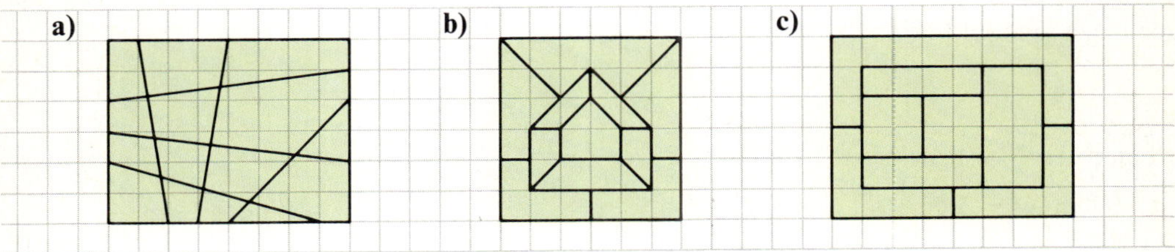

4.

Jörn hat 96 Pfennig in seinem Geldbeutel, und zwar genau 11 Münzen (1 Pf-, 2 Pf-, 5 Pf-, 10 Pf- oder 50 Pf-Stücke). Welche Münzen und wie viele jeweils können es sein?

5.

Wie viele Dreiecke [Rechtecke; Quadrate] findest du in der Figur?

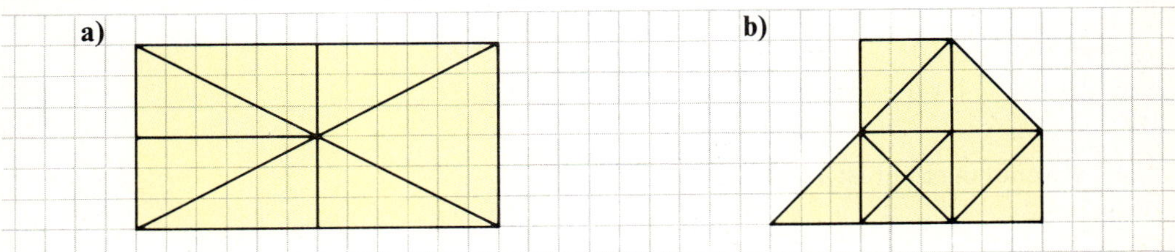

6.

Doris hat ihre Freundinnen Elke, Heidi, Monika, Anja und Ute zum Geburtstag eingeladen. An der U-förmigen Kaffeetafel sitzt Ute rechts neben Elke, aber nicht am Rand, Doris und Anja sitzen links von Ute, Heidi sitzt zwischen zwei Mädchen. Kannst du die Tischkarten aufstellen?

Maßeinheiten und ihre Umrechnungen

Längen

$1\,\text{mm} \xrightarrow{\cdot 10} 1\,\text{cm} \xrightarrow{\cdot 10} 1\,\text{dm} \xrightarrow{\cdot 10} 1\,\text{m} \xrightarrow{\cdot 1\,000} 1\,\text{km}$

$10\,\text{mm} = 1\,\text{cm}$

$10\,\text{cm} = 1\,\text{dm}$

$10\,\text{dm} = 1\,\text{m}$

$1\,000\,\text{m} = 1\,\text{km}$

Flächeninhalte

$1\,\text{mm}^2 \xrightarrow{\cdot 100} 1\,\text{cm}^2 \xrightarrow{\cdot 100} 1\,\text{dm}^2 \xrightarrow{\cdot 100} 1\,\text{m}^2 \xrightarrow{\cdot 100} 1\,\text{a} \xrightarrow{\cdot 100} 1\,\text{ha} \xrightarrow{\cdot 100} 1\,\text{km}^2$

$100\,\text{mm}^2 = 1\,\text{cm}^2$

$100\,\text{cm}^2 = 1\,\text{dm}^2$

$100\,\text{dm}^2 = 1\,\text{m}^2$

$100\,\text{m}^2 = 1\,\text{a}$

$100\,\text{a} = 1\,\text{ha}$

$100\,\text{ha} = 1\,\text{km}^2$

Die Verwandlungszahl ist 100.

Volumina

$1\,\text{mm}^3 \xrightarrow{\cdot 1\,000} 1\,\text{cm}^3 \xrightarrow{\cdot 1\,000} 1\,\text{dm}^3 \xrightarrow{\cdot 1\,000} 1\,\text{m}^3$

$1\,000\,\text{mm}^3 = 1\,\text{cm}^3$

$1\,000\,\text{cm}^3 = 1\,\text{dm}^3$

$1\,000\,\text{dm}^3 = 1\,\text{m}^3$

$1\,\text{cm}^3 = 1\,\text{m}l$

$1\,\text{dm}^3 = 1\,l$

$1\,000\,\text{m}l = 1\,l$

Die Verwandlungszahl ist 1 000.

Gewichte

$1\,\text{mg} \xrightarrow{\cdot 1\,000} 1\,\text{g} \xrightarrow{\cdot 1\,000} 1\,\text{kg} \xrightarrow{\cdot 1\,000} 1\,\text{t}$

$1\,000\,\text{mg} = 1\,\text{g}$

$1\,000\,\text{g} = 1\,\text{kg}$

$1\,000\,\text{kg} = 1\,\text{t}$

Die Verwandlungszahl ist 1 000.

Zeitspannen

$1\,\text{s} \xrightarrow{\cdot 60} 1\,\text{min} \xrightarrow{\cdot 60} 1\,\text{h} \xrightarrow{\cdot 24} 1\,\text{d}$

$60\,\text{s} = 1\,\text{min}$

$60\,\text{min} = 1\,\text{h}$

$24\,\text{h} = 1\,\text{d}$

Verzeichnis mathematischer Symbole

Zahlen

$a = b$	a (ist) gleich b	$a - b$	Differenz aus a und b; a minus b
$a \neq b$	a (ist) ungleich b	$a \cdot b$	Produkt aus a und b; a mal b
$a < b$	a (ist) kleiner (als) b	$a : b$	Quotient aus a und b; a durch b
$a > b$	a (ist) größer (als) b	a^n	Potenz aus (Basis, Grundzahl) a und (Exponent, Hochzahl) n; a hoch n
$a + b$	Summe aus a und b; a plus b		

Geometrie

$\overline{AB}$	Verbindungsstrecke der Punkte A und B; Strecke mit den Endpunkten A und B	ABC	Dreieck mit den Eckpunkten A, B und C
AB	Verbindungsgerade durch die Punkte A und B; Gerade durch A und B	ABCD	Viereck mit den Eckpunkten A, B, C und D
$g \parallel h$	(Gerade) g ist parallel zu (Gerade) h	A (a; b)	Punkt mit den Koordinaten a und b, wobei a die erste Koordinate, b die zweite Koordinate ist
$g \perp h$	(Gerade) g ist senkrecht zu (Gerade) h		

Mengen

$\{1, 2, 3\}$	Menge mit den Elementen 1, 2 und 3	$A \subseteq B$	A ist Untermenge von B; B ist Obermenge von A (Mengengleichheit zulässig)
$\{\ \}$	leere Menge	$A \nsubseteq B$	A ist nicht Untermenge von B; B ist nicht Obermenge von A
$a \in M$	a ist Element der Menge M; a gehört zu M	$A \cap B$	Schnittmenge von A und B; A geschnitten mit B
$a \notin M$	a ist nicht Element der Menge M; a gehört nicht zu M	$A \cup B$	Vereinigungsmenge von A und B; A vereinigt mit B
$A = B$	A (ist) gleich B	$A \setminus B$	Restmenge von A und B; A ohne B
$A \neq B$	A (ist) ungleich B		

Stichwortverzeichnis